Dankwart Graf
von Arnim

Als Brandenburg noch die Mark hieß

Dankwart Graf von Arnim

Als Brandenburg noch die Mark hieß

Erinnerungen

Herausgegeben von
Gaby Gräfin von Arnim

im
Siedler Verlag

Dieses Buch wäre nicht zustande gekommen ohne die Hilfe von Professor Walther Peter Fuchs. Er hat schon die Niederschrift der Erinnerungen mit Rat und Tat begleitet, nicht nur als Historiker und Kenner der Epoche, sondern auch als Freund. Nach dem Tode meines Mannes hat er dann überdies die Herausgabe des Textes auf unschätzbare Weise unterstützt. Dafür gilt ihm mein herzlicher Dank.

Gaby Gräfin von Arnim

Inhalt

Vorbemerkung

Wer älter wird, denkt zurück. Wie man sein Haus bestellt, so fühlt man sich gedrängt, die Empfindungen eines ganzen Lebens, die Gedanken und die im Handeln, in der Lebensführung wirksamen Grundlinien aufzuspüren und zu ordnen. Anlagen, sozialer Standort, Impulse und Barrieren, dazu der ständig schwankende »Zeitgeist«. Der Lebensweg. Vor allem auf die Kindheit richtet sich das Zurückdenken. Später ist vieles aus den äußeren Umständen zu erklären; doch die Geleise des Fühlens werden früher gelegt.

Ob es mir gelingt, Lebensgefühl, Weltempfinden, das Wissen um den eigenen Standort als Individuum und als Angehöriger einer »Klasse« so zu schildern, daß alles anklingt: die Liebe zur Heimat, das unbekümmerte Glück, das ich in meinem Lebenskreis empfand, auch die Ordnung, in der ich mich geborgen wußte? Und doch: daß diese Schilderungen nie sagen wollen, es sollte jetzt noch so sein.

Vladimir Nabokow schreibt in seinem ›Buch der Erinnerungen - Andere Ufer‹: »Meine alte Fehde mit der sowjetischen Diktatur hat nicht das Mindeste mit Besitzfragen zu tun ... Die Sehnsucht, die ich alle diese Jahre gehegt habe, ist das hypertrophische Bewußtsein, die Kindheit verloren zu haben, nicht der Schmerz um verlorene Banknoten.« Das empfinde auch ich, und ich rechne zur Kindheit jene inneren Bilder, die einem im Heranwachsen erlauben, das Leben so zu begreifen, wie man es als Kind getan hat - Schritt für Schritt, Jahr um Jahr. Man hat sich damit eine ganz eigene Struktur des Sehens und Erlebens erworben. Daß ich dies teilweise verloren hatte, wurde mir einmal besonders deutlich, als ich - schon vor langer Zeit und ohne viel darüber nachzudenken - ein Städter in München geworden war. Eines Sonntags im Frühsommer fuhren wir über Land, und ich sah auf einmal, daß das Korn schon hoch stand, die Wintergerste mähreif war. Dabei war es nach meiner inneren Uhr noch früher Frühling, denn ich hatte vor Monaten das letzte Mal die Großstadt verlassen. Mir wurde klar, daß ich das Gefühl für die wechselnden Jahreszeiten verloren hatte. Das schmerzte mich, weil ich erkannte, wie sehr mein Heranwachsen auf dem Lande vom Miterleben der Jahreszeiten seine inneren Bilder empfangen hatte. All dies war nun, wenn nicht verloren, so doch verschüttet und sicher nicht mehr brauchbar für mein Städterleben.

Marcel Proust sagte einmal zu Celeste Albaret von seiner Kindheit: »... weil das die Zeit ist, in der alles entsteht.« Bedenke ich meine Kindheit, versuche ich zu ergründen, was ich an Verhaltensweisen, an Wirklichkeitssinn und Traumwunsch in mir trage, dann weiß ich, daß dieses Wort auch für mich gilt, wenn man unter »alles« das Denken und Empfinden, das Anschauen der Welt, ja den Grundton des Lebens versteht. Aber je mehr ich mich bemühe, mir jene frühen Bilder ins Gedächtnis zu rufen, desto deutlicher wird mir, wie schwierig es ist, das kindliche Lebensgefühl zu beschreiben, sein Glück und seine Ängste. Vieles, ja das Meiste und Wichtigste muß ungesagt bleiben. Nicht nur, weil ich es nicht mehr weiß, sondern mehr noch, weil es nicht in Worte zu fassen ist.

Auch bemerke ich, wie sich beim Erinnern über die rational faßbaren Fakten ein Raster unbewußter Apologetik legt. Im Verlauf meines Lebens hat sich die Welt so gewaltig verändert, daß ich versucht bin, auch hinter den harmlosen Bildern - vielleicht gerade hinter diesen - Gründe für den Wandel der Zeiten zu sehen. Hier, in diesen Bildern einer »heilen Welt«, liegt irgendwo die Schnittlinie von individuellem Erleben, von grausam-blutiger Politik und von werdender Geschichte. Meine Kindheitswelt war in vieler Hinsicht exemplarisch für das Deutschland zwischen den Weltkriegen. Das »Heile« dieser Welt - war es ein echter Widerstand im Strom der bösen Zeit? Oder war es nur ein unbedeutendes Hemmnis, ein Anachronismus, dessen Erhaltung in Denken, Fühlen und Handeln zu jenen gesellschaftlichen Erschütterungen führen mußte, in denen wir seither stehen?

Als ich meine fünfjährige Tochter Nani einmal fragte, worauf sie sich in den kommenden Ferien am meisten freue, zählte sie zwei oder drei Dinge auf und meinte dann »... einfach so sein ...«. Einfach so sein - das ist die schönste Beschreibung des Lebensgefühls meiner Kindheit. Erst später lernt man Freude als das Glücksgefühl nach überstandener Gefährdung erkennen, und man lernt auch, daß Freude und Glück schon das Maß künftigen Verlusts in sich tragen. Doch diese Gedanken waren damals noch weit entfernt davon, gedacht zu werden.

Erste Erinnerungen, frühe Neigungen

Als ich am 29. April 1919 in Berlin auf die Welt kam, wurde dort wieder einmal scharf geschossen. Es war die Zeit der Revolutionswirren, der Spartakisten- und Freikorpskämpfe. In Bayern herrschte die Räte-Republik. In den Tagebüchern meiner Mutter, in den Einlegblättern des Losungsbuches der Herrnhuter Brüdergemeine wurde die Schießerei jedoch nur am Rande erwähnt. Dagegen beschreibt meine Mutter genau, wie am Abend vor meiner Geburt einige Schnepfen im Hotel Esplanade, neben unserer Berliner Stadtwohnung in der damaligen Viktoriastraße, zubereitet und verzehrt wurden. Während meine Eltern in Berlin meine Ankunft erwarteten, waren meine Geschwister - Gerta elf und Wernfried drei Jahre älter als ich - in Sperrenwalde geblieben.

An meine frühe Kindheit habe ich kaum greifbare Erinnerungen. Wenn ich versuche, in tiefere Schichten hinunterzudenken, dann merke ich, daß wahre Erinnerung, später Erlebtes, Erzähltes und Traum zusammenfließen. Oft ist es der Traum, der die früheste Erinnerung prägt: So sehe ich ganz bildhaft vor mir, wie wir Kinder im Musikzimmer zusammen sind und wie ich mit meinem Bruder Wolf-Traugott spiele, und ich sehe diese oft geträumte Szene ganz lebendig und fühle eine Art Glück, brüderliche Liebe, Übereinstimmung im Spiel, einem Spiel, das nie stattgefunden hat. Wolf-Traugott war vierjährig noch vor meiner Geburt gestorben.

Als Kind habe ich das Stadium zwischen Wachen, Denken und Träumen bewußt gesucht und kultiviert. Geschlossene Augen, ganz still liegen, und dann das sachte Aufkommen eines Gefühls des »Wippens«, einer gleichmäßig auf und nieder gehenden Bewegung. Gleichzeitig stellte sich in der inneren Bildvorstellung eine Veränderung ein: Alles wurde unendlich ferner, größer, weiter und auf eine seltsame Weise farblos. Das Erregende an diesem Zustand war seine Flüchtigkeit. Ein zu genaues Darandenken, eine hastige Bewegung, ein »Von-außen-Kommendes« ließen das Gefühl der wiegenden Bewegung der Weite verschwinden. Ich konnte diesen Tagtraum deshalb nur dann träumen, wenn ich allein war. Ganz zwangsläufig schob sich dann in die innere Vorstellung eine Partie aus dem Sperrenwalder Park, eine mit alten Linden bestandene Allee entlang der Landstraße, die in das Bauerndorf Beenz führte. Das Traumbild dieser Straße hat vielleicht dadurch seine überhöhte Bedeutung erlangt, daß ich mich als Kind einmal »verlaufen« hatte - wahrscheinlich, genau weiß ich es nicht mehr, war ich einfach ausgerissen. Auf der Straße nach Beenz wurde ich in der Abenddämmerung wieder aufgegriffen. So bedeutete das alte und eigentlich unansehnliche Bauerndorf lange Zeit für mich ein unerreichbares und verbotenes Traumziel.

In der Traumschaukelei stellte sich auch eine andere Vorstellung ein, die ich als »Wahrheit« noch relativ lange mit mir herumtrug. Ich stellte mir vor - nein, ich »wußte«, daß ich der König der ganzen Welt sei. Nur »sollte« ich es eigentlich noch nicht wissen, darum wurde ich so zur Bescheidenheit und zum »Nett-zu-den-Leuten-Sein« erzogen. Aber eigentlich war mir alles untertan; ich spielte das Spiel der Erwachsenen mit, indem ich mich anspruchslos und freundlich gab, wissend, daß eines Tages aus dem »eigentlich« ein »wirklich« werden würde. Fetzen dieser Vorstellung, schnell vorübergleitende Traumbilder aus diesem »Eigentlich-König-Sein« sind mir noch bis in die spätere Jugend geblieben.

Und so, wie ich vom Weg nach Beenz zu jenem Königstraum und zu anderen Vorstellungen hinübergleiten konnte, so glaubte ich, daß es Worte geben müsse, die Allmacht oder Vernichtung bedeuteten, Worte, die, einmal ausgesprochen, eine solche Untat darstellten, daß danach eigentlich die Welt untergehen oder sonst etwas Unerhörtes geschehen müsse. Andererseits aber mußte es auch solche Worte geben, die einem mächtige Kräfte in die Hände legten - wie es in dem Lutherlied heißt: Ein Wörtlein kann ihn fällen.

Ganz wirklich und mit gläubiger Erwartung erlebte ich diese Angst vor einem bösen Wort bei Verwandten in Schlesien. Wir waren auf Besuch bei einer entfernten Cousine meiner Mutter, die - damals noch ungewöhnlich - geschieden war und eine kleine Tochter in meinem Alter hatte. Ich mußte - ohnehin mein »Schlimmstes« - mit dem fremden Mädchen spielen. Sie fing bald an zu erzählen, sich über mancherlei in ihrem Dasein zu beklagen, und plötzlich begann sie, mit bösen Worten auf ihre Mutter zu schimpfen. Wir waren in solcher Scheu und Achtung vor unserer Mutter aufgewachsen, daß ich immer der festen Überzeugung war, man könne überhaupt nichts Böses über seine Mutter sagen. Würde ein solches Wort ausgesprochen, dann käme sozusagen automatisch ein Unheil, ein Blitz oder sonst etwas »von oben« auf uns herab. Ich sehe mich noch verschreckt, gar nicht mehr an den Erzählungen Puppe-Röschens interessiert. Eigentlich hat es mich ein wenig enttäuscht, daß der Blitz ausblieb. So lernte ich, an dem Automatismus zwischen böser Tat und der darauffolgenden Strafe zu zweifeln.

Es rief wirklich meinen äußersten Widerwillen hervor, bei Besuchen, auf Reisen oder gar zu Hause mit fremden Kindern spielen zu müssen. Dabei war es nicht so sehr das fremde Kind oder das ungewohnte Spiel, das mich ärgerte, als vielmehr der Eindruck, daß über mich verfügt werde. Jedes Gängeln oder Manipuliertwerden erbitterte mich zutiefst, was mir bis heute geblieben ist. Überhaupt - ich strebte nach Alleinsein, mehr noch: nach Allein-gelassen-Werden. Am glücklichsten fühlte ich mich in irgendeinem Winkel von Ställen oder Scheunen oder auch in den nahen Hundezwingern, besonders wenn keiner wußte, wo ich war. Hier war ich von meinem geliebten Kleinvieh umgeben, dessen Schuppen, Nester und Brutstätten in den weiträumigen Anlagen unserer Höfe verstreut waren.

Anfangs waren es Meerschweinchen und Kaninchen, die ich in Mengen züchtete. Sie waren in den Boxen unseres Kutsch- und Reitpferdestalles untergebracht - sehr zum Kummer unseres guten, aber sehr vornehmen Stallmeisters Siedler. Später richtete ich mir in den von meinem Vater überdimensional angelegten Hundezwingern Ställe für Hühner und Enten ein. Zuletzt, und schließlich auch am leidenschaftlichsten, habe ich Tauben gehortet und gezüchtet. Dazu hatte ich mir einen Taubenschlag über der Wohnung unseres Kutschers eingerichtet. Taubenzüchten war zu jener Zeit ein beliebter Sport. In Prenzlau gab es verschiedene Taubenzuchtvereine mit Ausstellungen und Prämierungen. Damals war ich - etwa zwölf Jahre alt - ein begeisterter Taubenvereinsmeier. Viele Sonntage habe ich bei Vereinsfreunden in Prenzlau unter sonnenerhitzten Dächern mit Anisgeruch in Taubenschlägen zugebracht. Tauben können nach ihren Rassen auf verschiedene Eigenschaften hin gezüchtet werden. Da gibt es die unförmigen, sich mächtig aufblasenden Kropftauben. Ich hatte »Englische Kröpper« mit kugelrundem Luftkropf und schönen, langen, gepflegten Federbeinen. Dann gab es die Brieftauben, die nach Streckenleistung zur Nachrichtenübermittlung gezüchtet wurden. Es gab Fleischtauben, Ziertauben und - mir am liebsten - Tümmler. Das waren Tauben verschiedener Rassen, deren Besonderheit ihre hinreißenden Flugspiele waren. Sie stiegen beim Anflug steil hinauf, stiegen immer höher und ließen sich dann schraubend und flatternd in größer werdenden Spiralen wieder herab, jagten sich, schossen in wechselnder Formation über unsere Köpfe hin. Diese Tümmler habe ich lange und mit Hingabe gezüchtet, manche Preise auf den jährlichen Ausstellungen ergattert und viele Stunden im Schlag bei ihnen verbracht, wo ich ängstlich ihre Rückkehr erwartete. Die Angst war nicht unberechtigt, denn gerade die Tümmler wurden durch ihre auffallenden und eigentlich unnatürlichen Luxus-Flugkünste leicht ein Raub der vielen Habichte, Sperber und anderen Raubvögel, die in unseren Wäldern und Fluren lebten.

Schon als kleines Kind hat es mich zu Tieren hingezogen. Meine früheste Erinnerung sind Laubfrösche, die mir der Gärtner fing und die ich in einem Weckglas-Terrarium unterbrachte. Dazu kamen später Scharen von selbstgefangenen Zauneidechsen, die im Sommer in unserer Sandkuhle herumschossen. Bald begann mit den Dorfjungen, später auch mit der Prenzlauer Schule ein flottes Geschäft mit dieser Währung: Salamander, Molche, Blindschleichen, Eidechsen, Laubfrösche. In meinem Zimmer hatte ich die Fenster nach außen ganz mit Fliegendraht versehen lassen, so daß ich im Inneren des Raumes ein riesiges Terrarium einrichten konnte. Dienerschaft und Erzieherinnen sahen diese ausufernde Beschäftigung mit Kriechtieren und Lurchen nicht gerne. Aber meine Mutter, die ahnte, daß diese Tiermanie keine vorübergehende Laune war, ließ mich in allem, was nur einigermaßen tragbar war, gewähren. Doch gab es auch Grenzen.

Einmal hatten wir im Zervelinsee beim Rudern eine Ringelnatter gefangen, die den See durchschwimmen wollte. Ich nahm sie in einem kleinen gläsernen Terrarium auf, und sie wurde bald so zahm, daß sie mir in den Ärmel kroch, um am Halse wieder herauszukommen. Ich wurde nun von allen Hausbewohnern, vor allem aber von den Tanten, die bei uns zu Gast waren, gemieden, wurde nicht mehr geküßt und umarmt, da ich als harmlosen Scherz einmal bei einer Liebkosung die Schlange aus meinem Kragen hatte blicken lassen.

Schlimm war es, als auf unserer Sommerreise nach Schlesien – wir hatten in Muskau bei Tante Wiwi Arnim Station gemacht – meine Ringelnatter sich aus ihrem portablen Terrarium entfernt hatte und nun die Bewohner des Muskauer Schlosses in Angst und Schrecken hielt. Da ich ihre Gewohnheiten kannte – sie vergrub sich gerne in weichen, wärmenden Kissen und Wolldecken –, konnte ich sie nach einigem Suchen unter irgendwelchen von der Sonne angewärmten Kissen wieder einfangen. In Schlegel schließlich, bei meinen Großeltern, wo wir die Sommerferien verbrachten, löste meine liebe Schlange unter den dort versammelten altösterreichischen Tanten solches Entsetzen aus, daß meine Mutter mich veranlaßte, das Tierchen wieder in die Freiheit zu entlassen.

Das Beobachten meiner Tiere, weniger systematische Betrachtung als Zusammensein mit ihnen über viele Stunden, war für mich vollendetes Glück. Noch als Gymnasiast habe ich in meinem Taubenschlag Schularbeiten gemacht und Vokabeln gelernt; hier fühlte ich mich am wohlsten.

So gerne ich meine Tiere beobachtete, so gerne beobachtete ich Menschen, wenn ich selbst nicht zu sehen war. Besonders Besucher wurden so *par distance* gemustert, ohne daß sie selbst es bemerkten. Dazu bot sich im Sperrenwalder Schloß eine gute Gelegenheit. In den uralten, dicken Feldsteinmauern des Erdgeschosses ging ein Fenster neben der Haustür auf die Auffahrt, wo die Gäste mit Wagen oder Auto ankamen. Dieses Fenster war nach innen blind; es war nur mit einem Holzpendel gegen die große Treppe, die von der unteren Halle in die oben gelegenen Wohnräume führte, geschlossen. In dieses Mauerloch, das vielleicht ein Meter tief war und sonst die Dimensionen des Fensters hatte, konnte ich mich hineinzwängen, von innen wie von außen ungesehen. Es bot einen ausgezeichneten Beobachtungsposten, um die eintreffenden Gäste zu »begutachten«.

Seltsamerweise erinnere ich mich an das Kranksein in der frühen Kindheit, als sei es etwas Schönes gewesen. Man liegt, heiß, dabei in kühlende Tücher gewickelt, im dunklen Zimmer. Aus dem Nebenzimmer – durch die geöffnete Tür fällt ein Lichtschimmer – halblautes Sprechen, das man nicht verstehen kann. Man fühlt, man hört die Nähe der Fürsorgenden um sich herum. Pfefferminztee wird gekocht, Wickel werden bereitet. Meine Mutter war eine Anhängerin der Homöopathie. Uns wurden Unmengen von winzigen weißen Kügelchen oder schön alkoholisch schmeckende Tropfen eingetrichtert: »Akonit und Belladonna« oder »Arnika innerlich und äußerlich«. Das Stadium des Fieberns, die leichteren Träume, das prompte Gelingen des oben beschriebenen »Wippens«, die ungebundene Bilder- und Gedankenfolge – all dies macht mir das »Kranksein« in der Erinnerung nur angenehm, gewiß auch ein Zeichen, daß ich von ernsteren Krankheiten verschont geblieben bin.

Einmal bekam ich in der Nacht während einer Erkältung Nasenbluten. Das Bluten wollte nicht aufhören. Das ängstliche Hin und Her meiner Mutter und der um mich Besorgten, die Unsicherheit, schließlich das lange Warten auf den aus Prenzlau herbeigeholten alten Sanitätsrat Niemer – daran erinnerte ich mich noch lange. Endlich war Dr. Niemer gekommen und hatte meine Nase mit Tampons vollgestopft. Doch die Angst vor dem »Verbluten«, dem unstillbaren langsamen Hinströmen und damit die Angst vor dem Sterben hatte ich kurz kennengelernt. Eine Ahnung dieser Angst ist geblieben: Während des Krieges sah ich alle Arten der schlimmsten Verwundungen, und sie berührten mich auf eine der Situation, meinem Alter und meiner Erfahrung entsprechende Weise. Aber ein stilles und unbeschreibliches Grauen faßte mich, wenn ich bereits versorgte Verwundete sah, bei denen es langsam durch den weißen Verband durchblutete. Da ergriff mich wieder das Gefühl des unaufhaltsamen Dahinsickerns von Blut. Auch jetzt noch empfinde ich eine Ahnung dieser Angst, wenn ich durchgeblutete Verbände sehe.

An kindliche Ängste kann ich mich noch deutlich erinnern, weil sie an einprägsame Bilder gekoppelt sind: In jenen Jahren hatte ich vor Zigeunern und – so seltsam es klingt – vor dem Weihnachtsmann eine panische Angst. Zigeuner zogen oft bei uns durch, besonders im Frühjahr oder im Herbst. Die Straße nach Gollmitz lag auf ihrer großen Wanderstrecke vom Südosten Europas, von Ungarn und Rumänien, in den Westen: Südfrankreich und Spanien. Meist kamen sie in kleineren Gruppen, häufig aber auch in Kolonnen von zwanzig bis dreißig Wagen, zerlumpte Gestalten jeder Altersgruppe, vor allem aber Kinder. Vor den Holzwagen liefen kleine zottelige, zähe und meist furchtbar magere Pferdchen.

Waren Zigeuner im Anzug, dann herrschte im Gut und im Dorf erhöhte Alarmbereitschaft. Der Nachtwächter bekam

Verstärkung durch einige Männer, die Ställe, Häuser und Vorratsspeicher bewachen mußten. Der Landjäger zu Pferde, damals der zuständige Gemeindepolizist, ritt die Flur ab und gab durch seine Anwesenheit der Szene noch eine erhöhte Spannung. Den Zigeunern wurde in der Nähe des Dorfes in der Sandkuhle ein Platz zum Rasten zugewiesen. In der Dämmerung schwärmten sie dann aus in die umliegenden Dörfer, zum Betteln und - natürlich auch - zum Stehlen. Meist führten sie Tanzbären mit sich. Der Klang des Tambourins, nach dem die armen, halb verhungerten Bären tanzen mußten, tauchte noch lange in meinen Angstträumen auf.

Wenn die Zigeuner kamen, gingen immer von neuem die schlimmsten Geschichten von Kindsraub und anderen Untaten um. Meine Angst drehte sich besonders um meinen Hund Affi, einen Zwergschnauzer. Ich befürchtete, daß die Zigeuner ihn nachts rauben würden. Affi mußte daher in Zigeunerzeiten neben meinem Bett schlafen und durfte nur fest an der Leine vors Haus geführt werden.

Das Unheimliche an den Zigeunern war, neben ihrem plötzlichen Auftauchen und Verschwinden, ihre Sprachlosigkeit. Sie verstanden kein Wort Deutsch; in ihrer Schar fand sich nur selten einer, der ein paar Brocken Deutsch reden konnte. Man konnte nicht mit ihnen sprechen, und ihre todernsten, verständnislosen und fremden Gesichter jagten uns Kindern im Dorf Furcht und Entsetzen und doch auch wieder gruseliges Interesse ein.

Eine der unangenehmsten Kindheitserinnerungen habe ich an den erzwungenen Nachmittagsschlaf. Ich kann mich sonst keiner solch geballten Langeweile entsinnen wie in diesen Stunden. Gesteigert wurde die zermürbende Spanne noch, wenn mit den Dorfkindern irgendwelche Exkursionen geplant waren, wenn im vergleichsweise langweiligen dörflichen Dasein irgend etwas los war, ein Zirkus, der durchzog, neue Maschinen, die aufgestellt wurden, wenn der Landjäger zu Pferde in der Schnitterkaserne Nachforschungen anstellte oder sonst ungesetzliche Handlungen unser Interesse beanspruchten. Da mußte ich still verborgen in meinem Bett liegen, während sich draußen so vieles tat. Da ich in jüngeren Jahren auch noch von meinen Gefangenenwärterinnen beobachtet wurde, um zu vermeiden, daß ich verbotene Tätigkeiten entfaltete, spielte oder las, verkroch ich mich tief unter die Decken, indem ich die Steppdecke herunterschüttelte und nur noch von dem lichtdurchlässigen Leinen bedeckt war. Ich baute mir eine weißlich-helle Halle, und wenn mir das Glück hold war, hatte ich vorher einen kleinen Käfer oder eine winzige Raupe gefangen, mit der ich nun im Bettenpfühl »Zoo« spielte. Am beschämendsten war es, daß ich meist, wenn ich zum Aufstehen gerufen wurde, doch eingeschlafen war.

Der Sommer in Sperrenwalde war für uns Kinder unvergleichlich schön, am schönsten, wenn es - bei großer Hitze - »nach Zervelin« ging. Zervelin, unser Forstgut, lag etwa zwölf Kilometer entfernt. Eine Fahrt dorthin bedeutete immer einen ganzen Tagesausflug. Dergleichen wurde nie lange geplant, meist war es eine Frage des Wetters. Wenn sich ein besonders schöner Tag ankündigte, quälten wir unsere Mutter so lange, bis sie der Fahrt nach Zervelin zustimmte. Der Aufbruch war gewaltig, denn alle Gäste des Hauses mußten mitgenommen werden, unsere engere Familie, dazu Mamsell, einige Mädchen zur Bedienung und zum Spaß für sie selbst. Zwei Wagen wurden beim Kutscher bestellt, der eine davon ein sogenannter »Omnibus«, auf dem viele Leute sitzen konnten, da man sich wie im wirklichen Omnibus auf schmalen Bänken gegenüber saß. Unsere Mutter dagegen fuhr mit den besonderen Gästen im »Horster«, einem langen und eleganten Kutschwagen, schmalgummibereift, schnell und leicht. Ihn lenkte nur Siedler, unser erster Stallmeister. Dazu kam noch das große Auto, das die gebrechlicheren Gäste aufnahm für eine längere Fahrt, denn sie mußten einen weiten Umweg über Prenzlau machen wegen der tiefen, für Autos nicht passierbaren Sandwege. Wir wurden zum Kutscher und zum Chauffeur geschickt, um die Frohbotschaft auszurichten, auch um im Stall zu helfen, damit es schneller ging. Gleichzeitig hatten Mamsell und ihre Gefolgschaft alle Hände voll zu tun, um für drei Mahlzeiten - Mittag, Vesper und Abendbrot - alles zu richten. Mamsell verstaute die Mahlzeiten in einer hölzernen Kiste, die zwei Abteilungen hatte und zur Warmhaltung mit einer Metallfolie ausgeschlagen war. Auf diese riesige Kiste waren, zu meiner Zeit schon recht verblichen, emsige Zwerge gemalt, die sich um ein Mahl im Walde bemühten, Holz hackten, Feuer machten, Kessel aufsetzten. Ich kann das Wort »Picknick« nie hören, ohne an diese Kiste und die Zwerge darauf zu denken.

Während wir im Stall halfen, das heißt das Anspannen

Der Zervelinsee, mitten in den Wäldern des gleichnamigen Forstgutes gelegen, besaß noch die Aura tiefer und menschenleerer Abgeschiedenheit.

durch Übereifer eher aufhielten, war man im Kinderzimmer dabei, die Badesachen zusammenzusuchen: baumwollene, lange und schlabberige einteilige Gewänder von schwarzer Farbe, dazu Badetücher und Wolldecken. In der Halle sammelte sich die ganze Reisegesellschaft. Das Auto fuhr meist zuerst los. Für uns war es eine schlimme Strafe, mit dem Auto fahren zu müssen. Manchmal wurde es dennoch erzwungen, wenn Hauslehrer mitkamen, die noch schulische Aufgaben mit uns durchnehmen wollten, was auf der vergleichsweise langweiligen Autofahrt wohl besser ging als in den Kutschen.

Wenn es dann endlich losging, war für uns immer die große Frage, ob wir auf dem Bock sitzen dürften, ob wir – als kleine und rangelige Jungen, die dauernd herabzufallen und damit das Geschlecht der Sperrenwalder Arnims auszulöschen drohten – dies alleine dürften oder lediglich neben einer Aufsichtsperson. Später kam die Frage, ob es uns erlaubt sei zu kutschieren. Herrlich warme Sonne, vielleicht sogar etwas Gewitter in der Luft, unsere Mutter hinten rechts – wenn Tante Cara dabei war, natürlich hinten links – mit weit aufgespanntem, buntem Sonnenschirm, großem radförmigem Strohhut, Hutnadel mit Perlentürkis oder ähnlichem.

Der »Horster« mit der erhabensten, auch der leichtesten Fracht und den besten Pferden fuhr vorneweg. Noch höre ich, wenn ich die Augen schließe, die knallenden Pferdehufe und die eisenbeschlagenen oder gummibereiften Wagen, wie sie vom holperigen Steinpflaster der Dorfstraße auf den ungepflasterten Sommerweg überwechseln. Bahnhof Sperrenwalde, Chaussee nach Gollmitz. Gollmitz selbst, nun wieder auf hartem Pflaster: Leute an den Fenstern, vor den Arbeiterhäusern, in ihren Gärten, auf den Feldern bei der Arbeit, Erntewagen voll mit Korn oder Häcksel. Man hatte uns eingeschärft, ganz besonders höflich und freundlich zu grüßen. Denn der Kontrast zwischen den arbeitenden, in der Hitze schwitzenden Leuten aus dem Dorf und unserer Sommerpartie-Kavalkade, – frisch, mit schnellen Pferden, sommerlich heiter –, bekümmerte meine Mutter im Stillen immer ein wenig. Und so grüßten wir besonders höflich und, wenn es nach Zervelin ging, auch besonders fröhlich! Meist wurde am Ende von Gollmitz in der Gärtnerei noch Station gemacht und frischer Waben-Honig, frisches Obst aus den dortigen weiträumigen Gartenanlagen mitgenommen.

Dann ging es durch den »Gollmitzer Busch«, ein größeres Laubwaldgebiet. Danach begannen die Bauernfelder. Wir kamen – nun nur noch tiefe Sandwege und kein Pflaster – durch das Bauern- und Fischerdorf Naugarten. Am Ausgang des aus alten, niedrigen Bauernkaten bestehenden Dorfes wurde der Weg steil, beschwerlich, es ging eine Hochebene hinauf, auf der die Zerveliner Forsten lagen. Alle Jüngeren mußten absteigen, auch der Kutscher Siedler stieg vom Bock, und nur die Ehrengäste blieben, wenn sie betagt oder gebrechlich waren, auf dem Wagen sitzen. Die Pferde waren dann schon ganz weiß vom schaumigen Schweiß; unruhig zitterten sie mit weiten Partien ihre Haut, um die in riesigen Scharen um sie kreisenden Bremsen abzuwehren. Während Siedler sich nach einem verstohlenen Blickaustausch mit meiner Mutter das Einverständnis zur Lockerung der Kleiderordnung einholte, den steifen braunen Hut abnahm und mit einem Taschentuch Glatze und Kragen - natürlich steif mit Ecken und weißem Schlips - abtrocknete, gingen wir zu den Pferden, klopften ihren Hals und schlugen die schwerfälligen, vom Pferdeblut vollgesogenen Bremsen tot. Der Pferdeschweiß, das gewienerte Leder, die im Hohlweg sommerlich flimmernde Luft mit den Düften von Heckenrosen und Holunder: Das war eine Mischung, die zusammengehörte und Zervelin, Sommer und Glücklichsein für mich bedeutete. Überhaupt ist es der Geruchssinn, der mir die echtesten Kindheitserinnerungen vermittelt, immer mehr Atmosphäre als fertiges Bild.

Nun waren wir auf der Hochebene angelangt, unter uns Naugarten mit seinem großen, schilfumstandenen See. In der Ferne Dörfer, kleinere Wälder und weit hinten, bei gutem Wetter klar zu erkennen, Prenzlau mit seiner doppeltürmigen Marienkirche. So ging es noch einige Kilometer über die Felder auf dem holperigen, ausgefahrenen Sandweg, die Pferde im Schritt. Bald stiegen wir wieder auf, und schon hörte man ein unausgesetztes, wütendes Hundegebell. Langsam näherten wir uns dem Wald, dem Zervelin. Am Eingang zu den Forsten das sogenannte »Heckenwärterhaus« mit dem bissigen Wachhund, der in seinem Zwinger wie verrückt bellte, jaulte und sich dabei wie ein Kreisel um die eigene Achse drehte.

Schnell änderten sich jetzt die Gerüche. Der hohe Kiefernwald war im Sommer unter der starken Sonneneinstrahlung ein einziger Duft nach schönsten Harzen, alles andere überduftend - wenn es dies Wort geben sollte. Der Weg, immer nur einspurig und in tief eingefahrenen Sandgeleisen, führte durch Hochwald, an Schonungen vorbei, an Jungholz. Die Kiefer herrschte bei weitem vor, aber es gab auch alte und hohe Buchenbestände, wenig Fichte. Jeder von uns war jetzt ganz darauf eingestellt, als erster Wild zu sehen, Damwild, das im Sommer, noch dazu im gegatterten Revier, fast zutraulich blieb, jedenfalls solange der Wagen fuhr. Hielt man an, so sprang das Wild in hohen Fluchten ab. Gelegentlich überraschte man auch einmal Sauen, die in ihrem fahlen Sommerkleid unter den Buchen nach Egerlingen brachen. So ging es wohl drei oder vier Kilometer durch den Wald, die Zerveliner Heide, und nach einer Biegung im Altholz lagen plötzlich der Zerveliner See und das alte Forsthaus unter hohen Eichen und Kastanien vor uns. Herr Steinmeyer, die Forstadjunkten und auch Frau Steinmeyer standen bereits vor der Tür. Begrüßungen, Weidmannsheil, Hackenschlagen - Herr Steinmeyer sorgte für Schliff bei seinen zwei oder drei Forsteleven, schließlich war er selbst Bückeburger Jäger gewesen. Dort hatte man Fürsten in jeder Menge zum Üben, hier mußten wir genügen. Von weitem schon begrüßte uns lautes und vielfältiges Hundegebell. Jetzt wurden die Viktualien abgeladen, und das Personal blieb im Forsthaus, um in gelockerter Stimmung die Mahlzeiten für uns zu bereiten.

Auch hier im Forsthaus ein ganz bestimmter Duft: Mischung eines nur selten gelüfteten Hauses - es lag ja im tiefen Baumschatten, bekam fast nie Sonne - und des scharfen Geruches der umstehenden Buchsbaumungetüme, so groß, wie ich sie nie mehr gesehen habe, kugelrund, mannshoch. Das Forsthaus selbst einstöckig, Fachwerk, ein Hirschgeweih über dem Eingang und darunter ein gemalter Auerhahn, umrahmt vom Spruchband: Weidmannsheil. War alles Nötige abgeladen, fuhren wir fünfhundert oder sechshundert Meter um den See herum zu unserem Badeplatz mit weißem, feinem Sandstrand unter uralten Kiefern. Hier war schon lange vom findigen und beflissenen Herrn Steinmeyer eine den Gesetzen der Schicklichkeit entgegenkommende zweiteilige Badekabine errichtet worden. Den Spaß, sich darin umzuziehen, schmälerte eine Tatsache, die wir öfter und immer ausschmückender kommentierten: daß sich Schlangen in diesen sonst unbewohnten, von der Sonne behaglich angewärmten Brettern aufhielten. Dann war da auch ein weiter Steg, umgeben von einer Holzbohlenumrahmung an der Nichtschwimmergrenze. Hinter diesem Bohlenzaun, der vielleicht einen Raum von acht mal dreißig Meter begrenzte, stand, solange ich mich erinnern kann, ein alle paar Jahre erneuertes Schild mit Herrn Steinmeyers großer Schrift: »Untiefe«. Noch heute weiß ich nicht, ob es dort ganz flach oder ganz tief war. Vermutlich war es tief, denn Herr Steinmeyer, der selbst nicht

Das Jagdhaus Zervelin.

schwimmen konnte, hatte großen Respekt vor dem Wasser, dessen Gefahren er mit den wahren Worten zu beschreiben pflegte: Wasser hat keine Balken! Über dem Badeplatz, der unter einem Steilhang angelegt war, hatte man eine lange Brettertafel aufgestellt, eingerahmt von Holzbänken: unser Eßplatz.

Wir wollten nun natürlich sofort ins Wasser, aber erst mußte die Wassertemperatur geprüft werden; wir wurden auch informiert, daß wir nur einmal, höchstens zweimal (und das zweite Mal erst am Nachmittag) ins Wasser gehen dürften. Da die Fahrt, die Sommerhitze, das Abenteuerhafte Zervelins uns leicht enthemmt hatten, wurden wir nun meistens verwarnt. Strafen wurden angedroht: überhaupt nicht ins Wasser - mittags schlafen unter Aufsicht - mit dem Auto nach Hause fahren! Wir wurden in den Umkleidekabinen unseres Zeuges entledigt und in die schlabberigen Badeanzüge gesteckt, durften dann im Wasser toben, doch kurz und streng nach der Uhr - denn wir waren zart, neigten zu Halsentzündungen, zu »Bronchien«, und mußten nicht von ungefähr jeden Herbst nach Reichenhall. Doch dann durften wir längere Zeit am Strand planschen, Muscheln suchen, Schwimmübungen machen oder im Boot spazierenfahren, wenn auch nur in Begleitung von Aufsichtspersonen und mit Rettungsringen versehen. Alle Gäste hatten sich mit Decken, mit den in den Kabinen muffelnden Liegestühlen fingerklemmend in die schattige Kiefern- und Wacholderumgebung verzogen: mit Büchern oder zum Schreiben, zum Träumen oder zum Schlafen.

Bald jedoch hörten wir wieder den Wagen anfahren. Auf dem Eßplatz stand das aus der Zwergenkiste bereitete Essen. In Zervelin hatten wir ein besonderes Geschirr, Zinnteller und Zinnbecher. Gäste mußten nach dem Essen mit einem scharfen Nagel auf der Rückseite eines Tellers ihren Namen einkratzen.

Nach dem lauten und gespritzten Badespaß, nach dem angeregten Picknick mit seinen lockeren Sitten und entspannten Gesprächen trat nun eine fast unwirkliche Ruhe ein, die Stunde des Pan. Flimmernde Hitzeluft, der durchdringende Duft der harzenden Kiefern und Fichten, das trockene Knistern der Kiefernnadeln, auf die man gebettet war, in der Ferne auf dem See der heisere Schrei des Tauchers, die Rufe der Spechte, ihr unaufhörliches Klopfen - Laute, die erst in der Mittagsstille des Sommers hörbar wurden. Solche Mittagsstunde in ihrer schläfrigen Einsamkeit hatte etwas aufregend Beängstigendes, etwas Urwelt-Märchenhaftes an sich.

Wieder Klappern mit Geschirr, die Vesper mit Milchkaffee. Bald tauchten am gegenüberliegenden Ufer des Sees Gestalten auf - vielleicht in zweihundert Meter Entfernung. Dort badete das Personal unter Aufsicht des ältesten Mädchens. Je mehr sie sich Mühe gaben, leise zu sein, desto mehr kam es zum Kreischen, zum Quietschen, zum Wasserplatschen. In gemessener Entfernung, ungestört und unstörbar, saß Kutscher Siedler mit einem weißen Taschentuch auf dem Kopf und angelte Barsche, Hechte, Karauschen, Schleie. Wenn wir dann endgültig aus dem Wasser geholt wurden, gab es für uns nichts Aufregendes mehr am Badestrand, und wir gingen ins Forsthaus zu Herrn Steinmeyer. Wieder kommen als Erinnerung die Gerüche nach modernden Akten, Holz und Leder, nach Ballistol, dem Allzweck-Gewehröl, und natürlich auch nach den in verschiedenen Dienstklassen und Graden versammelten, schwitzenden Forsteleven.

Herr Steinmeyer war ein Ordnungsfanatiker. Vor allem die Jagdgeräte, aber auch Handwerkszeug, Hämmer, Sägen, Nägel, Krampen, alles, was man zu Hause dringend zum Bau von Kaninchenställen brauchte und nicht bekam, war hier

Gleich am Rande des Waldes, am Fuß der hohen Kiefern, begann feiner, weißer Strand. Doch gebadet wurde nur an bestimmten, genau markierten Punkten, und immer vom Steg aus.

übersichtlich und lockend geordnet. Ich speziell hatte immer eine ganze Liste von Wünschen - Wünsche, die ich den strengen Ritterschafts-Administratoren auf den Gütern nie vorzutragen gewagt hätte -, und immer ging ich reich beladen aus den Vorratskammern nach Hause. Eine weitere Attraktion bot Herr Steinmeyer uns in der Dämmerzeit zwischen Vesper und Abendbrot: Er mußte uns Wilderer-Geschichten erzählen. Das konnte er hervorragend, immer in Ich-Form, immer glaubhaft, packend, gänsehauterregend. Herr Steinmeyer hatte eine ausgeprägte dichterische Ader. Er hatte mehrere Kirchenlieder gedichtet, die zum Teil auch im »Brandenburger Gesangbuch« standen. Außerdem war er ein Schnelldichter. Als ich einmal als Zwölfjähriger in Zervelin allein übernachten durfte, um am anderen Morgen auf die Eichhörnchenpirsch zu gehen, hatte ich gerade ein neues Jagdhorn geschenkt bekommen. Als ich um halb vier geweckt wurde, sagte ich zu Herrn Steinmeyer - damals nur mit dem Gedanken an mein himmliches Jagdhorn beschäftigt -, ob er nicht zufällig einen Vers zum Eingravieren auf den ausladenden Rand des Messinghorns wüßte. Inzwischen hatte ich mich nicht gerade gewaschen, aber doch angezogen und schlich noch ganz verschlafen zum Frühstück. Da präsentierte mir Herr Steinmeyer drei Vierzeiler jagdlich hehren Inhalts zur Auswahl, noch warm vom frischen Dichten, zum Gravieren auf mein neues Horn. Die Auswahl habe ich, staunend über soviel dichterische Kraft, gemeinsam mit meiner Mutter vorgenommen.

Langsam war es Abend geworden. Nun sammelte sich alles auf der düsteren Veranda des Forsthauses an langer Tafel zum Krebsessen. In Zervelin gab es damals noch kein elektrisches Licht, es waren nur einige Petroleumlampen aufgestellt. In großen Schüsseln kamen die roten, frisch gesottenen Krebse herein, und es begann das schönste Essen, das ich mir vorstellen kann. Früh waren wir angeleitet worden, wie man fein, aber auch schnell dem Krebs zu Leibe rückt, wie man aus den feinen Scherenenden die Fleischstückchen herausholt. Wieviele Arten, schwankend zwischen fein und langsam, unter Verzicht auf manche wohlschmeckende Innerei und forsches, schnell und viel und etwas unfeines Zugreifen gibt es gerade beim Krebsessen! Freilich durfte man beim Verspeisen der ebenso wohlschmeckenden wie vieldeutig anmutenden graurosa Innereien nicht daran denken, wovon sich die Krebse ernähren, wie sie vom Forstamt gefüttert, gelockt und gemästet wurden: Jeder »Aufbruch« eines erlegten Wildes wurde ihnen hingeworfen. Wenn meine Mutter nicht zuhörte, erzählten wir den Gästen, daß Krebse sich besonders gerne von erschossenen Wilddieben ernährten.

Die unverwechselbaren Geräusche beim Krebsessen auf der Holzveranda in Zervelin, die einfallende Nacht, die vielen aufkommenden nächtlichen Töne: Rohrdommeln, ziehende oder einfallende Enten, gelegentlich bellende Hunde, ein schreckendes Stück Rehwild – unvergleichlich alles und nie wiederkehrend. Ebenso unvergeßlich allerdings auch die oft gräßlichen Qualen, die wir Jungen mit bloßen Beinen unter dem Tisch von den Myriaden blutdurstiger Mücken zu leiden hatten. Dagegen gab es – Gottlob – damals noch kein DDT oder ähnliche Gifte, und so vermengt sich die strahlende und fast überirdisch schöne Erinnerung an das Krebsessen nach einem erfüllten Sommer-Zervelin-Tag mit gerade noch auszuhaltendem und ungern gesehenem Kratzen zu einem Erlebnis von Licht und Schatten.

Wenn die Krebse zur Neige gingen, fingen die Mädchen an

einzupacken. Es war spät geworden. Auf dem Innenhof der Försterei hörte man, wie die Pferde aus dem Stall geholt wurden, wie angeschirrt und aufgeladen wurde. Diese Erinnerung allerdings ist in mir nur wie ein sanfter Nebel. Richtig wach habe ich diesen nächtlichen Aufbruch sicher nie erlebt. Den Rest an Vitalität, den ich, todmüde nach solch einem ereignisreichen Tag, noch aufzubringen hatte, verwandte ich auf den Kampf: Pferdewagen oder Auto. Meist siegte ich, durfte im Pferdewagen fahren. Es kam schließlich auf eins heraus, denn wir Kinder schliefen doch die ganze Zeit in der warmen Nacht, von den auf den weichen Sandwegen leisen Fahrgeräuschen in den Schlaf gewiegt. Man hörte nur mal das Knarren der Deichsel, das Anziehen der ledernen Geschirre, das Quietschen des Wagens. Eingemummt in Decken, neben der Erzieherin, neben meiner Mutter, verlangten wir aus alter Gewohnheit nach Räubergeschichten, die uns auch - aus dem »Wirtshaus im Spessart« oder aus anderem Erzählerschatz - geboten wurden. Doch hörten wir kaum mehr als die ersten Sätze, schliefen bald fest ein, geschuckelt in der dunklen Nacht auf dem Weg nach Hause. Nur kurz wachten wir auf, wenn mit einem Mal die ruhigen Geräusche sich in ein Donnerkrachen mit Funkenstieben verwandelten, sobald die Pferdehufe und Wagenräder, nun schon ganz nah zu Hause, auf Pflaster schlugen. Wir orteten nach dem Klang der Hufe und nach den über und neben uns vorbeihuschenden Alleebäumen, Katen, Scheunen unseren momentanen Standort und fielen beruhigt in den Schlaf zurück. Wir ahnten, daß man die »armen«, »überanstrengten« Kinder - das nächste Mal müßten sie bestimmt mit dem Auto heimfahren - eingehüllt in warme Decken in die Zimmer tragen und ohne viel Waschaufhebens in die Betten legen würde.

Eine Familie in der Mark

Die Arnims waren seit vielen Jahrhunderten in der Uckermark ansässig, einem hügeligen, wald- und seenreichen Landstrich nördlich von Berlin, dort, wo die alte Mark Brandenburg im Nordwesten an Mecklenburg, im Nordosten an Pommern und die Oder grenzt, westlich der Oder und fraglos: Ostelbien.

Ob die Arnims nun seit Adams oder Cromagnons Zeiten schon dort - im Mannesstamme - saßen, lebten und jagten, oder ob sie aus dem feineren Westen kamen, am Orte ihres Wirkens jeweils die Vorsilbe »Arn« zurücklassend: Diese Frage muß ich ausklammern und den Sippenforschern meiner Familie überlassen. Die früheste Nennung des Namens »alardus von arnim« geht auf 1204 zurück. Fest steht, daß die Arnims vor der Besiedlung der Uckermark in der Altmark saßen.

Auf Boitzenburg lebten die Arnims seit 1429 unter ständiger Ausdehnung und Ausweitung ihres Besitzes. Neben den vielen anderen Gütern wie Gerswalde, Nechlin, Suckow, Zichow hatte Boitzenburg für uns Kinder einen heilig-ehrfurchtgebietenden Klang. Das Schloß war oft umgebaut worden, und seine architektonische Anatomie - auf Jahrhunderte zurückgehend - konnten wir nie ganz erfassen. Manche seiner Nebenflügel und Seitenhöfe durften wir wegen Baufälligkeit nicht betreten. Doch dies Verbot steigerte nur den Märchenzauber und unsere neugierige Scheu.

Ein Besuch in Boitzenburg war bei aller Herzlichkeit, bei allem Tantenküssen und frohem Willkomm auch immer eine Art Prüfung. Ich entsinne mich, daß ich als kleiner Junge von sechs oder sieben Jahren bei der Begrüßung dem Onkel Dietloff, dem »Boitzenburger«, die Hand geküßt habe - aus Versehen oder eher aus hoher Eingebung, gedrängt von der Wucht der aus allen Mauern und Bildern und Menschen wirkenden Familiengeschichte.

Schon das Ankommen in Boitzenburg war ein Ritual, dem sich besonders unser Kutscher gewachsen zeigen mußte. Während der Fahrt auf der Landstraße, die über Gollmitz durch die herrliche, ebenmäßige, alte Lindenallee nach Boitzenburg führte, wurden die Pferde geschont, um dann vom Tal im Marktflecken Boitzenburg aus den vielfach geschlungenen, kopfsteingepflasterten Weg in scharfem, von keinem Galoppsprung unterbrochenem Trab mit Donnergeklapper zu nehmen und auf den Zentimeter genau vor dem Portal im alten Turm zu halten. Nicht nur unserem Kutscher Wedel, auch uns zitterten die Glieder; denn wir waren ängstlich darauf bedacht, daß es genau und ohne Zwischenfall ablaufen, daß die »Sperrenwalder« ein gutes Bild machen würden.

Die Pferde, gestriegelt und gepflegt, der bequeme, gepolsterte Wagen - Landauer oder »Viktoria« -, daneben der Kutscher in Livree, mehr noch in Haltung, und die mühelos flotte Fahrweise, all dies war ein eindeutiges Statussymbol. An Kleinigkeiten konnte ein kundiges Auge Glanz oder Elend schon in den Anfängen erkennen. Verarmung oder beginnender sozialer Abstieg von Adligen wird in Literatur und Theater oft durch die Verkommenheit der schmuddeligen und betrunkenen Dienstboten dargestellt, während sie selbst vielleicht noch »Haltung« bewahren.

Die »assiette«, die wirtschaftliche und soziale Situation, ganz abgesehen von Fragen des Geschmacks und der Lebensart, ließ sich aus dem Stall im weitesten Sinne ablesen. Da im fremden Stallgebäude ausgespannt werden mußte, kam noch der hämische oder auch wohlwollende, aber immer spionierende Bericht des Kutschers über Zustände und Qualität des

Der Stammsitz der Familie, seit 1429 in deren ständigem Besitz: Schloß Boitzenburg in der Uckermark.

Schloß Boitzenburg, gesehen von der Frontseite.

besuchten Stalles hinzu. Dies war während der Heimfahrt am Abend immer ein breit ausgewalztes Thema.

Boitzenburg, in einem Tal nahe dem längst verfallenen Zisterzienserkloster Marienpforte, war an einem schon von den Germanen besiedelten Platz entstanden, »bis auf die neuere Zeit fern einer größeren Landstraße, an keinem bedeutenden Fluß oder offenen See, noch weniger im flachen Lande, sondern fast mitten in Wäldern und ziemlich bedeutenden Erhebungen des Bodens, dazu auf einer Insel im See Tyzten gelegen«.

In den Ursprüngen wohl eine slawische Befestigung, wurde Boitzenburg zur Zeit Albrechts des Bären (1142 bis 1170) zu einer »christlichen Burg« umgestaltet, ein Vorgang, der im Verlauf der Landnahme der von Süden und Westen gegen die Obotriten und pommerschen »Haiden« andrängenden Christen mit viel Blutvergießen und partisanenhaftem Hin und Her verlaufen sein mag. In den unruhigen Zeiten unter den Ottonen, den Staufern, den Luxemburgern war die Mark, als Grenzgebiet ein gerne abgestoßenes Tauschobjekt, an ver-

Adolf Heinrich
1803 - 1868
FKHr auf Boitzenburg
Kgl. preußischer Staatsminister
⚭Anna Caroline Gräfin v. d. Schulenburg-
Wolfsburg (1804 - 1886)

Elisabeth
1829 - 1919
⚭ Udo Graf
zu Stolberg
Werningerode

Adolf
1832 - 1887
Fkhr. auf Boitzenburg
erbl. Mitgl. u. Vizepräs.
d. preuß. Herrenhauses,
Kommendator d. Johanniterordens
⚭ Mathilde Gräfin v. Schweinitz

Sophie
1836 - 1918
⚭ Harry Graf v. Arnim

Traugott Hermann
1839 - 1919
⚭ 1. Laura
Freiin v. Lotzbeck
⚭ Caroline
Gräfin v. Arnim
geb. Gräfin Bismarck-Bohlen

Albrecht
1841 - 1903
⚭ Anna
Gräfin v.d.
Schulenburg

Caroline
1872 - 1947

Freda-Marie
1873 - 1939
⚭ Friedrich
Graf v. d.
Schulenburg
General der Kavallerie
Tressov 1865 - 1939

Adolf Friedrich Heinrich
1875 - 1931
Fkhr der Freien
Standesherrschaft Muskau
⚭ Sophie Gräfin u. Edle Herrin
zur Lippe-Weißenfeld
1876 - 1949

Wolf-Werner
1876 - 1904

Hermann
Adolf Dietlof Friedrich
Wilhelm Clemens 1903
Hr d. Waldgutstiftung
Standeshrschaft Muskau,
RRr d. Johanniterordens
⚭ Alexandra v. Krause
Baronesse v. Oelsen, 1905

Freda-Antoinette
1905
⚭ Alexander Fürst
zu Dohna-Schlobitten
1899

Franz-Adolf
Wolf Werner Theodor
1907 - 1943, Oberstlt u. Kmdr
der PzJägAbt. 11
⚭ Christine Prinzessin
zu Solms-Hohensolms-Lich
1908 - 1960

Georg-Werner
Adolf Guido
1913 - 1942
Hptm. u. BatFühr
im InfRgt 30

Maximilian
1974

Alexandra Valerie
1975

Clemens Hermann
1979

Felix
1983

Stammbaum
Dankwart Graf von Arnim

Georg Werner Graf v. Arnim
1845 - 1881
Kgl. preuß. Rittmeister
Caroline Gräfin v. Bismarck-Bohlen
1851 - 1902

Oskar Graf Pilati v. Thassul zu Daxberg
1860 - 1941
⚭ Margarete v. Kessel-Zeutsch
1866 - 1949

Johann Baptist
1894 - 1947
⚭ Ilse v. Koelichen

Esther
1888 - 1949
⚭ 1. Herbert Freiherr v. Zedlitz u. Neukirch
2. Willy Quaatz

Oskar
1898 - 1972
⚭ Margarete Lampert
1903 - 1990

Erika
1890
⚭ Ernst von Stegmann
1884 - 1914

Gerhard
Dr. jur., preuß. Rittmeister d. Res.
auf Groß-Sperrenwalde, Gollmitz und Parmen
1879 - 1929

⚭

Margarethe Gräfin Pilati von Thassul zu Daxberg
1887 - 1955

Gerta
1908 - 1949
⚭ Jobst von
…mier-Gliszinski
Hptm. a. D.
1914

Wolf-Traugott
1914 - 1918

Wernfried
1916 - 1940
auf Groß-Sperrenwalde, Gollmitz und Zerveliner Forst, Lt. d. Res. im Schützen-Regiment 3

Dankwart
1919 - 1981
Dr. med., Chefarzt
⚭ Gabriele Schenke

Thomas
1948
Priv. doz. Dr. med.
1948
⚭ Sabine König
1949

Gerta Caroline
1951
Logopädin
⚭ Gotthard Frh. von Czettritz und Neuhaus
Dr. med. 1943

Juliane
1957
Krankengymnastin
⚭ Wolfgang Biedermann
1950

Juri
1976

Bertram
1981

Bettina
1983

Stephanie
1984

Nikolaus
1987

schiedene Herren und Vögte geraten. So wurde auch Boitzenburg für manche, sich schnell ablösenden Familien zur Stützburg, bis schließlich 1429 erstmals die Arnims in Boitzenburg auftauchten. Am 29. Januar 1429 beurkundet zu Berlin Johann, der Markgraf zu Brandenburg und Burggraf zu Nürnberg, daß er Hans und Jaspar von Arnim für eine Schuld »das Schloß Boitzenburg mit einer Vogtei daselbst« übergäbe. Zehn Jahre später wird Hans von Arnim mit Sperrenwalde belehnt. Die Urkunden des 14., 15. und 16. Jahrhunderts sind eine endlose Aufzählung des Wechsels der Belehnungen und Besitze, der Rechte und der zu entrichtenden Abgaben, gespickt mit juristischen Quisquilien und Bestimmungen.

Wenn Boitzenburg auch nicht der älteste feste Sitz der Arnims in der Uckermark war – Gerswalde und andere Häuser werden früher genannt –, so blieb es doch im Empfinden unserer Familie der Stammsitz, der Sitz der Väter. Boitzenburg strahlte eine gewisse konservative Strenge aus, altpreußisches Wesen. Muskau dagegen, wo mein Vater aufwuchs, großartig, standesherrlich, fürstlich, war ganz anderer Art. Dort zeigte man die Pracht des Besitzes und des Besitzens. So boten Boitzenburg auf königlich preußische, Muskau dagegen auf modernere Weise, die in das kaiserliche Deutschland nach 1871 paßte, durchaus ein Bild jener Zeit.

Mein Vater, Gerhard von Arnim, starb, als ich zehn Jahre alt war. Daher ist das Bild, das mir von ihm geblieben ist, eine unentwirrbare Mischung aus den Erzählungen und Berichten meiner Mutter, von Verwandten und Freunden, abgesehen von dem relativ kurzen eigenen Erleben – ich kannte ihn ja nur als schon schwerkranken Mann. Habe ich in meinem Heranwachsen den Tod meines Vaters empfunden? Wenn ich an meine Jugend denke, so muß ich sagen: Mir fehlte nichts, und ich müßte lügen, wenn ich vorbringen wollte, mir hätte der Vater gefehlt, ich hätte sein Nicht-mehr-da-Sein in meiner Entwicklung als Lücke in meinem Leben gespürt. Doch man besteht ja nicht nur aus den registrierenden und oberflächlich erlebenden Schichten. Da ist es seltsam, daß die lebendigste Erinnerung, die ich an meinen Vater habe, wiederum ein Traum ist, den ich bis heute in einigen Jahresabständen immer wieder träume, immer der gleiche Traum bis in jede Einzelheit. Wir alle, meine Familie, meine Kinder, auch meine Mutter und der gewohnte, große Gästekreis in Sperrenwalde sit-

Graf und Gräfin Arnim mit ihren Kindern: Wernfried, Gerta und Dankwart.

zen zusammen in der Diele, dem Treffpunkt der Familie vor den Mahlzeiten. Vielleicht ist es Abend, vielleicht eine andere Zeit des Tages. Wernfried ist nicht dabei, und ich habe das Empfinden, ich sei der Herr im Hause, alle Verantwortung, alles »Sagen« hänge von mir ab. Doch bin ich von einer ungewöhnlichen Traurigkeit, Entschlußlosigkeit, ja Angst befallen. Plötzlich, in einer Atmosphäre schweigsamer, lähmend-ängstlicher Erwartung, öffnet sich in der Diele eine mir und uns allen bis dahin unbekannte Tapetentür, und mein Vater tritt herein. In dem Augenblick, in dem ich ihn sehe, fällt alle Angst, alle Starre von mir ab, und ich fühle eine nur in diesem Traum empfundene Aura des Glücks, der Dankbarkeit, der Einigkeit mit meinem Sein. Regelmäßig kommt mir kurz vor dem Erwachen noch der Satz in den Sinn: Also so einfach ist das, aus aller Not und Angst herauszufinden, nur diese Tür aufmachen, dann ist mein Vater da – dumm, daß ich das nicht schon längst gewußt habe.

Hört man Erzählungen und Berichte über meinen Vater,

dann steht sein Bild da als lebensfroher, heiterer Mensch mit einer starken harmonischen Ausstrahlung. Äußerlichkeiten nicht abgeneigt, pflegte er sich besonders exquisit anzuziehen, oft auch mit einem sehr eigenen und gegen die herrschende Mode gezielten Geschmack. Zu Hause trug er im Sommer nur kurze Hosen, meist offene Hemden mit weiten Kragen und riesige Panamastrohhüte.

Schon in seiner frühesten Jugend war seine Liebe zu Hunden eine seiner hervorstechendsten Eigenschaften. Es geht die Mär, wir hätten zu Beginn des Krieges siebzig Hunde gehabt – die in den Förstereien natürlich eingerechnet. Besonders liebte er die Pointer, von denen zwei Exemplare noch auf den Bildern kurz vor seinem Tode abgebildet sind. Ein alter, großer und schwerer Boxer, Bobby, war in seinen letzten Jahren dauernd bei ihm. Nach dem Tode meines Vaters nahm Bobby keine Nahrung mehr auf, er starb wenige Tage später.

In Muskau, wo mein Vater aufgewachsen ist, herrschte eine musische Atmosphäre. Meine Großmutter dichtete, malte, sang, spielte Harfe. Ich kann mich noch erinnern, daß in den zwanziger Jahren alle paar Wochen der Gesangslehrer aus Berlin, Herr Mangold, zum Unterricht nach Sperrenwalde kam, um meinen Vater, später auch meine Schwester Gerta zu schulen. Mein Vater traf die Auswahl seiner Privatsekretärinnen nicht zuletzt nach ihrem musikalischen Vermögen – sie mußten gut Klavier spielen können, um ihn oder Gerta zu begleiten oder auch um ihm vorzuspielen. Unsere Notenschränke waren randvoll mit Liederbüchern von Brahms, Hugo Wolf, Loewe. Und noch in seinen letzten Lebenswochen hat seine damalige Sekretärin, Emmalotte Lang, ihm auf dem Flügel nach Wunsch und Wahl viele Stunden vorgespielt.

Ob sich mein Vater besonders für wirtschaftliche Angelegenheiten interessiert hat, weiß ich nicht; ich vermute, daß er es nicht getan hat. Fraglos hatte er eine klare Meinung von seinen Fähigkeiten. Es ist immer ebenso wichtig zu wissen, was man kann, wie zu wissen, was man nicht kann. Mit sicherem Griff hatte er deshalb Herrn Kaune zum Güterdirektor bestellt und ihm schon relativ früh, kurz nach dem Ersten Weltkrieg, die Generalvollmacht für dic Güter übertragen.

Welche Interessen mein Vater im besonderen hatte, vermag ich nicht zu sagen. Seine Bibliothek bestand vor allem aus einer Unzahl von bibliophilen Werken kunsthistorischer

Die Großeltern: Georg Werner Graf Arnim und Caroline Gräfin Arnim, geborene Gräfin Bismarck-Bohlen, in Berlin vor dem Arnimschen Palais »Unter den Linden«.

Provenienz. Aber eine spezielle Richtung, ein Schwerpunkt seiner Interessen ist mir nicht sichtbar. Schließlich erkrankte er während des ersten Krieges, Mitte dreißig, und zur Ausprägung, zur Pflege besonderer Interessen werden ihm bald Vitalität und Gesundheit gefehlt haben.

Betrachtet man seine Ausgangsposition als jüngster Muskauer, wohlhabend, beliebt und begabt, betrachtet man vor allem auch die Pläne, die sein Stiefvater als Diplomat mit ihm hatte, und blickt man dann auf sein Leben als zurückgezogener Gutsherr, Rosenzüchter, Hundeliebhaber und äußerst gastlicher Hausherr, dann meint man zu spüren, daß er, was das mit Kraft und Willensstärke Geschaffte und Erkämpfte betraf, hinter seinen Möglichkeiten zurückgeblieben ist. Doch lag darin vielleicht mehr als bloßer Zufall, nämlich eine Art Lebensklugheit oder auch ein Lebensprinzip, das ganz im Gegensatz zum sogenannten Peter-Prinzip steht. Das Peter-Prinzip besagt, daß Männer auf der Stufenleiter des in ihrem Leben und in ihrem Beruf Erreichten immer eine Stufe höher landen, als sie mit ihren Fähigkeiten, ihrem Durchsetzungs-

Die Eltern: Gerhard Graf Arnim, der die Paradeuniform der Breslauer Kürassiere trägt, und Margarete Gräfin Arnim, geborene Gräfin Pilati, an ihrem Hochzeitstag am 9. Oktober 1906 in Schlegel.

vermögen, ihrem Intellekt eigentlich leisten können. Die Folge ist ein insgesamt überfordertes Leben, Hektik und Anspannung. Dies Bild stammt von Parkinson. Das Gegenteil dazu bildet die Lebens-Maxime, die wohl auch meinen Vater bestimmte. Sie besteht darin, daß ein Mann mit einem Schuß Weisheit, die seinen Daseinsehrgeiz gerade etwas überragt, in seinen aktiven Lebensäußerungen, im Beruf, in der Karriere eine kleine Stufe unter dem Erreichbaren zurückbleibt. Die Folge für das Wesen dieses Menschen und seine Umgebung ist eine Art Daseinsharmonie. Sie eröffnet die Möglichkeit, sich mit den schönen Dingen des Daseins, der harmonischen Erfülltheit des Alltags zu beschäftigen. In einer auf letzte Effizienz, auf Erfolg und Leistung gestellten Welt heute ein wenig passendes Bild eines Mannes. Ich glaube, es war Heraklit, der sagte: »Erfolg ist der Lehrer des Toren.«

Betrachtet man Sperrenwalde, das Haus, den Park, den Garten, und alles, was mein Vater aus einer sandigen Öde dort schaffen ließ, hört man die Schilderungen seiner Freunde, der Verwandten, so spürt man, daß dies Sperrenwalde mit »Onkel Gerti« etwas Besonderes war: ein Ort heiterer Lebensfreude und humaner Gesinnung, gastfrei und schön auch im kleinsten Detail des alltäglichen Lebens, in der Einrichtung der vielen Gästezimmer oder in der Wahl des Speisezettels.

Mein Vater war das jüngste von fünf Kindern des jüngsten »Boitzenburgers« Georg Werner und seiner Frau, der Caroline Bismarck-Bohlen. Er wurde 1879 in dem einige Jahre später verkauften Arnim-Palais in Berlin geboren, gegenüber der Pariser Botschaft und zwischen dem Brandenburger Tor und dem alten Hotel Adlon. Sein Vater starb, als er zwei Jahre alt war, und Mutter Caroline heiratete acht Jahre später ihren Schwager Traugott-Hermann Arnim, der 1883 die Standesherrschaft Muskau unweit Görlitz vom Herzog der Niederlande gekauft hatte. So wuchs mein Vater in Muskau auf, besuchte die Schule in Goslar, studierte in Berlin, Breslau und Heidelberg Jura und promovierte unter Felix Dahn, dem Autor von ›Ein Kampf um Rom‹, in Breslau zum Dr. jur. Sein Stiefvater Traugott-Hermann plante, daß er in den Staatsdienst gehen sollte. Traugott-Hermann war selber in der Politik tätig gewesen, bis ihn die Affäre um Harry Arnim, seinen Schwager, der sich mit Bismarck überworfen hatte, dazu zwang, sich von der auswärtigen Politik zurückzuziehen. Er hoffte, daß »Gerti«, der aufgrund seiner Veranlagung, seiner Herkunft und seiner Gaben zur Diplomatie prädestiniert schien, eine entsprechende Laufbahn einschlagen würde. Vorerst durchlief mein Vater die ganzen damals geforderten Stationen eines jungen Juristen und Offiziers. Seinen Dienst als Soldat leistete er im »schönsten Regiment der Christenheit«, den ersten Kürassieren in Breslau, dem Leibkürassier-Regiment »Großer Kurfürst«. Während seine älteren Brüder in Berliner und Potsdamer Regimentern standen, schien es meinem Großvater wohl ratsam, seinen Jüngsten, nachdem er den schlesischen Besitz Muskau gekauft hatte, auch in ein schlesisches Regiment zu schicken. Aus dieser Zeit stammten die treuesten Freundschaften meines Vaters, die Verbindungen mit Saurmas, Sierstorppfs, Wallenbergs und Seherr-Toss, Namen, die ich aus Erzählungen der Breslauer Zeit kenne.

Gerhard Graf Arnim, der Vater, war mehr musischen als praktischen Dingen zugewandt. Seine Sekretärinnen mußten immer auch gut Klavier spielen können. Er liebte Musik, auch Malerei und Literatur, und legte ausgesprochenen Wert auf elegante Kleidung.

Auf einem der großen Bälle des Regiments wurde auch meine Mutter mit siebzehn Jahren erstmals »ausgeführt«. Kurz darauf machte mein Vater wohl bei den Pilatis in Schlegel Besuch, und nach wenigen Wochen war die Verlobung perfekt. Mein Vater war auf dem Sprung, mit seinem älteren Bruder Adolf und seinem Vetter Fritz-Ullrich Bismarck-Bohlen eine große Weltreise nach Ostasien anzutreten. Daher konnte er nur wenige Stunden sein junges Verlobungsglück genießen, um gleich darauf so schnell wie möglich aufzubrechen. Diese Weltreise kenne ich weniger aus Erzählungen oder schriftlichen Berichten als von den zahlreichen Bildern, die mein Vater davon mitbrachte. Ein bekannter Maler namens Wuttke war auf demselben Schiff, und mein Vater kaufte die gesamte

»Produktion« seiner Reiseeindrücke auf. Es werden sicher dreißig kleine Ölbilder gewesen sein, die in Sperrenwalde das Eßzimmer schmückten. Vier davon habe ich noch durch die Hilfe des früheren Bartelshagener Administrators Diller zurückerhalten, der sie irgendwo im Schutt des im Mai 1945 von den Russen aufgebrachten und zerstörten Flüchtlingstrecks gefunden hatte.

Ein noch deutlicheres Zeichen der Reise waren die vielen japanischen und chinesischen Einrichtungsgegenstände, die noch von Schulze- Naumburg, dem Architekten von Sperrenwalde, herumstanden, als Sitzmöbel unglaublich unbequem waren und schließlich auch wenig in den Stil unseres norddeutschen Herrenhauses paßten. Doch ein Gutes hatten sie. Meist waren es riesige geschnitzte schwarze Holzsessel, Drachenköpfe, Schlangenleiber ineinander verstrickt. Beim Ostereierverstecken waren die Krypten in den Drachenmäulern das beste Versteck, und noch im Verlauf des ganzen Jahres gelang es uns bei genauerer Suche gelegentlich, eines der schwarzen Marzipan-Ostereier von »Hamann« in Berlin aufzufinden - wenn auch vielleicht schon etwas muffig.

Bevor mein Vater die Weltreise antrat, hatte er in einem Breslauer Blumengeschäft den Auftrag gegeben, seiner Verlobten jeden Tag ein Blumengebinde zu übersenden. Dieser für die eher kargen Schlegeler Verhältnisse ganz außergewöhnliche Aufwand scheint für meinen Vater charakteristisch gewesen zu sein, denn er liebte es, Freude zu machen, und scheute sich nicht, dabei ungewöhnliche und teure Wege zu gehen. Davon zeugen die vielen erlesenen Schmuckstücke, die mein Vater aus dem Fernen Osten nach Sperrenwalde brachte, die Mitbringsel, Geschenke und Erinnerungsstücke.

Nach der Hochzeit zogen meine Eltern nach Düsseldorf, wo mein Vater »bei der Regierung« als Assessor arbeitete. Er wurde dann nach wenigen Jahren in seine »Stammlande« versetzt und kam erst nach Stettin, dann nach Prenzlau auf das Landratsamt. In Stettin war er persönlicher Referent des Oberpräsidenten von Pommern, seines Onkels Graf Maltzahn. Ihn hatte er bei allen Fahrten zu begleiten und seinen Tagesablauf so zu regeln daß der alte Herr nicht zu stark strapaziert wurde. Als sie einmal durch die Straßen Stettins fuhren und an den Bürgersteigen die Menschen »Front« machten, die Hüte zogen, kurz, ihrem Oberpräsidenten die Reverenz erwiesen, bemerkte mein Vater, daß Maltzahn sich nicht rührte. Mein

Vater machte ihn darauf aufmerksam, daß die Leute ihn grüßten, worauf er nur ganz gelangweilt, mit halb geschlossenen Augen vor sich hinblickend, meinte: »Kann ich's hindern?«.

Die Zeit in Prenzlau sollte als weitere Vorbereitungszeit des jungen Juristen für spätere Aufgaben im Staatsdienst genutzt werden. Prenzlau lag ja mitten in der Uckermark, nahe Boitzenburg, umgeben von verwandtschaftlichen Besitzen. Meinem Vater gehörten damals die Güter Gollmitz, Parmen und die Zerveliner Heide, ein tausend Hektar großes Waldstück aus dem Verband der Boitzenburger Forsten. Je mehr mein Vater das Leben auf dem Lande in Prenzlau kennenlernte, desto mehr faszinierte es ihn, so daß er sich entschloß, neben seiner Assessorentätigkeit im Prenzlauer Landratsamt Landwirtschaft zu lernen. Ganz in der Nähe von Prenzlau war das Gut eines bekannten, erfahrenen, allerdings auch etwas schrulligen Landwirts, Lehmann-Mühlhof, wo mein Vater sich in die Geheimnisse der Agrikultur einweihen ließ.

Nicht fern von Prenzlau wurde damals auf eher kärglichem Boden ein »Rittergut« zum Kaufe angeboten, früher einmal ein Boitzenburg-Arnimscher Besitz, jetzt in der Hand einer Familie Rose, die das Gut heruntergewirtschaftet hatte. Schön war es nicht. In der Mitte des Dorfes, das fünfundzwanzig oder dreißig baufällige Arbeiterkaten zählte, stand ein ebenso langweiliges wie halb verfallenes Herrenhaus. Mein Vater verliebte sich sofort in dieses Sperrenwalde, wohl aufgrund seiner Fähigkeit, gewollt gestaltete Zukunft fast real und greifbar vor sich zu sehen. Nach einigen kurzen Verhandlungen war der Kauf perfekt, damit auch der Plan meines Vaters, ein Landmann zu werden und dem höheren Staatsdienst Lebewohl zu sagen. Die Rechnung für den Kauf sandte Gerti kurzerhand an seinen Stiefvater Traugott-Herrmann, der damals gerade in San Remo zur Kur weilte. Es muß kurz bemessene, blitzende Kräche gegeben haben - Einzelheiten weiß ich nicht -, doch mein Vater setzte seinen Willen durch. Er wurde Landwirt, und Sperrenwalde wurde der Sitz unserer Familie.

Bald wurde der damals sehr bekannte Architekt Schulze-Naumburg herangezogen, das Herrenhaus umzubauen. Parkgestalter wurden eingesetzt, und so wurde aus dem sandigen Boden ein gärtnerisches Kleinod mit Gewächshäusern, Staudengärten und großzügigen Rosarien. Vor dem Haus breitete sich, geometrisch angelegt, eine Rasenfläche mit Buchsbaumumstandenen Rosenbeeten aus. Als im Jahre 1913 in Breslau

Bevor die Arnims Sperrenwalde erwarben, galt das Gut keineswegs als ein Kleinod preußisch-märkischen Lebensstils. Weder in ästhetischer noch in praktischer Hinsicht scheint es etwas Besonderes gewesen zu sein; der Boden war karg, das Herrenhaus »langweilig und halb verfallen«. Erst Gerhard Graf Arnim hat etwas daraus gemacht. Er ließ das Haus umbauen und legte einen großen, blumenprächtigen Garten an, alles mit Zähigkeit und Ausdauer dem sandigen Boden der Mark abgerungen. Oben das Herrenhaus, unten der Garten in einer Zeichnung von 1965.

anläßlich der Jahrhundertfeier der Befreiungskriege eine riesige Gartenausstellung auf den Oder-Inseln veranstaltet wurde, kaufte mein Vater die dort gepflanzten Rosen kurzerhand auf, um sie nach Beendigung der Ausstellung in Sperrenwalde einzusetzen.

Die Zeit in Sperrenwalde vor dem Ersten Weltkrieg, das Heranwachsen der älteren Kinder - Gerta wurde 1908, Wolf-Traugott 1914 geboren -, ist in vielen Bildern festgehalten, auf denen immer Hunde eine große Rolle spielen. Wie mein Vater den Besitz bewirtschaftete, welche ökonomischen Ideen er verfolgte - ich weiß es nicht. Bilder und Erzählungen aus jenen Jahren hinterlassen eher den Eindruck eines paradiesischen, durch keinerlei Arbeit oder Pflichten unterbrochenen Lebens. Mein Vater wußte schon bald, daß er zum scharf rechnenden Landwirt nicht geboren war, und übergab die Bewirtschaftung der Güter Männern, die mehr davon verstanden. Als er sich zu Beginn seiner landwirtschaftlichen Tätigkeit einmal bei dem damaligen Pächter seines Gutes Gollmitz Rat holte und ihn fragte, ob denn hier wie überall auf dem Lande viel geklaut würde, sagte der alte und erfahrene Herr Schiller zu ihm: »Das macht nichts, Herr Graf - mehr als die Hälfte müssen sie Ihnen ja doch lassen.«

Dann kam der Krieg. Mein Vater rückte als Rittmeister bei den Leibkürassieren ein und wurde anfangs in Frankreich eingesetzt. Aus den ersten Monaten des Frankreich-Feldzuges gibt es ein Bild, gemalt von einem die Truppen begleitenden »Schlachtenmaler«: mein Vater hoch zu Roß, daneben der Stallmeister und Bursche Platzek, zwei Handpferde haltend, im Hintergrund zerschossene Bauerngehöfte bei rauchschwarzem Himmel.

Bald erkrankte mein Vater an einer eitrigen, nie ausgeheilten Angina. Es entwickelte sich eine chronische Nierenentzündung, eine Schrumpfniere. Nach endlosen Sanatoriumsaufenthalten, Behandlungsversuchen bei mehr oder weniger seriösen Ärzten und Quacksalbern, monatelangen Kuren in Gastein, Oberammergau, Neuenahr und an vielen anderen Orten ist mein Vater nach langem Siechtum am 11. Juli 1929 in Sperrenwalde gestorben. Ich war in der letzten Zeit sehr viel um ihn, doch habe ich an sein Sterben, seinen Tod keine Erinnerung. Daß mein Vater gestorben war, wußte ich, doch begriffen hatte ich es noch nicht. Das geschah einige Wochen später. Unser Stallmeister Siedler fuhr mich nach Gollmitz zum Unterricht bei Lehrer Winter, und ich sprach mit ihm ganz unbefangen über meinen Vater, mit dem ihn ein ganz besonderes Vertrauensverhältnis verbunden hatte. Plötzlich schossen Siedler die Tränen in die Augen; er mußte anhalten, konnte nicht weiterkutschieren vor hemmungslosem Weinen. Erst in diesem Moment - einige Wochen nach dem Sterben meines Vaters - habe ich begriffen, daß er tot war.

Meine Mutter litt ihr ganzes Leben lang unter wechselnd schweren Depressionen, deren Unterbrechungen sich für uns alle als Freudenzeiten darstellten. Es war typisch für sie, daß Tatkraft, Mut und Entschlußfähigkeit sich gerade oder nur in jenen Zeiten zeigten, in denen für Depressionen der größte und erklärlichste Anlaß gewesen wäre. Sie war die älteste von fünf Geschwistern. Nach damaliger Gepflogenheit, auch beeinflußt von der Persönlichkeit meiner Großmutter, kümmerten sich die Eltern wenig um die Kinder, die in der ländlichen Ruhe Schlegels in der schlesischen Grafschaft Glatz aufwuchsen, während meine Großeltern die meiste Zeit in Breslau lebten. In den Erzählungen meiner Mutter aus ihrer frühen Jugend spielten vor allem die Bosheiten ihrer französischen Erzieherin Lucie eine große Rolle. Während Lucie die jüngeren Kinder ostentativ bevorzugte, konnte meine Mutter, Teta genannt, es ihr nie recht machen. Sie wurde auch ganz gezielt von ihr verunsichert. So sollte zum Beispiel Teta für Lucie eine der verschiedenen Scheren holen; auf die Frage, welche Größe die Schere haben sollte, wurde ihr keine Antwort gegeben. Als sie dann irgendeine Schere brachte, war es natürlich die falsche, und es folgte eine der immer wiederkehrenden sadistischen Strafen. So mußte sie etwa in die Badewanne, die Lucie so voll laufen ließ, daß das Wasser ihr über das Kinn an den Mund stieg; doch durfte sie sich keinesfalls rühren, sonst waren weitere Strafen angekündigt. Andere Male mußte sie in dem ganz verwinkelten, baufälligen und aus weithin unbewohnten Teilen bestehenden Schloß mit ihrem Bettzeug auf dem Absatz irgendeiner Bodentreppe die Nacht oder Teile der Nacht verbringen. Ein andermal wurde sie in übervolle muffige Kleiderschränke gesperrt oder mußte stundenlang an der Wand stehen, mit dem Gesicht von der übrigen Kindergesellschaft weggekehrt, ohne zu sprechen. Es ist seltsam, welch große Rolle diese Schilderungen in den Erzählungen meiner Mutter spielten; das dabei vorherrschende Motiv war immer

Angst. Sie hatte anscheinend zu ihren Eltern, besonders zu ihrer Mutter, nicht das Verhältnis, daß diese Grausamkeiten einmal hätten zur Sprache kommen können. Lucie muß dann doch ziemlich plötzlich das Haus wegen eines mir nicht erinnerlichen Kraches verlassen haben.

Die Erziehung muß auch sonst ungewöhnlich streng gewesen sein, vor allem auf Haltung bedacht, auf »sich nicht gehen lassen«. Als die Familie einmal in Koritau bei den Großeltern zum Essen geladen war – Teta wird damals vielleicht vier oder fünf Jahre alt gewesen sein –, hatte sich ein Floh bei ihr eingefunden, wohl ein Floh mit besonderem Hunger, denn er hatte die arme kleine Teta während des ganzen Mittagessens an den verschiedensten Körperpartien gepiesackt. Doch Teta durfte sich nicht rühren, mußte bewegungslos auf ihrem Stuhl sitzen bleiben. Erst als alle aufstanden und das Eßzimmer verließen, brach sie weinend am Hals einer Tante zusammen. Erklärungen und eine sofort erfolgte Inaugenscheinnahme zeigten das Martyrium, das die kleine Teta durchgestanden hatte. Anschließend ist vom strengen Großvater Pilati auch ein Lob ausgesprochen worden, was meine Mutter bei späteren Erzählungen dankbar, doch immer auch mit einem gewissen Staunen berichtete. Diese Haltung meiner Mutter, und hier meine ich ganz ausgesprochen die »Körper«-Haltung, ist ihr bis ins Alter geblieben. Ich kann mir meine Mutter nur denken unangelehnt aufrecht sitzend, Knie zusammen, die kleinen Füße in Höhe der Fesseln gekreuzt.

Sicher stand meine Mutter als junges Mädchen stark im Schatten ihrer temperamentvollen und gewandten Mutter, meiner Großmutter, einer geborenen Kessel. Obwohl meine Mutter ihr mit den Jahren immer ähnlicher wurde, war sie in den meisten Charaktereigenschaften ihr Gegenteil. Sie war still, fast scheu, jedem Hervortreten in der Gesellschaft – außer an der Seite meines Vaters – abgeneigt, im kleinen Kreis fröhlich bis zur Ausgelassenheit, aber plötzlich und radikal wechselnden Stimmungen ausgesetzt. Man kann sich denken, wie sie, eingeschüchtert durch mancherlei Hinweise von Tanten und Eltern auf das Beispiel ihrer Mutter und durch die frühen Erlebnisse mit Lucie noch zusätzlich traumatisiert, in Schlegel ganz das Bild des scheuen Komteßchens bot. Es wird gerade dies Bild gewesen sein, das meinen Vater fesselte, der bei seinem Erscheinen in Schlegel als »jüngster Muskauer« in seiner überströmend herzlichen und unbekümmerten Art alle Schlegeler und vor allem meine Mutter für sich gewann. Das Bild der zarten, »kleinen«, schutzbedürftigen Frau ist an meiner Mutter immer haften geblieben; so sah man sie in der ganzen Arnimschen Familie, besonders in den auf eher rauhe Tüchtigkeit eingestellten Uckermärker Familien. Dort galt sie im Kreis der Landfrauen, die im Gegensatz zu ihr schon um vier Uhr früh die Mägde scheuchten, als nicht ganz zugehörig, wozu auch die schlesische und österreichische Verwandtschaft als Erklärung beitragen mochte. Bei der ältesten Schwester meines Vaters, der sehr geliebten und gefürchteten Tante Cara, hieß meine Mutter noch in späteren Jahren - als sie beide zusammen in Arnsburg als Flüchtlinge lebten - »meine kleine Schwägerin«.

Die Zeit ungetrübten Glücks war kurz bemessen. Nach den glücklichen Jahren in Düsseldorf, Prenzlau und den ersten Zeiten im neuen Sperrenwalde kam 1914 der Krieg. Bald darauf begann die Krankheit meines Vaters. 1914 wurde der erste Sohn geboren, Wolf-Traugott, bei dem sich ein angeborener Herzfehler herausstellte. Die Operation wäre heute eine Kleinigkeit, aber Wolf-Traugott starb vierjährig, kurz vor Kriegsende 1918. Darauf folgte die von immer neuen Hoffnungen und wachsenden Enttäuschungen erfüllte Zeit bis zum Tode meines Vaters 1929, gleichzeitig und danach äußerst schwierige wirtschaftliche Verhältnisse. Wieder elf Jahre später, im zweiten Jahr des Zweiten Weltkrieges, fiel mein Bruder Wernfried am 15. Mai 1940 in Belgien. Nach einer durch meine Kriegsteilnahme und Gefangenschaft ebenfalls mit Angst und Kummer randvollen Zeit kamen die Flucht aus Sperrenwalde, die erzwungene Rückkehr unter den Russen, Gefängnisaufenthalte, demütigende und schändliche Erlebnisse vom Mai 1945 bis zum April 1946, als meine Mutter endlich, umgeben von ihren Treuen: Mucki, Mamsell und der 1942 bei uns untergetauchten jüdischen Frau Steckhan, in die Westzone ausreisen durfte. 1949 starb meine Schwester Gerta von Chamier in Mühldorf in Oberbayern bei der Geburt ihres fünften Kindes.

Wir verstanden uns mit unserer Mutter sehr gut, da ihre ganze Erziehung und die Art, mit uns und ihrer Umgebung umzugehen, immer auf Harmonie und gegenseitige Rücksichtnahme, vielleicht auch ein wenig auf Fernhalten der rauhen Wirklichkeit gestellt war. Sie war keine Mutter, »zu der man mit allem kommen konnte« - wie auch ich gewiß kein Kind war, das zu irgendjemandem »mit allem« gegangen wäre.

Margarete Gräfin Arnim, genannt »Teta«, mit ihren beiden Söhnen Wolf-Traugott und Wernfried. Ersterer starb 1918. Ein Jahr darauf wurde Dankwart geboren, dessen Name, ganz christlich-aristokratischem Ethos gemäß, mit dem Tod des Bruders in Zusammenhang steht.

Beim Nachdenken über mein Verhältnis zu meiner Mutter, überhaupt beim Nachdenken über das Familienleben im allgemeinen bin ich immer mehr zu dem Schluß gekommen, daß das Ausbreiten und Besprechen von Sorgen, von allgemeinen Daseinsfragen oder von religiösen Problemen zwischen Eltern und Kindern eine ganz individuelle Frage des Menschen ist, der da heranwächst. Das echte Vertrauen, das Gefühl der Geborgenheit läßt sich nie am verbalen Austausch ablesen.

Hier denke ich an Harold Nicholson, der den Grundpfeiler des Verhältnisses zwischen Kindern und Eltern in »Intimität und Zurückhaltung« gesehen hat. Diese Intimität schließt ein, daß man den anderen in seinem seelischen Gefüge sehr genau kennt, seine Reaktionen ermessen kann. So kann auch erklärt werden, daß wir Brüder, Wernfried und ich, beim Abwägen irgendeiner noch so kleinen oder großen Übeltat weniger fragten: Ist es verboten, und was könnte darauf folgen?, als vielmehr: Wird es die Mutter betrüben? Wobei alles in allem gewiß gleichviel Ärger entstand, auf die eine wie auf die andere Weise. Doch machen einem solche Überlegungen oft die verborgenen Grundlinien des eigenen Handelns deutlich.

Meine Mutter war vieles nicht, was man von einer preußischen, ostelbischen Landfrau erwarten würde. Aber sie war ebenso vieles und noch mehr. Durch ihr frühes Witwentum und durch all die anderen schweren Dinge, die sie erleben mußte, wurde von ihr viel mehr verlangt, als sie nach ihren Anlagen hätte geben können. Daß ich als jüngstes Kind, das mit zehn Jahren den Vater verlor, dennoch die Erinnerung an eine uneingeschränkt glückliche, erfüllte Kindheit habe, kann ihr Wesen und Wirken auf mein Leben am deutlichsten erklären. Nach ihrer Flucht aus Sperrenwalde lebte meine Mutter erst einige Jahre in Arnsburg bei Lich in Hessen, dann in München, wo sie noch den ersten bescheidenen Beginn unseres Familienlebens miterlebte. Damals litt sie unter schwerem Bluthochdruck und starken Depressionen, behandelt von unserem treuen Freund Stefan Trenck. Sie starb – siebenundsechzigjährig – am 13. Februar 1955 an einem Sonntagmorgen.

Mein Bruder Wernfried war drei Jahre älter als ich. Nach dem Tod von Wolf-Traugott war er einfach »der älteste Sperrenwalder«. Diesem Bild kam er durch sein Wesen entgegen. Schon früh wurde von ihm durch die Krankheit meines Vaters eine Haltung von Verantwortung und Ernst verlangt. Beides entsprach ihm. Er war größer als ich, auch kräftiger, dazu »schön«, mit dunklen Haaren und un-arnimsch dunklen Augen, eben ganz bismarck-bohlensch wie unsere schöne Großmutter Caroline. Auch sah er, wie man in der Familie sagte, Onkel Dolf, dem ältesten Bruder meines Vaters, ähnlich. Onkel Dolf,

»der Muskauer«, galt als einer der bestaussehenden Männer der damaligen Zeit. Er war Präsident des Unionsclubs in Berlin, auch verschiedener anderer Clubs, auf allen Rennplätzen durch Stellung eigener Pferde aus dem Gestüt Blumberg zu Hause. Ihm ähnlich zu sehen, war für Wernfried gewiß Befriedigung und Ansporn zugleich. Bei allen Spielen, die wir zusammen mit den Dorfkindern trieben, war er nie ohne eine gewisse, etwas altkluge Würde, was sich nach dem Tode meines Vaters 1929 noch verstärkte, als er bewußt wie unbewußt immer mehr Helfer, Berater und etwas hilfloser Seelsorger unserer Mutter wurde. Sicher haben ihr Wesen, ihre Art, ihr junges Witwentum auch viele von Wernfrieds Eigenschaften bestimmt. Er war hilfsbereit und großzügig bis zur Selbstaufgabe. Einmal wurde vor unserem Fenster sein sehr geliebtes Pony »Mausi« vorbeigeführt. Ich brach spontan in Begeisterung über das Pferdchen aus, das ich da mit seinem winzigen Parkwägelchen und dem bunten Geschirr sah. Da sagte Wernfried, damals acht Jahre alt: »Ich schenke dir Mausi.« Anfangs wurde das als nur so hingesagt und nicht ernstzunehmen abgetan. Aber er blieb dabei: Mausi gehörte von Stund an mir. Auch später war Wernfried völlig ohne Geiz und Neid oder sonstige boshafte Eigenschaften.

Unser brüderliches Verhältnis war immer ungetrübt, abgesehen von brüderlichen Neckereien, die sich bei Wernfried, der liebevollen Spott gut vertragen konnte, auf seine »gräfliche Art« bezogen. Wer ihn kannte und liebte, wußte, daß er sein eigenes Wesen bewahrte und zugleich die Rolle spielte, die er sich vorschrieb. Das lag daran, daß er die Rolle des Beschützers der Mutter und der heranwachsenden Geschwister ernst und mit einer selbst gewählten und als recht empfundenen Haltung annahm. Aber wir verstanden uns in allem, und es war in unserem Zusammensein eine Harmonie, die auch von meiner Mutter geliebt und gefördert wurde.

Überhaupt: Harmonie in Familien. Es gibt sicher eine Art erzwungener und gegen alle Situationen und Atmosphären aufrechterhaltener äußerlicher Harmonie, das Vorspielen einer heilen Familie, während es sich in Wirklichkeit um nicht viel mehr handelt als um ein ständiges Verschweigen und Verdrängen. Das entgegengesetzte Verhalten findet man in Familien, die sich unausgesetzt »aussprechen« müssen. Auch das ist gefährlich, ja falsch. Es gibt zwischen Menschen ein unausgesprochenes Einverständnis, ein Sich-eingebettet-Fühlen in die Familie, den Geschwisterkreis, die Ehe, an das die Sprache nicht heranreicht, ja wo das Formulieren stören und zerstören kann. Rilke meint das, wenn er sagt: »Wenn das Gestehen beginnt, wie bald sie lügen.« Wichtiger als Rezepte, wie eine Familie zu funktionieren habe, ist es wohl, daß jeder in der Gemeinschaft eben in seiner Art, in seinem Vermögen zu sprechen oder zu schweigen, sich darzustellen oder sich ganz zurückzunehmen, akzeptiert wird. Ich will sagen, Harmonie entsteht nicht dort, wo alle ein harmonisches Wesen zur Schau tragen, sondern gewissermaßen eine Stufe höher, wo die Artungen eines jeden ohne Zwang zusammengefügt werden, eben nach Harold Nicholson in einer Atmosphäre von »Intimität und Zurückhaltung«.

Ich kann mich nicht an lange ernste Gespräche mit Wernfried erinnern. Es war eigentlich immer eine gewisse Albernheit zwischen uns, und je feierlicher es wurde, desto alberner wurden wir. Am besten, am tiefsten verstanden wir uns in Gesten, in Blickwechseln. Und das Dasein wie das plötzliche Fehlen solcher atmosphärischen Winzigkeiten, solcher blitzartig entstehenden und vergehenden Empfindungen bedeutet das Leben und das Tot-Sein eines Menschen.

In einer solchen, ganz kleinen Begebenheit empfand ich auch die Tiefe des Verlustes einige Monate nach Wernfrieds Tod. Das kam so: Unsere Mutter war eine glühende Monarchistin. Die Verehrung des Kaisers wurde nur durch die Verehrung der 1920 gestorbenen Kaiserin Auguste Viktoria übertroffen. Viele Erzählungen um die Hohe Frau spielten bei unseren Tischgesellschaften eine große Rolle. Eine dieser Geschichten drehte sich um eine Begebenheit an einer kaiserlichen Festtafel. (Meist kam das Gespräch darauf, wenn es bei uns grätenreiche Fische, etwa Hecht oder Schleien, gab). Also, es gab bei Kaisers Fisch, und an der riesigen Tafel, ganz zuunterst, wo die Adjutanten und Hofdamen saßen, kam auf einmal Erregung auf: Ein Offizier hatte sich verschluckt, bekam keine Luft, und es schien, als solle er nicht auf dem Schlachtfeld für seinen Kaiser, sondern an dessen Tafel sterben. Doch war die Haltung, das geforderte Benehmen an der kaiserlichen Tafel so, daß man anfangs nichts zu tun, keine Unruhe aufkommen zu lassen wagte, bis es dann schnell zu einer lebensbedrohlichen Situation für den armen Offizier kam. Da habe die Kaiserin augenblicklich die Lage übersehen, habe sich Armbänder und Ringe abgestreift (und hier machte unsere Mutter eine immer

Gerta Gräfin Arnim, Dankwarts Schwester, spätere Frau von Chamier.

wiederkehrende Handbewegung, mit der sie das Abstreifen der Pretiosen von Händen und Fingern andeutete) und mit einem tiefen resoluten Griff in den Hals des Erstickenden dessen Leben und die Stimmung an der Hoftafel gerettet. Wann immer das Gespräch auf die Geschichte der Kaiserin mit der Gräte kam, faßten Wernfried und ich, in Augenkontakt und nur für uns kenntlich, an unsere Hände, das oben beschriebene »Abstreifen« andeutend. In unserer Kontaktnahme war eine Mischung von liebevollem Familienspott und leicht distanzierender Ironie hinsichtlich des »Wesens«, das um die »geliebte Kaiserin« gemacht wurde, und auch das Halt gebende Gefühl, daß wir uns in diesen Meinungen, ohne ein Wort darüber zu verlieren, in heiterer Übereinstimmung befanden.

Einige Monate nach Wernfrieds Tod kam die Geschichte im Gespräch wieder einmal auf. Ich war nicht richtig bei der Sache, träumte von irgendetwas anderem, merkte nur, daß von der Kaiserin und der Gräte die Rede war, und im Aufblikken und in der Erkenntnis, daß Wernfried nicht dort saß, daß eine Geste des Abstreifens ins Leere ging, empfand ich sein Fortsein. Ich spürte die Unwiederbringlichkeit, die darin lag. Damit endete für mich das aus lauter Nuancen und winzigen gemeinsamen Wirklichkeiten bestehende Wissen, einen Bruder an meiner Seite zu haben.

Wernfrieds Lebensweg ist schnell beschrieben: Anfangs hatte er Hauslehrer, die häufig wechselten, da ihr Interesse oft weniger dem wachsenden Wissen Wernfrieds als den Lehrerinnen und Erzieherinnen von Gerta und Waltraut galt. So kam Wernfried bald nach meines Vaters Tod nach Schwedt, wo er einem – wie wir später hörten – fast ständig betrunkenen Latein-Lehrer in Pension gegeben wurde, um das Gymnasium zu besuchen. Als der Pensionsinhaber und Lehrer vor lauter Trinken nicht einmal mehr Latein konnte, wurde Wernfried aus Schwedt fortgenommen und als Fahrschüler in das Prenzlauer Gymnasium eingeschult. Dort gefiel es ihm nicht. Es war 1933, die Zeit des »nationalen Aufbruchs«, Unruhe hatte alle erfaßt. Als der Älteste, der so bald wie möglich den Besitz übernehmen sollte, ging er von der Schule in Prenzlau ab, begann eine Banklehre bei der Reichskreditgesellschaft in Berlin und versuchte sich dann in einer Forstlehre, die ihn auch nach Muskau führte. Zugleich begann er, in Besuchen und Besprechungen auf den Gütern und mit Herrn Kaune meine Mutter zu unterstützen, die Zügel der Bewirtschaftung langsam in die Hände zu bekommen. Dies alles, vor allem sein früher Abgang von der Schule ohne Abitur und der schnelle Wechsel der Beschäftigung, wurde von Verwandtschaft und Umgebung mit Unbehagen registriert. Unser Großvater Pilati holte Wernfried, der erst achtzehn Jahre alt war, zu einem Gespräch nach Schlegel. Darauf entschloß sich Wernfried, guter Zurede offen, sein Abitur doch noch zu machen. Ostern 1934 ging er in das Landschulheim Neubeuern am Inn, wo er die Verhandlungen mit der Schulleitung selber führte, da unsere Mutter wieder einmal kränklich war. Dazu flog er nach München, angetan mit einem weichen, teuren Ledermantel. Sein Auftreten in Neubeuern entsprach gewiß nicht dem Bild, das sich Lehrer und Schüler von einem neu in dieses Landschulheim eintretenden Mitglied machten. Während seiner ganzen Neubeurer Zeit hielt Wernfried denn auch die Aura eines stark beschäftigten Mannes aufrecht, der oft nach München und Berlin »zu Besprechungen« mußte, mit Güter-Verwaltern und -Direktoren sowie Forstmeistern lange Telefongespräche zu führen hatte und als normales Vehikel das Flugzeug München-Berlin benutzte, kurz, der - wenn man im Schülerjargon sprechen wollte - angab. Das bekam seiner Stellung in Neubeuern nicht gut, doch seine Haltung war durch die höhere Verantwortung, die er tragen wollte, auch durch das Wesen meiner Mutter nun einmal so festgelegt. Die zwei Jahre in Neubeuern bis zum Abitur waren indes so kurz, daß er das Stigma des »Angebers«, der er im Grunde gar nicht, allenfalls teilweise war, nicht mehr los wurde.

Das Abitur folgte 1936, dann der Arbeitsdienst, anschließend der Militärdienst mit der erhofften Entlassung am Tage des Kriegsausbruchs - am 1. September 1939. Er machte als Kradmelder den Feldzug in Polen mit, erhielt das EK 2, lag viele Monate während des Winters 1939/40 in der Nähe von Neuss, um am 10. Mai 1940 mit der Dritten Panzerdivision in Belgien einzumarschieren, wo er am 15. Mai vor Perbais, nicht weit von Brüssel, fiel. Bald nach seinem Tode erhielt ich seine Tagebücher zurück. Sie sind verlorengegangen. Ich erinnere mich, wie er in den Eintragungen der letzten Wochen und Tage seinen Tod nahen fühlte. Am 20. April 1940 war er gerade zum Leutnant befördert worden und führte einen Zug in einer Maschinengewehrkompanie. Die letzte Eintragung am Abend vor seinem Tode berichtete, daß sie nachts noch weiter vorgerückt waren und sich eingebuddelt hatten, anscheinend in der stockfinsteren Nacht ohne sichere Orientierung. Dann brach der Bericht ab, vielleicht war er fortgerufen worden. Ich habe nur die letzten Worte im Gedächtnis: »Wer weiß.« Am nächsten Morgen zeigte sich noch im Frühnebel, daß diese zwei

Wernfried Graf Arnim 1939, ein Jahr vor seinem Tod.

Kompanien viel zu weit vorgedrungen waren. Ein Meldegänger des Bataillons hatte sie in der Nacht verfehlt, er sollte den Befehl bringen, sich einige Kilometer zurückzuziehen. So lagen sie, als der Morgen tagte, mitten im französischen Territorium, und zwar um die sogenannte Dyle-Stellung. An diesem Tage fielen neben Wernfried fast alle neu beförderten Offiziere des dritten Schützenregiments.

Unlösbar und seltsam waren Wernfrieds Liebesgeschichten. Er hatte von der zukünftigen »Sperrenwalderin« ein festes Bild, doch mehr ein Bild aus dem ›Gotha‹ als eines aus Neigung und Erfahrung. Das war kein oberflächlicher Adelsstolz, sondern eine seinem Welt- und Lebensgefühl entsprechende Haltung. Wenn wir beide nette Mädchen kennenlernten und uns brüderlich über sie unterhielten, dann schieden auch die nettesten aus Namensgründen für ihn aus, die er mir dann aber aus vollem Herzen, mir alles menschlich-mögliche Liebesglück für meine Ehe wünschend, zu späterer Heirat freigab. Im Unterbewußtsein lebte der Gedanke, daß er als ältester Sperrenwalder auf solch unbeschwertes Lebensglück verzichten müsse. Natürlich waren diese Gespräche nie in vollem Ernst, sondern in eher witzelndem Schlagabtausch geführt worden, aber im Kern stimmte diese Einstellung mit seinem Fühlen und Denken überein.

Doch so ordentlich er seine Zukünftige im ›Gotha‹ – möglichst Fürstenkalender – verzeichnete, so unordentlich waren die zeitlichen Abläufe seiner Mädchenbekanntschaften. Als er gefallen war, mußte ich in langen Briefen drei reizende Mädchen trösten, die sich alle drei im vollen Bewußtsein ihrer solitären Stellung als Verlobte Wernfrieds gefühlt hatten; eine davon war im Fürstengotha, eine im Grafengotha und eine im Freiherrlichen Gotha verzeichnet.

Tante Cara war die älteste Schwester meines Vaters, 1872 geboren und sieben Jahre älter als er. Ihr Vater war Georg-Werner Arnim-Boitzenburg (1845), der jüngste der vier Söhne des Staatsministers Adolf-Heinrich. Georg-Werner hatte 1871 Caroline Bismarck-Bohlen geheiratet, eine hinreißend schöne Frau, an der er in den kurzen Jahren seines Lebens mit großer Liebe und noch größerer, dabei sicher unberechtigter Eifersucht hing. Von ihm wird berichtet, daß er, als er Caroline zum ersten Male gesehen hatte, vor aufbrandender Liebeserschütterung in Ohnmacht gesunken sei. Später soll er im Parkett des königlichen Opernhauses gelegentlich aufgesprungen sein, um mit zornig-flackernden Blicken die Zuschauer auf den Rängen zu mustern, ob sie, anstatt auf die Bühne zu schauen, etwa seiner Frau in den tief dekolletierten Ausschnitt starrten. Sechsunddreißigjährig starb er an einem Lungenleiden und ließ die schöne Caroline mit ihren fünf Kindern - Cara (1872), Freda (1873), Adolf (1875), Wolf-Werner (1876) und Gerhard (1879) - als junge Witwe zurück.

Etwa zur gleichen Zeit hatte sein älterer Bruder Traugott-Hermann (1839) eine nicht ganz so schöne, dafür aber unermeßlich reiche Baronin Lotzbeck geheiratet. Das Schloß Holtzendorff in der Uckermark, in das sie zogen, verbrannte bei einem Christbaumbrand, der wegen des strengen Frostes - und auch weil es der Gang der Arnim-Geschichte so wollte - nicht gelöscht werden konnte. Darauf war ihnen beiden die Freude an Holtzendorff vergangen. Laura Lotzbeck-Arnim, schon vorher zur Schwermut neigend, wollte es nie mehr wieder sehen. Deshalb kaufte Traugott-Hermann 1883 die Standesherrschaft Muskau in der Oberlausitz, den früheren Besitz des Fürsten Pückler-Muskau, der damals dem Herzog der Niederlande, dem Schwager des alten Kaisers, gehörte. Schon wenige Jahre nach dem Einzug in Muskau verfiel Laura wieder ihren periodischen Depressionen. Sie ging zur Kur nach Baden-Baden und nahm sich dort im Herbst 1886 das Leben, indem sie sich in einen Bach stürzte, der kurz darauf zuschneite und die Leiche, trotz ausdauernden Suchens, erst im darauffolgenden Frühjahr freigab.

So saß nun hier der junge, kinderlose Witwer Traugott-Hermann, dort die junge Witwe Caroline, seine Schwägerin, mit ihren fünf heranwachsenden Kindern. Was lag näher, als daß die beiden heirateten? Das geschah 1889 auf dem bei Boitzenburg gelegenen Schloß Mellenau. Die Verbindung hatte viele gute Seiten. Einmal blieb das nicht unbeträchtliche Vermögen der beiden Boitzenburger Arnims in einer Hand, zum anderen blieb auch die schöne, mit allen Gaben des Geistes und des Gemüts gesegnete Caroline in »Arnims Händen«. Die Kinder bekamen ihren Onkel als Stiefvater, ein Arnim wie ihr Vater und sie selbst. Traugott-Hermann, »Großpapa«, war damals auf der Höhe seiner Kraft und seines Temperaments. Er hatte einige Jahre zuvor die Stelle eines Sekretärs beim Kanzler Bismarck innegehabt und war als Botschaftsrat in Petersburg, Washington und Paris gewesen, und man sagte ihm bei seinen Gaben, seiner Vitalität, natürlich auch wegen seines Namens und seines Besitzes eine große Zukunft voraus. Da aber kam es zu dem unseligen Streit zwischen Hermanns Schwager, Harry Arnim, und Bismarck, der - unversöhnlich wie Bismarck war - mit der Vernichtung Harry

Caroline Gräfin Bismarck-Bohlen, die Großmutter von Dankwart, gemalt als »Schneewittchen« von Anton Kaulbach nach einem Bild seines Vaters Friedrich Kaulbach.

Georg Werner Graf Arnim, der Großvater, gemalt von Carl Steffeck.

Arnims endete. Diese von vielen Intrigen, Familienfehden und kleinlichen Racheakten angereicherte Geschichte ließ es nicht zu, daß Großpapa weiter im persönlichen Dienste Bismarcks blieb. Er nahm als Angehöriger des diplomatischen Korps' den Abschied und konzentrierte seine Tätigkeit ganz auf die Wahrnehmung seines Sitzes im Reichstag und die Bewirtschaftung und ökonomische Umgestaltung des Besitzes Muskau.

Als Caroline mit ihren Kindern als neue Herrin in Muskau einzog, war Cara siebzehn Jahre alt. In den Jahren der frühen Witwenschaft ihrer Mutter stand sie ihr ganz besonders nahe, spürte als die Älteste sicher auch den Drang zu erzieherischen Aufgaben gegenüber den jüngeren Geschwistern. Die Liebe zu ihrer Mutter, die sich in langen Gedichten und selbst-komponierten Liedern niederschlug, wurde nur noch übertroffen von der Liebe, Achtung und Ehrerbietung zu ihrem Vater, das heißt zu dem Bild, das sie sich von ihm machte, denn er war früh gestorben. Romantisch veranlagt und voller Phantasie, dürfte sie das Vaterbild zunehmend zu dem eines Grals-Helden stilisiert haben, und dies um so mehr, als sie in ihrem Stiefvater einen ganz dem Tageskampf, der politischen Aktualität hingegebenen Mann kennenlernte, der gewiß oft zu einer schroffen, arnimsch-jähzornigen Strenge neigte. Das Gefühl, das Bild des echten Vaters heilig zu bewahren, der Wunsch, das Mutterbild der früheren Ehe festzuhalten, dürfte sie ihrem Stiefvater Traugott-Herrmann innerlich entfremdet haben.

Cara war sehr groß, sehr schlank und ur-preußisch, und wenn es davon noch eine Steigerung geben könnte, urarnimsch – mehr noch: ur-boitzenburgisch. Archaische, familienbesessene und standesbewußte Strenge lag bei ihr in ständigem, nie entschiedenem Streit mit den musischen, fast lieblichen und menschlich-harmonischen Anlagen, die sie von der Seite der Bismarck-Bohlens, der Belows und – hier sei es einmal ausgesprochen – der (ohne kleinstes »von«) Zimmermanns mitbekommen hatte. Ihre Urgroßmutter war Franziska Zimmermann, Tochter eines hohen Berliner Beamten, die in ihrer Jugend, der Zeit der Bettina, in Berlin als unendlich begabtes und kluges Kind in den Salons das »Mirakelbalg« genannt wurde. So kämpften Strenge und Güte, Schroffheit und Sanftmut ständig in Cara, sichtbar auch in ihrem Gesicht. Wie an ihrem so früh verstorbenen Vater hing sie mit einer unendlichen, fast unglücklichen Liebe auch an ihren Brüdern. Wenn die Sprache auf sie kam, schossen ihr sogleich die Tränen der Rührung wie des Zornes in die blaugrauen Augen. Diese Liebe zu den männlichen Angehörigen ihrer Familie drückte sie auch unüberhörbar in der Anrede Wernfried und mir gegenüber aus: Sie nannte uns in Briefen, manchmal auch im Familiengespräch »Brudersohn«; sich selber dagegen am Ende ihrer in der schönsten Schrift, die ich je gekannt habe, geschriebenen Briefe: »Vaterschwester«.

Gleich ihrem Vater erkrankte Cara in jungen Jahren an einer »Lungensache«. Sie mußte viele Jahre hindurch den Winter vom November bis zum nächsten April in Ägypten verbringen. In diesen Jahren wurde ihr eine nur wenige Jahre ältere Gouvernante zugesellt. Fräulein Graeff stammte aus einem kinderreichen pommerschen Pastorenhaus. Wegen ihrer umfassenden Bildung, ihrer Sittenstrenge und gewiß auch ihrer selbstverständlichen Anerkenntnis der gesellschaftlichen Schichtung war sie mit der Erziehung betraut worden,

Gerhard Graf Arnim, der Vater, wuchs in der Standesherrschaft Muskau auf, dem früheren Besitz des Fürsten Pückler-Muskau, der mit Goethe korrespondierte und zu den bedeutendsten Kennern und Förderern der großen Parkanlagen des 19. Jahrhunderts gehörte.

die in ständige freundschaftliche Begleitung und Behütung überging. Seitdem gibt es kaum ein Bild von Tante Cara, sei es auf dem Kamel vor der Pyramide in Gizeh, sei es vor den Rosenrabatten in Groß-Sperrenwalde, auf dem nicht im Hintergrund, dunkler und einfacher gekleidet und mit einem strengen Mittelscheitel über dem gelb-faltigen Gesicht, Fräulein Graeff zu sehen ist. Sie war sozusagen zu einer Institution geworden. Mit Tante Cara verband Fräulein Graeff bis zu ihrem Tode mit fast 90 Jahren eine Daseins- und Schicksalsgemeinschaft, die sich auch im gemeinsamen politischen Denken und Handeln und damit zugleich in einer gemeinsamen Lebensblindheit äußerte.

Wegen ihres Lungenleidens, dessen Prognose damals fast immer sehr ernst, wenn nicht absolut ungünstig war, mußte Tante Cara einem Mann entsagen, der um sie angehalten hatte. Entsagen und Hand anhalten – unbewußt kommen mir die antiquierten, aber genau passenden Ausdrücke in den Sinn, die die damalige Zeit, das Aneinander-Leiden, auch den Hauch von Pathos mitklingen lassen. Wer der Entsagende war, wie es sozusagen »im einzelnen zuging«, weiß ich nicht mehr.

Es wurde nie davon gesprochen, was Phantasie und Mitgefühl nur anstacheln konnte.

Die frühe Krankheit hat ein Leben lang Schonung und Fürsorge mit sich gebracht. Wie alle Menschen, die zur rechten Zeit an der rechten Krankheit in der rechten »assiette« erkranken, hat auch Tante Cara, obwohl die Älteste der Geschwister, ihre Schwester und ihre Brüder um viele Jahre überlebt.

Unser Sperrenwalder Haus quoll immer über von Gästen, die häufig viele Monate bei uns blieben, im wahren Wortsinne überwinterten. Hier seien allen voran meine Großeltern Pilati genannt. Sie kamen meist im November, abgeholt von unserem Chaffeur und beladen mit uraltem lederverschnürtem Reisegepäck und Plaids. Oft blieben sie bis Ostern. Die stärksten Erinnerungen an meinen Großvater habe ich aus den Jahren um den Tod meines Vaters, als er viel bei uns war, wohl um meiner Mutter beizustehen. Damals haben die Meinen eine gewisse Schwer- oder besser »Schwierigerziehbarkeit« bei mir festgestellt, eine hartnäckige Widerborstigkeit, die mir durch meinen Bruder Wernfried den Namen »Gegenteiler« eintrug. Da ich »Apapa« hoch verehrte, mag man ihm die vorsichtige Lenkung meines Weges ans Herz gelegt haben. Die gesprächsreichen Spaziergänge mit meinem Großvater sind mir unvergessen in ihrer erzieherischen Unaufdringlichkeit, in der Leichtigkeit der ernstgemeinten Hinweise und in der unnachahmlichen Art, pädagogisch Gewichtiges und »Anstehendes« in so dahingeredete Nebensätze zu verpacken. Seine Erzählungen, seine Witze, seine schlesisch-österreichische Lebensart, auch sein eher nachlässig praktizierter katholischer Glaube – all dies formte das Bild eines Menschen, der in unserer brandenburgisch-preußischen Umwelt eher ungewöhnlich war. Ich strebte damals danach, ihm ähnlich zu werden.

Die Pilatis – genauer: die Grafen Pilati von Thassul zu Daxberg – waren ein aus Südtirol über Österreich gegen Ende des 18. Jahrhunderts nach Schlesien gekommenes Geschlecht, katholisch, künstlerisch, eigenbrötlerisch. Es gab zu meiner Zeit eine große Anzahl schrulliger, teils hochgebildeter, teils verrückt-verstiegener, jedenfalls höchst seltsamer Onkel.

Schlegel in der Grafschaft Glatz, der Sitz der Pilatis, war ein für unsere Begriffe ungewöhnlich großes Dorf mit mehreren tausend Einwohnern. An seinem Südostrand lagen das Schloß und das schwer zu bewirtschaftende Gut, steinig, bergig, nicht voll arrondiert und nur etwa dreihundertfünfzig Hektar groß. Das Schloß war in seinen Ausmaßen riesig und zu keiner Zeit voll bewohnt, ein Renaissancebau, ein dreistöckiger, viereckiger Kasten mit einem großen, erst in den späteren Jahren glasüberdeckten Innenhof. Die zahllosen, teils verwinkelten Zimmer waren nur vom Innenhof durch balustradengeschmückte, eisige Flure zu erreichen. Zum ersten Stockwerk mit den Prunkräumen führte eine breite, wunderschön geschwungene rote Sandsteintreppe. Neben dem Schloß stand ein viereckiger, verfallener Turm, der das Schloß kaum überragte.

Wir verbrachten als Kinder viele Sommer in Schlegel. Nachdem wir auf der Fahrt dorthin Muskau und Haasel - wo Tante Cara lebte - oft mit einigen Tagen Aufenthalt passiert hatten, erschien uns Schlegel als Hort der ungebundenen Freiheit, des Alles-tun-Dürfens, der unerschöpflichen Fundgruben. Alte Kellergewölbe waren voll mit vergammelnden Uniformen, mit längst unbrauchbaren Waffen und Gerätschaften, Helmen und Lederzeug. Es läßt sich heute kaum mehr vorstellen, was sich in solch einem Generationssitz alles ansammelt. Man hatte Platz, und es gab keine Notwendigkeit, etwas wegzuschmeißen. So konnten wir uns, in alten Ledertruhen wühlend, mit Waffenröcken und Mützen oder Kürassierhelmen aus dem Siebziger-Krieg einkleiden und mit den Hofjungen in dem gänzlich ungepflegten, mit dicker Steinmauer umgebenen Park spielen.

Während mein Großvater Ruhe und k.u.k.-Behaglichkeit ausstrahlte, war meine Großmutter sein krasses Gegenteil. Sie war »eine Kessel«. Die Kessels gehörten zu dem preußischen evangelischen Adel, den der Alte Fritz nach dem Siebenjährigen Krieg nach Schlesien geschickt hatte. Dabei waren die Brüder meiner Mutter wie ihr Vater katholisch, während sie mit ihren Schwestern, der Mutter gleich, protestantisch erzogen worden war.

Meine Großmutter war tatkräftig, stets in Bewegung, sprunghaft, auch launisch und immer voll der schönsten Geschichten, die sich von Mal zu Mal veränderten. Sie war von allen, die sie kannten - und das war ganz Schlesien! -, als Unterhalterin und Original geliebt, von ihren nächsten Verwandten und besonders von meiner Mutter aber auch gefürchtet, da man immer Angst hatte, »überfahren« zu werden. Für uns dachte sie sich im Sommer die schönsten Kostümfeste,

Spazierfahrten und Besuche aus unter Verwendung der in der Gegend reichlichen landsässigen Verwandtschaft. Eine besondere Attraktion bot sie uns im stockkatholischen Schlegel, wenn wir in den nahegelegenen Wallfahrtsort Albendorf fuhren, im riesigen, uralten Landauer, wo unendlich viele Mitfahrer Platz hatten, meist Viere lang.

In Albendorf gab es, für wenige Groschen zu besichtigen und vorher in Gang zu setzen, die berühmte »mechanische Geburt« (auf schlesisch eigentlich »Gebutt« ausgesprochen). Da konnte man in der weihnachtsfernen Sommerhitze den Stall von Bethlehem sehen, einen heranwackelnden Engel, Maria, wie sie aus der Hütte kommt, Hirten und Schafe, alles in schnurrender und marionettenhaft-steifer Bewegung, bis schließlich die Türen des Stalles weit aufgingen und das Jesuskind in milder Beleuchtung sichtbar wurde. Einen Moment stand alles still; dann Türen zu, Licht aus, die »mechanische Gebutt« war zu Ende. Meine Mutter und unsere Erzieherinnen, streng evangelischer Provenienz, betrachteten unsere Wallfahrtsausflüge mit gemischten Gefühlen. Eines ist sicher: daß die schlesisch-katholische Frömmigkeit im recht primitiven Albendorf einen starken Kontrast zu unseren Glaubenserlebnissen in Brandenburg-Preußen bot, wenigstens in optisch-akustischer Hinsicht. Meine Großmutter freilich machte diese Schau mit kindlich begeistertem Herzen mit. Diese Art der Gläubigkeit muß ihr entsprochen haben, denn kurz nach dem Tode meines Großvaters 1941 ist sie zum katholischen Glauben konvertiert.

Märkische Lebensweisen

Sperrenwalde, das Haus, in dem ich meine Kindheit und Jugend verlebte, ist 1947 abgebrannt, wurde dann Stein für Stein abgetragen und ist verschwunden. Es war ein langgestrecktes, aus massiven Feldsteinen gefügtes, einstöckiges Herrenhaus, von Linden und Pappeln umstanden. Die Familie, die darin wohnte, bestand aus meinen Eltern und uns drei Geschwistern, dazu Waltraut von der Franck, einer jungen Baltin im Alter von Gerta, die 1920 zu uns gekommen war.

Groß war die Zahl der Helfer im Schloßhaushalt: zwei Diener, eine Jungfer, einige Hausmädchen, die Älteste unter ihnen als Beschließerin, ein Koch, später unsere unvergleichliche »Mamsell«, einige weitere Hilfskräfte in der Küche, ein Kutscher oder Stallmeister mit mehreren Stallburschen, ein Chauffeur und ein Gärtner, ebenfalls mit einer Schar von Helfern und Helferinnen.

Diener, Kutscher und Chauffeur waren stets in Livree, die Diener noch fein abgestuft nach Tageszeit und Festlichkeit. Am Vormittag trugen sie eine rotweißgestreifte Leinenjacke mit schwarzen Ärmeln, einen steifen Kragen mit schwarzer Fliege und eine lange grüne oder weiße Schürze; zum Mittagessen und später einen dunkelgrauen Zweireiher und abends – wenn es festlich wurde – einen schwarzen Frack mit Wappenlitze an den Aufschlägen, mit silbernen Wappen-Knöpfen und weißen Handschuhen.

In diese hochfestliche Wappen-Frack-Livree wurden bei großen Anlässen wie Jagddiners oder Familienfesten auch die Kutscher und Chauffeure gesteckt. Dazu mußten die Armen früher auch noch schwarze Escarpins-Kniebundhosen mit weißen Kniestrümpfen und Schnallenschuhen tragen.

Diener, Kutscher und Chauffeure hatten in ihrer Jugend eine der Dienerschulen besucht, wo ihnen Servieren, Silberputzen, Kleiderpflegen und Hemdenbügeln beigebracht worden war. Auch wurde auf diesen Schulen gelehrt, wie man mit der »Herrschaft« umzugehen hatte, wie man Grafen und Fürstlichkeiten anredet, sie im Salon bedient, Besuche anmeldet, auch abwimmelt. Sie lernten aristokratische und militärische Rangordnungen kennen und ihre Tätigkeiten wie das Ausmaß ihrer Hingabe dem Raster unterschiedlicher Ränge anzupassen.

Der erste Diener war zugleich eine Vertrauensperson mit großer Verantwortung. Alle das Haus und die Dienerschaft betreffenden Geldausgaben gingen durch seine Hände: Reparaturen, Heizung, Handwerkeranweisungen und Rechnungen. So bestand in solchen Häusern - und auch bei uns - immer ein besonderes Vertrauensverhältnis zwischen dem ersten Diener und dem Hausherrn. Der bald nach meinem Vater verstorbene Diener Teuchert war zusammen mit dem Stallmeister Siedler mit meinem Vater im Krieg gewesen. Als sein »Bursche« hatte er alle persönlichen Verrichtungen und Pflichten übernommen, die er in friedlicheren und üppigeren Zeiten als Diener im Schloß ausüben sollte.

Darüber hinaus gehörten zum Schloßhaushalt jeweils wechselnd Erzieherinnen und Hauslehrer für Gerta, Waltraut und Wernfried, Engländerinnen, Studenten - meist der Theologie -, die unser Landleben mit geistiger Würze bereichern sollten. Doch war dies nur der Grundstock des Hauses. Sperrenwalde war stets voll von Gästen, Tanten, Onkeln und anderen Verwandten, die oft monatelang bei uns blieben, zumal im Winter, und die dem Leben in Sperrenwalde eine unwiederholbare Gemütlichkeit und zeitlose Ferienstimmung verliehen, fern von jedem Zwang zu Arbeit und Hetze. Wer alles da war, ließ sich eigentlich nur bei den gemeinsamen Mahlzeiten übersehen.

Das Eßzimmer war ein großer Raum, behängt mit Jagdgemälden und kleinen Ölbildern von der Weltreise meines Vaters. Die Stühle, altdeutsch mit hoher geschnitzter Lehne, waren ungemütlich, luden zum Wippen ein, was verboten war. Als Wernfried einmal - er legte großen Wert auf eigene Repräsentation - mit etwa acht Jahren zu einem Geburtstag eine Rede halten wollte, ans Glas klopfte und sich hinter den Stuhl begab, bemerkte er, daß er kaum über die Lehne sehen konnte. Es entstand einen Moment lang ein gutgelauntes, scherz-erwartendes Schweigen; aber der arme Wernfried war über das unerwartete Hindernis seiner Ansprache so bestürzt, daß er sich, ohne ein Wort zu sagen, wieder setzte und die Rede ungehalten ließ.

Die gemeinsamen Mahlzeiten wurden mit strenger Pünktlichkeit eingenommen. Lediglich beim Frühstück kam es nicht so darauf an. Denn die Mahlzeit, an die ich die schönsten und lebendigsten Erinnerungen habe, an der sich die ganze Behäbigkeit, Zeitlosigkeit und praktizierte Sorglosigkeit des damaligen Lebens darstellte, war in Sperrenwalde das Frühstück. Von keiner Hetze des Zur-Arbeit-Müssens beunruhigt, versammelte man sich gegen halb neun in der Diele.

Fromme Gemüter, auch jene Gäste, die durch zur Schau getragene christliche Gesinnung der Hausfrau näher ans Herz rücken wollten, kamen schon vor dem Frühstück um kurz nach acht zur Andacht.

Zur Andacht wurde einige Sekunden lang heftig geklingelt (sonst stand an den Klingelschildern: einmal klingeln: Diener, zweimal klingeln: Jungfer, dreimal klingeln: Mädchen). Diese Alarmklingelei sagte den Hausbewohnern im Dienstbotentrakt, daß die Andacht beginne. Dann kamen Mamsell, die zwar katholisch, aber vom Prenzlauer Kaplan mit einem Dispens versehen war, außerdem die Diener, die fünf oder sechs Mädchen, die Kochlehrlinge und weitere Küchenangestellte. Man versammelte sich im Musikzimmer. Die Gäste und die Familie saßen auf der Empire-Sitz- und Stuhlgruppe. In dem Freiraum dahinter wurden schnell von dem gottesfürchtigen Personal zwei Stuhlreihen aufgebaut, auf denen sich die Ankommenden knicksend, nickend, dienernd und das Auge der Herrin suchend niederließen. Die Diener blieben meist stehen, auch wenn noch Stühle frei blieben. Mamsell, aber auch geehrte Zwischengäste - so nannte man Besucher zwischen Personal und »richtigem« Besuch wie die Berliner Schneiderin Frau Stolz - saßen auf etwas besser gepolsterten Stühlen, auch etwas mehr den Hausgästen angenähert, und bildeten mit jenen fast eine Reihe. Um meine Mutter herum die weiblichen Gäste, die durch kleine Hilfeleistungen, durch Handreichungen ihr Wohlgefallen erregen wollten; sie fanden schnell Aufgaben im Nachfragen des Liedertextes und im Aufschlagen der evangelischen Kirchen- und Gesangbücher »für die Provinz Brandenburg«. Mit hochgezogenen Augenbrauen und ernstem Nicken bezeugten sie das tiefe und ohne Worte empfundene Einverständnis mit der Textwahl und dem herausgesuchten Liedervers. Nachdem sich alles gesetzt hatte, die Tür zur Diele geschlossen und Ruhe eingekehrt war, warf meine Mutter einen letzten Blick ins benachbarte Eßzimmer, ob »Mucki«, unsere Erzieherin, mit dem Tee fertig sei und an der Andacht teilnehmen werde. Meist war der Tee nicht fertig, und Mucki blieb ohne den Morgensegen. Dann begann meine Mutter mit der Lesung aus einem Andachtsbuch, das meines Erachtens vom Hofprediger Stöcker stammte. Anfangs nur ein kurzes Bibelwort, danach ein Liedervers.

Die Einrichtung zeugt von der Lebensweise des märkischen Adels. Darin mischen sich Großzügigkeit, christliche Kargheit und Weltläufigkeit: Jagdtrophäen neben Heiligenfiguren, Samtportieren und altdeutsche Sessel neben japanischen Drachenstühlen. Und überall Blumen.
Oben der Speisesaal, unten die »Halle« im ersten Stock.

Der Garten um das Herrenhaus hatte die Ausmaße eines kleinen Parks. Dabei verband sich die strenge Linienführung des französischen Gartenstils mit der aufgelockerten des englischen – Kiefern, Weiden, Teiche. Oben der Park, unten das Teehaus in Groß-Sperrenwalde.

Hier schlug meine große Stunde, weil ich am Harmonium den Choral intonierte und die kleine Gemeinde im Gesang begleitete. Ich spielte alles auswendig, und mit den Jahren wuchs mein Repertoire. Noch jetzt spüre ich die aufregende Stunde meines ersten Harmoniumauftritts mit dem Kirchenlied ›Jesus geh voran, auf der Lebensbahn‹, sicher in der Melodie das einfachste Lied, das man sich denken kann, aber für mich in der Erinnerung verbunden mit den schönsten und aufregendsten Premieregefühlen vor einer so wohlmeinenden und kritiklos zur Begeisterung neigenden Hörerschaft. War die erste Strophe gesungen, folgte eine fromme Geschichte, eine Betrachtung aus dem Andachtsbuch, danach das Vaterunser und ein oder zwei Strophen zum Abschluß. Die ganze Andacht dauerte nicht länger als acht bis zehn Minuten. Dann stand alles auf, und wieder zeigte sich die Hierarchie unseres Hauswesens. Während die Mädchen und der Zweite, nie der Erste Diener die Stühle forträumten, kam der Zwischengast oder auch Mamsell zu einem kurzen Gespräch über Tagesereignisse zu meiner Mutter. Alte, jedes Jahr wiederkehrende Gäste begrüßten Mamsell oder die Beschließerin, das erste Mädchen oder die Jungfer und blieben noch ein wenig, während die unteren Angestellten nach dem Forträumen der Stühle wieder knicksend, nickend und dienernd, wortlos und geistig gestärkt das Musikzimmer verließen.

Dann bewegte man sich ohne Hast in das Eßzimmer. Ein großer Tisch, in der Mitte eine riesige Drehscheibe aus Holz, zwei Silberschalen mit Eis und Butterkugeln darauf, Pyramiden aus Leberwürsten mit und ohne Grobes, Blutwurst mit Schweinezunge in der Mitte, Gänsebrust, Gänseschmalz, geriebener geräucherter Gänsemagen, verschiedene Cervelatwürste, manchmal Schinken vom Wildschwein, geräucherter Aal, dann verschiedene Marmeladen, Honig, oft Wabenhonig frisch aus der Gollmitzer Imkerei, Kräuter, vor allem die entsetzlich riechende, bittere, aber irrsinnig gesunde »Raute« (wenn Tante Cara zu Besuch kam, durfte »Raute« nicht auf den Tisch), dazu Brote verschiedener Provenienz, von Mamsell selbst gebacken, und Weißbrot zum Toasten. An der Wand zur Anrichte stand der eigentliche Mittelpunkt des Sperrenwalder Frühstücks: der Samowar. Dann wurden auch die Türen zur Diele geöffnet, und die Gäste, die an der Andacht nicht teilnehmen wollten oder konnten oder mußten, kamen Guten-Morgen-wünschend, Hände küssend, Neffen tätschelnd und vor allem hungrig und gut gelaunt herein. Paul, der Erste Diener, hatte alles angerichtet, vor allem aber den Samowar zum Kochen gebracht. Er verließ das Eßzimmer und übergab alles weitere Mucki oder einer anderen der »näherstehenden« Damen. Diese blieben in der Nähe des Samowars, gaben die Teetassen weiter, füllten sie nach Wunsch. Das Frühstück zog sich oft lange hin, es wurde geraucht, manche Herren brauchten auch noch einen Klaren zum Abschluß, und noch lange Zeit saß man vor den leeren Tellern, unterhielt sich über Tagesereignisse, geplante jagdliche Unternehmungen, Fahrten nach Gollmitz und in die Gärtnereien, vor allem aber über Pferde und Hunde. Man hatte Zeit, viel Zeit!

Wenn sich meine Mutter nach dem Frühstück erhob, verließen die meisten Gäste mit ihr das Eßzimmer. Es blieben wieder einige hilfreiche Damen zurück, die die Teller zusammenstellten, die Würste, das Brot und die Butter in den Aufzug stellten und mit lobenden Worten zu Mamsell hinunter in die Küche schickten.

Beim Mittagessen ging es schon offizieller und strenger zu. Wer zu spät kam, mußte vor der ganzen Tafel eine bündige Erklärung abgeben, wo er sich herumgetrieben habe. Sie mußte einerseits mögliche weitere Befragungen ausschließen, durfte aber andererseits auch die zu unserer Aufsicht bestellten Kräfte, Hauslehrer und Erzieherinnen nicht in Schwierigkeiten bringen, zumal sie uns selbst danach in noch größere oder wenigstens länger andauernde gebracht hätte. Am besten war es, etwas vom Pferdestall – natürlich dem Kutschpferdestall – zu murmeln, in dem wir, durch den Stallmeister angehalten, immer irgendwelche pferdepflegerischen Pflichten hatten, Sättel putzen zum Beispiel oder Ponys füttern, kurz, irgendeine Ausrede, die bei meiner Mutter wegen ihres zu milder Erziehung geneigten Wesens als Entschuldigung durchgehen konnte, vielleicht mit dem Gedanken: »das gute Kind«.

Ernstere Verfehlungen beim Essen, Frechheiten, Widerreden, Unappetitlichkeiten wurden damit geahndet, daß man mit seinem Teller ans Fensterbrett mußte. Aber der Pranger am Fenster war im Grunde viel unterhaltsamer, da unter dem Fenster der Eingang zur Küche und zu den Wirtschaftsräumen lag, wo dauernd Stallburschen, Gärtnerjungen und ähnliche Komplizen der Unbotmäßigkeit ein- und ausgingen. Mit ihnen ergab sich schnell ein fröhlicher Wink- und Augenzwinkerverkehr, bis die Erzieher bemerkten, daß der Sinn der Strafe in sein Gegenteil umgeschlagen war.

Viel harmlose Freude machte es bei Tisch, den kleinen Dienerjungen, der mit Livree und weißen Handschuhen servieren lernte, aus dem Konzept zu bringen. Mit ihm waren wir außerhalb des etikettebeladenen Eßzimmers befreundet, wir balgten uns mit ihm, der selbst noch fast ein Kind war. Unsere Späße mit ihm wurden auch nach Tisch wieder »gerächt« – um so leichter, als er meist in seiner reichlich bemessenen Freizeit mit uns Indianer spielte, uns gelegentlich die Mahlzeiten in unsere Zelte und auf die Bäume brachte und so Spiel und Dienst mischte. Ein Hauptspaß bestand darin, ihm beim Reichen der Sauce einen Tropfen auf seinen Daumen fallen zu lassen. Ein subtilerer Spaß war es noch, die Diener beim Essen zum Lachen zu bringen. Das war nicht einfach, und Wernfried und ich dachten uns oft die schönsten Geschichten aus, indem wir auf Miene und Haltung der Diener genau achteten. Ein Diener durfte beim Servieren natürlich nicht lachen, auch nicht merkbar den Gesprächen zuhören.

Neben der Küche war das »Leute-Eßzimmer«. Hier aßen die Mädchen, die Diener-Anlernlinge, die Gärtner und Kutscherjungen. Es war ein großer buntbemalter Raum mit vielen alten farbigen Tellern an der Wand, Tellern mit Sinnsprüchen. An einen erinnere ich mich noch: »Kartoffeln sind ein gut Gericht, wer die noch hat, verhungert nicht.« Am Ende des Krieges lag dieser Teller auf einmal zerschmettert am Boden. Zum Haushalt gehörten auch Persönlichkeiten, die nicht mit uns, aber auch nicht im »Leute-Eßzimmer« speisen konnten: Sie wurden als »was Besonderes« von Mamsell speziell und in eigenen Räumen beköstigt. Hierzu gehörte zum Beispiel die Jungfer meiner Mutter, die mit nichts anderem als deren Garderobe beschäftigt war. Sie konnte auch frisieren, Haare brennen und natürlich nähen und schneidern. Zu dem gehobenen Kreis um Mamsell gehörten auch die sogenannten »Zwischengäste«, so die alle paar Wochen aus Berlin anreisende Schneiderin Frau Stolz. Sie trug ein unendlich geziertes Wesen zur Schau.

Dann gab es auch noch das Dienerzimmer mit dem übergroßen alten Schreibtisch, an dem viele Stunden lang »Paulchen« saß, Rechnungen prüfte, Anweisungen schrieb. Neben seinem Tisch war die Tür, hinter der einige Treppenstufen in den dunklen Weinkeller hinabführten. Im Dienerzimmer wurde den Förstern, den Handwerksmeistern aus Prenzlau, durchreisenden Weinhändlern, Pferdehändlern und ähnlichen Vertretern des gehobenen Mittelstandes das Essen gereicht. So war der Platz, an dem man seine Mahlzeiten einnahm, bestimmt von der Rangordnung, in die man nun einmal hineingeboren war. Was es zu essen gab, war dem Ratschluß von Mamsell und meiner Mutter anheimgegeben. Meine Mutter war eine gute Köchin, die mit viel Phantasie und auch einem kräftigen Schuß eigener Freude an vorzüglichen Essen die Speisepläne des Tages besprach. Es gab fast nichts, »was es nicht gab«: Wild aus den Forsten, Fisch der verschiedensten Art, Aale, Krebse, aus den Gärtnereien und den Glashäusern Obst, ungewöhnliche Gemüse, Artischocken, Mais, Zuckergurken. Und so wurde bei den rituellen Gesprächen zwischen meiner Mutter und Mamsell der ganze weite Umkreis der ländlich kulinarischen Möglichkeiten einbezogen und genutzt.

Bevor Mamsell kam, hatten wir immer Köche; der letzte hieß Boy und war an vielen Hofküchen Küchenmeister gewesen. Seine Erinnerungen sind kürzlich erschienen und lassen die erstaunte Leserschaft über die Menüs bei Fürsten und Königen - z.B. von Bulgarien - aufhorchen. Unserem Haus, vor allem der kulinarischen Vorliebe meines Vaters, hat er ein liebenswürdiges Kapitel gewidmet. Als in den frühen zwanziger Jahren einmal die Kronprinzessin bei uns zu Gast war und ihr das Essen besonders gut schmeckte, ließ sie sich huldvoll Boy vorstellen und bedachte ihn mit einem fast kaiserlichen Lob. Wenige Wochen später war Boy wegengagiert. Doch Boys Fortgang schlug für unser Haus nur zum Guten aus. Mein Vater pflegte in Berlin im Unionsclub zu essen, wo er eine noch ganz junge Köchin kennenlernte, die ihm Zukunft zu haben schien. Bald darauf - es war 1924 - war sie bei uns angestellt. Von da an hat sie in enger und herzlicher Bindung an unser Haus und an unsere Familie, vor allem aber mit Liebe und großer persönlicher Tapferkeit meiner Mutter beigestanden.

In meiner Erinnerung sind Mamsell, der Erste Diener Paul Kaule, der Gärtner und der Chauffeur immer die gleichen geblieben. Der alte Kutscher Siedler, der mit meinem Vater in den Krieg 1914-18 gezogen war, übernahm 1930 ein Fuhrgeschäft, und es kam der Kutscher Wedel. Sonst gab es kaum Wechsel im Personal, das meistens aus Schlesien stammte.

Die »Nische« im Wohnzimmer, wo die Gräfin sich zu vertraulichen Gesprächen niederließ, etwa wenn der Güterdirektor Kaune die Rechnungen für die Gutsverwaltung und die Haushaltsführung vorlegte.

Unter dem Personal hatte »Paulchen« das Sagen, und unter seiner festen, liebenswürdigen und von der Herrschaft gestützten Führung lief alles wie am Schnürchen, so daß unser Haus bei Festen und Jagden, Tanzabenden und Tagungen für Jungadel, Pastorenfrauen, Kaisertreue und ähnliche, vor allem aber bei den großen Familientreffen in bestem Ruf stand.

Ein häufiger Wechsel fand dagegen bei der Erzieher- und Lehrerschaft meiner älteren Geschwister statt. Der Grund lag einesteils darin, daß bei wachsendem Körper und Geist auch neue Kräfte gebraucht wurden. Zum anderen aber lag in dem Verhältnis der Erzieherinnen und Hauslehrer gegenüber der gräflichen Familie eine gewisse, schwer zu beschreibende Ambivalenz. Sie waren immer »was Besseres«, was auch voll anerkannt und bei der Tischordnung, bei Festen und Unternehmungen berücksichtigt wurde. Doch waren sie im Gespräch in der Familie, in jenem ungreifbaren Jargon einer Klasse von Jägern, Landwirten und Gutsherren doch auch Fremdkörper. Je mehr sie sich bemühten, mit gleichem Zun-

Das Kinderzimmer mit den Spielsachen, in denen sich en miniature die Lebenswelt der Eltern spiegelt: ein Holzmodell des Herrnhauses, Puppenstuben und Bauernhöfe, ein Holzpferd und ein blitzender Küraß mit Helm und Adler.

genschlag, gleicher Anschauung und Meinung aufzuwarten, desto gespreizter und peinlicher wurde die Situation.

Die Spannungen zeigten sich an jenen Nahtstellen, wo »Kreise« aneinander gerieten: Adel, Akademikerschaft, Geistlichkeit. Wenn jedoch erst einmal ein Mensch in seinem Stande, in seiner Art ganz in Haus und Familie aufgenommen war und sich ohne viel Nachdenken in die unsichtbare, aber um so wirksamere Gesellschaftsordnung eingepaßt hatte, dann gehörte er dazu, war untrennbar mit der Familie, ihren guten und bösen Tagen, schließlich mit ihrem Schicksal verbunden.

So war es bei »Mucki«, meiner Erzieherin, Fräulein Käte Schreiner, die 1927 zu uns kam. Mucki, meist mausgrau angezogen, stammte aus Oranienburg und hatte schon größere Erfahrung bei der Erziehung von »feinen Kindern«. Sie war siebenunddreißig Jahre alt, als sie bei uns antrat, und ich weiß noch genau, wie ich versuchte, bei ihrem Einstand ein Quentchen neuer Freiheit zu erhaschen. Als sie fragte, ob ich nach dem Mittagessen schlafen müsse – für feine und zarte, obendrein jüngste Kinder mit Bronchien etc. ein *sine-qua-non* –, belehrte ich sie keck, daß ich das nicht brauchte, und schoß in den Park zu meinen Kaninchen und Hühnern. Ihr kam das komisch vor, sie fragte meine Mutter, und schnell war ich wieder eingefangen und ins Bett gesteckt, ins Nachmittagsbett, das neben der Langeweile auch ein den Dorfkindern gegenüber disqualifizierendes Etwas hatte.

Mucki konnte herrlich erzählen, besonders von den großen Reisen, die sie mit anderen Familien und deren Kindern nach Italien gemacht hatte. Einmal war sie dort in der Nähe von Neapel von einem Erdbeben überrascht worden. Es entstand eine Panik unter der Bevölkerung, und Mucki, die mit der Obhut der greisenhaften Großmutter und der Enkel betraut war, befand sich in schwieriger Lage. Da stellte sich ein junger energischer Italiener zu ihrem und der anderen Reisenden Schutz zur Verfügung, ordnete und regelte alles und besänftigte die Panik, kurz, er »rettete« Mucki. Wer war es? Mussolini, dem Mucki später bei allem Haß auf die Nazis und deren Komplizen in politischen Gesprächen die Stange hielt.

Je mehr ich in den Schulunterricht eingepaßt wurde, desto weniger mußte Mucki sich um mich kümmern. Dafür aber wuchs ihr die Pflege meines kranken Vaters zu, der ihre hilfreichen Hände, ihr Wesen, das so gut den herzlich-milden Spott vertrug, mit dem man ihren Eigenschaften begegnete, immer häufiger und dankbarer beanspruchte. Im Winter vor seinem Tode wurde von den Ärzten, die sich um ihn bemühten, noch ein kräftigender Klimawechsel im Riesengebirge vorgeschlagen. So fuhren wir zusammen mit Mucki in einem riesigen »Horch« mit Chauffeur und Diener nach Oberschreiberhau. Aus jener Zeit habe ich noch die lebendigsten Erinnerungen an meinen Vater, der das näherrückende Schicksal gelassen und fast heiter hinnahm.

Sperrenwalde: genaugenommen Groß-Sperrenwalde, Kreis Prenzlau in der Uckermark, fünfundneunzig Kilometer nördlich von Berlin, nicht weit der Straße Berlin-Seebäder gelegen, zehn Kilometer südlich von Prenzlau, unserer 25 000 Einwohner zählenden Kreisstadt. Sperrenwalde – eine Straße mit holperigem Kopfsteinpflaster, die das Dorf von Ost nach West durchzog, daneben der Sommerweg, die ungepflasterte Straße für die müden Pferdehufe. Sie verlief in einiger Entfernung vom Schloß, damit die Herrschaft nicht durch den Lärm der

Hufe und der eisenbereiften Ackerwagen gestört wurde. Entlang der Dorfstraße rechts und links die Arbeiterhäuser mit Vorgärten und Ställen, in der Mitte des Dorfes aber das »Schloß«, das eigentlich gar keines war. Schlesier, die zu uns kamen und unser Haus sahen, meinten mißbilligend, das sei kein Schloß - es sei ja »kein Tirmla druff«.

Gegenüber unseres Hauses, auf der anderen Seite der Straße, der See - eigentlich mehr ein Teich mit Schilf, Entengrütze, Bläßhühnern, dicken und schlauen Karpfen, einem Bootssteg, zwei Ruderbooten. Rechts und links vom Schloß die Höfe mit den Ställen und dem langgezogenen Platz, wo an Feiertagen die Ackerwagen aufgereiht standen, außerdem die kleine Koppel, in der neue Pferde begutachtet wurden: Fohlen mit ihren Mutterstuten, die erste Schritte in die Welt unternahmen. Hier war es auch, wo wir Geschwister, an der Longe geleitet von unserem Stallmeister Siedler, den ersten Reitunterricht bekamen. Weiter die Ställe für die Ackerpferde mit ihren Boxen, immer für ein Gespann - vier Pferde. Der Kuhstall, die Getreidesilos, stattlich im Hintergrund das Haus des Administrators mit Büro und Sitz des Bürgermeisters. Es bestand immer Personalunion zwischen dem Administrator (das ist ein bißchen mehr als Inspektor) und dem Bürgermeister unserer Gemeinde. Wohl um die hundertfünfzig Einwohner lebten in Sperrenwalde, alles Landarbeiter, meist alte, schon seit je hier ansässige Familien, Uckermärker, mehr ostisch als nordisch, dazu einige polnische Schnitter. Sieht man vom »Schloß« ab, war die Rangordnung im Dorf einfach und überschaubar: an der Spitze der Herr Administrator, dann die Vorarbeiter, vor allem der bewährte, strenge Nürnberg, der als Zeichen seiner Autorität ein dickes Notizbuch sichtbar in die Seite seiner Jacke gesteckt hatte. Er trug lange Stiefel - länger als bei den anderen, die eher Knobelbecher trugen -, angedeutete Reithosen, eine halblange Lodenjacke und eine Schirmmütze graugrün-mimikry.

Nach Nürnberg, dem Vorarbeiter oder Vogt, kamen die Abteilungsleiter, der Schweizer, der Großknecht, ein oder zwei weitere Vorarbeiter, der Vorschnitter, die Gutshandwerker, Schmied, Stellmacher, Schlosser. Der Schweizer hatte mit seiner Familie die Kühe zu besorgen. Während Schäfer meist still, verschlossen, weise, aber wenig umgänglich waren und eine Art mystisches Konzentrat aus bodenständigem Aberglauben und archaischem Heidenwissen verkörperten, gehör-

Die Gartenseite des Herrenhauses, davor der von Schimmeln gezogene Schlitten mit Stallmeister Siedler.

ten die Schweizer einer rauheren Welt an. Sie stammten meist wirklich aus der Schweiz, wo es uralte, in der Milchwirtschaft seit Generationen erfahrene Familien gab. Bei ihnen angestellt waren die Melker, je größer die Herde, desto mehr. Diese Melker stellten auf dem Lande sozusagen die Halbwelt dar. Oft waren es gefährlich rauflustige Burschen, die es an keiner Stelle lang aushielten und manche Delikte in ihrem Register trugen. Ein Grund für die mangelnde Einordnung der Schweizer und ihrer Helfer in die sonst so reibungslos funktionierende Dorfgemeinschaft mag ihr harter und unnatürlicher Tageslauf gewesen sein. Nachts um zwei Uhr standen sie auf, verließen mit einem von leeren Milchkannen klappernden Kastenwagen den Hof und schuckelten - vor dem Schloß auf dem Sommerweg dahinfahrend - über die Felder zu den Koppeln. Dort wurden, vom Hund vor dem gefährlichen Bullen geschützt, die Kühe gemolken. Die Herde bestand aus fünfzig bis achtzig Milchkühen. Damals gab es noch keine Melkmaschine, keine anderen Hilfsmittel als die eigenen Hände und einen einbeinigen Melkschemel, den die Melker um die Hüften gebunden mit sich herumtrugen. Schnell mußte die Milch in die großen verzinkten Blechkannen gegossen werden. Der Oberschweizer überzeugte sich mit Stichproben, ob die Kühe auch gut ausgemolken waren. Dann ging es - gegen vier, halb fünf - mit dem vollen Milchwagen zum Bahnhof. Die Kannen wurden verladen und langten am frühen Morgen in Berlin bei »Bolle« an, um pünktlich den städtischen Bürger-, Offiziers- oder Arbeitertisch mit Milch zu versorgen. Am späten Nachmittag wurde nochmals gemolken, und man kann sich vorstellen, daß dieser Tagesablauf Melker und Schweizer von der Dorfgemeinschaft fernhielt, die einen anderen Tagesrhythmus lebte.

Pracht und Kraft des Gutes, der Ausdruck seiner Leistungsfähigkeit, der Stolz aller seiner Menschen, bestanden in den Gespannen. Ich wuchs noch in einer Zeit auf, als Traktoren, Motormaschinen selten waren. Der Großknecht, der das schönste, stärkste Gespann - vier zueinander passende Pferde - führte, war eigentlich immer auch der männlichste Mann im Dorf. Er teilte die Pferde in Gespanne ein, er bestimmte, welche Gespanne welche Arbeiten zu übernehmen hatten, und gewiß gab es die Wahl zwischen angenehmen und unangenehmeren Tätigkeiten. Er sorgte - fast militärisch - für ein ordentliches Ein- und Ausziehen der Pferde. Ihre Abfahrt und Rückkehr gaben dem Landleben seinen Rhythmus und seine zeitliche Ordnung. Untergebracht waren die Gespanne im Ackerpferdestall, einem niedrigen, strohgedeckten Fachwerkbau. Jeder Eingang hatte vier Gespannboxen; an den Stützpfeilern hingen die Halfter und Sättel, denn jedes Gespann besaß vorne links ein Sattelpferd. Wenn die Knechte am Abend von der Arbeit heimgekommen waren, herrschte in den Ställen immer übermütige Aufgeräumtheit. Meist ging es um die Beurteilung der anderen Pferde, denen irgendein Mangel nachgesagt wurde; auch spielte die Zuteilung von Kraftfutter - reinem Hafer - bei den oft mit freundschaftlichen Raufereien verbundenen Späßen eine Rolle. Das Klauen von Hafer oder sonstigen Futtermitteln für das eigene Gespann gehörte zu einem ungeschriebenen Ehrenkodex, bei dem Administrator, Vogt und Großknecht ein Auge zudrückten.

Wann immer möglich, entwischte ich zu dieser Zeit den Aufsichtspersonen, um in die Ställe zu laufen, wo ich Futter austeilen half, Geschirre abnahm, meist vergeblich versuchte, den schweren Sattel auf den Haken am Stützpfeiler zu heben. Besonders im Sommer war das Einrücken der Gespanne eine Zäsur zwischen der Tagesarbeit voller Hitze und Schweiß und dem frohen Feierabend. Die Gespanne zogen dann - vierelang - zuerst an die Schwemme im See. Die Knechte entledigten sich ihrer Stiefel und Strümpfe, krempelten die Hosen hoch und ließen die Pferde in dem flachen Wasser laufen. Manche Tiere empfanden dabei die Kühle des Sees so angenehm, daß sie sich plötzlich, wiehernd vor Behagen, mit Geschirr und Reiter in die aufgewühlten Fluten legten. Das wurde von den umstehenden Dorfbewohnern mit Schreien und Lachen begleitet. Einige Knechte nahmen vorher eines ihrer Kinder auf das Pferd und ließen es stolz die Welt von oben besehen. Es gab keine festen Arbeitszeiten - sie richteten sich vielmehr nach der zu schaffenden Arbeit. Wenn aber die Gespanne einrückten, wußten die Frauen, daß in einer dreiviertel Stunde der Mann zum Abendessen heimkam, daß der Tag zu Ende ging, ob es nun im Winter halb vier oder im Sommer bei langer und später Dämmerung zehn Uhr abends war. Auch die Kinder machten diesen Turnus mit. Wie beneideten wir die Dorfkinder, die von Mai bis September barfuß laufen und im Hochsommer bis spät in die Nacht auf das »Einrükken« warten konnten, sich kaum waschen mußten und so vieles treiben durften, was uns versagt war.

Die Arbeiterhäuser waren in der Regel für zwei oder vier Familien gebaut. Eine niedrige Tür führte in einen mit roten Ziegelsteinen gepflasterten, unbeleuchteten Hausflur, der in eine größere Küche auslief. Noch zur Zeit meiner Kindheit, also in den späten zwanziger Jahren, wurden die meisten offenen Herde durch »moderne« Herde mit Ofenrohr und Abzug ersetzt. Diese sicher teure Neuerung war im weiten Umkreis für Arbeiterwohnungen ungewöhnlich. In der Küche wurde gelebt, gekocht, gewaschen, normaler Besuch empfangen. Auch das An- und Ausziehen geschah hier, denn hier war es ja geheizt. Von der Küche führte eine Holztür in den kleinen Hof. In den Ställen wurde das Vieh, wurden Schweine, Ziegen, Gänse, Enten, Hühner gehalten. Dahinter lag der Garten, je nach Fleiß und Interesse der Familie bearbeitet.

Beiderseits vom Flur lagen die Stuben. Sie müssen sehr niedrig gewesen sein, denn ich entsinne mich, daß man nur gebückt eintreten konnte. Meist standen zwei oder drei Betten darin mit hoch getürmten Federkissen, feucht und muffig. Die Höhe der Federbetten war ein Statussymbol; wer es sich leisten konnte, hatte ausgesprochen hohe. An der Wand hing ein Bild des Familienvaters in Uniform mit dem Namen des Regiments und der Kompanie, darüber hineinretouchiert

Landarbeiterfamilie Nikisch in Sperrenwalde. Schon die Haltung der Hände spricht ihre eigene Sprache und drückt – am stärksten bei der Jugend, am wenigsten beim Alter – Ergebenheit, Strenge und Entbehrungen aus.

gekreuzte Fahnen und die jeweilige Waffengattung: Kanonen bei der Artillerie, Reiter mit Lanzen und Fähnchen bei der Kavallerie, Gewehre mit aufgepflanztem Bajonett bei der Infanterie.

In den Rahmen gesteckt waren Photographien der Söhne, die zum Militär eingezogen worden waren. Seltsam: Photographieren ließ man sich als Mann nur im Zustand höchster militärischer Blüte, sozusagen auf der Balz, im bunten Kleid – als Soldat. Zu den Sehenswürdigkeiten des Dorfes gehörte deshalb immer auch der junge Soldat, der zum ersten Mal auf Urlaub nach Hause kam. Er schritt, umgeben von seinen früheren Freunden und den jüngeren Geschwistern, gravitätisch die Dorfstraße entlang, bestaunt und bewundert. Auch war es üblich, daß der Urlauber sich im Gutshof, beim Inspektor und gelegentlich sogar im Schloß vorstellte.

Die Zucht und die Ordnung, in die man als Soldat genommen war, entsprach in ihren Grundzügen der Rangordnung der dörflichen Gemeinschaft, vor allem auf einem »Rittergut«. Wer »diente« oder »gedient hatte«, stand auf der gesellschaftlichen Leiter einige Sprossen höher und zeigte es. Dieser inneren Verwandtschaft zwischen der sozialen Rangordnung einer Guts- oder Dorfgemeinschaft einerseits und der militärischen Rangordnung andererseits entsprach auch die Sitte, daß sich Gutsbesitzer oder Inspektoren, welche Offiziere, das heißt Reserveoffiziere waren, mit ihrem militärischen Rang anreden ließen: Herr Hauptmann, Herr Oberleutnant. Der Graf hieß bis einschließlich Major: Herr Graf; erst dann wurde er Oberstleutnant und Oberst tituliert.

Doch zurück zur Einrichtung der Stuben. Über den Betten hingen Bilder religiösen Inhalts, meist Jesus. Es war auffallend, daß nie der Gekreuzigte dargestellt war. Jesus unter seinen Jüngern, durch das Kornfeld schreitend, Kinder segnend oder beim Abendmahl - das waren bevorzugte Themen. Beliebt war auch die Darstellung des Jesuskindes inmitten wilder Tiere. Unter seinem Einfluß schmiegten sich Lämmlein an grimmige Tiger, Schlangen an Häslein. Jesus selbst hatte einen Arm um den zottigen Nacken des Löwen gelegt. Gelegentlich fanden sich auch Bilder von weißgekleideten Schutzengeln, die gefährdete Kinder - ältere Schwester, jüngerer Bruder - bei nächtlichem Gewitter über baufällige Brücken führten.

Auf dem Vertiko oder auf dem mit einer Klöppeldecke belegten Tisch stand oft ein Bild der gräflichen Familie, überreicht aus Anlaß eines hohen Geburtstages oder eines Dienstjubiläums. Manchmal gab es auch ein Bild vom Kaiser aus seiner Zeit in Doorn mit weißem Spitzbart in »Interimsuniform«, behängt mit Fangschnüren und mehreren Halsorden. Dazu kam der »Zollernblick« oder eine Postkarte vom Kronprinzen, meist in flotter Husarenuniform und lässig-sportlicher Haltung, später auch Bilder vom »greisen Feldmarschall« Hindenburg. Nippes fand man gelegentlich, kleine Porzellanhündchen oder -kätzchen, die einen Aschenbecher bewachten, Muschelbilderrahmen mit einer Postkarte von Verwandten aus den nahegelegenen Ostseebädern. Sonst gab es nichts Bemerkenswertes in den Stuben. Die Wände waren bunt getüncht, oft erstaunlich dunkel, grünlich oder gelb-bräunlich, und mit einer Gummiwalze war darauf ein einfaches Blumenmuster angebracht. Tapeten gab es nicht.

Diese Stuben machten immer den Eindruck des Unbewohnten. Die Fenster waren klein, die Läden oft auch am Tage geschlossen, damit die Sonne nicht den Sofabezug bleiche. Meistens war es feucht, da die Häuser nicht unterkellert waren; gelüftet wurde selten. Irgendwo stand ein Schrank, in dem der schwarze Anzug, das dunkle Kleid verborgen sein mußten, die an Feiertagen oder bei Ernte- und Familienfesten angetan wurden. Auf dem düsteren Flur stand eine feste Leiter, die in das niedrige Dachgeschoß ging, wo die Mehrzahl der Kinder ihre Schlafstelle hatte.

In einigen Häusern wurde in den dreißiger Jahren fließendes Wasser installiert, die meisten jedoch blieben ohne Wasserversorgung. Das Klo befand sich auf dem Hof, ein kleiner Holzverschlag über oder neben dem Misthaufen.

Wasser wurde an einer der drei oder vier Pumpen im Dorf geholt - in zwei Eimern, die, an Ketten gehängt, mit einem breiten Holzjoch über Nacken und Schultern getragen wurden. An den Pumpen war gleichsam die Börse allgemeinen Gedankenaustausches und der inner- und außerdörflichen Nachrichtenübermittlung. Hier wurde getratscht, über die abwesenden Nachbarn geklatscht und über die das Leben auf dem Gute berührenden Tagesfragen debattiert. Gerüchte wurden geboren und weitergegeben. Radio und Fernsehen gab es ja noch nicht, Zeitungen wurden kaum gehalten.

In den meisten Fällen führte - je nach Hackordnung - eine der Frauen das große Wort. Drum herum saßen oder spielten die Kinder und Heranwachsenden und bekamen mit, was sich in der Welt der Erwachsenen tat oder anspann. Es war ein frühes und zartes Zeichen sich anbahnenden Minnedienstes, wenn ein Knecht einer jungen Wasserträgerin das Schleppen der Eimer - oft mußten viele Gänge gemacht werden - abnahm. Die Ordnung der den Frauen oder Männern auferlegten Pflichten wurde nur selten durchbrochen, und Wasserholen war Frauenarbeit. Auch ich saß oft an der Pumpe. Dort traf ich mich mit meinen Freunden, den Dorfjungen, und wir beobachteten die Großen und hörten Dorfgeschichten.

Der Lohn, das Geld spielte im Gegensatz zu den Naturalleistungen im Leben unserer Landarbeiter eine untergeordnete Rolle. Meine Kindheit lag ja kurz nach der Inflation; da war das Geld wenig wert. Eier, Butter, Speck dagegen stellten die eigentliche Währung dar. Der Stundenlohn eines Landarbeiters betrug damals im Kreis Prenzlau einunddreißig, im

Fischzug in Sperrenwalde.

Kreis Templin achtundzwanzig Pfennig. Frauen bekamen entsprechend weniger, Kinder und Jugendliche verdienten zwölf bis achtzehn Pfennig pro Stunde. Doch gab es die verschiedensten Staffelungen und Zulagen.

Akkordarbeit wurde vor allem bei der Hackfruchternte geleistet: Kartoffeln und Rüben. Beim »Kartoffelbuddeln« stand ein alter Vorarbeiter, der zu diesem Zweck aus dem Altersheim des Gutes geholt worden war, vor dem Kartoffelwagen, eine Metallrolle mit abreißbaren Pappmarken über der Schulter. Für jede abgelieferte Kiepe gab es eine Marke. Auch die Rübenernte wurde im Akkord eingebracht. Die aufwendige Pflege der Zuckerrüben wurde im Mai den polnischen Schnitterfamilien übertragen, die mit ihren Familien schon oft bei Morgengrauen auf den Feldern waren, um die Rüben erst zu »vereinzeln«, danach immer wieder zu hacken und unkrautfrei zu halten, bis die Rübenblätter eine geschlossene Decke bildeten. Dann war die Gefahr der Unkrautwucherung und der Austrocknung vorüber.

Arbeiter mit speziellen Funktionen, Unterbeamte und Inspektoren erhielten Gehälter; auch sie wurden durch mannigfaltige Naturalleistungen aufgebessert. Dazu kam für diese Verdienstgruppen ein ausgeklügeltes System von Tantiemen für besondere Leistungen in Viehhaltung und Pflege: bei der Prämiierung von Zuchttieren auf den jährlichen landwirtschaftlichen Ausstellungen, beim Verkauf von Remonten – der zwei- und dreijährigen Pferde, die von der Armee aufgekauft wurden –, bei hohen Leistungen des Milchertrags und

Ausfahrt über die Felder.

bei der Schweinemast. Dabei wurden genaue rechnerische Beziehungen zwischen der Menge des ausgegebenen Futters und der erreichten Milchmenge, dem Fettgehalt der Milch und dem Gewicht des Schlachtviehs berücksichtigt.

Überstunden wurden, soweit ich mich erinnern kann, kaum bezahlt. Die Arbeit auf dem Lande bringt Zeiten mit sich, in denen sehr viel und schnell geschafft werden muß. Heu- oder Getreideernte bei drohendem Gewitter, das Dreschen des Korns auf dem Felde, das einen höheren Ertrag und früheres Geld bringt als der Drusch im Winter aus der Feldscheune heraus, auch die Ernte der Zuckerrüben bei drohendem Frost usw. - all das waren Tage und Wochen voller Arbeit.

Dafür gab es im Winter und frühen Frühjahr faulere Zeiten: Holzabfuhr, Treiben auf Hasen und Saujagden, Arbeiten auf den Höfen, in den Scheunen. Urlaub als Institution und eingeplante Erholung kannte man nicht. Gewiß nahm sich mancher Arbeiter »frei«, um in die Stadt zu fahren, in den Nachbardörfern Zuchtgänse zu kaufen oder anzubieten oder um Verwandte zu besuchen. Doch »erholen« mußte man sich anscheinend nicht; dafür genügte das Auf und Ab in der Arbeitsforderung des ländlichen Jahres. Auch muß bedacht werden, daß das vielfältige Halten von Tieren, die für die Landarbeiter ein Teil der Existenzgrundlage waren, Urlaub oder auch nur ein freies Wochenende der ganzen Familie nicht erlaubt hätte.

Wenn der Lohn als Geld eine geringe Rolle spielte, so waren die Naturalleistungen, die dem Landarbeiter zustanden, das

»Deputat«, um so wichtiger. Für jede Familie war ein Stück Kartoffelland vorgesehen, das vom Gut her mit bearbeitet wurde. Sie erhielt Gerste als Hühnerfutter, außerdem je nach Familiengröße Milch, die zu täglich festgesetzten Stunden im Kuhstall nach dem Nachmittagsmelken abgeholt wurde. Weiter bekam die Familie Zucker, Mehl, Leinen, Brennholz und vieles andere, was ein Gutsbetrieb produzierte. Der Landarbeiter machte einige Schweine mit den Deputatkartoffeln fett, er züchtete Gänse, junge Zicklein, Enten und Hühner.

Solch Kleinstbetrieb florierte je nach Tüchtigkeit der Arbeiterfrau und der heranwachsenden Kinder, und es wurden manche Quellen erschlossen, die Futtervorräte für das Vieh aufzubessern. Im Frühherbst zogen wir Jungen - ich kann mich nicht erinnern, solche Streifzüge auch mit Mädchen gemacht zu haben - über die abgeernteten Stoppelfelder, um Hamsternester zu suchen. Hamster gab es bei uns in großen Mengen. Sie gruben sich einige Handbreit unter der Erddecke eine meist weitverzweigte, geräumige Höhle und sammelten hier das umherliegende Korn. In ihren Backentaschen transportierten sie die Beute in ihr verborgenes Nest. War ein Nest aufgespürt, wurde erst einmal die sich giftig wehrende Hamsterfamilie erschlagen; für die Felle bekamen die Jungen einige Pfennige vom durchziehenden Felljuden. Dann wurde die Höhle ausgeräumt, in der oft zwanzig bis dreißig Pfund Korn gelagert waren. Das kam der Geflügelhaltung zugute. Solch ungebundene Streifzüge über die Felder, durch die Wälder wurden von den Inspektoren, mehr aber noch von den Förstern ungern gesehen. Oft grenzten sie an Wilderei, denn wenn sich mal ein junger Hase, ein Kaninchen, ein Fasan fangen ließ - es wäre schade gewesen, sie laufen zu lassen. Der Eigentumsbegriff im ländlichen Raum war ohnehin durchlässig, und man richtete sich auch hier im Grunde nach der biblischen Regel: »Man soll dem Ochsen, der da drischet, nicht das Maul verbinden.«

Die größte Einnahmequelle der Arbeiterfamilie waren Gänse. Für mich ist der Beginn des Frühlings immer noch verbunden mit dem Auftauchen der kleinen »Gössel« und dem drohenden Zischen der besorgten Gänseeltern. Meist wurden acht bis zwölf Gössel großgezogen, die bald auf die Weide getrieben wurden. Ein Hütejunge wurde angestellt, der dann die Dorfstraße entlangzog und alle Gänsefamilien auf das Feld brachte. So wurden Weizen- und Gerstenfelder abgeweidet, während vom Gut Wasserwagen angefahren wurden, um den Gänsedurst zu löschen. Und am Abend kam die riesige Gänseschar - viele Hundert - schnatternd wieder nach Hause. Für die vom Gut übernommenen Hüteleistungen mußte jede siebte oder zehnte Gans im Herbst an die Schloßküche abgegeben werden.

Der strenge Inspektor hatte die fetteste Gans aus jeder Gänsefamilie herausgesucht. Da lagen sie, sechzig oder achtzig Stück, in langen Reihen in unserer Küche, und meine Mutter begutachtete sie zusammen mit Mamsell und den gerade anwesenden Gästen. Arbeiterfrauen hatten sie zuvor abgestochen, gerupft und schon zurechtgemacht für die Ehren, die ihnen bevorstanden. Doch nicht alle Gänse blieben im Schloßhaushalt, denn es gab ein verzweigtes Netz von Gänse-Verbindlichkeiten. Natürlich bekamen der Gutshaushalt, der Inspektor eine Anzahl; weiter wurden der Herr Pastor, die Lehrer, der Landjäger, Handwerker in der Stadt und Amtspersonen in den Gemeinden und den Landratsämtern bedacht. Es war im übrigen der Stolz einer guten Köchin, von der Gans nichts außer dem harten, ausgehöhlten Knochengerüst unverwertet zu lassen. Sogar die »Pfoten« wurden im »Schwarzsauer«, einer schauerlichen süßsauren Suppe aus Gänseblut und anderem, verzehrt.

Einen Laden gab es in Sperrenwalde nicht. Einmal in der Woche, zu festgelegten Zeiten, kam ein Auto mit einigen Gebrauchsgütern: Salz, Schnaps, Heringen, Tabak. In Gollmitz, dem nächsten größeren Ort, war eine Gastwirtschaft mit kleinem Laden. Haus und Grund gehörten uns, waren aber an die Familie Wassmund verpachtet. Der alte Wassmund dämmerte stetig hinter der Theke, während seine Frau, eine weißhaarige, resche und immer freundliche Person, den Laden schmiß. Man betrat ein langes, nach abgestandenem Bier riechendes Gastzimmer mit einfachen Holzbänken und Tischen. Dahinter lag der winzige Laden. Ein Faß mit eingemachten Bratheringen gab dem kleinen Raum einen unvergeßlichen Geruch. Auf dem Ladentisch, neben der Waage und den Gewichten, stand ein großes Glas mit zusammengeklebten, köstlichen, himbeerförmigen Bonbons. In der Erinnerung ist ihr Geschmack nicht zu trennen von den daran klebenden, etwas muffig schmeckenden braunen Papierfetzchen der Spitztüte, in die Frau Wassmund die Bonbons eingewogen hatte.

Weiter einige Glasbehälter mit Gewürzen, Salz, Mehl, Zukker. Im Wandregal Tabak, billige Zigaretten und vor allem Kautabak: »Priem«. Die einzigen Reklametafeln, an die ich mich erinnern kann, warben für Kautabak; doch mögen hier wie auch anderswo Erinnerungslücken bestehen. In einer Ecke standen Peitschen mit langen, feingeflochtenen Schnüren, daneben ein großer Stahlring mit Lederriemchen für die Arbeitsstiefel. Dann hingen da noch harte, schwarze Ledertaschen mit einem Schulterriemen, die sogenannten »Kaliet«. Darin verstauten die Arbeiter ihr Frühstück, die Kaffeeflasche aus Emaille, Brot und Speck und den Kautabak. Die berittenen Knechte befestigten die Kaliet auf einem breiten Querriemen am Lederzeug ihres Handpferdes, das rechts vom gesattelten Pferd lief. Die nicht berittenen Landarbeiter - der Ehrentitel Knecht galt eigentlich nur für die Lenker und Pfleger eines Gespanns - warfen morgens ihr Kaliet auf den Ackerwagen.

Außerdem stand da eine lange Reihe von Holzpantinen mit einem einfachen, weichen Lederrücken und dicken Erlenholzsohlen. An weiteres in diesem Laden kann ich mich nicht erinnern. Wahrscheinlich gab es auch nicht mehr zu kaufen. Die meisten Lebensmittel wurden vom Gut als Deputat geliefert oder in Haus, Stall und Garten selbst produziert. Wenn man etwas zum Anziehen brauchte, ging man nach Prenzlau zu »Krummwiede« oder zu »Zeek«. Die Kleidung der Arbeiter bestand in den Jahren nach dem Ersten Weltkrieg vorwiegend aus alten Militärmänteln, Hosen, Röcken. Schuhwerk: im Sommer die Holzpantinen, im Winter Stiefel in Form der bekannten Knobelbecher oder einfache Schnürstiefel mit Holzsohle.

Etwas zu lesen? Ich kann mich nicht erinnern, Zeitschriften oder gar Bücher in der Auslage gesehen zu haben. Zu Weihnachten wurden den Familien Kalender überreicht, der »Wandsbecker Bote« oder der »Uckermärkische Kurier«. Zur Konfirmation bekam man ein Neues Testament, zur Hochzeit die Familienbibel, die hinten freie Seiten zum Führen der Familienchronik hatte. Die Bedürfnisse der Arbeiterfamilien waren, gemessen an heutigen Maßstäben, unvorstellbar gering. Und wenn einer unter ihnen durch Mehrarbeit im Akkord, durch eine bessere Position in der Rangordnung des Gutes oder durch eine fleißige Hausfrau, die mehr Gänse aufzog, mehr Schweine fettmachte, auch mehr Geld erhielt - er

Ländliche, patriarchalische Traditionen kennzeichneten das Dorfleben bis in die Einzelheiten. Als Gerta von Arnim konfirmiert wird, erscheint der Kindergarten von Sperrenwalde mit dem Dorfältesten im Feiertagsgewand, wobei die eine Generation mit Schleifen und weißen Kleidchen, die andere mit Orden und Zylinder dem Fest ihre Reverenz erweist.

hätte sich gleichwohl kaum größeres leisten können und wollen.

Weitergehende Bedürfnisse waren noch nicht durch Werbung geweckt. Als das Radio aufkam, spielte die politische Indoktrination die Hauptrolle - man hatte anderes vor, als Reklame für Gebrauchsgüter zu unterstützen. Die Zeitungen brachten nur Erbauliches, erlaubt Politisches und Lokales.

Nur der Lehrer in Sperrenwalde hatte schon in den zwanziger Jahren ein Radio. Er war ein »Sozi« - man nahm es jedenfalls an, denn offen hätte er sich kaum als Sozialdemokrat bekennen dürfen, ohne in Schwierigkeiten zu geraten. Doch schon der Verdacht genügte, um für uns lange Zeit jeden Radiobesitzer und damit das Radio selbst suspekt zu machen.

Ein landwirtschaftlicher Betrieb, auch ein Großbetrieb jener Zeit, verfügte noch über die patriarchalischen Strukturen eines Bauernhofes, auf dem jeder irgendwie am Leben Teilnehmende auch an der Arbeit, am Werk teilnimmt. Das geschah ohne genaue zeitliche Bemessung, auch ohne Kontrolle der heute üblichen Art hinsichtlich der Effizienz der Tätigkeit.

Die schulentlassenen Kinder, sofern sie nicht in eine Lehre gingen und Stellmacher, Schmied oder Schlosser wurden - das alles konnten sie auf dem Gut in den eigenen Werkstätten erlernen -, wurden zu einfacheren Arbeiten herangezogen. Sie hüteten die Gänse der Gutsarbeiter, sie kümmerten sich um die Fohlen, sie arbeiteten in den Ställen mit. Hier ergab sich dann meistens die Möglichkeit, einmal - wenn auch nur zur Aushilfe - ein Gespann zu übernehmen. Für die leichteren Arbeiten gab es Leicht-Gespanne, meist etwas ältere, ruhige Pferde, die nur zu zweit gefahren wurden und das Eggen, Wagenrücken oder Hofarbeiten, besonders aber das Futterfahren vom Silo zu den Ställen besorgen konnten. Zu den leichteren Arbeiten gehörte auch das Fahren mit der »Hungerharke«. Von einem Pferd wurde eine überdimensionale Harke über die abgeernteten Stoppelfelder gezogen, um die beim normalen Arbeitsgang nicht erfaßten Halme und Ähren aufzusammeln und dem Dreschen zuzuführen. Wenn die Hungerharke gefahren worden war, durften die »Ährensammlerinnen« aus der Stadt oder aus den umliegenden Dörfern auf den Feldern ausschwärmen, um - wie einstmals Ruth - den Rest der Roggen-, Weizen- und Gerstenähren einzusammeln.

Ich habe oft in den Erntetagen die Hungerharke gefahren. Es war ein unbeschreiblich stolzes Gefühl, wenn man zu dem großen Kreis von Erntehelfern gehörte. Sie waren alle um die brausende und zitternde Drehmaschine geschart, die von einer zischenden, kraftstrotzenden Dampfmaschine über lange Lederriemen angetrieben wurde. Schwankende, hochbeladene Erntewagen fuhren dicht an sie heran, während sie mit einem lauten, sausenden Geräusch arbeitete. Immer wenn einige Garben eingeworfen waren, wurde der Ton tiefer; man hörte richtig, wie sie sich bemühte, die neue Last zu verarbeiten, bis sie es geschafft hatte und der Ton wieder höher wurde. Spreuwagen, Strohschlepper, Sackträger waren drumherum unermüdlich tätig. Wie ein Konzentrat aus der ganzen Arbeit des vergangenen Jahres mit Pflügen, Eggen, Säen, Hakken, Düngen, mit der Angst vor Unwetter und dem Dank für Erntegnade erschien mir der nur etwa zwanzig Zentimeter breite Kornauslaß am Ende der Maschine, wo der Kornmeister die golden schüttende Körnerfrucht Sack auf Sack abpackte, wog und auf einen niedrigen Wagen verladen ließ.

Ich kann mir keinen Bereich menschlichen Tuns vorstellen, in dem die Last und die Mühe langer Monate und vieler, an verschiedenen Stellen beschäftigter Menschen sich so in einem Bild zusammenzieht wie im Kornauslaß der tosenden Dreschmaschine in der Hochsommerglut.

Neben der Dreschmaschine der Administrator, meist zu Pferde, mit dem Vorarbeiter. Natürlich war eine exakte Organisationsarbeit zu leisten, damit der Maschine immer genügend Korngarben geliefert wurden und sich die Gespanne nicht stauten, damit alles fließend und glatt verlief. An glühend heißen Sommertagen stand oft als Drohung und Ansporn ein Gewitter am Horizont, das den Eifer, die Arbeitswut, auch das Gefühl des gemeinsamen Schaffen-Müssens noch anfachte. Was nicht an Ort und Stelle verarbeitet werden konnte, wurde in die großen Feldscheunen eingefahren oder in Getreideschobern aufgetürmt und im Winter, mit erheblichem Verlust durch Austrocknung und Mäusefraß, gedroschen.

Den Arbeitern im besten Mannesalter wurden von Nürnberg, dem Vogt, die Hauptarbeiten zugeteilt. Wenn sie älter wurden und die schwere Arbeit mit dem Gespann oder auf dem Felde nicht mehr leisten konnten, wurden Tätigkeiten für sie gefunden, die ihren Kräften angemessen waren. Das waren meistens Arbeiten in den Jungvieh- oder Mastviehställen, die dem Schweizer, der nur für die Milchkühe verantwortlich war, nicht unterstanden. Auch die Arbeiten in den Schaf- und Schweineställen, die Arbeit im »Schloßpark« und viele anfallende Hofarbeiten wurden von den Senioren wahrgenommen. Wenn es auch dazu nicht mehr reichte, waren die Geflügelhöfe, Hühner- und Entenfüttern immer noch Pflichtaufgaben, die, wenn auch leicht, doch erst einmal geleistet werden mußten.

Durch die Erinnerung an diese dörflichen Strukturen wird mir erst klar, wie wenig Begriffe wie »Pensionsalter«, »Hobby«, »Gehalt«, »Urlaub«, »Akkordarbeit« in jene Zeit und in jene menschliche Gemeinschaft hineingehören. Hier will ich nur beschreiben, ohne Urteile abzugeben. Man arbeitete, so lange man nur konnte. Und wenn die reale Arbeitsleistung auch immer mehr schrumpfte, auf einem so vielschichtigen Tummelplatz wie einem Gut (auch hier gilt die Analogie zum Bauernhof) gab es Aufgaben für jedes Alter.

Gelegentlich geschah es, daß Männer, die gar nichts mehr

Im 19. Jahrhundert begann auch für die Landwirtschaft der Weg in die technische Moderne. Liebigs Forschungen zur Bodenhaltung und die Erfindung von Traktor und Dreschmaschine revolutionierten die Feldarbeit, in der Mark wie überall. Aber noch lange Zeit blieb vieles beim alten, und Pferdegespanne fuhren zusammen mit Dieseltraktoren auf die Äcker hinaus.

tun konnten, in aller Stille, wenn die Familie aus dem Haus war, sich das Leben nahmen. Dies war der Weg, den Vater Stange nahm, zu meiner Kinderzeit noch Großknecht und erster Gespannführer. Später erlitt er einen Unfall, behielt ein steifes Bein und war längere Jahre als Fohlenpfleger beschäftigt, bis er - inzwischen wohl über siebzig - auch das wegen zunehmenden Herzasthmas nicht mehr tun konnte. Er hatte sein Leben mit den Pferden verbracht, auf dem Lande damals eine Auszeichnung, und in einem Kavallerieregiment gedient. Nach Aufgabe seines Gespannes hatte er seine ganze Pferdeliebe, natürlich auch seine Kenntnisse, seine Fähigkeit, mit Pferden umzugehen, auf die Fohlen verlegt. An ihnen hing er mit großer Liebe. Er behandelte sie besser - keinen Peitschenschlag, nur ruhige Lockrufe - als seine eigene Familie. Da schlug er schon mal zu. Nun saß er pustend, mit rotem Gesicht, herausquellenden Augen und steifem Bein vor seinem Haus auf der Bank und regte sich über die Fehler seiner Nachfolger auf, in den Ställen, auf den Koppeln. Aber so saß er nicht lange, dann hat er den Strick genommen.

Die Nachricht ging schnell durch das Dorf. Vater Stange hat sich »upphängt«. Ich besuchte mit einigen meiner Dorfkinder-Freunde sein Haus, in dem sich schon die Familie mäßig weinend versammelt hatte. Ich kann noch jetzt genau mein damaliges Empfinden nachspüren - es war der erste Tote, den ich sah, schön hingebettet im Familienschlafzimmer: Ich empfand, daß Familie und Umstehende in diesem gewaltsamen Ende des von allen geliebten und geachteten Vater Stange eigentlich etwas ganz Natürliches sahen, nicht den Ausdruck einer ausweglosen Verzweiflung am Dasein. Er hatte sich zu nichts mehr nutze gefühlt, da war er eben gegangen. Als ich unvorsichtigerweise zu Hause erzählte, daß ich Vater Stange »gesehen« hatte, wurde ich gemaßregelt, mehr aber noch die für mich zuständige Aufsichtsperson.

Ich durfte zwar mit den Dorfkindern spielen, keinesfalls aber mit den »Schnitterkindern«. Neben oder genauer: unter der gräflichen Familie, der Beamtenschaft, dem Administrator, dem zweiten und dritten Inspektor, den Förstern, unter den Abteilungsleitern wie dem Vogt oder Vorarbeiter, dem Großknecht, dem Schweizer und den anderen Beauftragten, auch unter dem großen Heer der normalen Landarbeiter lebten nämlich - allerdings nur im Sommer - die Schnitter bei uns. Da die Arbeit im Laufe des Jahres Ebben und Fluten hatte, im

Sommer und Herbst viel, im Winter und Frühjahr sehr wenig zu tun war, hatte sich, beginnend auf den gründlich bewirtschafteten Gütern in der Provinz Sachsen und in Schlesien, die Sitte eingebürgert, polnische Wanderarbeiter in den Zeiten größten Arbeitsanfalls einzustellen. Sie hießen Schnitter und kamen, wie man damals sagte, »über die grüne Grenze«, das heißt »schwarz«, ohne Paß. An bestimmten Stellen der deutsch-polnischen Grenze nahm sie ein Vorschnitter wie auf einem riesigen Markt in Empfang. Es wurden Arbeitsbedingungen ausgehandelt, worauf der Vorschnitter mit seiner Truppe für die kommende Saison in eigens zusammengestellten Eisenbahnzügen IV. Klasse in die neue Kurzheimat zog. Unser Vorschnitter hieß Kamratowski. Er war viele Jahre bei uns angestellt und gehörte - abgesehen von seiner unverfälscht »oberschläsischen« Sprache - in die Gruppe der Abteilungsleiter. Er hatte acht Kinder. Einer seiner Söhne, Bruno, war mein bester Freund und Kumpan. Kamratowskis bewohnten ein Nebenhäuschen der Sperrenwalder »Schnitterkasernen«, in denen die angeheuerten Schnitter, Männer und Frauen, in hallenartigen Räumen untergebracht wurden. Es waren oft auch junge Ehepaare dabei, die in Einzelzimmern wohnen konnten. Außerdem lebte dort eine Anzahl von Kindern, die kein Wort Deutsch sprechen konnten und weitgehend ihr Eigenleben führten, eben die »Schnitterkinder«, gegen die die »Dorfkinder« eine Art Establishment darstellten. Natürlich drängte es uns oft dazu, gerade mit den Schnitterkindern zu spielen; sie hatten andere Spielweisen, waren auf eine ganz besondere Art in einem kleinen Clan zusammengeschlossen. Der Reiz unserer Spiele lag in der mangelnden verbalen Verständigung, die viel Spaß mit sich brachte und im Spielen und Toben mehr auf das Vormachen, Nachmachen und Mitmachen gestellt war.

Auch die Dorfkinder sollten nicht mit den Schnitterkindern spielen. Das Verbot hatte, neben anderen, einen guten Grund: Fast alle Kinder litten unter der ansteckenden Ägyptischen Augenkrankheit, einer eitrigen Entzündung der Bindehäute, die chirurgisch durch Ab- und Auskratzen behandelt werden mußte. Natürlich hatte ich mir die »Ägyptische« auch zugezogen und wurde, nach unangenehmen Eingriffen mit langen Anaesthesie-Nadeln, zweimal in Prenzlau operiert. Zum Trost versprach man mir ganz besondere, von mir ersehnte Kaninchen, »Belgische Riesen«.

Im Sommer, auf dem Höhepunkt der Erntearbeit, kamen Wanderarbeiter nach Sperrenwalde, die polnischen Schnitter und Schnitterinnen. Es waren die heißesten Tage des Jahres; dennoch arbeitete man von drei oder vier Uhr früh bis nachts um zehn.

Wenn die Schnitter ankamen, herrschte immer eine gewisse Feststimmung im Dorf. Oft waren es ja Gesichter, die man noch vom vergangenen Jahr kannte, alte Freundschaften wurden erneuert, wie es überhaupt zwischen den Dorfbewohnern und den Schnittern keine gespannte Stimmung oder Feindschaft gab, abgesehen von gelegentlichen Streitereien bei Festen, vor allem Erntefesten, wenn getrunken wurde. Da war die Reaktion auf den Alkohol doch sehr unterschiedlich, und es kam bei den friedlichsten Männern schnell zu Handgreiflichkeiten. Das Messer saß lose!

Das erste, was die polnischen Schnitter in den neuen Unterkünften taten, war das Ausschmücken der Räume. Zwei oder drei von ihnen wurden nach Prenzlau gesandt mit einem Teil des Vorschusses; sie kauften buntes Papier, Theatergold, Bänder und Farben, um sich ihr Heim bunt auszustaffieren. Heute sieht man dergleichen nur noch bei Faschingsdekorationen. Diese Arbeiten gingen mit einer für unseren dörflichen Menschenschlag ganz ungewohnten frohen Unruhe, mit Gesängen, Zurufen, kurz: einer lauten Feststimmung einher. Das

Auch Zigeuner kamen nach Sperrenwalde, aber ihre Anwesenheit galt als wenig geheuer. In den kindlichen Alpträumen Dankwart von Arnims tauchten denn auch immer wieder die Klänge des Tambourins auf, nach denen die Zigeuner ihre Tiere tanzen ließen.

Singen spielte bei ihnen überhaupt eine große Rolle. Es gab ja noch kein Radio, kein Fernsehen. Und wenn sonst die abendlichen Geräusche aus den Ställen kamen, Kühe muhten oder an ihren Ketten zurrten, fernes Hundegebell tönte, spät heimkehrende Ackerwagen heranrumpelten, so war jetzt an den Abenden stundenlang das Singen der Schnitter zu hören.

Die polnischen Schnitter waren von einem ganz ungewöhnlichen Fleiß. Nach ihrem Eintreffen wurden ihnen familienweise gewisse Anteile der Rübenfelder zugewiesen, die nun gepflegt und mit zunehmendem Wachstum der Zuckerrüben »vereinzelt«, dann immer wieder gehackt und gehackt werden mußten. Je mehr Anteile sich ein Schnitter für seine Familie geben ließ, desto mehr Verdienst erwartete ihn. So zogen sie immer schon um drei oder vier Uhr auf die Felder, um erst mit einsetzender Nacht heimzukehren. Im Sommer waren die Tage bei uns merklich länger, die Nächte blieben fast hell.

Erstaunlich war auch bei aller Gemeinsamkeit des Zusam-

Zum Erntedankfest schmückte man die Wagen mit Blätterzweigen und Fahnen.

menlebens - teils durch die »Kasernierung« erzwungen, teils ihrer Art entsprechend - ihr großer Drang nach individuellem Dasein. Man hätte meinen können, daß für die Schnitter, die in der Kaserne wohnten, auch gemeinsam gekocht wurde. Das Gegenteil war der Fall. Am Vormittag kehrten die Ehefrauen und Mädchen kurz in die Kaserne zurück und bereiteten in unendlich vielen Töpfen und Tiegeln ihre Mahlzeit, die je nach Familiengröße für zwei oder drei Personen bestimmt war. Für dieses Sammelsurium von verschiedenen Kochtöpfen war ein flacher, gummibereifter Wagen konstruiert worden, der von einem Leichtgespann mittags zu den Schnittern hinausgefahren wurde.

Ein großer Festtag war das »Binden« Es ging in die Zeit, wenn die Hauptfrucht, der Roggen, angemäht wurde. Dann fuhr in mehreren Wagen unsere ganze Familie mit den Hausgästen auf das Feld, wo uns schon hoch zu Roß der Administrator erwartete. Alle Schnitter, bunt und festlich angezogen, waren auf dem Feld versammelt, auf dem schon die ersten Korngarben standen. Der Vorschnitter Kamratowski begrüßte uns, besonders meine Mutter, und nun kamen auf einen Wink von ihm einige der jüngsten Schnitterinnen, die unter Gekicher und witzigen Zurufen ihrer übrigen Genossinnen ein Gedicht aufsagten, in dem Gottes Güte über die kommende Ernte ebenso gelobt wurde wie die Hochherzigkeit der Gutsherrin. Dann wurde uns allen eine bunte Schleife mit Roggenähren an den linken Oberarm geheftet. Ich sehe noch die verschwitzten, frohen Gesichter der polnischen Mädchen, hin- und hergerissen zwischen dem Ernst, der sich in Anwesenheit der Herrin, des Administrators und des Vorschnitters gebührte, und den uns nicht verständlichen, frech-witzigen Zurufen in polnischer Sprache, immer kurz vor dem Herausprusten und nur mit Mühe das Lachen verkneifend, während sie uns die Binden an den Hemden feststeckten. Die Hochherzigkeit der Gutsherrin wurde nicht umsonst gerühmt: Der Administrator steckte meiner Mutter ein Couvert zu, das den Binderinnen übergeben wurde. Dieser Tag war dann frei; am Abend tönten die Lieder aus der Schnitterkaserne noch schöner, länger, lauter.

Sperrenwalde war ein Gut mit leichtem Boden - Roggen und Kartoffeln waren die Hauptfrüchte. Aber zu dem Besitz gehörten noch die größeren Güter Gollmitz, Horst, der Forst Zervelin, dreitausend Morgen in Parmen und in Mecklenburg das Gut Bartelshagen. Herr Kaune leitete mit größter Sachkenntnis, mit Geschick, auch mit Härte und schlitzohrigem Bauernsinn unseren etwa viertausend Hektar großen Besitz. Seiner Tatkraft ist es zu danken, daß in den schwierigen Jahren vor und nach 1930 unsere Güter im Gegensatz zu den meisten anderen in dieser Gegend und von dieser Größe sich nicht nur halten konnten, sondern sogar wuchsen.

Herrn Kaune unterstanden die Administratoren, die ihre einzelnen Güter selbständig gegen Gehalt, aber auch gegen eine ausgetüftelte Tantieme der Einkünfte leiteten. Diese Administratoren wechselten häufig. Alle gehörten einer nach dem Ersten Weltkrieg aufgebauten Wirtschaftsorganisation an, der »Kur- und hauptmärkischen Ritterschaft«, die schon früh begann, die Landwirtschaft unter Hinzuziehung scharfer Kalkulation und moderner agrarischer Erkenntnisse zu betreiben, und in das patriarchalisch-hausväterliche Denken auf dem ostelbischen Lande einen ungewohnten und gelegentlich bitter und ablehnend beobachteten kaufmännischen Zug hineinbrachte.

Als mein Vater 1929 starb, waren außergewöhnlich schwie-

Die Beamten der Güter Großsperrenwalde, Gollmitz, Horst und Bartelshagen mit dem Güterdirektor, Herrn Kaune, 1934.

rige Zeiten angebrochen. Viele Besitze gingen in Konkurs oder mußten sich der berüchtigten »Osthilfe« anvertrauen. Damals übernahm Herr Kaune - »der Fuchs«, wie wir ihn nannten - die Generalvollmacht. Er hat in Treue, mit großem psychologischem Einfühlungsvermögen und kräftiger Hand meine Mutter in jenen Jahren gelenkt und beraten. Für uns war er eine mystische Größe. Wenn meine Mutter ihn in der »Nische« in ihrem Zimmer empfing, dann war für uns alle ein Besuch tabu. Man spürte an der Aufgeregtheit meiner Mutter, an dem geschäftigen Hin und Her der Diener und dem Zurechtrücken von Büchern und Tabellen, daß Großes im Anzug war; mehr noch aber empfand man das »Große«, wenn Herr Kaune gegangen und meine Mutter einmal entspannt und ungewohnt heiter war: Wollte sie uns indessen in irgendwelche wirtschaftlichen Vorgänge unseres Besitzes einweihen, so zeigte sich, daß sie all dies nicht sehr viel genauer begriff, als wir es konnten.

Allerdings war nach den Gesprächen mit Herrn Kaune immer auch vom Sparen die Rede, von einer gewissen Zügelung des gräflichen Haushalts, dessen Personalkosten natürlich beträchtlich waren und gerade im Fall von Sperrenwalde den sparsamen Gutshaushalt stark belasteten. Daher erinnere ich mich noch genau, daß nach den schicksalsschwangeren Besprechungen meistens mit einem neuen Sparprogramm begonnen wurde. Einmal mußte z.B. Strom gespart werden. Es wurden nun kleine Petroleumlämpchen angeschafft, die auf den langen Fluren am Abend angezündet wurden, um weniger elektrisches Licht zu verbrauchen. Auch unsere Gärtnerei war der Verwaltung ein Dorn im Auge. Die großen Rasenflächen vor unserem Hause brauchten regelmäßig Pflege, die der Gärtner allein mit seinen vier oder fünf Gärtnerburschen nicht bewältigen konnte. Meist fiel das Mähen des Rasens in eine Zeit stärkster landwirtschaftlicher Arbeitsintensität, und die Vögte und Administratoren meinten gewiß, daß diese Rasenflächen sich besser als Kartoffeläcker eignen würden. Die Pflege von Rasen, Schloßgärtnerei, Park war ja nur Dienstleistung für das »gräfliche Haus«. So gab es eine Menge von kleinen und größeren Schwierigkeiten, die aber immer ohne Groll beigelegt wurden und das Verhältnis zwischen den Gutsverwaltungen und meiner Mutter nie ernstlich störten, weil sie sich eigentlich bedingungslos ihren Forderungen unterwarf; sie wußte, daß es für die Güter geschah und daß allein unter diesem Aspekt entschieden werden mußte.

Eine Ausnahme im starren Rechensystem der Gutsverwaltungen bildete der Forst Zervelin. Er unterstand nicht dem Güterdirektor, der wie fast alle Landwirte, die nur Landwirte sind, mit Wald und Wild nicht viel im Sinn hatte, sondern einem Oberförster, auch Forstamtmann genannt, nämlich dem schon erwähnten Herrn Steinmeyer. Er empfand sich ganz als Hüter und Beschützer meiner Mutter, deren mangelnde Mitsprache auf den Gütern er durch ganz besondere Dienstfertigkeit, Loyalität und zackige Strenge wettzumachen suchte. Zu jedem Geburtstag von uns Kindern, vor allem aber zu denen meiner Mutter und zu hohen Festtagen kam schon am frühen Morgen der schläfrige Försterkutscher Reichmuth mit einem riesigen Rappen angefahren, um einen Strauß Waldgrün und einen Brief im geknickten DIN A4-Format zu überbringen, in dem Herr Steinmeyer »dem hohen Hause« zum Oster- oder Pfingstfest oder zum Geburtstag, durchgehend in der dritten Person, seine untertänigsten Grüße entbot.

Zur Bewirtschaftung des Forstes Zervelin und der den

Die Forstbeamten und Waldarbeiter, aufgenommen am 6. Mai 1929 anläßlich des 50. Geburtstages Gerhard Graf Arnims. In der Mitte Oberförster Steinmeyer, rechts daneben Förster Bansemer.

Gütern zugehörigen Waldungen unterstanden Herrn Steinmeyer drei Revierförster. Sie waren vor allem mit der Hege und der Jagd betraut. Einer von ihnen, der Förster Bansemer, lebte anfangs in unserem Haus in Sperrenwalde. Er war mein Vorbild und Berater in den Jahren nach dem Tode meines Vaters; mit ihm schoß ich meinen ersten Hasen und den ersten Bock, mit ihm verbrachte ich endlose Stunden im Gespräch, besonders über Wilddiebe und deren Fang, auch die gewaltigen Gefahren dabei. Eine der ärgsten Strafen war es, nicht »mit Bansemer« zum Jagen gehen zu dürfen.

Er jagte fast nur in den Feldrevieren Sperrenwalde, Gollmitz und Horst, und es gibt nur wenige jagdliche Erlebnisse und Höhepunkte, die ich nicht ihm verdanke. Und so mußte der arme Bansemer, der ja nicht in die Tischordnung unseres Hauses gehörte und sonst beim Administrator aß, an meinem Geburtstag, aber auch an Tagen, wenn ich krank war und man dem »armen Kind« keinen Wunsch versagen durfte, ohne seine Genesung in Frage zu stellen, an meinen oder vielmehr: unseren Mahlzeiten teilnehmen. Bansemer hat mich in jenen Jahren abgeführt, wie man einen jungen Jagdhund oder eben seinen kleinen Sohn abführt, dem man Liebe und Kenntnis und auch eine gewisse Strenge des jagdlichen Handwerks beibringen will. Wie man pirscht, wie man die Nerven zügelt, wie man wartet und immer wieder wartet, wie man Hunde führt, das zeigte mir Bansemer, der auch in späteren Jahren bei jagdlichen Erlebnissen mir nahe war.

Noch heute meine ich manchmal tief in der Nacht zu hören, wie Steinchen an mein Fenster klirren und eine verhaltene Stimme zu mir heraufruft: »Herr Graf - Herr Graf«. Das war der Kutscher, der mich morgens um zwei, halb drei weckte, um mit mir »auf den Bock« zu fahren. Noch heute - so viele Jahre nach diesen frühen Jagdfahrten - kann ich sie genau nachempfinden, die tiefe Traumverlorenheit dieses Moments zwischen Schlaf und Aufwachen, wo der Ruf »Herr Graf« sich in einen laufenden Traum einpaßt. Dann der kurze Moment, schon dem Wachen näher, wo man einfach denkt: Weiterschlafen, es kann nicht sein, so früh heraus zu müssen, so unglaublich müde zu sein. Doch das dauert nur kurz. Schon ist man wach, sieht vor sich die kapitalen Böcke, von denen Bansemer gesprochen hat, und fiebert jagdlichen Erlebnissen entgegen.

Das Licht wird angeknipst, ein Zeichen für den unten wartenden Wedel, daß man aufwacht, aufsteht. Er geht nun weiter zum Pferdestall, während ich mich in Eile anziehe, klamm vor Kälte, hastig, nervös. Dann durch das schlafende Haus, durch die in tiefer Nacht liegenden Wohnzimmer, in denen noch die Gerüche des vergangenen Abends, Zigarrendüfte hängen, ins Eßzimmer. Und hier wieder wie jedes Mal dieselben Rituale: Mamsell, die unter mir im Erdgeschoß schlief, war ebenfalls von Wedel geweckt worden, was nicht vorgesehen war. Sie hat ein warmes Kurzfrühstück bereitet, ganz gegen den Willen meiner Mutter, denn Mamsell soll sich schonen und nicht so früh aufstehen. Doch nun stand es einmal da, das Frühstück, und da aß ich auch mit Appetit und ließ die vorbereiteten »Schnitten« einfach liegen. Und nun kam bald das schönste an solchen Morgen; ich öffnete die untere Haustür, Lodenmantel an, Gewehr und Fernglas umgehängt. Nachtluft, klarer stiller Himmel, Ruhe rundum. Man hörte nur das unaufhörliche Quarren der Frösche im Teich, manchmal durch ein Signal für einige Sekunden unterbrochen, um dann ebenso plötzlich in voller Stärke wieder einzusetzen.

Dann kam aus den Ställen in der Ferne das Muhen der Kühe, vielleicht auch Geräusche der aufstehenden Schweizer, undefinierbare Nachtvogelstimmen, ein Käuzchenruf. Diese kühle, reine Luft an einem Junimorgen, fast noch Nacht, voll von Vorsommerdüften, Flieder, Jasmin, auch Düfte aus dem nahegelegenen Teich - man hatte das Gefühl, gar nicht tief genug atmen zu können. Noch war es Nacht, freilich nie ganz dunkel bei uns in Norddeutschland, Dämmerlicht.

So stapfte ich im Dunkel hinüber zum Pferdestall, wo Wedel in der Zwischenzeit schon angespannt hatte. Ich hängte mein Gewehr mit dem Zielfernrohr in die ledergeschützten Bügel auf dem Pirschwagen, begrüßte Wedel leise, klopfte die Pferde ab, half wohl auch mal schnell noch bei einigen Handgriffen des Anschirrens, und dann ging es los, mit verhaltenen Zisch- und Schnalztönen, denn alles andere schlief ja. Nie mehr in der Stadt empfand ich so eindringlich wie an jenem frühen Morgen auf der Jagd in Sperrenwalde das »einsam Wachen« und den Schlaf von Mensch und Tier. Die Nacht bringt ja auch andere Töne hervor, als man sie am Tage hören kann, andere Geräusche, andere Gerüche und nicht zuletzt ein ganz anderes Lebens- und Daseinsgefühl. Die Gedanken sind klarer, die Empfindungen reiner, ungetrübter; man hat fast das Gefühl einer moralischen Überlegenheit gegenüber der schlafenden Menschheit in ihren Zimmern und Kojen.

Langsam fuhr nun der Wagen an, über den gepflasterten Hof vor dem Pferdestall, dann - schneller - auf den Sommerweg vor dem Schloß und weiter in Richtung Gollmitz. Meist war es kühl, feucht, Tau tropfte von den Linden und Pappeln, unter denen wir durchfuhren. Am verabredeten Treffpunkt, in den Wiesen und Koppeln um Gollmitz oder Horst, löste sich aus der Dämmernacht ein Schatten, dann noch einer - Bansemer mit seinem Hund. Auch hier, obwohl fernab von schlafenden Menschen, eine geflüsterte Begrüßung. Bansemer gab Wedel die Richtung an: Und nun wurde die Chaussee verlassen, tiefe, holprige Sandwege, Hohlwege, nasse Wiesenpfade, bis es nicht mehr weiterging. Wir stiegen ab, Bansemer und ich, neben uns der vor Erregung zitternde, sehnige, hechelnde Jagdhund, der scharf und zischend zur Stille angehalten wurde. Denn nun wurde es langsam spannend, Wild war in der Nähe, dabei war es noch Nacht - vielleicht zeigten sich am schwarzgrauen Himmel im Osten schon einige rosagraue Schlieren, aber noch konnte man keine schärferen Konturen erkennen, Bäume, Büsche, Hütten, man ahnte es mehr, als man es sah.

Der Wagen wurde zurückgelassen. Wedel schirrte die Pferde teilweise ab und legte ihnen eine Decke um, so daß sie vor der Morgenkühle geschützt waren. Dann hüllte er sich selbst in eine wärmende Decke und überließ sich dem Schlaf, den ein Kutscher seit alters her in jeder Stellung, bei jeder Temperatur, bei jedem Wetter beherrschen muß. Daher auch im autogenen Training die sogenannte »Droschkenkutscherhaltung«, das in sich selbst hineinsinkende Sitzen. Wir dagegen, Bansemer und ich, schritten nun vorsichtig, dauernd den hysterischen und ungeduldigen Hund zur Ruhe mahnend, den feuchten Wiesenpfad entlang. Meist stellten wir fest, daß es zur Pirsch noch zu dunkel, zu früh sei, und setzten uns an eine Aussicht bietende Stelle am Wiesenrain, auf unsere Jagdstühle geklemmt. Hochsitze gab es bei uns nicht, sie galten damals als die Höhe unwaidmännischen Jagens, schon der Ansitz war anrüchig, es galt nur die Pirsch.

Ganz behutsam wurde es heller, und wie man langsam die Konturen der uns umgebenden Erlen, Birken und Weiden schärfer unterscheiden konnte, so konnte man auch in dem nun immer lauter werdenden Vogelkonzert den herankommenden Tag ausmachen. Anfangs waren es noch die unerklärlichen und geheimnisvollen Geräusche der Nacht. Dann hörte man die verschiedenen hellkrächzenden Rohrsänger mit der wieder und wieder gesungenen Melodie, dumpf und in langen Abständen die Rohrdommel und dazwischen, hell und aufdringlich tageslaut, den Schrei des Fasans. Je heller es wurde, desto mehr Stimmen wurden laut: Kraniche im nahen »faulen Bruch« in Gollmitz, die dort eine geschützte Brutkolonie hatten, Elstern, alle Arten von Drosseln und Krammetsvögeln, dazwischen der Ruf des Spechtes. Dies Vogelkonzert schwoll immer stärker an, bis kurz vor Büchsenlicht. Wenn es fast hell war, hörte es beinahe schlagartig auf. Der Tag, noch grau verhangen, wolkig, kühl, war da, dabei kämpfte die Sonne sich erst zögernd durch rosa, graue und schwarze Wolkenmassen.

Wir pirschten vor in den weiten, von Viehkoppeln durchzogenen Wiesen bei Gollmitz und Naugarten. Ein bedenkliches Hindernis waren immer die Koppeln, in denen das Milchvieh stand. Damals war bei einer Herde immer der Bulle frei, und meist waren dies angriffslustige und schnell attackierende Burschen. Es kam nun darauf an, möglichst vom Bullen unbemerkt zwischen den Stacheldrähten die jenseitige Wiese zu erreichen. Nicht selten mußten wir im Galopp das letzte Stück zurücklegen; denn wenn der Bulle uns gesehen hatte und meinte, wir wollten seiner Herde zu nahe treten, kam er schnaubend, den Kopf tief am Boden, die Erde, die Grasbatzen in Fetzen mit den Vorderhufen in die Luft werfend, auf uns zu.

Auf diesen ausgedehnten Pirschgängen sah man in den Morgenstunden oft das ganze Rehwild des Reviers. Meistens allerdings nur in großer Entfernung: Sobald man näher kam, sprangen Böcke und Ricken schreckend ab. Aber hinter der nächsten Erlen- oder Weidengruppe erblickte man schon wieder einen anderen Sprung, einen anderen starken Bock.

Die Pirsch mit dem Jäger galt fast immer einem bestimmten, schon seit Wochen ausgemachten und »angesprochenen« Bock. Alle anderen Böcke, die man auf diesen morgendlichen Pirschen sah, interessierten einen nicht, nur eben dieser eine. Sah man ihn, stockte Bansemer in seiner behutsamen Pirsch, nahm langsamer, vorsichtiger als bisher das Glas hoch. Man spürte, daß »er« in der Nähe war, ja man sah ihn kurz darauf selber im Glas, prahlend in der frühen und schrägen Morgensonne mit seinem taunassen Gehörn. Dann kam das Jagdfieber, das einen schüttelte, man keuchte vor Erregung, alle Glieder schlackerten, und alle gehauchten Beruhigungsversuche Bansemers halfen nichts. Ich glaubte immer, daß der Bock allein schon von dem paukenartigen Getöse meines Herzschlags, den ich im Halse, in den Ohren spürte, abspringen müsse. Momente solcher Erregung, solcher seelischer Angst, solchen himmlischen Alles-oder-nichts-Gefühls - ich habe sie nie wieder so erlebt wie bei den Pirschen auf ersehntes und begehrtes Wild, den starken Bock, den Hirsch und vielleicht am allerstärksten bei meinem jagdlich schönsten Erlebnis, bei der Pirsch auf den Auerhahn in Tirol 1938. Alles Glück und alle Glückseligkeit der eigenen Existenz scheinen sich in diesen Minuten zusammenzudrängen, die endlos zu werden drohen. Oft steht man schief, auf einem zum Knacken bereiten Ast, darf sich aber nicht einen Millimeter rühren, denn »er« hat schon »aufgeworfen«. Vielleicht steht der Wind nicht gut, er »dreht«, und wenn der Bock Witterung von uns bekommt, dann ist er mit einigen Fluchten auf Nimmerwiedersehen verschwunden. Oft liegen auf den Wiesen auch noch schnell ziehende Morgennebel, die einmal den Blick freigeben, dann wieder alles in eine Milchsuppe tauchen.

Mehr noch als den Bock beobachtete ich Bansemer, ob er, im Schutz nahegelegener Büsche, noch näher pirschen oder - möglicherweise selbst noch nicht ganz sicher, daß es der rich-

Die Jagd gehörte zu den Leidenschaften Dankwart von Arnims. Hier der Zwanzigjährige mit einem Damhirsch 1939.

tige Bock ist - noch länger beobachten und ansprechen will. Schon hat man neben dem unanständig lauten Rauschen und Pulsen des eigenen Herzens den ärgerlichen Schreckruf des abspringenden Bockes und damit das Fehlschlagen der Pirsch und des ganzen Morgens im Ohr. Tief atmen, das soll beruhigen, tut es aber nicht, man betet, wie man es gelernt hat - trostreicherweise kommt es ja vor »Loben und Danken«. Oft, ja in der Mehrzahl der Fälle mißlingt die Pirsch. Der Bock, noch einmal davongekommen, springt laut schreckend ab. Nun wird auch das Herz wieder leise, unhörbar.

Aber manchmal führen Bansemers Vorbereitungen weiter. Er schleicht sich zu einem nahen Weidenstamm, macht Zeichen, daß ich auf seiner Schulter anlegen soll, noch einige beruhigende Flüsterworte, Zeit lassen, von unten angehen, warten »bis er breit steht«. Und dann knallt es, Pulverdampf, der Bock liegt oder macht noch einige schwerkranke Fluchten, bis er zusammenbricht, tiefe Atemzüge, glückliche Blicke zu Bansemer, der - je nach dem - lobt oder tadelt. Noch etwas warten, Gespräche über die vorhergegangenen Pirschen auf diesen Bock, die Fehlschläge, seine Schläue, meine nun doch gezügelte Aufregung und den guten Schuß, wenn es denn ein solcher war.

Langsam gehen wir durch das klitschnasse Taugras zum Bock, bestaunen das Gehörn, nehmen es wertend in die Hand, messen die Entfernung des Schusses. Jetzt ist der Tag voll da, die Sonne hat die Wolken überstiegen. Vom Schuß geweckt, kommt Wedel auf den Wiesenwegen angefahren, das Wild wird aufgebrochen, auf den Pirschwagen, hinten auf der Wildgabel aufgeschnallt.

Es ist vielleicht halb fünf, fünf. Noch immer denken wir an nichts anderes als an den Bock, den Schuß, die Pirsch; wie es fast schiefgegangen wäre und nun so wunderschön gelungen ist. Die Fahrt geht durch die Nebel ziehenden Wiesen nach Gollmitz. Nach getaner Arbeit fahren wir durch das gerade erst erwachende Dorf: Die Knechte gehen in die Ställe, die Frauen füttern ihr Kleinvieh, verschlafene, neugierige, halb angezogene Kinder sitzen auf den Stufen der Arbeiterhäuser. Der dörfliche Tag beginnt. Nachdem wir Bansemer an seinem Haus absteigen ließen, fahre ich nach Sperrenwalde, erregt, in unbeschreiblicher Weise erfüllt und froh. Das Haus schläft noch fest, obwohl alles hell ist. Immer wieder der gleiche Gedanke, daß man die schönsten Stunden des Tages verschläft, die reinsten, ordentlichsten, klarsten. Und dann, doch schon müde, ins Schlafzimmer, das dunkel und muffig die angefangene Nacht und den nachzuholenden Schlaf bereithält. Noch bin ich so erregt, daß ich meine, nicht schlafen zu können. Doch dieses Gefühl hält sich nur wenige Minuten, dann schlafe ich tief und fest bis zehn Uhr. Beim gemütlichen Frühstück wird die Geschichte des Morgens, der erfolgreichen Pirsch dann noch einmal und noch einmal erzählt, und am Schluß – der Bock ist inzwischen vom Diener aus dem Kühlraum auf den Rasenvorplatz gelegt worden – wird die Trophäe, besonders auch der gut oder schlecht sitzende Schuß, von allen begutachtet.

Erziehung und Jugend

Betrachtet man sich als Produkt einer wie auch immer gestalteten Erziehung, so wird man erkennen, daß man eine bestimmte Mischung ist: einerseits das Anerzogene und damit Angenommene, andererseits die milde Ablehnung all dessen, wozu man erzogen werden sollte.

Unsere Erziehung war ebenso vielgestaltig wie die Personen unserer Erzieher und Erzieherinnen. Eins jedoch steht fest: Erzogen wurde nicht nach pädagogischem Plan oder psychologischer Schule, sondern auf ein überkommenes Bild hin, an dem unbeirrbar festgehalten wurde: ein vaterlandsliebender Christ, der »weiß, wo er steht« in der Schichtung der Gesellschaft, und der sich bewußt ist, was ihm an Rechten und Pflichten zukommt im Sinne des preußischen »suum cuique«.

Anstand, Sitte, gutes Benehmen verstanden sich von selbst. Durch alles hindurch, durch die Religiosität, das Benehmen, die Freundlichkeit zu den »Leuten«, durch die Fragen des Geschmacks bis hin zu Subtilitäten der Sprache, des Anziehens, der Eßgewohnheiten mußte deutlich werden, daß wir, der »Adel«, die Arnims, etwas anderes seien als die übrigen Menschen. Nicht etwa im groben Sinne »was Besseres«. Dazu war man früh in Bescheidenheit geschult. Auch hatte man nach den Lehren des Christentums Anlaß genug, an das Gleichsein aller Menschen vor Gottes Thron zu glauben. Aber bis man vor dem Thron stand, war eine Ordnung errichtet worden, in die es sich einzufügen galt.

So lebte ich in einer heilen Welt, die hierarchisch gegliedert und gestaffelt war. Jeder, der meinen Lebenskreis berührte: Verwandte, Lehrer, Gäste aus der Stadt, Diener und Hausangestellte, die Arbeiter auf dem Gutshof, ihre Kinder, mit denen ich spielte, alle schienen sich dieser vorgegebenen hierarchischen Einstufung bewußt zu sein. Sie alle schienen sie anzuerkennen und, indem sie das taten, das Leben, so wie es sich ihnen bot, ohne Murren zu bejahen.

Wenn ich, das Grafenkind, mit meinen dörflichen Spielkameraden in eines der Landarbeiterhäuser kam, so wurde ich freundlich und ehrerbietig empfangen. Meist besuchte ich zur Vesperzeit meinen Freund Bruno Kamratowski, einen Sohn unseres polnischen Vorschnitters. Während die vielen Kinder

der Kamratowskis die Marmeladen- oder Schmalzstullen einfach auf den Küchentisch gelegt bekamen, wurde für mich aus dem Vertiko ein Teller mit Goldrand und Bild geholt, dazu eine Sammeltasse für den Milch-Kornkaffee. Dies nahm ich als gegeben hin, weil ja die gesellschaftliche Bildung, die wir alle erhielten, diese Unterschiede nicht etwa in Frage stellte, sondern als Daseinsgrundlage anerkannte.

Unsere Erziehung hatte nur wenig vom Einüben in jene Welt, die auf uns zukommen würde und von uns bestanden werden sollte; sie gründete vielmehr im Erhalten einer Lebensform, wie man sie im geschonten und gepflegten, kaum erschütterten Bannkreis von Sperrenwalde sehen und bewahren wollte. Nach diesen Grundsätzen wurden unsere Erzieher und Lehrer ausgesucht, unser Denken und Urteilen durch Lektüre und Unterweisungen, Gespräche und Predigten gelenkt. Und dies entsprach genau den Gepflogenheiten in anderen Häusern und stand auch keineswegs im Gegensatz zu der Erziehung in den wohlhabenden Bürgerhäusern, wie ich sie bald während meiner Prenzlauer Schulzeit kennenlernen sollte. Dort, in der Stadt, war die Distanz zu den »unteren« Schichten viel akzentuierter und unbedingter als in unserer wohl hierarchisch geschichteten, aber auch »durchlässigen« Gesellschaft.

Diese Erziehung »auf ein Bild hin« bestand im wesentlichen im Einüben von Normen des Benehmens. Noch höre ich deutlich Muckis Mahnung bei Verstößen: »Da werden die Leute sagen, das will ein Graf sein.« So wurde uns beigebracht, wie »man« die Gabel anfaßt, wie »man« Krebse ißt. Uns wurde gesagt, daß das Benehmen und damit das Etikett des Andersseins sich neben den Tischsitten ebenso streng auf das Reiten, das Umgehen mit den Pferden beim Kutschieren, besonders aber auf die Gepflogenheiten bei der Jagd erstreckte. Kleine Verstöße gegen diese ungeschriebenen Regeln, sachliche oder auch nur verbale Fehler von Besuchern, städtischen Jagdgästen ließen sofort eine unter uns Brüdern kaum beredte, aber endgültige Einstufung eintreten. Winzigkeiten, Lächerlichkeiten: Sprach jemand von einem »schönen« statt von einem »starken« Bock, ging jemand an ein Pferd im Stall ungeschickt heran, war jemand zum Personal zu freundlich oder zu distanziert, all dies und unendlich viel mehr an Nuancen bestätigte die Abgrenzung und das Gefühl der Sonderstellung, die nicht jedermann zugänglich war.

Dankwart von Arnim 1922 an seinem dritten Geburtstag.

Geschah einem Gast, etwa einem neuen Hauslehrer, ein solcher sprachlicher Lapsus, mehr noch, bemerkten wir das ängstliche Bemühen, einen solchen Lapsus nicht zu begehen oder nicht merken zu lassen, so genügte ein Blickaustausch zwischen Wernfried und mir, um Einverständnis herzustellen. Dabei keine Miene zu verziehen, gehörte zum Komment. Gewisse Worte sagte man nicht, aus welchem Grunde, wird mir immer unerklärlich bleiben: Man sagt Jacke, nie aber Sakko oder Jackett, wie man es beim Verkauf in den Läden hörte und wie die offizielle Bezeichnung lautete. Man sagt Schlips, nie Krawatte. Unter keinen Umständen sagt man zu Beginn der Mahlzeit »guten Appetit«. Man spricht nicht über Geld, nie über das Essen, über die Dienstboten.

Als eine besonders chevalereske Verwegenheit galt es für ältere Herren, bei einem gelungenen Diner, sozusagen unter dem Überdruck der jubelnden Geschmacksnerven, eben doch das Essen der Hausfrau gegenüber zu loben: wie überhaupt Übertretungen dieser Gebote eher geduldet wurden, wenn sie forsch, selbstsicher und witzig geschahen. So lobte einmal General von der Schulenburg, Kommandeur der »Pasewalker Reiter«, den Damwildrücken in einer Tischrede: Nur einen Fauxpas habe die Hausfrau begangen, indem sie zu diesem Braten Messer habe legen lassen.

Man sprach in Gesellschaft und beim Essen eigentlich auch nicht über »andere«, wenigstens nichts Nachteiliges. »Klatsch«, für den Menschen ein inhärentes Bedürfnis, wurde im kleinen Kreise unter den Damen mit einem missionierenden Akzent abgeleitet. Als Motiv hielt die Sorge um die Familie, die Sitte, den reinen Glauben, die Erhaltung gesellschaftlicher Normen und Abstände her. Unter Männern wurden solche Gespräche mit rauher Selbstgefälligkeit und Unduldsamkeit geführt. Diese Themen erhielten in der Nazizeit, als mit den gesellschaftlichen und politischen auch ethische Grundsatzfragen anstanden, eine besondere Brisanz. Die Hauptthemen bei Tisch und bei gemischter Gesellschaft blieben aber: Wetter, Pferde, Jagd.

Ein Problem, das immer aktuell und eigentlich nie nach klaren Anweisungen zu lösen war, bedeutete der Handkuß, »wem« und »wann«. Fest stand, daß man nur verheirateten Frauen die Hand küssen durfte. Eine Ausnahme, so wurde gelehrt, stellt nur die eigene Verlobte dar. Noch sehe ich die schroffe und entrüstet herunterreißende Handbewegung der ehrwürdigen alten Tante Cara, wenn ihr, einer Unverheirateten, ein unwissender Gast die Hand küssen wollte. Eine weitere feste Regel besagte, daß unter freiem Himmel der Handkuß nicht gestattet sei.

Das große Problem war aber: Wer waren die Damen vom Stande, denen man die Hand küßte, wer waren jene Damen und Frauen, deren Hände ungeküßt zu bleiben hatten? Der verarmten Frau v. B., die wöchentlich einmal aus Prenzlau zum Sattessen kam: ja. Den freundlichen und hilfreichen und so ganz zu unserem Leben gehörenden Inspektoren- und Förstersfrauen: nein? – nein!

Hier muß ich eine Geschichte erzählen, die von einem Handkußfehltritt meines Großvaters Pilati berichtet. Sie lehrte, wie sehr man aufpassen müsse, damit einem »so was« nicht selber einmal passierte. Seit dem Ersten Weltkrieg lebte

Frau Neeff, eine Kriegerwitwe, Engländerin, die einen Deutschen geheiratet hatte, viele Monate im Winter bei uns. Ihr Mann war »kleiner« Beamter gewesen, sie selbst Dolmetscherin im Deutschen Oberkommando, und als solche hatte mein Vater sie als Dauergast 1918 nach Sperrenwalde gebracht. Sie war eine kleine, unscheinbare, dabei äußerst witzige und eigensinnige Frau. Als unser Großvater erstmals nach dem Ersten Weltkrieg wieder nach Sperrenwalde kam, war ihm noch nichts von ihrer Existenz gesagt worden. Er betrat die Diele und erblickte Frau Neeff. So begrüßte er sie mit Handkuß, was eigentlich nach den Standesgepflogenheiten nicht »ging«, denn sie war ja nur die Witwe eines »kleinen Beamten«. Das wurde Apapa auch gleich hinter der Türe gesagt. Doch - und hier kommt die Moral von der Geschichte - mein Großvater setzte sich über alle Gepflogenheiten hinweg und hat die ganzen Jahre seit 1918, wenn er Frau Neeff erblickte und sie begrüßte, ihr auch weiterhin die Hand geküßt.

Was mich veranlaßt, diese Geschichte wiederzugeben, ist gerade ihre Lächerlichkeit, ihre Bizarrerie, wenn man sie heute hört, ja, daß es überhaupt eine »Geschichte« wurde. Damals sind einem die Seltsamkeit, die verschiedenen Optiken, durch die man solche Begebenheiten betrachten könnte, nicht aufgegangen. Dabei spielten sie sich in einer so betont humanen, auf Ausgleich angelegten und eigentlich gar nicht hochgestochenen Atmosphäre wie in Sperrenwalde ab.

Das war es wohl: daß auf formales Benehmen, auf ritualisierte Handlungen und Tabus mehr geachtet wurde als auf allgemeine Bildung, auf die Formung eines Urteils in künstlerischen, literarischen oder politischen Fragen. Man hatte, wie Qualtinger bitterböse seinen Herrn Karl im Rückblick auf frühere Zeiten sagen läßt, »Formen«.

Es kann sein, daß bei der Überbetonung der Formen andere Sparten der Erziehung zu kurz kamen: das Kennenlernen der Welt von heute jenseits unserer gesellschaftlichen, konfessionellen und geographischen Grenzen. Auch unsere musische Erziehung war eher karg. Mein Vater sang, spielte Klavier und hatte eine große Bibliothek mit besonders schönen bibliophilen Werken. Er war gewiß ein musischer Mensch. Doch war er in dieser Hinsicht eher rezeptiv und nicht davon durchdrungen, seinen Kindern Musik, bildende Künste und Literatur systematisch näherzubringen. Vielleicht erlag er der Gefahr, all das aus Kunst, Literatur und Musik, was ihn bildete und anzog, herauszuholen und sich anzueignen, ohne den Drang zu spüren, es »bildend« an die Seinen weiterzugeben. Ich weiß aus dem Leben meiner älteren Geschwister, daß eine umfassende musische Bildung auch bei ihnen nicht angestrebt wurde.

Meine Mutter eignete sich noch weniger als Mentor in Fragen der allgemeinen und gar der künstlerischen Bildung. Was sie las, weiß ich nicht, wußte ich nie, denn es war kein Gesprächsthema. Auf ihrem Nachttisch lagen das Neue Testament und eine Reihe von frommen Büchern, meist Andachten für die kommenden Tage, Traktätchen. In ihrer Bibliothek, die mein Vater ihr eingerichtet hatte, gab es eine Reihe prachtvoller, bibliophiler Märchenausgaben mit herrlichen Illustrationen. Ich kann mich aber nicht entsinnen, daß Vorlesen und Besprechen dieser Märchen bei uns eine Rolle gespielt hätten. Gespräche wurden vielmehr über religiöse Inhalte, etwa die Tagessprüche der »Losungen« geführt, wie überhaupt ein gewisser bigotter Zug in unserer Erziehung mitschwang.

Als ich mit sechzehn Jahren nach Neubeuern ins Landschulheim im Inntal kam, in eine geistig helle und aufgeweckte Welt mit hervorragendem Unterricht in Deutsch und in den kunstgeschichtlichen Fächern, habe ich die großen Lücken bedauert und nach Kräften aufzufüllen versucht.

Als Kind las ich, was ich zu Weihnachten, zu meinem Geburtstag an Büchern geschenkt bekam. Soldatenbücher, Abenteuer-, Jagd- und Tiergeschichten. Svend Fleuron, ein dänischer Schriftsteller, der »Tierromane« schrieb, und Ernest Thomson-Seton mit seinen hinreißenden Indianer- und Tiergeschichten aus Kanada sind mir noch gegenwärtig. Das waren die Werke, die der Prenzlauer Buchhändler meiner Mutter empfahl. Wie gerne würde ich schreiben, daß ich schon als Kleinkind nächtelang die große Bibliothek meines Vaters ausgelesen hätte - aber es war nicht so. Meine Tiere, die Jagd, die Bemühung, in der Schule die Klippen ungefährdet zu umschiffen, das war mein damaliges Streben.

Ob in dieser wenig auf literarische und musische Bildung ausgerichteten Erziehung ein typisch ländliches Problem gesehen werden kann, weiß ich nicht. Eine gewisse Bildungs- und Intellektfeindlichkeit gab es in unseren Kreisen, in denen neben Pflug und Schwert wenig galt. Schriftsteller wie Achim von Arnim, Novalis-Hardenberg, Kleist, Platen bis hin zu

Marwitz und Hellingrath sind die Ausnahmen, die die Regel bestätigen, bestätigen gerade auch in der Dissonanz zwischen geistigem und realem Leben, die die Existenz und Produktivität dieser Autoren erst geprägt hat.

So muß ich meiner frühen Erziehung bei aller sonstigen Ungebundenheit und Freiheit doch eine gewisse intellektuelle Enge und Einförmigkeit anlasten. Habe ich diesen Mangel damals empfunden? Mit der Zeit, an die ich hier denke, sind die Jahre von 1929 bis etwa 1939, vom Tode meines Vaters bis hin zum Beginn des Zweiten Weltkrieges gemeint, von meinem zehnten bis zwanzigsten Lebensjahr. Wie lebte, wie dachte, wie empfand ich? Die Zeit zwischen den beiden Weltkriegen umgreift die Jahre, die die großen Veränderungen Deutschlands und der Welt einleiteten. Das Kaiserreich war gewaltsam beendet worden. Jahrhunderte, die wir, unser Stand als Brandenburger, als Preußen, als Deutsche, Generation auf Generation gelebt und gestaltet hatten, waren abgebrochen. Um ihr Auf und Ab hatte sich ein großer Teil der individuellen Familiengeschichte gedreht: Der fiel im Siebenjährigen Krieg, der bei Waterloo, der war in Sedan dabei. Als ich 1976 nach einer Tour durch die Ardennen nach Sedan kam, faßte mich ein eigentümlicher Familienschauer an, denn ich wußte, daß mein Großvater 1870 mit den Gardes du Corps vor der Festung Sedan gestanden und sie eingenommen hat.

Das Ende war das Chaos. Abgesehen von den materiellen Zerstörungen lagen am Ende meiner Jugend die ideellen Trümmer des preußisch-deutschen Reiches vor uns.

Carl Jacob Burckhardt beschreibt einmal in einem Brief an Hofmannsthal einen Besuch in Dresden - es wird 1926 gewesen sein - und schildert seine Zukunftsvision einer völlig zertrümmerten, toten Stadt. Auch bei uns, bei Verwandten, Nachbarn, Freunden ahnte man, daß mit dem Grauen des Ersten Weltkrieges und seinen umwälzenden Folgen eine Entwicklung eingeleitet worden war, die unsere Lebensform bedrohte. Doch in den Jahren zwischen 1918 und 1933 ist die Realität der Bedrohung noch nicht erkannt worden. Es wurde ein heiliges »Schein«-Reich aufgebaut, in dem alle hehren Gefühle nisten konnten, in dem sich aber auch, anfangs kaum bemerkt, später nicht mehr zu vertreiben, die Zerstörer aller Werte angesiedelt haben.

Die Ahnung der drohenden Veränderung unserer Lebensformen und die völlig inadäquate Reaktion darauf - nämlich das Bündnis mit dem Nationalsozialismus – war so stark, daß es das Nachdenken darüber verdrängte, welches politische Verhalten unserer Schicht in den vergangenen hundertfünfzig Jahren zu dieser Situation geführt haben mag. Alternativen zu unserem ländlich-konservativen Dasein kannte man nicht. Der einfache, sittliche Codex, aus dem man lebte, lautete: Religion und Vaterlandsliebe. Hieraus zog man die Maßstäbe für oben und unten, rechts und links, gut und böse.

Das schematische Ordnen von Werten wird wohl jeder heranwachsenden Generation abverlangt. Aber mir scheint im Hinblick auf jene Zeit wichtig, daß es bei den ethischen Begriffen feste Koppelungen gab, die bei kritischem Denken weitgehend abzunehmen pflegen. So war Vaterlandsliebe mit »rechts«, »rechts« wiederum mit dem Christentum verbunden. Einen vaterlandsliebenden »Sozi« konnte man sich nicht vorstellen, einen »linken« Christen ebensowenig. Das »herrliche« Wort unseres Kaisers am Anfang des Krieges 1914: »Ich kenne keine Parteien mehr, ich kenne nur noch Deutsche«, wurde ohne den geringsten Hintergedanken und sozusagen rechtens als »nur noch deutschnational« begriffen und voll Rührung bei passender Gelegenheit zitiert. Die genannten Koppelungen ordneten mit Leichtigkeit die Umwelt: Der »anständige« Deutsche war national, rechts; der Sozi, der »Marxist« war international, damals ein Schimpfwort. Der gläubige Christ liebte sein Vaterland und dessen einmal gegebene Ordnung, der Atheist dagegen war international, ein »vaterlandsloser Geselle«.

So gab es zwei große Lebensleitschienen, das Gute zu erkennen und ihm nachzueifern: die Vaterlandsliebe, noch gesteigert durch das weinerliche Mitleid mit dem »geschlagenen Volk, dem verlorenen Krieg, dabei im Felde unbesiegt!«, außerdem »dem Schandvertrag von Versailles«, »der Knechtschaft, in die wir geraten waren«. Schlimme Begriffe, die unser junges Blut zum Sieden brachten bei Fackelzügen, bei Fahnenweihen der Kriegervereine, bei Gesängen in Jugendgruppen, Begriffe, die in keinem Verhältnis zu unserer Lebensrealität standen. Die andere Leitschiene war die Religion, das Christentum in einer ebenfalls nicht in Frage gestellten Koppelung an Vaterland und Deutschsein.

Als die einklassige Dorfschule 1934 in Sperrenwalde neu ausgebaut wurde, ließ meine Mutter groß auf den Frontgiebel malen: »Alles für Deutschland, Deutschland für Christus.«

Weimar galt wenig unter den märkischen Aristokraten. Man hielt am Kaiser fest, auch nach 1918 und der Flucht nach Doorn.

Bald nach der Machtergreifung durch die Nazis 1933 begann jedoch diese seit Jahrhunderten erprobte und im historischen Ablauf sinnvolle Verflechtung von Vaterland und Christentum, von Staatstreue und Religion ihre kaum merklichen Risse zu bekommen.

Es war eine der perfiden Methoden der Nazis, die transzendenten Werte menschlichen Daseins - Treue, Aufrichtigkeit, Opferbereitschaft - mit dem Patriotismus zu verfilzen, mit einem »Vaterland«, wie sie es unmenschlich begriffen und planten. Das war freilich anfangs kaum zu spüren. Die sichtbaren Zeichen der »neuen Zeit«: die Flagge schwarz-weiß-rot, die Aufstellung des neuen Heeres, die neue »Ordnung«, die Abschaffung der quälenden und lähmenden Arbeitslosigkeit, all dies zeigte an der Oberfläche des Geschehens Positives. Die »neue Ordnung« stieß sich anfangs auch noch nicht spürbar mit unserer Grundeinstellung. Die war kaisertreu im Sinne von »Thron und Altar«. Den Nachkriegsstaat, Weimar, nahm man als nicht existent an. Man fühlte sich noch lange als »kaiserlicher Untertan«. Obwohl der Kaiser 1918 am Ende des Krieges nach Holland geflohen war, wurde ihm jedes Jahr zum 27. Januar, seinem Geburtstag, eine auf feinstem Quartpapier von meiner Mutter geschriebene Glückwunschadresse übersandt, die von den meisten Dorfbewohnern unterschrieben war. Sie lag einige Tage in unserer Halle zur Unterschrift aus. »Unserem geliebten Kaiser, König und Herrn.« Pünktlich kam wieder ein Dankesschreiben des »hohen Herrn« in Form eines Bildes mit Unterschrift. Wenn ein besonders hoher Geburtstag eines Dorfbewohners bevorstand, wurde die kaiserliche Hofkammer in Berlin bemüht, dem Jubilar ein Bild mit eigenhändiger Unterschrift zu übermitteln. In der Regel traf das pünktlich ein und rührte den Adressaten und seine Nachbarn zu Tränen.

Bei den großen Diners anläßlich der Jagden oder bei Geburtstagen der Familie war es noch bis kurz vor dem Kriege üblich, daß der älteste Herr der Tafelrunde - später übernahm Wernfried diese Ehrenpflicht - mit einem kurzen Toast das erste Glas »auf Seine Majestät den Kaiser« leerte. Manch eine verstohlene, auch ein wenig demonstrative Träne wurde zerdrückt.

Manche alten Onkel, frühere Generale, taten jedes Jahr einige Monate Dienst als Kammerherr oder Flügeladjutant in Doorn. Ohne Anerkenntnis der Wirklichkeit wurde dort vor dem Kaiser das Spiel gespielt: »Bald ist der Schlamassel so groß - dann ruft das Volk seinen Kaiser wieder zurück.« So wuchs man in einer Scheinwelt auf, die genau so lange stimmte, wie die Schichtung unserer Gesellschaft blieb, wie sie war, und eine unausgesprochene Übereinkunft der gegenseitigen Einstellung und Einordnung herrschte.

Uns Heranwachsenden kam diese prononciert kaisertreue Haltung mit den Jahren immer weniger realistisch vor. Doch gehörte es zum »deutschen Wesen«, Dinge um ihrer selbst willen zu tun. Wir träumten uns dabei in eine etwas nebulose Nibelungentreue hinein, wenn sich auch die Grundlagen dieses politischen oder historischen Denkens schon aufgelöst hatten. So konzedierten wir der älteren Generation ihren Spaß an der Kaisertreue, weil es nun einmal zu unserem Dasein mit Jagden, Dienern, Schloßleben gehörte.

Was blieb übrig von Thron und Altar? Der Thron war zerbrochen, aber die menschlichen Werte und Eigenschaften, die den »Untertan« an den Thron gebunden hatten, ließen sich weiter als konservative Basiswerte der Staatsloyalität, der Vaterlandsliebe verwenden. Der »Altar« hatte es schwerer, sich nach der viele Jahrhunderte bestehenden Klammerung an den Thron weiter zu behaupten. Hier ist gewiß nicht zu übersehen, daß in unserer damaligen Welt noch eine Frömmigkeit herrschte, zu der der Glaube an die religiösen Lehren ebenso gehörte wie das Anerkennen des gesellschaftlichen Gefüges. Im alten Wort »fromm« schwingt ja neben dem Religiös-Gläubigen auch noch das Gehorsam-Sein mit; so wie man von einem »frommen«, also gehorsamen Pferd spricht. Diese Frömmigkeit wurde von den höheren Ständen, vom Adel vorgelebt, auf der katholischen Seite oft noch prägnanter als auf der protestantischen. Thomas Mann sagt im ›Tod in Venedig‹ von Tadzios Mutter, einer polnischen Aristokratin, sie käme aus dem Stand, »wo Frömmigkeit als Bestandteil der Vornehmheit gilt«. War die Spitze der Gesellschaft »fromm«, so konnte wenig Böses geschehen. Denn neben der Gewißheit, das Leben werde, ungestört durch unfromme Untertanen, weitergehen wie bisher, kam noch das Vertrauen auf die Gnade des Himmels.

Auch wir wurden als kleine Kinder schon hineingenommen in die gläubige Verantwortung für unser Vaterland, die überall an unser Seelenheil gekoppelt war. Wir beteten als Kinder beim Abendsegen, »daß unser armes Vaterland wieder hochkommt«. Uns wurde in tiefer Ehrerbietung von dem »einfachen«, dem »kindlichen« Glauben des alten und des letzten Kaisers, der verstorbenen Kaiserin und besonders auch des alten Hindenburg erzählt. Hier klang im »einfach« ein gläubig-gedankenloses Hinnehmen, ja ein gehöriger Schuß Primitivität mit, so als ob das preußische Militärgesangbuch zur Erhellung metaphysischer Gegenstände ausreiche. So konnte der Glaube an das Gottesgnadentum, das die Handlungen der »Oberen« sanktionierte, ausrichtete und bestimmte, bei primitiven Gemütern - und wer will bestreiten, daß hohe Herrschaften primitiven Gemütes sein können - auch den größten Schlamassel noch als gottgewollt erscheinen lassen. Und so wurde der Staat zwischen 1918 und 1933 nicht einmal teilweise als politische Folge einer unklugen Politik mit dem doch schmählichen Ende des Kaisertums durch des Kaisers Flucht

Die adlige Gesellschaft blieb auch nach dem Ende des Kaiserreichs noch lange intakt. Am 26. Mai 1926 heirateten in Muskau Alexander Fürst zu Dohna-Schlobitten und Freda Antoinette Gräfin Arnim. Aus der selbstverständlichen, fast gelösten Feierlichkeit der Gesellschaft spricht noch das ungebrochene Selbstbewußtsein des adligen Standes; erst nach 1945 hatte es auch damit ein Ende.
Hinter dem Brautpaar die Kronprinzessin Caecilie, rechts von ihr der Brautvater, Adolf Graf Arnim-Muskau, links die Brautmutter, Sophie

Gräfin Arnim. Dritte von links in der vorderen Reihe, mit dunklem Hut, Dankwarts Mutter, rechts daneben – in weißen Gamaschen – der Vater. Darüber, in Hut und großem Pelzkragen, Tante Cara, während Gerta am rechten Bildrand durch einen Kranz als Brautjungfer zu erkennen ist. Auch Dankwart selber ist zu sehen. In Schnallenschuhen und weißem Matrosenanzug steht er rechts neben dem Brautpaar. Er hatte bei der Trauung Blumen gestreut.

nach Holland angesehen, sondern es wurde ein Bewußtsein geschaffen, das die unangenehmen Tatsachen aus dem Geschehen herausnahm, den Kaiser wie einen »Regierenden« in Doorn anerkannte, ihm huldigte und Weimar nur als Vakuum empfand.

Während aber das Kaisertum immer mehr verblaßte, wurden für das Nationalgefühl, in dem sozusagen patriotische Valenzen frei wurden, wie von selbst neue Inhalte gefordert. Diesen Bedürfnissen entsprach die geschickte Regie der Nazis beim »Tag von Potsdam« am 21. März 1933, an dem sich »der Gefreite des Weltkrieges« vor dem »greisen Feldmarschall« verbeugte und sich von ihm vor dem Hintergrund Potsdams, vor dem Sarg Friedrichs des Großen in der Garnisonkirche sein Regime sanktionieren ließ.

Dieses Bild - Hindenburg mit dem tief dienernden Hitler vor sich - stand bei uns und in vielen Häusern herum, denn einerseits »mußte« man ein Hitlerbild haben, andererseits meinte man, aus dem »Diener« Hitlers ablesen zu dürfen, wie die Dinge standen. Daß dies eine große und irreversible Täuschung war, wurde in den folgenden Monaten und Jahren immer klarer, doch war es zum Umdenken und Umkehren zu spät. Bald kam es zu den Mord-Orgien am 30. Juni 1934, bei denen so viele »Standesgenossen« umgebracht wurden. Und bald begann auch der Kampf der Bekennenden Kirche, die, nun losgelöst vom »Thron«, die evangelischen Christen drängte, sich auf die echten, von ihr verkündeten Werte zu besinnen. So lernten wir mit der Zeit, die Koppelungen verschiedener Werte zu lösen, das Feste vom nur Befestigten zu unterscheiden und jedem Wert seinen Sinn, seine begrenzte Wirklichkeit, seine Zeit oder auch seine Dauerhaftigkeit beizumessen.

Goethe spricht in seinen ›Urworten, orphisch‹ von der »geprägten Form, die lebend sich entwickelt«. Die geprägte Form, das waren die Vorgaben unserer Erziehung, »Thron und Altar«, Familie, Vaterland, die Regeln, wie »man« sich benimmt, spricht, denkt, handelt. Doch das »lebend sich entwickeln«, das war einerseits Nachdenken, andererseits Gewöhnung an Neues, Anderes. Da war zu fragen, ob die überkommenen Werte und Bilder noch gültig, noch gänzlich zu übernehmen und weiter zu tragen waren. Man bemerkte, daß es prägt, wenn man Wirklichkeiten und Bilder zu Bruch gehen sieht und dabei spürt, wie wenig dies Zerbrechen einen im Kern berührt.

Freilich, solche Einsichten wurden nicht erst nach 1933 oder 1945 offenbar, und das Lösen von Koppelungen nicht kompatibler Werte beschränkte sich ebenfalls nicht auf die Zeit des »Tausendjährigen Reiches«. Aber das Durchleben dieser Zeiten und die Rückschau darauf kann »Einblick schaffen«, wie Laotse sagt, dienlich sein.

Ich nannte die zwei Ziele meiner Erziehung: Vaterlandsliebe und Christentum. Was war in mir, in meinem Denken, in meiner Gesinnung 1945 davon geblieben? Sehr bewußt und als Soldat - unter Einsatz von Gut und Leben habe ich erfahren, wie infolge einer Fehlinterpretation des Begriffes Vaterland und im Mißbrauch menschlicher Eigenschaften wie Treue, Opferbereitschaft oder Gehorsam ein Chaos an materiellen Werten, an Denkordnungen und Gefühlen entstand. Vertan, vergangen, zerbrochen in der Geschichte das Bild des »Reiches«. So blieb die Besinnung auf den Innenraum der Nation: Sprache, Dichtung, Künste und Wissenschaften. Mehr aber noch das Gefühl der schicksalhaften Last, ein Deutscher zu sein, Anspruch und Forderung, das Gewesene in seinen Werten und Unwerten zu scheiden, und eine wache Scheu vor »Irrationalem« im Begriff des Vaterlandes. Das sind die Denkinhalte, die ich - nach 1945 - unter Vaterlandsliebe verstehe.

Das zweite Ziel der Erziehung: Christentum und Frömmigkeit. Wenn eine Folgerung aus dem Zerbrechen der Fusion von Thron und Altar zu ziehen ist, dann jene, daß Frömmigkeit keine Angelegenheit einer ins Metaphysische erhobenen Staatsgesinnung, also kein Gemeinschaftsgefühl ist, sondern ein ganz persönliches Geschehen zwischen Gott und mir. Ich glaube nicht, daß die Inhalte meiner Erziehung, die bewußt christlich war, mich zu dieser Meinung gebracht haben.

Meinen ersten Schulunterricht bekam ich in Igls bei Innsbruck. Dort lebten wir vom Herbst 1925 bis zum Frühsommer 1926. Die Gründe für den Wechsel von der Uckermark nach Tirol waren eindeutig: Wir mußten sparen. Der Sperrenwalder Schloßhaushalt mit seinen Festen, den großen Jagden und Diners war kostspielig. Hinzu kam, daß man in Berlin »ausgehen« mußte, um die Saison mit ihren Bällen und Empfängen mitzumachen. Für diesen Zweck hatten wir eine Stadtwohnung in Berlin, in der ständig ein Diener und eine alte Köchin lebten. Schließlich war die Währung in Österreich für uns gün-

Mit der Schule begann eine neue und strengere Phase der Erziehung. Als Dankwart von Arnim, bestückt mit Schwamm und Ranzen, zu seinem ersten Schultag aufbricht, wird er von seinem Vater verabschiedet, der noch den lässig-bequemen Aufzug der Morgenstunden trägt: übergeschlagener Kragen, samtene Jacke, Kordeln.

stig; auch wird meinem kränkelnden Vater eine Luftveränderung geraten worden sein.

Um all diesen gesellschaftlichen Forderungen zu entgehen, mieteten wir von dem Innsbrucker Arzt Dr. Lantschner, dem Vater der später so berühmten Skiläufer, einen Sommersitz in Igls, Gotensitz genannt. Die ganze Familie, - meine Eltern, meine zwei Geschwister, ein Diener-Chauffeur, eine Jungfer und eine Lehrerin für uns Kinder - fuhr in den Süden. Die Lehrerin war Rosemänni, eine rührende, vor Liebe und unpädagogischer Herzlichkeit überströmende Schlesierin, an deren weichen Griff bei Umarmungen und Belobigungen ich mich eher entsinnen kann als an Lehrgegenstände. Immerhin erhielt ich dort meinen ersten Unterricht; das harte Leben begann.

Nachdem wir wieder in Sperrenwalde waren – wohl weil wir nun genug gespart hatten –, wurde der Unterricht durch Rosemänni nur noch kurze Zeit fortgeführt, da sich meine Eltern von der Effizienz dieser milden Märchenstunden voller Lob und Staunen über meine unglaubwürdige Begabung nichts mehr versprachen. Ich wurde dem Gollmitzer Dorfschulmeister, Herrn Winter, übergeben. Von seinen Schülern wurde er in liebevollem Spott »Köster Willem« genannt, da das Amt des Schullehrers in den dörflichen Gemeinden an die Tätigkeit des Kirchenorganisten, des Kantors (»Köster« auf plattdeutsch), gebunden war. Ich wurde jeden Nachmittag mit dem Ponywagen nach Gollmitz geschickt. Meist fuhr mich der jüngste Stallbursche in einem kleinen dreisitzigen Wägelchen. Gelegentlich fuhr auch noch unsere Diakonissen-Gemeindeschwester Erna mit, die in Gollmitz Kranke besuchte, pflegte und umsorgte. Diese Fahrt in das vier Kilometer entfernte Gollmitz war für alle Beteiligten ein beglückendes, von keinen standeszeremoniellen Zwängen zwischen Kutscherjungen und Grafenkind getrübtes Erlebnis. Die Pferde wußten den Weg ohnehin, und auf der Straße war kaum Verkehr, also konnte der Kutscherjunge sich – selbst einige Jahre älter als ich – ganz meiner Bildung widmen. Den ersten Teil der Fahrt brauchten wir zwar noch dazu, die Aufgaben für Köster Willem zu wiederholen, ich mußte abgefragt werden. Aber wenn das geschehen war, setzte das freie Gespräch ein.

Wenn ich in jenen Jahren von meinen Eltern, meinen Erzieherinnen oder anderen Personen nicht den geringsten Anflug von »Aufklärung« bekam – auf den halbstündigen Fahrten nach Gollmitz wurde sie mir zuteil nach Fakten und Beobachtungen, auch Analogieschlüssen, wie sie sich den Kindern vom Lande im Zusammenleben mit Hengsten und Stuten, mit Kühen und Bullen und vor allem meinen Kaninchen so zwanglos und ohne jegliches überhitztes Wissen-wollen-und-nicht-Dürfen darboten. Es war mehr ein Erklären allgemein zu beobachtender Fakten in der Natur, Fakten, die wenig Anlaß zu Erregung oder Prüderie boten. Freilich waren dies Themen, die zu Hause nie angeschnitten wurden. Einmal nur machte meine Mutter im Dämmerlicht und über und über errötend, wohl durch den Rat von Verwandten veranlaßt, den

Dorfstraße in Gollmitz.

Versuch, mich vorsichtig über die Wunder des Lebens und die naturgegebenen Sitten der Schmetterlinge aufzuklären. Mir war die Situation unerträglich, und ich fragte sogleich, ob es bei Menschen etwa so ähnlich sei wie bei meinen Kaninchen. Strahlend konnte meine Mutter das bestätigen, und als ich erklärte, daß ich wüßte, wie es bei den Karnickeln sei, war ich zu unser beider größter Erleichterung sozusagen aufgeklärt entlassen.

Bei Köster Willem angelangt, mußte ich zuerst in seine Küche gehen, um Frau Winter, einer Zwergin an Größe, aber Riesin an Tatkraft und natürlicher Herzlichkeit, guten Tag zu sagen. Meist mußte Herr Winter erst aus seinem Garten geholt werden, in dessen Tiefe ganz hinten am Zaun sein Bienenhaus stand, in dem er sich um seine Immen kümmerte. Bei Köster Willem bekam ich den Elementarunterricht in den ersten Jahren. Ich weiß nur noch, daß er unfaßlich langweilig war. Nach zwei bis drei Stunden wartete das Wägelchen wieder auf mich, und wenn ich zu unverfroren nach der kastaniengesäumten Straße vor dem Schulgebäude – flach, ebenerdig, Fachwerk – ausblickte, wurde ich so hingesetzt, daß ich für den Rest des Tages auf die Heidelandschaft über dem Kanapee starren mußte.

Eine fröhliche Unterbrechung allerdings gab es jedesmal. Ich bat, »austreten zu dürfen«. Es wurde gestattet, und ich bekam von Frau Winter den Schlüssel zum Lehrer-Klo auf dem Hof, das, als erstes in der Reihe der anderen getrenntgeschlechtlichen Plumpsklos auf Zementfundamenten ruhend, in Form eines mit Karbolineum getränkten Bretterverschlages aufgestellt war. Doch es waren nicht meine physiologischen Bedürfnisse, sondern mein Wissensdrang, der mich zu diesen Schritten trieb: Herr Winter hielt sich nämlich die bekannte, lehrreiche, Wissen allgemeiner Art vermittelnde Zeitung ›Das grüne Blatt‹, in dem besonders für den auf dem Lande lebenden wissenshungrigen Mittelstand die schönsten Geschichten, Erlebnisberichte, Kochrezepte, Verhaltensregeln bei Befall von Blatt- und Kleiderläusen, daneben die Lebensgeschichte von Hermann Löns, auch Abenteuergeschichten aus fernen Kontinenten und natürlich Jagdgeschichten von Löwen und Tigern zu lesen waren. Hatte Familie Winter sie ausgelesen, dann wurden die Blätter fein gequartelt aufs Lehrer-Klo gelegt.

Ich nutzte nun die Zeit, die interessantesten Geschichten wieder puzzleartig zusammenzusetzen, einzustecken und mit nach Hause zu nehmen, wo ich meiner Mutter gelegentlich die Beiträge vorlegte. Dauerte Herrn Winter das Zusammensetzen zu lange – sein Zeitgefühl bezog sich auf andere Vorgänge –, dann rief er, wie ich es jetzt noch manchmal im Traum höre, ein gedehntes »Donkwort«, und ich saß bald wieder gähnend vor der Heidelandschaft.

Der Privatunterricht war damals bei Kindern des Landadels obligat, auch war er wegen der Entfernung der Stadt und der Qualität der meist nur ein-, bestenfalls zweiklassigen Schulen auf dem Land sicherlich angebracht. Als ich mit Rosemännis und Köster Willems Hilfe meine vier Grundschuljahre hinter mir hatte, mußte ich mit Fremdsprachen beginnen und wurde nun – eine Station weiter auf der Dorfstraße in Gollmitz – zum Herrn Pastor gefahren, der mich im Französischen unterrichtete. Pastor Müller war ein kleiner, vor Energie berstender Pfarrer, natürlich aus Schlesien, Weltkriegsoffizier, immer in Bewegung, dabei aufgeschlossen, herzlich und streng. Nun begann die lange Zeit des Vokabellernens, und das freie Gespräch mit meinem Kutscher mußte drastisch gedrosselt werden zugunsten des ermüdenden Abfragens von unregelmäßigen Verben.

Mein Vater hatte in seinen letzten Lebensjahren Pastor Müller nach Gollmitz geholt. Er hatte ihn in Muskau kennengelernt. Pastor Müller stammte aus Breslau, doch sein Schwiegervater war in Muskau Rentamtsleiter gewesen. Bei der Struktur einer solchen Dorf- und Gutsgemeinschaft mit Herrschaft, Beamtenschaft, Intelligentsia wie Lehrer und Pfarrer und mit den übrigen Dorfbewohnern, besonders auch bei der altfeudalen Einrichtung des Patronats spielte der Pfarrer eine überragende Rolle. Er war ein wichtiges Glied in der Hierarchie. So sah mein Vater in dem Pfarrer von Gollmitz - zum Patronat gehörten neben Gollmitz noch Groß- und Klein-Sperrenwalde - auch einen Faktor der Erziehung seiner heranwachsenden Kinder und eine beratende Stütze seiner Frau. Kürzlich hat mir Pastor Müller erzählt, daß mein Vater ihn in Gesprächen vor seinem Tode eingehend mit diesen Aufgaben vertraut gemacht hat.

Einmal nämlich, wenige Monate vor seinem Tode - meine Mutter war damals mit Mucki einige Tage in Berlin -, habe mein Vater ganz überraschend Pastor Müller »im Frack« zu einem Abendessen gebeten, habe ihm die besten Weine vorgesetzt, und sie hätten zu zweit festlich und exquisit getafelt. In dieser gelockerten und durch schönste »weltliche Güter« hochgestimmten Atmosphäre habe mein Vater ihm seine Ideen über die weitere Lenkung des Patronats, die Erziehung seiner Söhne und die Beratung meiner Mutter vorgetragen. Pastor Müller hat dann in den schwierigen Jahren, die auf den Tod meines Vaters folgten, bis zum Einmarsch der Russen 1945 meiner Mutter in Treue beigestanden. Während des Zweiten Weltkrieges wurde er wieder Soldat und als Hauptmann der Reserve in Griechenland eingesetzt. Den Beruf des Soldaten nahm er mit größtem Vergnügen wieder auf: Er war ihm auf den Leib geschrieben. Auch war es kurz vor dem Kriege aus politischen Gründen ratsam geworden, denn Pastor Müller hatte sich in der »Bekennenden Kirche« engagiert. Er war den Nazis immer mehr suspekt geworden und hatte schon einige Male Predigtverbot erhalten.

Der Unterricht bei Pastor Müller war streng; das Vokabellernen auf den Fahrten nach Gollmitz mußte intensiviert werden, die gemütlichen Zeiten bei Köster Willem waren vorbei. Jetzt gab es kein verstohlenes Gähnen oder Schielen, ob die Pferde - man durfte sie im Gegensatz zum Auto mit Chauffeur nicht warten lassen - schon zur Befreiung bereitstünden.

In einigen Abständen wurde ich in der Kreisstadt Prenzlau auf dem Gymnasium meinen späteren Lehrern zur Prüfung vorgeführt. Das Leben zeigte nun immer strengere Züge, der Raum der Freiheit wurde weiter eingeengt.

Für körperliche Ertüchtigung waren zwei Stunden in der Woche vorgesehen: Ich nahm am Turn- und Sportunterricht der Gollmitzer Knaben teil, den nicht der steife und betagte Köster Willem, sondern ein zweiter Lehrer, Herr Dallmann, durchführte. Sport hieß damals für die Landjugend, die mit den weiten Schulwegen und dem unbegrenzten Toben genug Bewegung hatte: Geländespiel. Zwei Parteien wurden gebildet, eine Partei bekam einen weißen, die andere einen roten Wollfaden um den Oberarm gebunden. Nun wurden - Dallmann war natürlich auch Soldat im Ersten Weltkrieg gewesen - die Schlachten durchgespielt, die vorher im Unterricht durchgenommen worden waren: Verdun mit endlosen Grabenkämpfen, Stürme über Bäche und Hecken, wie wir uns die Ardennen vorstellten. Das Ende war eine Rauferei, wobei man dem Feind den Wollfaden abreißen mußte, um ihn als gefallen zu markieren. Bald kamen auch die Jugend-Organisationen des »Stahlhelm« auf - einer deutschnationalen Vereinigung alter Frontkämpfer -, später die Hitlerjugend. Doch unter welchem Vorzeichen diese Geländespiele auch immer stattfanden, als Sport, um den Plänen der vorgesetzten Schulbehörde zu genügen, als Weltkriegs-Spaß, um den Jungstahlhelmern die Einstellung gegen den »Erbfeind« zu erhalten, oder als Kampf zwischen Braunen und Roten - das Ergebnis war immer dasselbe, eine gewiß körperstählende, jungenhafte Keilerei. Danach wurde noch etwas exerziert, Gymnastik getrieben und marschiert, auch gesungen, um den durch Kampf und Sieg oder Niederlage etwas verlotterten Haufen wieder in den Griff zu bekommen.

Diese Geländespiele waren nichts anderes als die natürliche Raub-, Rauf- und Abenteuerlust heranwachsender Jungen, die sich in langen, oft den halben Tag einnehmenden Streifzügen durch Felder, Wiesen, Gehölze abspielte. Ich nahm an den ereignisreichen Streifzügen mit Begeisterung teil, zumal es mein durch den Privatunterricht bestimmter Tageslauf nur selten zuließ. Ein schwererer Einwand dagegen war, daß die Beutezüge oft der Wilderei nahe kamen. Kaninchenbaue wurden ausgenommen, Vogelnester inspiziert und geräubert, mit Zwillen und Wurfgeschossen wurden Hasen und Rehe -

natürlich ohne Erfolg - gejagt. Denke ich an jene Zeiten zurück, so empfinde ich ein Gefühl der Ungebundenheit, der Freiheit, der räumlichen Unbegrenztheit, auch des unerschöpflichen, durch unsere kleinen Wildereien und Nestbeschauungen niemals zu störenden Reichtums der Natur, das heutigen Begriffen schwerlich vorstellbar ist.

Im Frühjahr 1931 war ich durch Pastor Müller und Lehrer Winter endlich so weit gefördert, daß ich in die Quinta (heute sechste Klasse oder zweite Gymnasialklasse) des humanistischen Gymnasiums in Prenzlau eintreten konnte. Mein intensivster Eindruck vom ersten Tag dort war, daß ich eine sogenannte Schiebermütze aufhatte, die von den bunten, obligaten Schülermützen der anderen abstach. Mein erster Gang führte daraufhin zum Mützenladen, in dem für alle Klassen - Sexta lila, Quinta braun, Quarta grün usw. - die richtigen Schülermützen bereitlagen. Überhaupt war mein Wunsch damals vor allem, nicht aufzufallen, denn als »Grafenkind«, auch als Fahrschüler, zudem an die Gepflogenheiten einer Schulklasse nicht gewöhnt, war ich ohnehin in einer gewissen Ausnahmeposition.

Das Schulgebäude war ein grauer, quadratischer Block am Rand der Prenzlauer Altstadt, genauer am »Neustädter Damm«. Über seinem Eingang war in steinernen Lettern zu lesen: *Non scolae sed vitae discimus.* Als ich in diese Schule kam, war der Lehrkörper noch weitgehend aus alten, meist recht verknöcherten Bilderbuch-Lehrern zusammengesetzt. Einige waren Sozialdemokraten, »Sozis«, die meisten aber wohl der Deutschen Volkspartei oder den »Demokraten« zugehörig. Der Direktor, ein Weltkriegsoffizier mit steifem Verwundetenbein und unnahbar strengem Gehabe, war, wie es sich gehörte, deutsch-national. Viele Lehrer waren Mitglieder der in den norddeutschen Städten sehr verbreiteten Freimaurerlogen. Dieser Meinungspluralismus innerhalb der Lehrerschaft änderte sich 1933 in den Tagen der »nationalen Erhebung« bei den meisten schlagartig. Ich erinnere mich noch genau an unseren Griechisch-Lehrer Kotenberg, der Sozialdemokrat war, ein ausgezeichneter Lehrer, in dessen muffiger Wohnung ich mehrfach Nachhilfeunterricht bekam. Als die Nazis ans Ruder kamen und es auch für den beamteten Lehrer günstig war, sein schwarz-weiß-rotes Herz zu entdekken, stellte er sich vor die Oberprima, mit der er in den vorhergehenden Jahren oft die politische Lage ganz offen besprochen hatte, und sagte - nach glühender Huldigung des »Einigers des Reiches« - »Ich habe fünfzehn Jahre wie in einem Wahn gelebt!«. Diesen plötzlichen und so demonstrativen Gesinnungswandel haben ihm seine Schüler sehr übelgenommen. Allein der Umstand, daß ich diese Geschichte noch weiß, mag bezeugen, wie sehr die miese Haltung des Herrn Kotenberg sich uns eingeprägt hat.

In unserer Klasse waren etwa dreißig Knaben: Ich weiß noch, wie sie alphabetisch begannen: Abel, Abrahamsohn, von Arnim ... In den norddeutschen Kleinstädten lebten viele Juden schon seit Generationen. Ihnen gehörten einige Berufs- und Gewerbezweige, die ihnen keiner streitig machte. Der gesamte Handel mit Fellen und Altmaterialien, der größte Teil des Vieh- und Pferdehandels und ein großer Teil des Getreidehandels lagen in jüdischen Händen. Auch im Prenzlauer Gymnasium waren viele Juden, die mit uns erzogen, unterrichtet und aus der Schule ins Leben entlassen wurden. Ich kann ohne Übertreibung sagen, daß wir als uckermärkische Lutheraner einen Katholiken mit derselben Neugier bezüglich seiner Glaubensinhalte und seines Zugangs zum ewigen Leben betrachteten wie einen jüdischen Klassenkameraden.

Ich war zwölf Jahre alt, als ich als Fahrschüler nach Prenzlau kam. Bis dahin hatte ich mich nur in Kreisen bewegt, in denen die standesgemäße Schichtung uneingeschränkt galt, sozusagen zum Dasein gehörte. Denn wir - die Sperrenwalder Arnimsche Familie - standen an der Spitze der in unserer Welt geltenden Rangordnung, sei es im Patronat der Kirchengemeinde Gollmitz mit dem von uns bestellten und größtenteils auch bezahlten Pastor, sei es im Kreis der Administratoren und Arbeiter oder aller Besucher in unserem Haus. Ich hatte nie geglaubt oder gespürt, daß diese Tatsache angezweifelt werden könnte. Bei uns »stimmte« alles, es war ein Teil der Ordnung von »Thron und Altar«.

Das Gefühl, im Einklang mit sich und der Welt zu sein, nichts anderes zu wollen als einen Zustand »so, wie es ist«, freilich auch nicht mehr wissen zu wollen, das hat mein gefallener Freund H. v. K. aus Ostpreußen mit knapper Klarheit ausgedrückt. Er war zehn oder zwölf Jahre alt und wurde aus seiner ostpreußischen Heimat, dem Gut Spanden, auf Besuch zu einer Tante nach Potsdam geschickt - gewissermaßen »zur Bildung«. So wurden ihm täglich Schlösser mit ihren Schätzen und der reichen Einrichtung vorgeführt: Sanssouci, Stadtschloß Berlin, Schloß Charlottenburg. Schließlich fragte er eines Tages etwas indigniert und wohl voller Sehnsucht nach seiner ländlichen Heimat: »Warum sehen wir uns eigentlich anderer Leute Häuser an?«

In der Schule in Prenzlau, umgeben von distanzierten und an einen anderen Jargon gewöhnten Bürgersöhnen, spürte ich, daß die in Sperrenwalde gelebte Gesellschaftsordnung nicht so absolut galt, wie ich bis dahin gemeint hatte. Zwar gab es keine härteren Auseinandersetzungen, noch viel weniger Diskussionen um solche spröden Themen. Die neuen Erfahrungen wurden eher von Nuancen des wechselseitigen Umgangs bestimmt. Aber das Gespür für andere menschliche Ordnungen mit gleichem Recht wie die unsere wurde mir langsam deutlich. Zugleich kam mir die Relativität des Standes zu Bewußtsein, in den ich hineingeboren war, und der damit verbundenen politischen und religiösen Einstellung. Ich habe seither in verschiedenen menschlichen Gemeinschaften gelebt: im Landschulheim, im Arbeitsdienst, im Soldatenstand, in der Gefangenschaft, als Hilfsarbeiter bei BMW oder als Versicherungskommis - und immer habe ich beim Orten meiner Situation in der neuen Gemeinschaft wieder jenes Gefühl empfunden, das ich in den ersten Tagen meiner Prenzlauer Schulzeit kennenlernte: ein Gemisch von neugieriger Furcht, aber mehr noch ein Drang, es gerade mit jenen zu schaffen, die nach Herkunft und Einstellung eigentlich nicht in meinen Kreis gehörten.

Ich fing damals an nachzudenken, und Denkanlässe gab es mehr als genug. Jeden Morgen gegen viertel nach sieben mußte ich, im Winter dick vermummt, in den von einem livrierten, mit steifem Hut und Pelz geschmückten Kutscher vorgefahrenen Wagen steigen. Vom Diener wurde ich warm eingepackt - Fußsack, Pelzmütze, Hände in den Muff -, während die Pferde mit blankgeputztem Geschirr versehen waren. Auf der Wagentür, auf den Scheuklappen des Geschirrs, an der Mütze des Kutschers war unser Wappen in Silber mit Krone angebracht.

Die Fahrt nach dem zehn Kilometer entfernten Prenzlau führte zuerst durch unsere Felder und Wälder, dann, einige Kilometer vor der Stadt, durch die »Kleine Heide«, den Prenzlauer Stadtforst. Im Winter kamen uns regelmäßig, von einem Stadtförster angeführt, viele hundert zerlumpte, in ärmliche

Fetzen gekleidete Leute entgegen, die einen kleinen hölzernen Handkarren zogen und unter der försterlichen Aufsicht im Stadtwald dürres Holz sammeln durften. Menschen dieser Armut hatte ich in Sperrenwalde nicht kennengelernt. Noch jetzt empfinde ich das beklemmende Gefühl, vom kutschierten Wagen herunter, in Pelze gehüllt, diesen Menschen ins Gesicht sehen zu müssen. Es war die Zeit der schlimmsten Arbeitslosigkeit; an den Straßenecken in Prenzlau standen sie oft zu Hunderten herum, und wenn wir dann mit unseren flotten, satten, herrschaftlichen Pferden vorbeikutschierten, kam es häufig zu unfreundlichen Zurufen - zu mehr allerdings nicht.

Viele Jahre später, im Kloster Schäftlarn, als wir jung verheiratet waren und ärmer als Kirchenmäuse, versuchte ich einmal, mir die Faktoren meines momentanen, unbezweifelbaren und unzerstörbaren Glücksgefühls klarzumachen. Ich weiß noch genau, wie ich die Situation der morgendlichen Schulfahrten an hungrigen Arbeitslosen und holzsammelnden Leuten vorbei vor Augen hatte und als ersten Bestandteil des jetzigen Glücks das »Nicht-beneidet-Werden« erkannte.

Um nicht mit dem feinen Kutschwagen vor der Schule aufzufallen, ließ ich mich immer am Hintereingang abholen. Dort wohnte Otto Übel. In seiner kleinen Werkstatt neben einem winzigen, immer abgeschlossenen Laden habe ich viele Stunden des Wartens mit den anregendsten und aufwühlendsten Gesprächen verbracht. Ich konnte von der Schule nicht immer pünktlich abgeholt werden, da regelmäßig Besorgungen in Prenzlau zu machen waren, besonders wenn das Abholen mit einer Stadtfahrt meiner Mutter, mit Besuchen bei Bekannten und mit Einkäufen verknüpft war. So begab ich mich zu Otto Übel, mit dem mich bis in die letzten Jahre ein enges, auch seltsames Freundschaftsverhältnis verbunden hat.

Herr Übel war Büchsenmacher. Da er einmal von einem unserer Förster angeblich - die Angelegenheit blieb immer im dunkeln - beim Wildern erwischt worden war, galt er eigentlich für unsere Jagd- und Forstbeamten und damit auch für mich als tabu. Aber sein Laden lag so bequem an der Schule, und außerdem war Herr Übel ein Tiernarr. Wenn in der Gegend um Prenzlau irgendein seltener Vogel flügellahm gegriffen wurde, brachte man ihn zu Otto Übel, der einige kleine Volieren hatte und die gefangenen Vögel durchfütterte.

Da ich selbst in Sperrenwalde eine große Voliere mit einem

Uhu besaß, bekam ich von ihm zur weiteren Aufzucht oft Raubvögel und anderes Getier übergeben. Einmal schenkte er mir auch einige Wollhandkrabben, die ich schon in unserem Teich aussetzen wollte. Da erhob allerdings Herr Steinmeyer strengsten Einspruch, denn die Wollhandkrabbe konnte durch unglaublich schnelle Vermehrung und durch Zerstörung der Fischbruten großen Schaden anrichten.

Die Distanziertheit unserer Beamtenschaft gegenüber Otto Übel hatte aber noch einen anderen Grund: Er war Kommunist. In den langen Gesprächen, die ich mit ihm in meinen Wartezeiten führte, fragte er viel nach meinem Denken und meiner Anschauung über die politischen Verhältnisse. Er fragte nicht bohrend, eher auf eine Weise, die zum Weiterdenken anregen sollte. Die Zeit von 1931 bis 1933 bot ja ständig politischen Konfliktstoff mit den grausamen Straßenkämpfen zwischen Nazis und Kommunisten, der wachsenden Arbeitslosenzahl, dem heute gar nicht mehr vorstellbaren Hunger und Elend in den Großstädten und mit der zunehmenden Radikalisierung.

Gewiß hat er mich in keiner Weise »indoktriniert«, aber er hat mich zum Nachdenken gebracht. 1933, als Hitler an die Macht kam, hatte er bald große politische Schwierigkeiten und verschwand für einige Monate - keiner wußte, wohin. Danach führte er seinen kleinen Laden noch einige Jahre weiter, bis er, da ihm wohl die Nachstellungen und Behinderungen durch seine politischen Feinde zu groß wurden, als Waffenmeister in der neuen Wehrmacht untertauchte. Ich habe Otto Übel während seiner Urlaube noch oft besucht, und die seltsame, aber unbeirrbare Freundschaft überdauerte den Krieg. Als er hörte, daß ich einen Sohn bekommen hatte, schickte er mir aus dem Erzgebirge ein geschnitztes Häuschen mit einem Schornstein; in das Häuschen legte man eine Räucherkerze, und gemütlich rauchte der kleine Kamin. Eingepackt war dieses Geschenk in den Görlitzer Anzeiger, in dem sich ein Bericht über das nun endlich von der »Junkerherrschaft« befreite, zerstörte Schloß Muskau mit Bildern fand.

In meine Prenzlauer Schulzeit fiel die »nationale Erhebung«, die Machtübernahme durch die Nazis. In jenem Frühjahr hatte alle eine große Unruhe erfaßt, die sich im schulischen Leben in erster Linie als Unordnung und Unbotmäßigkeit niederschlug. Alle paar Tage wurden die Schulklassen, geschlossen in Dreierreihen, zu irgendwelchen Feiern oder Kundgebungen geführt, die Lehrer an der Spitze. Einmal wurde die schwarz-rot-goldene Fahne eingeholt und durch die Hakenkreuzflagge ersetzt: frenetischer Jubel! Ein anderes Mal wurden von der Partei, die angeblich das »Volk« darstellte, unliebsame Bücher und Schriften verbrannt: frenetischer Jubel! Am Tag nach dem Reichstagsbrand wurden alle Schulen auf dem Rathausplatz versammelt, und der Nazikreisleiter hielt eine Schulungsrede über das Ereignis und die Rettung »in letzter Minute durch den Führer«: frenetischer Jubel!

In diesen Tagen verblaßte die Autorität der Lehrer wie das Zeitgefüge des schulischen Lebens: Latein, Deutsch, Mathematik, Griechisch machten einer anderen, der »neuen« Ordnung Platz. Wenn jetzt unangenehme Unterrichtsstunden drohten, meldeten sich Angehörige der Hitlerjugend einfach ab, weil sie zur HJ-Übung mußten: »Dienst«. In den höheren Klassen erschienen manche Schüler in der SA- oder HJ-Uniform, kamen zur Schule, wann es ihnen paßte. Kein Lehrer hätte gewagt, ihnen eine schulische Niederlage zu bereiten. Am ehesten setzten sich jene Lehrer durch, die schon als Rechte bekannt waren. Sie legten jetzt ihre Weltkriegsorden oder das Parteiabzeichen an. Manche begnügten sich mit einer schwarz-weiß-roten Kokarde im Knopfloch. Die anderen, die indifferenten, mehr noch die bekannten Linken, zogen sich zurück und schwiegen. Schon kamen damals Gerüchte von kurzen »Umerziehungen« auf. Einige Lehrer gingen frühzeitig in Pension, die Angehörigen der Freimaurerloge wurden entlassen.

Vorher war die politische Einstellung eines Lehrers vielleicht bekannt gewesen, doch niemals war sie zum Gegenstand einer Einstufung oder Prüfung seiner Eignung als Lehrer, als Vermittler von Wissen geworden. Nun kam ein neuer, ein politischer Wind in den Schulen auf. Es ist erklärlich, daß manche Lehrer auf der nationalen Welle mitschwimmen wollten, um ihre Schüler im Griff zu behalten, oft genug auch ihre eigene Existenz. Die »neue Zeit« war ja damals noch keineswegs mit dem Unmaß an Schlechtigkeit und Verbrechen verbunden, das sich uns in der Rückschau darstellt; es war, nachdem die ersten Wirren und Unregelmäßigkeiten vorbei waren, eine »neue Ordnung«, Stärke des »Reiches«, »Arbeit und Brot« nach der lähmenden Zeit der Arbeitslosigkeit, nach der Angst der blutigen Revolution. Diese Empfindungen: Stolz auf die nationale Erhebung und Befreiung von der Angst vor Hunger und Umsturz bewegten die Menschen, und nur sie allein wurden systematisch in Zeitung und Rundfunk gefördert. Von der düsteren Seite der »nationalen Erhebung« ahnten damals nur wenige, und die mußten schweigen.

Jeder wurde »erfaßt«. Das war das Hervorstechende der neuen Zeit. Lehrer Kotenberg trat in die »technische Nothilfe« ein, ließ sich eine Uniform schneidern und schwafelte vor seiner Klasse von seinen Erlebnissen als Radfahrkompanieführer im »großen« Krieg 1914-18.

Geländespiele und Exerzieren wurden wichtiger. Vor allem aber gab es »Kundgebungen« in Prenzlau mit höheren Führern der SA oder HJ. Jetzt wurden Uniformen erfunden, Braunhemden, Grauhemden, Armbinden, Rangabzeichen, Verzeichnisse von Rangabzeichen zum Auswendiglernen, Koppel, Schulterriemen, Marschstiefel, Tornister, Liederbücher mit »Kampfliedern«: Eine ganze nationale Industrie entstand und blühte.

Mein Eindruck der damaligen Zeit ist vage. Ich erinnere mich lediglich, daß die Schule in ihrer öden Gleichmäßigkeit einer dauernden Folge von Geländespielen, Manövern, Treffen und Kundgebungen Platz machte. An einen Sinngehalt dieser Treffen kann ich mich nicht erinnern. Aber das Gemeinschaftsgefühl wurde geweckt und gefördert, für größere, kommende »Aufmärsche« aufgebaut, Feindbilder wurden entwickelt. Dies war das Prinzip der »Erfassung«. Der »Dienst«, das Soldatspielen war von nun an ein ins Schulleben integrierter Faktor. Der Samstag wurde zum Reichsjugendtag, allein dem Dienst in der Staatsjugend gewidmet. Nur langsam pendelte sich das Leben in der Schule nach den ersten wirren Monaten auf den neuen Rhythmus, sozusagen im Marschtempo, ein.

Robert Musil läßt seinen »Zögling Törless« einmal sagen: »Oh, es ist leicht, gescheit zu sein, wenn man all diese Fragen nicht kennt!« All diese Fragen, das ist für mich das Vergangene und Durchlebte, besonders aber sind es die historischen Fakten, wie sie sich uns heute unwiderlegbar darstellen. Diese Fragen kannten wir damals noch nicht. Wir alle waren überzeugt, daß es nun wieder aufwärts ginge. Zwar galten die Nazis als Rabauken, waren nicht recht gesellschaftsfähig, aber die Teilnahme der Deutschnationalen an der Regierung und die Billigung des neuen Kurses durch den »greisen« Feldmarschall und Reichspräsidenten Hindenburg, das war ausreichend, um für längere Zeit die Meinung aufrechtzuerhalten, daß die nationale Ehre und damit auch das Kaiserreich, die alte Ordnung, wiederhergestellt würde.

Die anfängliche Begeisterung der Deutschnationalen schwand allerdings bald, als offenbar wurde, daß die Nazis ihr Konzept mit roher Gewalt und unter Einsatz aller demagogischen Möglichkeiten durchsetzten. Der »Stahlhelm« und seine Jugendorganisationen, die »Jungstahlhelme« und der »Scharnhorstbund«, dem ich angehörte, wurden mit der Hitler-Jugend »gleichgeschaltet« - ein Ausdruck, der damals in aller Munde war.

Eines Tages, als wir in Gollmitz ein Geländespiel mit der Scharnhorstjugend machten - wieder einmal die übliche Keilerei -, kam ein Trupp von Prenzlauer »höheren« Hitlerjugend-Führern, begrüßte uns zackig, ließ uns durch unseren Truppführer antreten und teilte uns mit, daß wir nunmehr auf Beschluß der obersten Stahlhelmführung in die HJ eingegliedert, also gleichgeschaltet wären. Sogleich wurden uns aus einem mitgeführten Koffer die HJ-Armbinden angetan. Wir sollten nun vereidigt werden. Aber wie die Luft aus einem angestochenen Luftballon entweicht, so verging unserem ländlichen Jungenverein die innere Spannung, der Spaß. Wir verließen plötzlich, wie auf ein stilles Kommando, unsere Reihen, standen erst herum, hörten dann nicht mehr auf die lauten Befehle und gingen, um eine Erfahrung reicher, heim. Die Prenzlauer standen mit ihrem Köfferchen voll Hakenkreuz-Armbinden da und versuchten, mit einigen noch ins Gespräch zu kommen; doch bald mußten sie unverrichteterdinge abziehen, ohne uns gleichgeschaltet zu haben. Dies störrische Verhalten kann freilich nicht als durchdachte politische Stellungnahme von uns Dorfbuben angesehen werden; es war eher ein stummer Protest dagegen, daß »Stadtjungen« ankamen und das Kommando übernehmen wollten. So verflog überhaupt meine politische Aktivität. Ich wurde nicht mehr »erfaßt«, aber unsere Geländespiele auf dem Dorf gingen weiter, auch ohne Organisation, und blieben immer jene gewohnte Mischung von Sport und Herumstreunen bis hin zur kleineren Wilderei.

Natürlich war in der Stadt, in Prenzlau, die »Erfassung« besser organisiert. Aber da der Reichsjugendtag eingeführt war, nahm jeder an, daß man am Samstag auch seinen »Dienst« ableistete. Erst in späteren Jahren, als ich schon in Neubeuern war, wurde die Organisation der gesamten Jugend, auch der Landjugend, »straffer«. Ungemütliche Zeiten kündigten sich an.

Doch das war im Sperrenwalde der dreißiger Jahre nur am Horizont bemerkbar. Es war mehr eine Unruhe, eine unbestimmte Angst, die in Gesprächen aufkeimte, wenn Freunde aus Berlin kamen, wenn von der »Bekennenden Kirche«, von den Vorgängen vom 30. Juni 1934 die Rede war. Das Land, die Provinz waren Inseln, auf denen man wie vor hundert Jahren lebte: Die Technik hatte in den landwirtschaftlichen Betrieben dies und das verändert, aber alles blieb in ungestörter Ruhe und besaß noch die alten unbezweifelbaren Strukturen. Die lebendigsten, buntesten und schönsten Eindrücke des Landlebens habe ich aus diesen Jahren.

So vergingen meine Schuljahre in Prenzlau 1931 bis 1936. Betrachte ich mein damaliges Weltgefühl, meinen Wissensdrang, meine Lernintensität und überhaupt meine ganze Persönlichkeit und stelle sie der meiner Kinder im gleichen Alter gegenüber, dann komme ich schlecht weg. Ich war schüchtern, introvertiert, hatte ständig wechselnde, selten länger anhaltende Interessen und war am liebsten allein. Doch dies nicht, um »nachzudenken«, sondern um Einflußnahmen auf mein Denken und Handeln auszuschließen. Wohl hatte ich gute Freunde, in Prenzlau den Sohn des Chirurgen Heinz U. und einen Landwirtssohn, Jochen N. Doch eine lebenslange Freundschaft aus der Kindheit, aus der Schule, mit Gleichaltrigen, eine Freundschaft, die alle Stadien des Daseins überdauert, Jugend, Ehe, beginnendes Alter, habe ich nicht kennengelernt. Ich frage mich: Habe ich sie gesucht? Ich glaube nicht. Dabei war ich im Zusammensein mit anderen nie »schwierig«. Doch spürte ich deutlich, daß in dem Maß, in dem mir ein Mensch näher kam und mich damit auch teilweise »vereinnahmte«, sich in mir ein Kern um etwas Nicht-Zugängliches härtete, das ich bewahren wollte oder mußte.

Beim Schreiben dieser Erinnerungen bemerke ich mehr und mehr einen gewissen Zwiespalt: Will ich für meine Kinder schreiben, wie es war, will ich Bilder bewahren, die vergangen sind, zum Teil fast Märchenbilder? Oder aber wird aus dem

Schreiben mehr und mehr ein Hinabsteigen in mich selbst, ein Blick hinter Verschanzungen? Da tut sich eine Frage auf, deren Beantwortung nicht mit einem Satz abgetan ist, da sie eigentlich das Grundproblem meines Lebens darstellt: Inwieweit hat meine Erziehung als Großgrundbesitzerssohn, als eine Existenz im Gefüge meines Standes mich geprägt, mein Denken und Handeln beeinflußt, geweitet oder eingeengt?

Wenn man die bilderreiche und unbeschwerte Jugend betrachtet, die ich in Sperrenwalde erleben durfte, dann muß es wie eine Lüge, jedenfalls kaum glaubwürdig klingen, wenn ich von einer inneren Spannung spreche, die ich allmählich immer deutlicher empfand, eine Spannung oder wachsende Last, die im Sozial-Ethischen, im weiter gedacht Christlichen lag. Ich hatte den Glauben an die unhinterfragbare Berechtigung der Tatsache verloren, daß es uns so unvergleichlich gut ging. Die Diskrepanz zwischen dem Schloßleben und der Existenz in den wenige Meter entfernten Häusern unserer Landarbeiter wurde mir neben manchem anderen bewußt, ein Störfaktor, ein Wermutstropfen in meiner Unbeschwertheit.

Dies Nachdenken - doch das ist schon fast zuviel gesagt -, dies Empfinden, dies Fühlbar-Werden einer Dissonanz wurde deutlicher. Erst an meiner Reaktion darauf merkte ich, wie dies alles Einfluß auf meine Daseinswirklichkeit gewann. Eines Tages auf dem Weg zur Jagd ließ ich den Kutscher auf Landwegen und Nebenstraßen hinter den Dörfern fahren, damit ich mich nicht mit Förster, Hunden und Waffen im eleganten Kutschwagen vor ärmlichen Häusern, Gärten und Ställen präsentieren mußte. In Gollmitz fuhr ich nur durch den ausgedehnten Park. Diese Gewohnheit behielt ich bei, obwohl die Dorfbewohner für meine gewiß zwanghaft übertriebenen Vorstellungen kaum Verständnis gehabt hätten. Aber auf irgendeine Weise hatte ich meine aristokratische Unschuld eingebüßt. Die »Naivität des Besitzens ist sein stärkster Schutz«, sagt Eduard von Keyserling in seinen ›Schloßgeschichten‹. Diesen Schutz hatte ich verloren. So stand ich schutzlos, nicht so sehr den Umständen und der Situation als vielmehr meinem eigenen Empfinden gegenüber.

Und hier mag wohl auch die Antwort auf die Frage zu finden sein, warum ich mich 1945 so leicht, so befreit von meiner bisherigen Existenz lösen konnte. Als sich diese Lösung faktisch vollzog, 1944/45, war ich bei meinem gierigen, unsystematischen Lesen auf eine Stelle in Schillers ›Geschichte des

Abfalls der Niederlande‹ gestoßen. Dort beschreibt er Wilhelm von Oranien und stellt ihn Egmont gegenüber: »Er war ruhig im Tumulte, weil er in der Ruhe gezittert hatte.«

Doch alle Betrachtungen sind, einmal aufgeschrieben, fast schon zu pathetisch, zu laut. Skrupel dieser Art beschäftigten mich nur bei gewissen situationsbedingten Anlässen, sicher auch unter phasenhaften oder reaktiven, depressiven Verstimmungen. Doch sie formten mein Unbewußtes, färbten meine Tage. Und neben oder unter den positiven Faktoren, die solches Denken förderten, stehen ebenso auch andere: eine gewisse Konfliktscheu, zwanghaftes, fast phobisches Reagieren auf sozialethische Probleme und Dissonanzen und eben jene zeitweiligen Verstimmungen, die mich im Handeln, mehr aber noch im Denken und Empfinden in die Defensive brachten.

Dennoch: Die frühen dreißiger Jahre, die letzten, die ich zusammenhängend in Sperrenwalde verlebt habe, sind die schönsten Jahre in meinem Leben gewesen. Neben meiner Liebe zu Tieren, den vielen Vögeln und dem Hausgeflügel, das ich hielt, den Terrarien und Aquarien wuchs in jenen Jahren ständig meine Jagdleidenschaft. Der erste Spatz, der erste Hase, der erste Bock, das erste Wildschwein waren Erlebnisse, nach denen ich die vergangene Zeit maß. Die Leidenschaft kostete freilich Zeit, und diese Zeit mußte ich den Schularbeiten abringen, ein Interessenkonflikt, der fast regelmäßig zugunsten der Jagd ausging. Oft genug ließ ich mich früher in Prenzlau an der Schule abholen – ich schützte Übelkeit oder Kopfschmerzen vor (Föhn gab es in der Uckermark leider nicht) –, fand pünktlich um elf Uhr den Wagen an der Hintertür und konnte mit dem vorher benachrichtigten Förster Bansemer und seinem Hund noch gut ein Stündchen jagen, um mich dennoch um halb zwei Uhr zum Mittagessen einzufinden. Diese Art jagdlichen Schuleschwänzens war zwar nicht die Regel, doch Jagd ging für mich vor Schule, was bald Folgen zeigte. Meine Schulleistungen wurden immer schlechter. Ich wurde wohl versetzt, doch in den letzten Monaten vor Ostern nur mit massiver Nachhilfe und der Jagd abgerungenen Überstunden.

Verwandte, die meine Mutter berieten, hielten ihre Erziehung für zu lasch. Ich sei zu wenig unter Aufsicht, denn die strenge Erziehung durch Gouvernanten, die Gerta und Waltraut, oder durch Hauslehrer, die mein Bruder Wernfried genossen hatte fehlte bei mir. Meine Erzieherin Mucki wuchs zunehmend in ihre Rolle als Helferin und Trösterin meiner Mutter hinein, und dadurch hatte ich viel Freiheit - zuviel, wie man andernorts meinte. So wurde beschlossen, daß ich wie mein Bruder Wernfried die letzten zwei Schuljahre im Landschulheim Neubeuern verbringen sollte.

Das Landschulheim war kurz nach dem Ersten Weltkrieg gegründet worden. Es war in einem prachtvollen Schloß hoch über dem Inn untergebracht, gehörte - Schule und Schloß - der Baronin Wendelstatt und wurde allgemein als Erziehungsstätte für Knaben aus der Aristokratie, aus dem reichen Rheinland und aus Hamburger Kaufmannshäusern geschätzt.

Das Schloß beherbergte als Gäste der Baronin ständig eine große Zahl von Verwandten, Freunden, darunter viele alte Balten als Dauergäste. Oft waren auch Eltern von feinen und feinsten Schülern für einige Tage zu Gast, daneben Künstler, Schriftsteller, die dem Schloß und seiner Herrin einen glanzvollen Hintergrund verliehen. Neben Rudolf Borchardt und Richard Strauss war Hugo von Hofmannsthal häufig zu Gast. 1909 las er dort zum ersten Mal aus dem ›Rosenkavalier‹ vor.

Auch die Schule profitierte von diesem Hintergrund, erhielt durch ihn das Besondere. Angelehnt an die Internatsschulen in England und in der Schweiz, an die Schulen in Schondorf am Ammersee und in Salem am Bodensee, bot Neubeuern in der Person der ebenso großzügigen wie differenziert standesbewußten Baronin eine Lenkerin von eigenem Stil. Sie und ihr »Hof« sahen die Schule als einen Teil ihres »Besitzes« an, der Pflichten aufgab, andererseits aber doch auch in mancher Hinsicht das Spielfeld persönlicher Neigungen, kurz, ein großartig geführtes »Hobby« wurde.

In Zeiten, in denen sich Stürme ankündigen, sind solche Enklaven konservativen Denkens und Lebens Rettung und Gefährdung zugleich. Die Gefährdung lag in einer gewissen hochmütig-esoterischen Abkapselung von der Umwelt, die sich so heftig und unheimlich drohend veränderte. Hierzu paßte recht gut die Lage des Schlosses auf einem Felsabsturz hoch über dem Inn, thronend über Land und Menschen, aber eigentlich wenig mit ihnen in Verbindung.

Die Rettung, die Neubeuern bieten konnte, bestand aber nicht nur im Bewahren von konservativen Werten, im »Schloßleben«, sondern war für viele Schüler buchstäblich ein

Fluchtort. Dazu ein Bild: Am Reichsjugendtag, das heißt an jedem Samstag, mußten wir in Neubeuern zur Hitlerjugendübung »mit dem Dorf« antreten. Sicher ein Drittel der Schüler blieb aber unorganisiert und kommentierte das Antreten im Schloßhof, dem wir betont lässig und unmilitärisch nachkamen, mit fröhlich witzelnden Zurufen. Während wir »zum Dienst« mußten, konnten die anderen mit Tennis- oder Hokkeyschlägern bewaffnet oder einem Buch unter dem Arm ihren eigenen Neigungen nachgehen. Dieses Drittel bestand zum Teil aus Ausländern: Österreicher, Amerikaner, Franzosen. Die meisten aber waren Kinder aus »nichtarischen Familien«, die hier ihre Schulbildung erhielten. Sie wurde ihnen an den staatlichen Schulen verweigert. So war die Stimmung, die Einstellung unter den Schülern, ebenso natürlich in der Lehrerschaft und im Schloß »antinazi.« Eine Folge davon war, daß 1942 die Schule der Baronin enteignet und zu einer »Napola« umgeformt wurde. Alle bisherigen Schüler mußten die Schule verlassen.

In Neubeuern verbrachte ich zwei Jahre, von 1936 bis 1938. Als ich im März 1938 das Abitur machte, zogen tief unten im Inntal die deutschen Truppen über das nahegelegene Kufstein in Österreich ein.

Ich traf dort wiederum auf eine neue Welt, gekennzeichnet durch sportliche Kameradschaft und ein gewisses feines Gehabe: ganz andere Gesetzmäßigkeiten, als ich sie bisher kennengelernt hatte. Denke ich an jene Zeit zurück, so muß ich sagen, daß sie objektiv schön, erfüllt und reich war. Aber ich empfinde bei der Rückschau nichts als mein damaliges Bedürfnis, mich abzukapseln, keinen an mich heranzulassen, allein zu sein, psychisch und physisch. Der Ton in den gemeinsamen Schlafräumen, die Art des gemeinsamen Essens, schließlich die beaufsichtigte Arbeit für die Schule und die (ganz berechtigten) Anordnungen, sich zum Spazierengehen an- und abzumelden, all dies brachte so viel Fremdes für mich, daß ich mich die ganze Zeit in einer Art innerer Abwehr befand. Dabei waren die Lehrer, besonders der Direktor Dr. Rieder, ein weit über die Grenzen Deutschlands berühmter Schulmann, sehr darum bemüht, mich in das Schul- und Internatsleben zu integrieren.

Ich war fast siebzehn Jahre alt, als ich in Neubeuern ankam. Mein Bruder Wernfried hatte dort im Frühjahr 1936 sein Abitur gemacht. Er ahnte die Schwierigkeiten, auf die ich treffen würde. Er beriet mich in allen Einzelheiten, sprach alle Lehrer, alle Schüler durch, an die ich mich in Krisenzeiten wenden könnte. Doch seine Art, die Schule zu nehmen, war nicht die meine, und so konnte er mir auch nur das raten, was für ihn gepaßt hätte.

Es fing gleich beschämend an: Am ersten Abend, beim Ausziehen in dem großen Schlafraum, den ich mit elf anderen Schülern teilte, bemerkte ich, daß alle Knaben kurze Unterhosen anhatten, während ich, umsorgt von meiner Mutter und Mucki, lange Exemplare trug. Ich schlich mich daher schnell in das Klo, wo ich mit einem Taschenmesser die langen Beine absäbelte und fortspülte. Das ergab sofort eine Klo-Verstopfung, und mehr noch: Ich lief nun mit befransten und um so auffälligeren Unterhosen herum. Schnell hatten einige ältere und im Internatsleben erfahrene Schüler meine schwachen Seiten heraus. Es kam zu heftigen Auseinandersetzungen, kleinen Keilereien, wie ich sie in Prenzlau nie erlebt hatte. Aber sie blieben in Neubeuern, einem Ort, an dem man sich schon von selber gesittet und human betrug, in einem eher freundschaftlichen Rahmen. Doch verschreckten mich diese neuen und ungewohnten Eindrücke, und sicher reagierte ich auch falsch, indem ich mich abkapselte. Allerdings war ich nicht der einzige, dem der Wechsel vom behüteten Zuhause in das Internat schwerfiel. Aus diesem Grund wurde ich - schon den höheren Klassen zugehörig - bald für einige der jüngeren Schüler zum Vertrauten, zum Berater in der neuen »feindlichen« Welt.

Bald sah man ein, daß ich in der Stube, die mir anfangs zugewiesen worden war und in der ein etwas rüder Ton herrschte, nicht heimisch werden könnte. Ich kam darauf in das Turmzimmer, in dem meist ältere und etwas »zahmere« Mitschüler lebten. Hier war auch Karli Königsegg, mein bester Neubeurer Freund, der 1942 in Rußland fiel. Er war schon in verschiedenen anderen Internaten gewesen, hatte ein gewisses *know how*, das er schützend für mich einsetzte. Dabei blieb unsere Freundschaft, wie eigentlich alle meine Freundschaften, merkwürdig distanziert. Wollten wir uns in Briefen Freundschaftliches mitteilen, so hüllten wir es in der Anrede und im Duktus der Sätze in grobe und oft weit hergeholte Schimpfworte - »Deifi«, »alter Affe«. Und diese Neigung wuchs mit dem als gefährdend empfundenen Gefühl, sich Freundschaftlich-Herzliches sagen zu wollen.

Ein Freund von ganz anderem Zuschnitt war Heini von Kuenheim. Auch er war aus Ostpreußen erstmals in ein Internat gekommen, aber er war so gefestigt in seinen Anschauungen, ruhte so in einem unaufdringlichen, aber unerschütterlichen Selbstbewußtsein, daß er mir eine Wohltat war. Auf seinem Nachttisch stand ein Bild, das ihn als Täufling mit seinem Taufpaten zeigte: Reichspräsident von Hindenburg, der Gutsnachbar.

Unser Stubenältester im Turmzimmer war ein alter Landschulheimer, Dodi von Branca. Hochgebildet, etwas nervösfahrig, ungeduldig bis zum Platzen und dabei wieder von einer Engelsgeduld, wenn er in seiner Güte angesprochen war. Immer und in allem – besonders in unserem Turmzimmer – herrschte ein Ton höheren Blödelns, ernstgenommen Unernstes. Dort, unter den Zimmerbewohnern – Branca, Groeben, Königsegg und Gemmingen –, fühlte ich mich wohl. Doch war diese Gemeinschaft nicht der Kern der Schule, sondern eine Enklave. An den Schulunterricht, seine Inhalte, z.B. Deutsch oder Geschichte, habe ich keine Erinnerung; aber das ist mehr ein Hinweis auf meine innere Sperre als auf die Qualität des Unterrichts. Lediglich der Religionsunterricht durch den baltischen Pfarrer Willberg ist für mich noch deutlich: Er las uns aus Dostojewskijs ›Brüdern Karamasow‹ vor. Die Gestalt von Aljoscha ist mir seither unvergeßlich und mit dem Bild des guten Pfarrer Willberg verbunden. Er hatte kurz nach dem Krieg eine Gräfin Winzingerode geheiratet und mit ihr viele blonde Kinder gezeugt, mit denen er im sogenannten »Eichendorffhaus« in Altenbeuern lebte. Dort führte er ein offenes Haus, in dem Schüler, die ihn liebten, ein- und ausgingen.

Oft denke ich auch noch an den Sportunterricht. Gelegentlich träume ich sogar davon – schlechte Träume. Sportlehrer war Herr D., ein Muskelmann mit winzigem Kopf. Da in Neubeuern der Sport ganz groß geschrieben wurde, hatte er eine bestimmende Stellung im Landschulheim. Mich konnte er – verständlicherweise – nicht leiden, denn ich war (und bin) unsportlich. Eine große Rolle spielte der Frühsport: für mich auch in späteren Jahren eine unphysiologische und grausame Einrichtung. Eines Tages kam D. während des Turnunterrichts in der großen Halle auf den Wert des Frühsports zu sprechen und zeigte uns mehrere bodengymnastische Übungen, immer noch eine und noch eine. Da meldete ich mich aus dem Liegestütz heraus und regte an, er - D. - möge doch bei der Schulleitung beantragen, daß wir zwanzig Minuten früher geweckt würden, um all diese wunderschönen Übungen machen zu können, da ja sonst die Zeit nicht ausreiche. D. meinte anfangs in seinem kleinen Kopf, daß »Arnim mitarbeiten will«, und er ging auf meine Anregung ein, bis er kurz darauf noch während des Sprechens merkte, daß er mir »aufgesessen« war. Und nun ging, anfangs langsam, dann immer schneller, eine Suada von Beschimpfungen auf mich hernieder: unsportlich, frech »und überhaupt«. Eine Suada, die am Schluß mit dem Ausruf verpuffte: »Dummer Bub!«. Seither hat D. nie mehr ein Wort an mich verschwendet.

Das Schönste in Neubeuern aber waren für mich die Musikstunden bei Oskar Köbel, dem Musiklehrer. Ich hatte seit meinem zehnten Lebensjahr Klavierunterricht bekommen. Das Üben wie auch die Klavierstunden bei verschiedenen Prenzlauer Damen waren für mich eine Qual gewesen. Kölbel merkte schnell, daß das Klavier kein Instrument für mich war. Da ich auf Jagden zu Hause das Jagdhorn geblasen hatte, für Horninstrumente auch einen »guten Ansatz« hatte, ließ er mich das Waldhorn blasen lernen. Herr Köbel begleitete mich, und so lernte ich das neue Instrument mit dem wunderschönen weichen Ton zu spielen. Dank wachsender Verbesserungen spielte ich bald Konzerte von Mozart, Friedrich dem Großen und Richard Strauss. Es waren die schönsten, die entrückendsten Stunden in Neubeuern, die Stunden, in denen ich mich wirklich »glücklich« fühlte. Empfindungen völliger »Entrücktheit« kann ich mir nur im Zusammenhang mit Musik denken.

Wie ein Besuch in einer anderen Welt waren meine nachmittäglichen Spaziergänge zum »schwarzen Kaffee« nach Hinterhör. Hinterhör, ein herrschaftlich-bayerischer Gutshof mit vielen Gehöften und Gästehäusern, erreichte man in einer halben Stunde auf einem sich durch Wiesen schlängelnden Fußweg, immer im Anblick der Inntaler Berge und der unwirklich schönen Voralpenlandschaft. Hier lebte die »Gräfin«, Ottonie Gräfin Degenfeld, die Schwägerin der Baronin Wendelstatt, ländlich kultiviert und mit unendlich vielen Gästen. Sie hatte ein feines Pensionat eingerichtet, in dem junge Mädchen - zu meiner Zeit Thyra Mecklenburg und meine Cousine Karin Schaper - lernten, wie man kocht oder wie man in München ohne zu gähnen Museen besucht, Bildung erwirbt und vorzeigt. Neben den Mädchen, von denen einige in Neubeuern die Schule besuchten, waren in Hinterhör die Sexta und Quinta der Neubeurer Schule unter der mütterlichen Obhut der »Gräfin« untergebracht. Zu ihrem Freundeskreis gehörten Rudolf Borchardt, Rudolf Pannwitz, Rudolf Alexander Schröder und, bestimmend vor allen anderen, Hugo von Hofmannsthal. Hier ging es ländlich-freier und ungezwungener zu als im Neubeurer Schloß, wo bei großer Dienerschaft stets ein gedämpfter Pomp herrschte. Zum »Schwarzen« in Hinterhör traf man neben den vielen Gästen und Schülern auch immer alte Schüler, jetzt schon in Arbeitsdienst- oder Soldatenuniform, die uns jüngeren von der Härte des Lebens »draußen« berichteten und in der Rückschau Neubeuern und Hinterhör zu einem Elysium machten.

Meine schulischen Leistungen waren mäßig – außer Englisch hat mich damals kein Fach wirklich interessiert. Doch lagen die Leistungen regelmäßig über der Grenze, die man erreichen mußte, um »Freischüler« zu werden, was bedeutete, daß man nicht an den vorgeschriebenen Stunden zum Schulaufgaben-Machen in den Klassenräumen hocken mußte, sondern sich seine Lernzeit selbst einteilen konnte. Der Verlust des »Freischüler-Status« war ein Verlust an Freiheit, und da lohnte es sich zu arbeiten.

Im letzten Neubeurer Jahr zog ich mit Karli Königsegg und einem anderen Mitschüler aus dem Internat in das im Dorf gelegene »Winklerhaus«. Hier war man dem aufdringlichen, mit ständigem Läuten und Klingeln und Schülergetrappel unüberhörbaren Tagesgeschehen etwas entrückt – wieder ein Gewinn an Freiheit.

Am Ende stand das Abitur, Feiern, Reden, Abschiede mit dem üblichen Adressenaustausch, Gesichter, die man zwei Jahre lang dauernd sah, Menschen, denen man nahe war und die nun – für immer – in die Vergangenheit rückten, um anderen Gesichtern Platz zu machen.

Da war sie nun, amtlich bestätigt, die »Reife«. War ich, waren wir »reif«? Es zeigte sich, daß meine Generation »reif« war zum Sterben auf den Schlachtfeldern des Zweiten Weltkrieges. Aber waren wir auch zum Leben reif? In dieser Gegenüberstellung erst wird mir klar, wie dumpf und ungenau unsere Empfindungen damals waren, ungenau vor allem in der Reflexion der Zeitereignisse. Das mag in erster Linie daran gelegen haben, daß Denkinhalte vorgegeben wurden, eherne Ausrichtungen nationaler Prägung, an denen zu zweifeln »Verrat« war. Da vor dem Zweifel das Nachdenken kommt, verzichtete man weitgehend auf letzteres. Menschen - junge wie alte - mußten damals mit vielen intellektuellen Dissonanzen fertig werden; die einfachste Weise war, nicht weiter zu denken - und das war nicht nur einfach, sondern mitunter lebenserhaltend. Es ist wohl dieser Mangel an Besonnenheit, Nachdenklichkeit und Kritik, der, unter heutigen liberalen Zeitumständen schwer vorstellbar, von der jetzigen Generation der vorigen vorgeworfen wird. Doch auch das ist wieder weit voraus- (oder hinterher-) gedacht, gesättigt mit Erfahrung und Wissen.

In jenen Jahren zwischen dem Abitur und dem Einzug zur »Schule der Nation«, dem Reichsarbeitsdienst und der Wehrmacht, vollzog sich für mich die Grenze »zwischen Lebenserwartung und Leben« (Musil).

Mein Bruder Wernfried war sogleich nach dem Abitur 1936 zum Reichsarbeitsdienst, dann zur Wehrmacht eingerückt. Er hatte das Fehlen einer »Frei«-Zeit bald schmerzlich erkannt. Er fühlte wohl, wie sich die Ketten für einen jungen Menschen in Deutschland damals immer enger schlossen: Der Krieg war schon am Horizont sichtbar, wenig besprochen, von allen gefürchtet und doch auch wieder schicksalhaft angenommen in seinem Nahen. Man sah die riesige Aufrüstung, die künstlich angefachte nationale Begeisterung. So plante man für mich noch ein Jahr in Freiheit unter der Überschrift »Landwirtschaftliche Lehre«.

Als Lehrstelle ausersehen wurde das Gut eines bekannten Landwirts, Herrn Neumann-Blindow. Blindow lag wenige Kilometer nördlich von Prenzlau. Ich kannte Haus und Gut schon lange, denn einer meiner Prenzlauer Schulfreunde war der jüngste »Blindower«. Von Herrn Kaune wurden die Lehrstellenbedingungen ausgehandelt, vor allem genügend lange Freizeiten, damit ich in Sperrenwalde meinen alters- und jahreszeitgemäßen Freuden, vor allem der Jagd, nachkommen konnte. Zu meiner größeren Beweglichkeit bekam ich ein Auto - einen Adler-Trumpf-Junior - hellbeige und voller Mucken. Im Juni 1938 trat ich bei Herrn Neumann an.

Er war kräftig, untersetzt und klein, schon normalerweise puterrot im Gesicht, dessen Röte sich bei seinen häufigen Jähzornausbrüchen ins Blaurot-Violette steigerte. Er war im Ersten Weltkrieg Hauptmann der Artillerie gewesen, war noch voller Kriegsgeschichten und wurde von seinen Untergebenen auch »Herr Hauptmann« tituliert. Neumann stotterte ganz fürchterlich.

Meine Tätigkeit als landwirtschaftlicher Eleve vollzog sich »von der Pike auf«: Ich mußte alle Stationen eines landwirtschaftlichen Betriebes durchlaufen. Freilich war die Arbeit durch häufige Besuche in Sperrenwalde unterbrochen. Eine der schwersten Aufgaben für einen jungen landwirtschaftlichen Eleven bestand in der Aufsicht über das sogenannte »Krampfadergeschwader«. Es handelte sich um ältere Arbeiterfrauen, die im Sommer zum Kartoffel- und Rübenhacken eingesetzt wurden und einige Stunden des Tages, meist am frühen Nachmittag, auf dem Felde erschienen. Es waren selbstbewußte und gesetzte Frauen, alle in einem Alter, in welchem sie meine Mütter hätten sein können, erfahren in der Feldarbeit seit Jahren, erfahren auch in allen Dingen des dörflichen Lebens. Sie nahmen die Arbeit vor allem als gesellschaftliches Ereignis, das sie mit einem gewaltigen, nie endenden Redeschwall ausfüllten. Ich bekam vom Verwalter oder gar von Herrn Neumann selber Auflagen erteilt, welche Stücke des Kartoffelfeldes in welcher Zeit zu schaffen seien. Wenn ich es wagte, die Frauen zur rascheren Tätigkeit anzuspornen, überfielen sie mich sogleich mit hämischen Bemerkungen und machten sich über meine Jugend, meine Unerfahrenheit in diesen und jenen Dingen lustig, um mich zum Schweigen zu bringen. Das geschah nicht in gehässiger Weise, sondern wie man wohl als erfahrene Mutter ein Heißsporn-Söhnlein in die Schranken weist.

Anscheinend pflegten die Damen vor der Arbeit viel Kaffee zu trinken. Wenn sie dann in kleineren Gesprächsgruppen unausgesetzt rückwärts in den Kartoffelfurchen verschwanden, forderten mich die anderen Frauen auf, das allzulange Ausbleiben zu rügen oder sogar zu unterbinden. So ließen sie mich ins offene Messer laufen, denn als ich einige vorsichtige Anmerkungen in dieser Richtung zu machen versuchte, stürzte, von geschickter Regie vorbereitet, erst recht witzelnder Hohn auf mich. Natürlich wurde ich am Abend gemaßregelt, weil die gehackte Fläche nicht den Vorgaben entsprach. Doch entnahm ich den Kommentaren von Herrn Neumann, besonders auch von seiner liebevollen und wohlwollenden

Frau, daß die Lenkung des »Krampfadergeschwaders« für jeden Eleven eine harte, gleichermaßen berufliche wie seelische Prüfung darstellte.

Aber die Lehre bei Herrn Neumann in Blindow wurde so streng nicht abgeleistet; es sollte ja noch ein »Frei«-Jahr sein. Ich verbrachte viele lange und längere Wochenenden in Sperrenwalde, um an den Tennis-, Tanz- und anderen Sommervergnügen teilzunehmen, die bei uns stattfanden. Vor allem aber war es die sommerliche Bockjagd, die mich von meinen Lehrstellenpflichten fernhielt.

In die gleiche Zeit – Juli 1938 – fällt auch der Besuch einer jungen Austausch-Engländerin, Dorettchen Sherston, bei deren Eltern ich im kommenden Winter einige Monate verleben sollte. Dorettchen war ein munteres Kind, ein Jahr älter als ich, lange blonde Haare, lebensgewandt. Sie hatte schon ein Jahr in Paris zu Sprachstudien gelebt und sollte nun von mir in die deutsche Sprache und das deutsche Landleben eingeführt werden. Meine Mutter mochte sie gleich besonders gern, schwärmte fast für sie, und so wurden aus dem für wenige Wochen geplanten Aufenthalt fast drei Monate. Dorettchen half im Haushalt, im Garten, außerdem aber bei der Beschäftigung und Unterhaltung meiner Mutter, was kein einfaches Unternehmen war. Es läßt sich denken, daß ich, um meinen internationalen Pflichten nachzukommen, mehr in Sperrenwalde als auf meiner Lehrstelle war.

Damals rückte die Kriegsgefahr immer näher, die Sudetenkrise begann. Meine Mutter reiste zur Behandlung wieder nach Feldafing in das Hotel »Kaiserin Elisabeth«. Der Chauffeur war bereits mit dem großen »Horch« vorausgefahren, meine Mutter wurde von Mucki und Trenck begleitet, und ich kutschierte mit meinem Adler-Trumpf-Junior, begleitet von Dorettchen und der Jungfer als Aufsichtsperson, in einer gemütlichen Dreitagestour an den Starnberger See. Im Hotel »Kaiserin Elisabeth« bezogen wir eine lange Zimmerflucht. Meine Mutter war durch die Behandlungen und Gespräche mit ihrem Arzt, Stefan von der Trenck, fast ganz absorbiert; so konnte ich Dorettchen in langen Touren München und Oberbayern zeigen. Dieses sorglose Herumgondeln in dem mukkenreichen »Adler«, Dorettchen an der Seite, läßt mich diese Gegend um den Starnberger See noch heute in einem überwirklichen Licht erscheinen.

Doch die Sudetenkrise wurde immer drohender. Ich merkte an Dorettchens Reaktionen auf Briefe aus England, daß dort die Gefahr des Krieges sehr viel ungeschminkter und unmittelbarer gesehen wurde. Unsere Zeitungen brachten ja nur, was wir wissen durften. Die Nachrichten waren gefiltert, gelenkt und sollten uns, die Deutschen, vorsichtig für Kommendes motivieren.

Eines Abends im September wurde Dorettchen im Hotel ans Telefon gerufen – unter unendlichen Schwierigkeiten hatten ihre Eltern aus Yorkshire eine Verbindung zustandegebracht, und sie mußte noch in derselben Nacht die Koffer pakken und abreisen. Ich brachte sie in München zum Zug nach Hoek van Holland, der um Mitternacht abging. Ein trüber, trostloser, plötzlicher Abschied, der schon von ferne das Eindringen der blinden politischen Macht in das persönliche Leben andeutete.

Wenige Tage später garantierten im Münchener Abkommen Chamberlain, Daladier, Mussolini und Hitler einen »Dauerfrieden«. Man weiß, wie es weiterging. Unsere Truppen zogen im »Sudetenland« ein. Die gewaltsame Einnahme der ganzen Tschechoslowakei gegen die in München abgeschlossenen Verträge sollte ich im kommenden Frühjahr in England erleben. Davon später.

Gleichzeitig ging es in Blindow zur Rüben- und Kartoffelernte, in Sperrenwalde zu den Hasenjagden, zum Stöbern auf Fasanen, Kaninchen und Wildenten, auf den morgendlichen Wildgänsezug. Das war gut, um auf andere Gedanken zu kommen.

Im November ließ ich mir noch einmal einige Wochen frei geben und besuchte meine Mutter, die damals zur ärztlichen Behandlung mit einem mittelgroßem Gefolge in München im Hotel »Leinfelder« lebte. Eines Abends gingen wir aus, auch mein Freund Karli Königsegg war dabei. Wir aßen zu sechst im »Annast«; der Chauffeur, der mit dem »Horch« für meine Mutter immer in erreichbarer Nähe sein mußte, stand in der Galeriestraße. Das Essen dauerte recht lange. Als wir wieder auf die Straße traten, war der ganze Vorplatz der Feldherrnhalle bis tief in die breite Ludwigstraße vollgestopft mit jungen SS-Soldaten aus dem ganzen Reich, die am Vorabend des 9. November von Hitler vereidigt werden sollten. Es gab kein Durchkommen bis zur Galeriestraße, und dort stand der

Wagen auch gar nicht mehr: Halteverbot für alle Autos in weiterer Umgebung. In Karli Königseggs kleinem Wagen erreichten wir mit meiner vor Angst stummen und zitternden Mutter auf weit ausholenden Umwegen das Hotel.

Gegen halb elf fuhr ich mit Karli noch durch die Stadt, Richtung Bogenhausen, wo Königseggs wohnten. Wir wurden von laut läutenden, rasenden Feuerwehrautos überholt, dachten: »da ist was los«, und fuhren hinterher. In der Maximilianstraße gegenüber dem »Vier Jahreszeiten« hielt die Feuerwehr an, in einer engen Seitenstraße brannte es. Wir eilten neugierig hin. Die Feuerwehr hatte in der Zwischenzeit schon abgeprotzt, die Männer standen mit ihren Schläuchen in der Hand da, doch wie gelähmt: Vor ihnen brannte es lichterloh, aber sie löschten nicht. Vor der Menschenmenge sprangen einige wild gestikulierende Halbzivilisten herum, blaue, dunkle Jacke, darunter gelbe Nazi-Reithosen, Schaftstiefel. Sie riefen, daß es sich um eine brennende Synagoge handle, daß der Volkszorn es den Juden endlich zeigen wolle, weil das internationale Judentum den deutschen Legationssekretär Rath in Paris ermordet habe: Nun würde es im ganzen Reichsgebiet den Juden an den Kragen gehen. Einige murrende Zwischenrufe aus der Menge, daß die Feuerwehr doch endlich löschen solle, wurden von den Aufwieglern mit Drohungen beantwortet, und als ein Feuerwehrmann anfing zu löschen, wurde ihm der Schlauch aus den Händen gewunden. Plötzlich war eine Gruppe von seltsam verkleideten Männern da. Man raunte sich zu: Gestapo. Bald wurden wir alle von regulärer Polizei aufgefordert, uns zu entfernen. Die Feuerwehr erhielt von einem höheren uniformierten Polizeioffizier den Auftrag, die Nachbarhäuser der brennenden Synagoge zu schützen, die Synagoge selbst aber herunterbrennen zu lassen. Wir fuhren betreten nach Hause, von einem Gefühl ohnmächtiger Angst, auch von Wut, Ratlosigkeit, Schrecken über eine bisher unbekannte Gewalt erfaßt, die auf uns zukam und unseren Willen, das Rechte zu tun und zu sagen, paralysierte. Am nächsten Tag waren die Zeitungen voll von Meldungen über spontane Kundgebungen des Volkszorns, die Untaten der Juden, die beginnende »Abrechnung«. Wir waren Zeugen der berüchtigten »Reichskristallnacht« gewesen.

Genau zwei Monate später hatte ich ein weiteres Erlebnis, indem sich das Kommende andeutete. Es war geplant, daß ich vor dem Arbeitsdienst für einige Monate nach England zur Familie unseres alten Bekannten von Berg gehen sollte.

Ich fuhr mit der Bahn von Berlin über Aachen und Hoek van Holland, dann mit der Fähre nach Harwich. Dort hatte ich eine Schlafkoje in einer Dreierkabine gebucht. Froh gestimmt, erfüllt von all dem Neuen, Fremden, das mich erwartete, betrat ich die Kabine. Darin waren zwei junge Männer, etwas älter als ich, die sich bereits auf den freien Schlafkojen ausgestreckt hatten. Sie sprachen deutsch, kamen aus Holland und fuhren nach England. Ich - jedem Gespräch, jeder neuen Bekanntschaft naiv offen - begann mit ihnen zu reden, fragte einige banale Einzelheiten über die Fahrt. Meine Begleiter stellten mit kurzen Fragen fest, daß ich aus »dem Reich« kam, und ließen mich in einigen Andeutungen wissen, daß sie auch Deutsche gewesen seien, längere Zeit in Holland gelebt hätten und nun - auf der Flucht vor Deutschland - nach England übersetzten. Dann beachteten sie mich nicht mehr. Eine Welle gläserner Kälte, unzweideutigen Hasses schlug mir entgegen, fühlbar in den auf mein Zuhören abgestellten Gesprächen, die die beiden auf der langen und bewegten Kanalüberfahrt führten: Es ging um ihre Flucht aus Deutschland - einige Tage nach der »Reichskristallnacht« am 8. November 1938 -, um ihre zurückgebliebenen Verwandten, um den fast stolz vermerkten Haß der Welt - ihrer Welt - auf mein und, wie sie froh bekannten, nicht mehr »ihr« Land. Die Gespräche wurden eher nonchalant geführt. Unangenehm waren dabei nicht so sehr die etwas vagen Ausführungen - schließlich war die Ausrottungsmaschinerie noch nicht voll in Gang gekommen - als das frostige Gefühl, aufgrund meines Deutschseins gehaßt zu werden, eine Erfahrung, die den meisten meiner Altersgenossen damals erspart blieb. Es war nur ein kurzes Erlebnis, eine Kleinigkeit. Doch ein Stachel blieb. Oder eher die Erkenntnis, daß es im Hinblick auf mich als Deutschen verschiedene Sichtweisen gab und daß meine Stellung in der Welt ohne die geringste Rücksicht auf meine »schöne Seele« kollektiv beurteilt und verworfen werden konnte.

Die Wochen in England verbrachte ich anfangs in London bei Verwandten meiner Austausch-Engländerin Dorothy Sherston. Dort wurde ich, wie mir erst nachträglich bewußt wurde, ganz gezielt in Situationen gebracht, die mich zum Nachdenken anregen sollten. Dorothy Sherston hatte eine deutsche

Freundin - »Fröschchen« -, die in einem Hinterhof unter spärlichsten Verhältnissen ihr Leben als Dolmetscherin fristete. Sie war aus politischen Gründen aus Deutschland geflohen. Genaueres weiß ich nicht mehr. Und da war es wieder, jenes Gefühl, eine Unperson zu sein. Diesmal freilich abgeschwächt durch die Freundschaft mit Dorettchen, aber: Ich ahnte eine andere, eine harte und mit gutem Grund auf Deutschland bitterböse Welt. Einige Tage später besuchte ich mit Ebba Stein, die damals beim deutschen Botschafter von Dirksen eingeladen war, ein Kino; wir sahen ›Gone with the wind‹. Als wir am späteren Abend aus dem Kino herauskamen, waren alle Straßen gefüllt mit Tausenden von Menschen, rote Fahnen und Transparente tragend, rufend, schreiend: »Arms for Spain«. Es war die Zeit des Bürgerkrieges in Spanien. Die Massen demonstrierten gegen den Einsatz deutscher und italienischer Soldaten. Sie versuchten die englische Regierung aufzurufen, an das rote Spanien Waffen zu liefern.

Wieder ein Blick auf die andere Seite. Es ist seltsam, wie banal einem heute solch ein Bild vorkommt, wo doch in jeder Zeitung, in jedem Kommentar bis zur Neutralisierung jeglicher Stellungnahme alle nur denkbaren politischen Standpunkte vertreten werden. Damals verspürte ich ein heimliches inneres Beben, eine Frage: »Darf denn das sein?«, wenn ich mit einer Ansicht, die der offiziellen Meinung in Deutschland zuwiderlief, konfrontiert wurde. Es ist nur zu gut verständlich, daß man zu jener Zeit Auslandskontakte und jede Bekanntschaft mit anderen Denkweisen von Staats wegen auf das strikteste zu unterbinden suchte, gerade bei jüngeren Menschen.

Damals stand Deutschland noch unter dem Eindruck der Sudetenkrise und ihrer Lösung, dem Münchener Abkommen. Daladier und Chamberlain hatten mit dem *appeasement* den Frieden gerettet, einen Frieden, der, wie uns in Deutschland eingetrichtert wurde, die staatsmännische Tat Hitlers war. So kam ich in aller Naivität gar nicht auf die Idee, daß irgendein Mensch auf der Welt gegen Chamberlain, den englischen Friedensmacher, eingestellt sein könnte. Bei meinen englischen Freunden wurde ich nachdrücklich eines anderen belehrt. Sie gehörten der »Eden«-Clique um die »Yorkshire Post« an und waren erklärte Gegner der *appeasement*-Politik Chamberlains.

In meine Zeit in England fiel auch der Einmarsch der deutschen Wehrmacht in die Tschechoslowakei und deren Umwandlung in das »Reichsprotektorat Böhmen und Mähren«. Da lernte ich einen »Sieg« Hitlers von der anderen Seite kennen, quittiert mit ohnmächtigem Haß und mit einer kalten und unnachgiebigen Bereitschaft, es Hitler und seinen Deutschen zu gegebener Zeit heimzuzahlen.

Meine englischen Freunde führten mich in das Unterhaus, wo ich Chamberlain sprechen hörte und die ganze Lässigkeit, die eingespielte, fast »freche« Art, miteinander umzugehen, bei Opposition und Regierungsparteien erlebte.

Noch in der Erinnerung spüre ich die freundliche und keineswegs distanzierte Kühle, mit der ich in wenigen Wochen in London herumgeführt und von Familie zu Familie gereicht wurde. Kein politisches Wort über Deutschland und die »Zustände«, zu denen ich mich auch schwerlich hätte äußern können. Und doch, sehr dezidiert, das Bestreben, mir zu zeigen, wie es in einem gesitteten Staatswesen zugehen kann. Ich habe damals nicht viel mehr als Eindrücke, Bilder gesammelt. Zur Gegenüberstellung der unterschiedlichen politischen Zustände war ich noch nicht reif, nicht erfahren genug.

Nach einigen Wochen in London, prallvoll von neuen, schwer einzuordnenden Eindrücken, fuhr ich zu Sherstons nach Yorkshire. Dort war Mr. Sherston - Captain, V.C. - der »agent«, d. h. der Güterdirektor der riesigen Latifundien des Lord Zetland. In Olliver, Richmond, nicht weit von York, lernte ich das englische Landleben kennen. Captain Sherston holte mich am Bahnhof in Darlington ab, testete auf der Fahrt in einem klapprigen alten Auto kurz meine spärlichen Englischkenntnisse und versank schon während der Fahrt wieder in tiefes Schweigen. Er konnte nicht allzu viel mit mir anfangen, war sehr freundlich, mittelgroß, drahtig, roter Schnurrbart, von morgens bis zum späten Nachmittag Tweed, dann Smoking. Ihn interessierten Pferde und sein Königshaus. Von Deutschland wußte er wenig, wohl aber, daß er den Deutschen in Flandern gegenüber gelegen hatte, prachtvolle Soldaten, zähe Kämpfer. Auch kannte er die deutschen Pferderassen und ihren gestütseigenen »Brand«.

Seine Frau war das Gegenteil, ausufernd gesprächig und in jedem Satz andeutend, daß das Landleben ihr eigentlich nicht passe. Um der Langeweile ihres Daseins zu entgehen, hatte sie sich einen Kreis von Freunden geschaffen, der ihr mit Parties, Abendeinladungen, kirchlichen oder eher parakirchlichen Treffen und Bridge-Gesellschaften keine freie Minute ließ. Auffallend war auch, daß mehrere gesellschaftliche Ereignisse sich um Auktionen herumrankten, die im Hause irgendeines Verarmten stattfanden. Mrs. Sherston stürzte sich sogleich auf mich, machte neue und ihren gesellschaftlichen Status verändernde Pläne. Immerhin war ich ein *count*, und viele Engländer sprachen mich auf meinen berühmten Onkel Adolf Arnim-Muskau an. So war ich für die ehrgeizige Dame ein Mittel, um in neue Bereiche einzutreten.

Jeden Tag wurde ich zum Tee in ein anderes Haus geführt. Nur Damen lernte ich kennen, und, seltsam, alle wollten mit mir Deutsch sprechen. Ihr Deutsch war einwandfrei sächsisch. Vor dem Ersten Weltkrieg waren nämlich die feinen englischen Mädchen nach Dresden und nicht, wie nach dem Krieg, nach München und Süddeutschland geschickt worden. Als besondere Attraktion galt der kontinentale Handkuß, der in England an sich verpönt war, nun aber bei den Tee-Einladungen von mir erbeten wurde.

Wenn mich London zum Nachdenken brachte, so war der Aufenthalt in Yorkshire entspannend, ländlich, unpolitisch. Die Probleme lagen im Gesellschaftlichen. Dabei war die straffe Schichtung immer deutlich und ein Thema langer Gespräche. Sehr viel mehr als bei uns - wir waren ja auch eine Republik geworden - gab schon die Anwesenheit, ja bereits die Ankündigung einer möglichen Anwesenheit etwa herzoglichen Blutes einer Einladung höheren Rang. Mir kam das Landleben, wie ich es in einem kleinen und gewiß nicht repräsentativen Ausschnitt kennenlernte, eher seicht vor. Ich war durch London auf intensivere, weiterführende Gespräche gefaßt und mußte nun bei meinen Fragen erkennen, daß hierfür kein - heute würde man sagen - Problembewußtsein bestand. So vergingen meine Tage in einer Mischung aus Ruhe und Hektik: lange schweigsame Spaziergänge mit dem stumm-liebenswürdigen Captain, Ausritte der ganzen Familie auf einer Art Polopony mit geschorenem Bauch und beneidenswert gutem Lederzeug, häufig auch Autokavalkaden anläßlich der in jenen Monaten veranstalteten Fuchsjagden, bei denen Sherston nur selten mitritt.

Eines Tages stand in der Zeitung, daß deutsche Truppen in der Tschecheslowakei einmarschiert seien und daß Hitler damit wiederum sein Wort gebrochen habe. Nun konnte ich mir die Stimmung im politischen London vorstellen. Ich war um so erstaunter, daß dieses Ereignis in den Kreisen der gehobenen mittelenglischen Landbevölkerung übergangen wurde. Die Tschechoslowakei war weit weg und interessierte nicht.

Das Haus der Sherstons, eingebaut in weiträumige landwirtschaftliche Anlagen, sah aus einiger Entfernung wie ein grauweißer Steinhaufen aus: Steinmauern, Steintreppen, Steinkamine. Unendlich gemütlich schien mir die englische Bauweise mit ihrer oft bizarren Asymmetrie, umgeben von englischem Rasen und prachtvollen alten Bäumen, dichtesten Büschen und Hecken. Mrs. Sherston tat im Haushalt nichts. Die Arbeit wurde von einem verschwiegenen und höchst schrullig-witzigen Schotten besorgt, der beim Captain in Indien Soldatenbursche gewesen war. Auch er war im Ersten Weltkrieg mit deutschen Soldaten zusammengestoßen, und aus seinen spärlichen Berichten über jene Tage in Flandern, die Kämpfe, das Sterben um ihn herum leuchtete eine echte Soldaten- und Kampfesliebe, die die Grenzen zwischen Feind und Freund verschwinden ließ. Daher brachte er auch mir eine gewisse Freundschaft entgegen, wenn er mir kleine »hints« gab: z.B. zu keiner Tageszeit, weder morgens noch abends, dem Captain die Hand zu geben - er mochte das nicht. Beim Reiten korrigierte er meinen brandenburgischen Kürassiersitz, meine andere Zügelhaltung. Dann waren da noch zwei Kinder - Jack und Jill, neun und elf Jahre alt. Ihr schönstes Vergnügen war es, mir »schlimme« Worte beizubringen und das Gesicht ihrer Mutter zu erleben, wenn ich mich damit produzierte. Dabei waren »schlimme« Worte solche des täglichen Umgangs, aber des Umgangs der unteren Schichten, die, obschon in keiner Weise obszön, nicht in den Sherstonschen Salon paßten.

Eines Tages, als ich gerade von einem Ausritt mit dem Captain zurückkam, erreichte mich über die Deutsche Botschaft in London der Gestellungsbefehl zum Reichsarbeitsdienst, wo ich am 1. April einzurücken hatte.

Vom Frieden zum Krieg

Der Abschied von England und von meinen Gastgebern Sherston war ebenso herzlich wie traurig, verhängt von düsteren Zukunftsgedanken. Wenige Wochen vorher waren die deutschen Truppen, mein Bruder als Gefreiter unter ihnen, in die Tschechoslowakei einmarschiert. Die Stimmung gegen Hitler und gegen den in die *appeasement*-Falle gelaufenen Chamberlain wurde immer frostiger. Für jeden Engländer war es eine Gewißheit, daß bald der Krieg ausbrechen würde. Die Friedensbeteuerungen Hitlers wurden nur noch mit Hohn quittiert.

Zu Hause war die Stimmung nicht so düster, und ich hatte eher das Gefühl, auf eine Insel zurückzukehren als von einer zu kommen. Man sprach von dem unblutigen, schnellen Einmarsch in die Tschecheslowakei, von bevorstehenden Verhandlungen über den polnischen Korridor und Danzig, von der Versicherung Hitlers, »keine territorialen Forderungen mehr« zu erheben. Das glaubte man gerne und »traute dem Frieden«, verließ sich auf die einseitigen Informationen durch die gelenkte Presse und die Radiomeldungen.

Viel Zeit zum Erzählen meiner englischen Erlebnisse und Eindrücke blieb nicht. Am 1. April 1939 wurde ich frühmorgens von unserem vor Mitleid ganz zerknirschten Chauffeur Zuchanke etwa dreihundert Meter vor dem Tor des RAD-Lagers Werbellinsee abgesetzt. Ich traf sogleich auf eine Gruppe erregt schwatzender junger Männer, die, vom Bahnhof Joachimsthal kommend, ebenfalls dem Lager, der Gestellung zustrebten. Ich war unauffällig gekleidet, hatte nur ein Köfferchen bei mir, darin außer Wäschestücken auch vieles zum Lesen, dazu das bisher nur wenig benutzte Rasierzeug, Zahnbürste - kurz, was man in den kommenden Jahren in Deutschland den »Kulturbeutel« zu nennen pflegte.

Das Lager Werbellinsee lag in der Nähe von Eberswalde an einem großen, in Kiefernwäldern versteckten See in tiefem, weißem Sand. Forsten, früher kaiserlich, umgaben das Lager. In der Nähe hatte Göring sein Jagdschloß »Karinhall« bauen lassen. Acht tiefgezogene, strohgedeckte Fachwerkbauten umgrenzten rechteckig das Lager. Sie sollten in ihrer massigbäuerlichen Art einen alt-niederdeutschen Stil andeuten. In der Mitte der Appellplatz mit hohem Fahnenmast.

Wir wurden gleich »nach Größe« eingeteilt. Ich war in der ersten, weil längsten Gruppe. Nachdem wir in unsere Räume eingewiesen waren, wurde zum Appell getutet.

»Eingewiesen, durchgeführt, angetreten, abgestellt, eingeteilt, kommandiert« - eine Menge neuer Wörter lernte ich kennen, die von nun an Tagesablauf und Tun zwingend regelten. Viele andere Wörter konnte, sollte man vergessen. Als ich diesen Einbruch ungewohnter Vokabeln immer bedrängender spürte, gedachte ich froh wie Rumpelstilzchen meines persönlichen Gedichtschatzes, den ich seit jenen Tagen langsam, aber stetig wachsen ließ, keinem »durchgeführt, abgestellt« zugänglich.

Jede Beschäftigung mit geistigen Dingen spielte sich bei mir zwischen zwei Polen ab: auf der einen Seite der »Bildungshunger«, der Versuch, die Eindrücke zu systematisieren, in mein geistiges Welt- und Kulturbild einzuordnen; auf der anderen Seite das, was mir Freude machte, das Gefühl, das Empfinden. Die eigene momentane Situation drängt in diese oder jene Richtung. Kurz gesagt: Man hat Zeit oder man ist »gehetzt«. Im vergangenen Jahr hatte ich relativ viel Zeit gehabt. Angeregt durch die Deutschstunden in Neubeuern, nach denen ich mich nun immer mehr zurücksehnte, und meine alberne Indifferenz verfluchend, hatte ich in den letzten Monaten viel »konsumiert«. Carossa war damals mein Lieblingsautor, sein ›Arzt Gion‹ eine Roman-Bilderwelt, in der ich mich weiterträumend versteckte. Ich las eher unsystematisch - wie auch jetzt noch -, wobei mir gerade das Unsystematische Entspannung und Gewinn brachte. Was mich zum Lesen anregt, ist oft nichts als das hingeworfene Wort eines Freundes, eines Menschen, den ich anerkenne, - und schon habe ich das Buch und versacke darin, andere Buch-Berge ungelesen auf dem Nachttisch liegenlassend. Ein Freund empfahl mir damals Weinheber. Ich versenkte mich in ihn; es waren die ersten Gedichte, die ich freiwillig gelernt habe. Ich konnte den ganzen Zyklus ›An die Kunst‹, die vierzehn Sonette nach Michelangelo, auswendig und schwelgte in düster-heroischen Bildern: »Prüfstein des Mannes ist, zu wissen den Tod und leben zu bleiben«. - Während die Gedichte von Weinheber den Zeitgeist, das »Heroische«, das Deutsch-Männliche in ungewöhnlich schöne Wortgebilde brachten, aber eben doch »Geist der Zeit« blieben, war die Beschäftigung mit Rilkes Gedichten reiner Eskapismus. Das wurde mir damals nicht klar - um so interessanter ist es in der Rückschau. Aber vor allem war es Weinheber, der mir mein Innenleben interpretierte. Die Trennung von Dorettchen unter dem Eindruck des drohenden Kriegsausbruchs gab dieser sonst gar nicht aufregenden Freundschaftsgeschichte »innere Größe«. Da kamen die Weinheberschen Strophen gerade recht: »zerrissenes Herz, von Genien und Maren, benutzt als Schlachtfeld, wild und unerhört«. Oder auch, wenn ich voller Pathos über die Situation als Arbeitsmann im abgeschlossenen Lager nachdachte, über den Verlust an Freiheit: »Freiheit erahnt sich erst an Gitterstäben, und erst zerstörtes Herz wird Deine Wohnung.« Doch dieses falsche Pathos, falsch jedenfalls in der Verbindung mit meiner gar nicht ungewöhnlichen Lage, war mir im Inneren bewußt. Abends beim Einschlafen, entrückt der Tageshärte, spielte ich mit diesen hehren Gefühlen und Worten.

Gelesen wurde damals in erster Linie, was verlegt werden durfte, und dies wiederum waren Schriftsteller, die Krieg, heroisches nordisches Leben, Enge des deutschen Lebensraumes und Ostsehnsucht darstellten: Beumelburg, Grimm, Johst, Dwinger; auch heldisch, aber mit einem Hang zum Kavalierhaft-Weltmännischen die Novellen von Binding; mehr von den Stillen im Lande geliebt und doch stark von den Erlebnissen des Ersten Weltkrieges geprägt, Ernst Wiechert. Sein Roman ›Das einfache Leben‹ schien für viele in jener Zeit der Schlüssel zu quälenden Daseinsfragen zu sein. Auch ich las ihn mit Begeisterung; nach dem Krieg blickte ich wieder hinein und war amüsiert über meinen damaligen Enthusiasmus. Die Bilder stimmten nicht, ein esoterisch-hohles Lebensgebilde war da entworfen, das keine Beziehung zur Realität hatte. Symptomatisch freilich, daß das Buch so verehrt und voller Anteilnahme gelesen wurde. Doch diese spätere Kritik gibt ein falsches Bild von meiner Liebe zu Wiechert, und auch heute finde ich noch, daß er in seinen Schilderungen ostpreußischen Land- und Waldlebens, auch der Menschen in Norddeutschland bleibend Schönes geschrieben hat. Seltsam – ich dachte beim Lesen des ›August 1914‹ von Solschenizyn immer wieder an Wiechert. Es war nicht nur dieselbe Gegend, von der sie erzählten: Bei beiden gab es eine alle Schilderungen durchstrahlende menschliche Güte, eine Absage an jegliche Härte, auch in der Beschreibung »böser« Zeitgenossen.

Die Ausbilder des Lagers gaben sich gleich betont streng und ruppig. Wir gehörten wohl sozusagen zu einem »Sonderlager« durch die Nähe von Karinhall, besonders aber durch einige der »Arbeitsmänner«, die gleichzeitig mit mir dort eingezogen waren und eine Art »Vorzeigestatus« genossen. Der Sohn des Außenministers von Ribbentrop, des Potsdamer Polizeipräsidenten Graf Wedel und andere Nachkömmlinge damaliger Größen waren unter den Arbeitsmännern des Jahrgangs 1939. Die Ausbilder mußten deshalb ausdrücklich zeigen, daß ihnen das »Menschenmaterial« nicht imponierte. Wir wurden sogleich belehrt, wen wir wie anzureden hätten, daß es strafbar sei, im Schritt über den Lagerplatz zu gehen – nur Laufschritt war gestattet –, und wann wir aufstehen müßten (fünf Uhr!). Dazu kam manch andere Neuigkeit, die uns unser ziviles Gehabe austreiben sollte.

Aber die Ausbilder waren noch aus einem anderen Grunde unangenehm. Sie litten unter kaum zu verbergenden Minderwertigkeitskomplexen gegenüber den Auszubildenden. Schon ihre Uniform, jenes schmutzige Braun-Grün, und die eigens für den Arbeitsdienst erfundene Schirm-Mütze ließen sie gegenüber den »echten« Soldaten etwas lächerlich erscheinen. Wohl wurde seit der Machtergreifung und dem Jubel über die »Volksgemeinschaft« die Arbeit zu etwas Wunderschönem verklärt. Aber wer wollte sich schon, um junge Menschen das Arbeiten zu lehren, jene absonderliche Uniform und die mit Silber, darüber mit Gold geschmückte Robin-Hood-Mütze anziehen? Das war eine Lebensaufgabe, die vielen bei genauerem Nachdenken doch fragwürdig erschienen sein mag. Im Führerkorps des RAD gab es infolgedessen manche verkrachte Existenz, auch manche Schwärmer, die aus ihren Jugendträumen nicht mehr herausfinden konnten.

Der Arbeitsdienst war an sich keine Erfindung der Nazis. In den Jahren der schwelenden Wirtschaftskrisen um 1930 machten sich verschiedene Parteien, politische Organisationen wie der »Stahlhelm«, aber auch kirchliche Institutionen daran, Arbeitsdienstgruppen aufzustellen, um die Arbeitslosen, vor allem die jungen, von der Straße zu holen. Da wurden Entwässerungen begonnen, Straßenbauten großen Umfangs in Angriff genommen; an den Küsten wurde durch Polder und Deichbau Land gewonnen, Ödland urbar gemacht. Meist herrschte in diesen Lagern vor 1933 ein frischer und sportlicher Ton; das Ziel der Arbeit, das Urbarmachen von Land, stellte eine Aufgabe dar, die zusammenschweißte. Etwas von der alten deutschen Wandervogelromantik spielte hinein, Ideen der bürgerlichen Jugend. Dies alles war jetzt durch die Aufstellung des nationalsozialistischen Reichsarbeitsdienstes gleichgeschaltet, zentralisiert. Alle individuellen Ausprägungen, die früher in solcher Jungmännergesellschaft möglich gewesen waren, wurden abgewürgt. Für die eingezogenen »Arbeitsmänner« war es ohnehin nur eine auf sechs Monate befristete Durchgangsstation zum Wehrdienst.

Eine wichtige Rolle in der Erziehung zum Arbeitsmann spielte das Singen. Viele Stunden waren im Dienstplan angesetzt, in denen befohlenermaßen Lieder auswendig gelernt und gesungen werden mußten: ›Wildgänse rauschen durch die Nacht ...‹, ›Wir sind des Geyers schwarzer Haufen ...‹, ›Siehst Du im Osten das Morgenrot ...‹, ›Nach Ostland geht unser Ritt‹ - ich könnte noch viele aufführen. Seltsam - vom Osten war mehr die Rede als von den anderen, wohl weniger lockenden Himmelsrichtungen. Aber auch der Gesang wurde zum Zwang: Wir durften »in Formation« auch kurze Strecken nicht ohne Lied marschieren. Meist war ich als Flügelmann der Anstimmer, und nach den ersten Schritten im Tritt rief ich laut über die Reihen: »Wildgänse - drei - vier«, und schon grölte es aus allen Kehlen. Mitmarschierende Arbeitsführer beobachteten den stimmlichen Einsatz und nahmen Gelegenheit zur individuellen Maßregelung, wenn falsch oder unbeteiligt gesungen wurde. War der Gesang insgesamt »lahm« oder hatte unser Führer aus irgendeinem anderen Grunde einen Groll, dann konnte der Klang der Männerkehlen durch einige Male: »Fliegerdeckung - hinlegen - aufstehen - hinlegen« verbessert, verschönert, verinnerlicht werden.

Wie beim Militär das Gewehr, so war beim Arbeitsdienst der Spaten das Signum, das Würdezeichen der Tätigkeit und Berufung. Uns wurde daher sofort nach dem Betreten des Lagers und den ersten Formalitäten ein Spaten übergeben, den wir während der ganzen Zeit unseres Lagerlebens zu pflegen hatten. Es waren »Paradespaten«, die man nicht zur Arbeit verwenden durfte. Von altgedienten »Vormännern«, einer Art RAD-Obergefreiten (den IQ kann man sich denken), wurden wir in die Geheimnisse der Spatenpflege eingeweiht, mit Spucke, ein wenig Sidol - genau weiß ich es nicht mehr. Jedenfalls wurde nun die »Spatenpflege« zu einem neuen Daseinsbereich mit Ängsten, Freuden, Beunruhigungen bei den entsprechenden Appellen. Auch wurden wir eingekleidet. Man bekam zweimal Drillichzeug, weißes Leinen, so ausgewaschen, daß man damit heute auf dem Jeans-Markt Höchstpreise erzielen dürfte. Diese Drillichsachen mußten mit eigens ausgeteilter Schmierseife gewaschen werden, dann wurden sie auf den Sandstränden des einsamen Werbellinsees gebleicht. Hatte man es frisch und weiß angezogen, wurde man von den zackigen Ausbildern bald durch den Ruf »Fliegeralarm!« in den nächsten Graben gescheucht, und das Zeug war wieder waschreif. Außerdem erhielten wir Fußlappen, etwa vierzig mal vierzig Zentimeter große Baumwolltücher, die man kunstvoll um den Fuß legen mußte, um damit in die frisch empfangenen, dabei uralten und ausgetretenen Knobelbecher zu schlüpfen. Es war verboten, eigene Strümpfe zu tragen! Wir wurden in eigens dafür angesetzten Dienststunden gedrillt, die Fußlappen richtig anzulegen; dann mußten wir die ersten Marschübungen damit machen. Das ging ganz systematisch vor sich, denn vor unserem Lager war eine Asphaltstraße, auf der wir nun täglich eine etwas längere Strecke entlangmarschierten. Als wir Fußlappen und Museumsknobelbecher zum ersten Mal sahen, meinten wir, niemals auch nur einen Schritt in diesen Marterinstrumenten laufen zu können. Doch bald zeigte sich, daß diese mittelalterliche Fußbekleidung - war man erst einmal eingelaufen - besser und hygienischer war als die später üblichen, scheußlich-grauen Wollsocken.

Alle Habseligkeiten eines Arbeitsmannes wurden im Spind verstaut, das eine ganz bestimmte Ordnung zeigen mußte: die gestellte Wäsche genau ausgerichtet, Fußlappen exakt übereinander gefaltet. Ein kleines, verschließbares Fach für persönliche Dinge, darunter ein mit Blech ausgeschlagenes Fach für die »empfangene Verpflegung« - Kommißbrot, Margarine, Kunsthonig. Dieses Fach stank zum Essenabgewöhnen und war auch nicht durch stundenlanges Scheuern und Wässern von seinem durchdringenden Muff zu befreien. Neben dem Spind die Etagen-Betten mit zu Staub zerrissenem Stroh in den rauhen Säcken, Bettwäsche aus Grobleinen, blauweiß. Dieses Bett war - von früh um fünf bis abends um neun ein Platz der ständigen Sehnsucht für die müden Knochen und das Restchen Geist.

Für die Ordnung in der »Stube« sorgte einer der »Vormänner«, die im Lager »Neandertaler« genannt wurden. Bei der geringsten Unordnung leerte er das ganze Spind auf den geölten Holzboden. Manche unterdrückten Haßgefühle konnten da ausgelebt werden, und es war gut, daß man sich sagte, es sei ja nur eine Durchgangsphase. Beim Militär sei es dann ganz anders, besser. Deshalb richtete man das Spind sozusagen einmal für immer ein und wechselte Wäsche, Fußlappen und Ersatzdrillichzeug so selten wie nur möglich, um die Ordnung nicht zu stören. Das hatte wohl einige negative Aspekte, doch da unser Neandertaler den Geruchssinn zugunsten des Ordnungssinns aufgegeben hatte, spielte sich dies und so manches andere schließlich ein. Das Aufeinanderprallen von verschiedenen Ordnungsbegriffen, vor allem aber die Bekanntschaft mit Menschen, die einen nicht mochten, vielleicht haßten – das waren Erfahrungen, die man freilich nicht nur im RAD machte. Wohl jeder junge Mensch auf der ganzen Welt erlebt dergleichen, wenn er eingezogen wird: militärische Erziehung, »Schule der Nation«, Schliff, Drill – die Grauzone zwischen harter Ausbildung und Schikane. Oft hörte und hört man sagen, daß diese Härte noch keinem geschadet habe. Zu bedenken ist allerdings, daß man nie weiß, welche Schäden im Seelengefüge entstanden sind und nun unverarbeitet weiterwirken. Da hat man leicht einen »blinden Fleck«. Wer denkt schon darüber nach, daß er vielleicht auch anders sein könnte, als er ist?

Um mit diesen kleinen und großen Ungerechtigkeiten und Schikanen unter der Überschrift »Erziehung« fertig zu werden, brauchte man ein neues Denken, eine innere Einstellung, die die lauernde Präsenz der Gemeinheit einschloß. Man hatte es ja immer mit Menschen zu tun, die einem ungehindert Ungerechtes antun konnten. Da war es gut, sich im Verarbeiten der Mißhelligkeiten, aus denen die ersten Wochen des Lagerlebens bestanden, nicht an abstrakte Begriffe wie Gerechtigkeit, menschliche Beziehungen, auch eigene »Würde« zu halten. Man mußte eben den Menschen, den guten oder den bösen, unter seiner schützenden Uniformhülle erkennen. Ich lernte, daß auch der Neandertaler sein Gesicht wahren wollte, daß auch in seinem dumpfen Ich etwas lebte, das nach Anerkennung strebte. So fing ich an, den Vormann entsprechend zu behandeln. Ich bat ihn in einer stillen Stunde um sein Sonderrezept für Spatenpflege, für den überwirklichen Glanz auf seinen Knobelbechern. Hatte ich erst einmal erkannt, in welchen Systemen und Hierarchien sein Denken und Fühlen sich abspielte und auf Echo hoffte, dann konnte ich ein erträglicheres Leben führen. Fast könnte man sagen, daß das Verhältnis sich stabilisierte, sobald einem der Neandertaler etwas mehr leid tat, als er einen ärgerte. Lehrreich waren die langen Vormittagsstunden, in denen wir Werkkunde hatten, wie man den Spaten anfaßt, wie man mit einer Schaufel umgeht. Manche Bewegungen sind mir noch jetzt geläufig.

Einige Wochen vergingen mit der Grundausbildung: wie man seine Vorgesetzten grüßt, wie man singt, marschiert, wacht, schläft, Fußlappen legt und den Führer liebt und ihm folgt. Bald waren wir in der Spatenkunde und im Marschdrill so weit gefestigt, daß wir an unsere Einsatzplätze gefahren werden konnten. Viermal in der Woche wurden wir früh am Morgen mit großen Lastwagen in die Schorfheide geschaukelt, wo an Waldwiesen Entwässerungen oder Aufforstungen zu machen waren. Mein Freund Claus Stülpnagel und ich galten, da wir schon mit der landwirtschaftlichen Lehre begonnen hatten, in Feld, Wald und Flur als fachlich qualifiziert. Daher wurden wir oft zu Sondereinsätzen gebracht. Noch sehe ich eine höhere Sandlehne über einem meliorierten Bach vor mir, die befestigt werden mußte. Das war kein Massenarbeitseinsatz, sondern etwas für Könner. Die Neigung des Sandhügels war so weit abzutragen, daß er nicht zusammenrutschte; eine kleine Brücke mußte berücksichtigt, Faschinen mußten angebracht werden. Ein Arbeitsführer brachte uns beide zu diesem Sondereinsatz. Da das Wiesengelände übersichtlich war, konnten wir es uns, nachdem der Einweiser wieder gegangen war, herrlich bequem machen. Wenn er am Waldrand erschien, genügte es, den Spaten in die Hand zu nehmen und bezüglich der Statik unseres Kunstwerkes ein bedenkliches Gesicht zu machen. Der Vormann kam am Nachmittag und rief uns von weitem zu, zum Sammelplatz zurückzukehren – dann war das Werk meist »fast« getan. Wenn wir uns zum Gehen anschickten, stach einer von uns noch einmal schnell in den Sandberg – alles rutschte wieder zusammen, und so blieb uns unser angenehmer Arbeitsplatz für einige Zeit erhalten.

Dann wurden wir wieder »im Verband« eingeteilt. Die Arbeit im Walde – planieren, Gräben ziehen, pflanzen – war nicht schwer, von häufigen Frühstücks- und Mittagspausen unterbrochen. Man kann sich heute nicht mehr vorstellen, wie wenig mit wievielen Händen damals geschafft wurde. Maschinen wurden nicht eingesetzt, Bagger und Planierraupen oder Maschinen im Forstbetrieb kannte man nicht, jedenfalls nicht in der Schorfheide. Daher erscheint mir, wenn ich mir nur den Einsatz einer einzigen heute gebräuchlichen Planierraupe oder eines Baggers bei unseren damaligen Erdarbeiten vorstelle, unsere Tätigkeit eher als Beschäftigungstherapie. Die Arbeit an der frischen Luft, in der lauten und jungenhaften, unbeschwert-kameradschaftlichen Atmosphäre, immer umgeben von riesigen, sandigen Kiefernwäldern - Kiefern in einer Höhe, wie man sie hier nicht kennt -, dann das Sammeln von Blaubeeren und in den Pausen das Dösen im warmen Schatten unter Wacholdergebüsch - all das ergibt eigentlich ein ruhiges, spannungsfreies Erinnerungsbild. Auch unsere Führer gaben sich milde, denn der Einsatz wurde von Forstbeamten der Schorfheide geleitet. Leider dauerte diese eher gemütliche Phase nicht lange, denn wir waren zu »Höherem« im Lager versammelt.

Im September 1939 wollte Hitler den »Reichsparteitag des Friedens« feiern. Schon seit den ersten Parteitagen gehörte der Aufmarsch des RAD zu den besonderen Schaustellungen in diesem Zirkus. Tausende von braungebrannten jungen Männern mit entblößtem Oberkörper und - siehe oben - blankgewienerten Spaten mußten Exerzierübungen machen. Spatenblitzen in der Sonne: ein Zeichen der durch die vielen halbnackten Leiber physisch gegebenen Macht und jugendlichen Unüberwindlichkeit. Dazu wurden wie in den vorausgegangenen Jahren Arbeitsmänner aus ganz Deutschland nach Körpergröße ausgewählt und in verschiedene Lager verfrachtet. Leider hieß das, daß ich mich von meinem Freund Claus Stülpnagel trennen mußte, denn Werbellinsee war ein Lager für 1.85er, während es Claus nur auf 1.78 m brachte. Nun begann in unserem Lager ein dauerndes Exerzieren; die Forst- und Landarbeit war beendet. Auf der Straße vor unserem Lager war ein Lautsprecher mit Grammophon aufgestellt, und wir mußten mit entblößtem Oberkörper (der sollte ja im September zur Freude des Führers hübsch braun sein) viele Stunden am Tag nach dem Marsch »Denkste denn, denkste denn, du Berliner Pflanze ...« auf der glühenden Asphaltstraße den Parademarsch üben. Doch es klingt schlimmer, als es war. Auch zum Parademarsch gehörte eine gründliche theoretische Vorbereitung, und ich sehe uns noch in unseren weißen

Drillichhosen stundenlang im Schatten liegen, während uns gezeigt wurde, wie man die Stiefelspitze »durchzieht«, wie man den Unterschenkel »schnellen« läßt. Dies wurde erst einzeln, dann in Gruppen geübt, derweil die nicht Marschierenden begutachtend im schattigen Rasen lagen und vor sich hindösten. Doch mit der Sonnenbräune haperte es bei mir. Ich wurde bei abgestuftem Sonnenbaden nicht braun, sondern nur rot. Immerhin aber gab es auch für mich ein lohnendes Ziel: Ich sollte - bekleidet - als »Fahnenbegleiter« in das Nürnberger Stadion einziehen. So verbrachten wir den Sommer in der Erwartung des Parteitages des Friedens.

Das ganze Lager und seine Besatzung, von der Führerschaft bis zum Arbeitsmann, war allein auf dieses Ziel gerichtet. Es war ein besonders heißer Sommer mit vielen Gewittern. In der täglichen Mühle, von morgens um fünf bis abends um halb sieben kam man kaum zum Denken, und der geistige Horizont schrumpfte ohnehin in Richtung Neandertaler. Genug zu essen zu bekommen, nicht aufzufallen, beim Empfang von Kleidung und Verpflegung den richtigen »Griff« zu tun, sich an Posten setzen zu lassen, an denen man eine ruhige Kugel schieben konnte, das waren die Ziele und die Inhalte, um die sich alles drehte.

Und doch kam im Hochsommer so etwas wie Unruhe auf, als ob nicht alles liefe wie geplant. Es mehrten sich die Wechsel in unserer Lagerführung, auch bestimmte Inspektionen, die mit dem Friedensparteitag des Führers eigentlich nichts zu tun zu haben schienen. Von den Arbeitsmännern, die in den Depots eingesetzt waren, hörten wir, daß große Mengen von Winterbekleidung und Stiefeln gelagert wurden, daß neue Geräte zur Erdarbeit gekommen waren, daß das Lager verlegt werden sollte: Gerüchte, Gerüchte. Zeitungen gab es nicht. Morgens beim Appell wurden die Nachrichten verlesen. Da standen wir dann alle im Karree um den Fahnenmast, an dem die Flagge gehißt wurde. Fünf Uhr dreißig, unmittelbar vor dem Frühstück. Zuvor wurde noch eine Tageslosung ausgegeben, die ein Arbeitsmann in die dunstige Morgenluft schmettern mußte. Als die Reihe an mich gekommen war, wählte ich - weil kurz und gut zu merken: »Gelobt sei, was hart macht.«

Bei einer dieser Nachrichtenverlesungen, es war im August, wurde plötzlich und ohne vorherige Erklärungen gesagt, daß Ribbentrop in Moskau mit Stalin einen Nichtangriffspakt unterzeichnet habe. Es ist heute kaum noch zu ermessen, was diese Nachricht für uns bedeutet hat. Rußland und Stalin waren ja tabu, man hörte und sprach nicht davon - Berührungsangst. Und nun auf einmal ein Nichtangriffspakt. Bald wurden uns in den täglichen Berichten die Vorzüge des russischen Volkes und seiner Führung geschildert: zwar Bolschewiken, aber doch ein kraftvolles, selbstsicheres Volk, nicht zu vergleichen mit den lächerlichen westlichen Demokraten, die ohnehin dem Untergang geweiht seien. Unserem Friedensführer ginge es darum, den Frieden weiter zu erhalten, die unangenehmen und zusehends bösartiger werdenden Grenzstreitigkeiten mit den Polen wegen Danzig und des »Korridors« endlich zu beenden - nur noch dies eine Ziel. Man weiß, wie es weiterging und wie es endete: Am 1. September, dem geplanten Beginn unseres Reichsparteitages des Friedens, ließ Hitler die polnische Grenze überschreiten; achtzehn Tage später war Polen geschlagen. Von der anderen Seite, von Osten, kamen die Russen und nahmen sich auch ein Stück von Polen. Mein Bruder, Unteroffizier in der Dritten Panzerdivision, traf mit den Russen in Bialystok zusammen, große Verbrüderung, Wodkagelage, gegenseitiges Beäugen. Während vorher die Polen, vor allem die polnischen Juden, vor den deutschen Truppen geflohen waren, strömten die Geflohenen nun wieder vor den angeblich noch fürchterlicheren Russen zurück in die Fänge der Deutschen.

Doch von alldem merkten wir anfangs noch wenig. Der Nachrichtenfluß wurde immer spärlicher, dafür gab es nun weitergehende Gerüchte, auch »Latrinen« genannt. Eines Tages wurden wir ganz neu eingekleidet, die Glanzspaten wurden abgegeben. Wir empfingen Marschverpflegung, eiserne Rationen, dicke Mäntel. Dann wurden wir in Güterwagen verladen und in nächtlichen Fahrten - meist auf Nebengeleisen - an die polnische Grenze bei Schneidemühl gebracht. Dort wieder einige Tage des untätigen Herumliegens neben Eisenbahnwagen, des Aufnehmens und Weitergebens dunkler Gerüchte. Dann wieder weiter. Nach einigen Aufenthalten kamen wir schließlich in Bromberg an, einer Stadt im Korridor, in der harte Straßenkämpfe zwischen Polen und Deutschen stattgefunden hatten. Mengen von Leichen lagen in den Straßen herum. Sie waren aber nicht durch die Kämpfe der Truppen ums Leben gekommen, sondern Polen wurden durch Volksdeutsche, Volksdeutsche durch Polen umgebracht, standrechtlich erschossen, für das Vaterland – irgendeines – getötet. Da lagen sie nun gekrümmt und verstümmelt in den sommerheißen Straßen. Wir waren braungebrannt und gut geschult, mit dem Spaten umzugehen und Straßen und Wege für die kommenden Jahre freizuschaufeln. Der Krieg begann für mich mit dem Begraben von Toten, Deutschen und Polen, in der dürren Heide von Bromberg.

Bromberg, nur noch eine Erinnerung, ein Schatten. Septemberglut über zerstörten Häusern und unter zerborstenen Brücken, eine gestorbene Stadt, in der wir Aufräumungsarbeiten verrichten mußten, aufräumen nach dem Sieg über Polen. Straßen wurden wieder gangbar gemacht, Schienenstränge wieder hergerichtet. Das Grauen, das uns alle in dieser vom Krieg verwüsteten Stadt, angesichts dieser Leichen ohne Namen, ohne »ehrliches« Begräbnis berührte, konnte nur gebändigt werden durch die straffe und geordnete Welt in unserer Arbeitsdienstkaserne, durch den gewohnten Trott. Wir ahnten, was möglich sein würde, ahnten auch, daß dies nur der Anfang sein konnte.

Der Sommer 1939 brachte den Übergang vom Frieden zum Krieg, für mich den Übergang vom Zivilisten, vom Abiturienten, zum Soldaten, zum Werkzeug des »Führers«. Was sprach, was dachte man, wie stellte man sich innerlich auf das Drohend-Kommende ein? Schon bei meinen Auslassungen über die Neandertaler und den Umgang mit ihnen habe ich angedeutet, daß man sich auf einem gewissen Niveau einpendelte. Das Leben war körperlich ungewohnt anstrengend, die Ernährung ungewohnt einfach – ein »Fraß« –, die Kleidung, die menschliche Umgebung, der Tagesablauf, alles ganz anders als bisher. Man war aus seinem bisherigen Leben herausgenommen, machte neue menschliche Erfahrungen, mußte sich in neuen Lagen bewähren, kurz, man war vollauf beschäftigt und dachte eigentlich wenig über das hinaus, was von Moment zu Moment notwendig war.

Aber auch etwas anderes muß ich bei aller Unbill, die einen als Arbeitsmann, als Soldat traf, ausdrücklich betonen: Es gab nur wenige Tage und Stunden, in denen ich mich nicht im menschlichen Ambiente, in der Kameradschaft, und zwar gerade in den untersten Rängen, wohl und geborgen gefühlt habe. Die gemeinsame Angst fügt zusammen. Da schwingt schwer Erklärbares mit, hohe Werte für den, der sie selbst erlebt hat: Kameradschaft, Männer unter sich, Freundschaft und Zuneigung, alles entstanden und erprobt in lebensbedrohender Gefahr. Das sind Begriffe, die durch das Grauen und die Unmenschlichkeit, die der letzte Krieg gebracht hat, an Bedeutung verloren haben.

Bei der analysierenden Rückschau, bei der Frage: Was dachte ich?, sind vor allem zwei Problemkreise zu betrachten. Einmal: Wie stellte ich mich psycho-physisch auf die Lage ein? Und dann, ganz lapidar: Wie reagierte mein Gewissen, reagierte es überhaupt? Fragen, die nicht nur mich, sondern meine ganze Generation betreffen.

Das Leben in Sperrenwalde, die dortige hierarchische Denk- und Lebensordnung, die Ausstrahlungen des Christentums in jeden Lebensbereich und schließlich auch der äußere Aufwand des feudalen Landlebens standen in einem so unüberbrückbaren Gegensatz zum Dasein im Lager, daß gewisse Denkinhalte, vorgegebene Verhaltens- und Anschauungsweisen, ja auch Sprache, »Jargon«, in ein Schubfach gelegt und nicht mehr benötigt wurden. Im Lager galt es, einfache Tages- oder Stundenziele zu verfolgen. Man durfte nicht auffallen, man mußte auf die häufigen Appelle vorbereitet sein. Dazu bedurfte es wiederum der Beratung mit Kameraden, die - einem anderen Lebenskreis zugehörig - durch Gespräche, Gewohnheiten, Berichte auch für mich neue Werte setzten. Ich bemühte mich, nicht alles durch das Raster des Sperrenwalder Lebens zu sehen, sondern in seiner eigenen Gegebenheit zu erkennen. Und zwar nicht, weil es mich intellektuell interessierte oder weil ich glaubte, daß es mich »fördern« würde, sondern weil es der einfachste Weg war, dieses Leben zu bewältigen. Gab es Schwierigkeiten mit Vorgesetzten, mit Kameraden, dann ging ich auf Tauchstation, verschloß mich. Ich weiß noch, wie mir in solchen Situationen, sei es beim Strafexerzieren, sei es bei irgendwelchen normalen Ärgernissen, die man sich in einem solchen »Haufen« einhandeln konnte, wie von selbst Gedichte kamen, die ich mir im stillen aufsagte, Gedichte, die in keinem Zusammenhang mit meiner Lage standen. Dies Einkapseln hatte ich ja schon geübt. Seltsamerweise brauchte ich es in Neubeuern ungleich öfter und länger denn als Soldat, als Arbeitsmann. Nach außen gab ich mich hart, routiniert, als »alter Hase«.

Das andere, die Frage nach dem Gewissen, ist schwieriger. Hier muß ich vorausschicken, daß der heutzutage gewohnte, mir sogar in der amerikanischen Gefangenschaft geläufige Informationsfluß nicht existierte. »Führer befiehl, wir folgen«: Sprüche wie dieser umreißen die allgemeine Haltung. Praktisch besagte das: Ich brauche nur einen Befehl - alles andere regelt die Führung. Darum sprach man nicht über große oder kleine Politik. Man sprach über Frauen. Über bisherige Erlebnisse und über die das Lagerleben erfüllenden Gerüchte und Nachrichten: Was es morgen zu essen geben werde, was für neue Befehle vom »Gau« gekommen seien, welche Einsätze uns bevorständenen. Als in uns jungen Männern, von denen die meisten noch keine Toten gesehen hatten, das Grauen bei den Aufräumungsarbeiten in Bromberg aufstieg, da redeten wir bewußt banales Zeug. Ich erinnere mich noch ganz genau daran. Ein Warum beim Anblick dieser Toten wurde nicht erörtert.

Für jedes Erleben, jedes Tun, jedes Anschauen hat man - sozusagen als Emotionsdepot - ein Arsenal wertender Grundbegriffe: gut oder böse, gefährlich oder »machbar«, anständig oder anrüchig. Hier reguliert das Gewissen seismographisch die Gefühle, die innere Einstellung. In jenen Jahren erkannte ich bald, daß ich beim Nachdenken über Erlebtes oder Gehörtes in gefährliche Zonen geriet, »gefährlich« vor allem durch das eigene wertende Gewissen. Ich begann zu ahnen, daß auf ein größeres und genaueres Wissen Ablehnung und schließlich Handeln folgen müßten, was unweigerlich in lebensbedrohliche Gefährdung geführt hätte. So erklärt es sich, daß man lieber ungefährdet dumm blieb, daß man »verdrängte«. Man sah Stacheldrahtzäune und Lager, sah Gefangenentransporte, menschengefüllte, überfüllte Waggons. Und man sah sie auch nicht, man verdrängte, man vergaß Bilder, die einen schreckten.

Im Oktober wurden die meisten von uns aus den Bromberger Arbeitsdienstkasernen zu einem Transportzug zusammengestellt und in erbeuteten polnischen Eisenbahnwagen in endloser Fahrt mit vielen Stops auf freier Strecke ins »Reich« zurückgeschaukelt.

Tagelange Aufenthalte in den Kasernen von Landsberg an der Warthe, in Küstrin, Aufstellen von langen Listen, Verteilen der einzelnen Arbeitsmänner auf verschiedene Truppengattungen - Heer, Luftwaffe, Marine. Endloses Anstellen vor Schreibstuben. An den Abenden bevölkerten wir, »kriegserfahren« und von der Heimat bestaunt, zu unendlichen Lagen eingeladen, die kasernennahen Wirtshäuser. Eines Tages fand ich mich wieder als Rekrut im Panzerregiment Fünf der Dritten Panzerdivision in Neuruppin.

Dort hatte man seitens der Vorgesetzten den Eindruck, daß die jungen Arbeitsmänner ein verlotterter Haufen seien. Wir wurden gleich vom ersten Tage an entsetzlich geschliffen und schikaniert; dagegen war das Leben im Arbeitslager Werbellinsee pennälerhaft gemütlich gewesen. Vor allem hatte es ein Unterfeldwebel mit dem passenden Namen Wildnis auf mich abgesehen, dessen Abneigung sich noch dadurch verstärkt hatte, daß ich mich gleich am Anfang gemeldet hatte, um in das Regiment meines Bruders nach Eberswalde versetzt zu werden. Sein Schliff bestand darin, uns stundenlang im Gelände mit der Gasmaske üben zu lassen. Das Tragen der Gasmaske hat für mich etwas Urwelthaft-Grauenvolles durch den Luftmangel, das Eingeschlossen-Sein in dem gefensterten, gummistinkenden Zwangsapparat. Wildnis merkte das und nahm mich daraufhin extra vor. Man konnte nämlich, um das Atmen zu erleichtern, den Kolben mit dem Gasfilter etwas lockerer schrauben. Das freilich war streng verboten. Da ich mir diese Erleichterung in meiner schwitzenden Erstickungsangst gelegentlich gewährte, quälte mich der sadistische Schleifer durch besonders genaue Überprüfungen der Gasmaskenvorschrift. Ich habe keinen zweiten dermaßen angsterfüllten Zeitraum erlebt wie diese Neuruppiner Exerzierstunden, die - abgewandelt - noch heute manchmal in meinen Träumen erscheinen. An das Neuruppin Fontanes und des Alten Fritz habe ich nur finstere Erinnerungen.

Da ich mich noch in der Grundausbildung befand, bekam ich mit meinen Kameraden keinen Urlaub, keinen Ausgang. Deshalb kenne ich Neuruppin nur in seinen düsteren Kasernen, seinen harten, kiefernumstandenen Exerzierplätzen, ein Ort, der lediglich einen einzigen Gedanken in mir aufkommen ließ: »Fort von hier«. Lange dauerte es nicht, bis der Wunsch in Erfüllung ging. Ende November 1939 wurde ich endlich vom Eberswalder Schützenregiment angefordert und »in Marsch gesetzt«.

In jenem langen, kalten und ungewöhnlich schneereichen Winter 1939/40 waren so viele Reservisten und Rekruten eingezogen worden, daß die Kasernen nicht mehr ausreichten und die Ausbildungsbataillone aufs Land verlegt wurden. Ich kam zu einer Ausbildungstruppe, die in einem verschlafenen Dorf zwischen Eberswalde und Strausberg zwei große Gasthäuser mit ihren Festsälen beschlagnahmt hatte. In den Sälen hingen noch die verstaubten Papierdekorationen des letzten Feuerwehr- oder Erntefestes. Auf dem Holzboden waren Strohschütten als Schlafstellen ausgelegt. Dem Schikanedruck des Neuruppiner Unterfeldwebels entronnen, fühlte ich mich in dieser ungewöhnlichen Umgebung sofort wohl. Durch die Verlegung aufs Land war eine gewisse Unordnung, ein landsknechthafter, freierer Ton entstanden. Alle, Vorgesetzte wie Rekruten, mußten mit den ungewohnten Schwierigkeiten der Unterkunft, der Unterrichtsräume, der Verpflegungsausgabe fertig werden. Da sich unser Leben in den staubig-gemütlichen ländlichen Festsälen abspielte, in denen noch der schale Bierduft hing, bekamen die langen Abende auf improvisierte Weise etwas Dörflich-Festliches, wenn wir, um rotglühende Kanonenöfen geschart, zusammenhockten. Natürlich gab es in diesen Etablissements auch immer ein altes, verstimmtes Klavier, mit dem die Stimmung angeheizt werden konnte. Die staunende Dorfbevölkerung, animiert durch das ungewohnte Leben, wirkte als lebendige Kulisse vielfältig mit.

Unsere Grundausbildung - »Grüßen von Vorgesetzten, Verhalten außerhalb der Kaserne« - war vor Weihnachten abgeschlossen, und wir durften alle auf Urlaub fahren. Mein Bruder hatte in der Zwischenzeit einen Offizierslehrgang mitgemacht, seine Beförderung zum Leutnant stand bevor. Er war zum letzten Mal zu Hause - sein Regiment lag schon an der belgischen Grenze.

In der Silvesternacht 1939/40, alle anderen hatten sich schon zurückgezogen, saßen wir in der Bibliothek am brennenden Kamin noch lange zusammen. Wernfried sprach von den Gütern, von unserer Mutter und ihrer geringen Belastbarkeit, von Gerta und Jobst Chamier, die Anfang November geheiratet hatten, von den Jagden. Alles, was er sagte, hatte einen Ton des Abschiednehmens, wie einer, der sein Haus bestellt, dabei gewiß nicht schwer oder pathetisch, eher mit Witzen und albernen Bemerkungen vermengt, so daß man denken konnte, hier werde die Übergabe der Verantwortung für die ganze Umwelt »Sperrenwalde« nicht besprochen, sondern persifliert. Es war die Zeit des Wartens. Der Polenfeldzug, der Feldzug der achtzehn Tage, war vorbei. Hitler hatte in mehreren Reden den Westmächten »Frieden« vorgeschlagen. Aber sie trauten ihm nicht mehr nach der Besetzung des Rheinlandes, der Einnahme Österreichs, des Sudetenlandes, der Tschechoslowakei und des Memellandes. Man fühlte, daß die Ruhe trügerisch war und daß noch manches bevorstand. Eines Morgens: Im Radio die Nationalhymne, Sondermeldungen, Fanfarengetöse - am 10. Mai Einmarsch in Frankreich, Belgien, Holland.

Wenige Tage später hatte ich mich wegen irgendeiner dienstlichen Angelegenheit auf der Bataillonsschreibstube zu melden. Ich trat ein, Hacken zusammen: »Schütze von Arnim...« Zwei Offiziere standen im Raum, betrachteten mich, schauten wieder weg und fragten dann, so daß ich es gerade hören konnte: »Ist das der Bruder von dem Arnim, der gefallen ist?« So war es. Am 15. Mai ist mein Bruder an der Dylestellung südlich von Brüssel gefallen, drei Wochen nachdem er zum Offizier befördert worden war.

Am Anfang des Krieges war das Sterben noch eine Besonderheit. Es wurden Anzeigen verschickt, Trauergottesdienste abgehalten. In Sperrenwalde angekommen, hatte unsere Mucki schon meine Mutter mit der furchtbaren Nachricht vertraut gemacht. Ich fand in Wernfrieds Schreibtisch Briefe an meine Mutter und an mich. Er hatte mir auf vielen Bögen seine Meinungen und Ratschläge für die kommenden Zeiten dargelegt, am Schluß noch, als Nachsatz: »Nimm's nicht so schwer, es ist alles bloß halb so schlimm.«

Durch den Soldatentod meines Bruders war ich nun der einzige präsumptive Besitzer und gelangte in die Stellung des »letzten Sohnes«. Ich durfte nicht an der Front eingesetzt werden, mußte in der Eberswalder Kaserne bleiben, während meine Jahrgangskameraden in raschem Wechsel in die Feldtruppenteile versetzt wurden. Ich war »Rekrutenausbilder«. »Des Dienstes ewig gleich gestellte Uhr« war von bedrückender geistiger Verödung: Jeden Morgen mit »frischem Lied« durch die Straßen Eberswaldes auf die Exerzierplätze, Grundausbildung am Gewehr, Geländedienst und Platzpatronenschießen bis zu den höheren Aufgaben des Truppendienstes, die auf den Übungsplätzen bei Hohenfinow »gefechtsmäßig« abliefen.

»Des Dienstes ewig gleichgestellte Uhr...«: Dankwart von Arnim als »Rekrutenausbilder« in Eberswalde 1940.

In diesem Jahr lernte ich, wie wertvoll, wie segensreich es ist, einen kenntnisreichen und verständigen Buchhändler zu kennen. In Eberswalde gab es die bekannte Buchhandlung Langewiesche, die mit dem gleichnamigen Verlag zusammenhing. Der Inhaber war ein würdiger alter Herr mit einem langen weißen Bart. Er wird sich über die häufigen Besuche und Buchkäufe des jungen Soldaten – damals war ich »Oberschütze« – gewundert haben. Eines Tages schob er die junge Verkäuferin, die mich beraten wollte, zur Seite und fragte nach meinen Wünschen. Es ergab sich ein langes Gespräch, in dem er wohl meinen Lesedrang gespürt, zugleich aber das Ungeordnete und Unsystematische empfunden haben muß, das mich trieb. Er horchte mich über meine bisherigen Lesefrüchte aus, fragte dies, fragte das. Der erste Einkauf beim alten Herrn Langewiesche waren die Schriften von Ernst Jünger, nicht die Weltkriegsberichte, sondern ›Das abenteuerliche Herz‹ und, ganz druckfrisch, ›Gärten und Straßen‹, sein Tagebuch aus dem Frankreichfeldzug. Bald war ich im Langewiesche-Laden ganz zu Hause. Bücher, besonders die lesenswerten, wurden damals immer knapper, hatten nur noch kleine Auflagen. Darum stellte Herr Langewiesche alle paar Wochen eine Büchersendung zur Ansicht zusammen und sandte sie mir in die Kaserne oder später, bis zum Ende des Krieges, nach Sperrenwalde.

Auf diese Weise kam ich zu einem von dem klugen Langewiesche gesichteten Lesestoff und gleichzeitig zu einer relativ vollständigen Sammlung damaliger Belletristik. Es waren freilich spärliche Jahre. Ich entsinne mich mancher Erstausgabe, so von Stefan Andres ›Der Mann von Asteri‹ oder ›Wir sind Utopia‹, daneben die damals greifbaren Schriften von Friedrich Georg Jünger, Emil Strauss, Kurt Kluge und natürlich – besorgt mit nicht geringen Schwierigkeiten – Rilke. Außerdem die wenigen noch »freien« Schriften von Hugo von Hofmannsthal. Nie waren unter den Ansichtssendungen oder den Büchern, die er mir im Laden verkaufte, jene, die in den Schaufenstern lagen, liegen mußten.

So vergingen der Sommer, der Herbst und Winter 1940; es kam 1941. Der ewige Garnisondienst wurde immer abstumpfender, geisttötender. Zum einen waren natürlich die Ausbilder und Vorgesetzten, die zu Hause blieben, nicht von der ersten Garnitur. Zum anderen kamen immer wieder neue Rekruten, die zu Panzergrenadieren geschult werden mußten, und so nett der »Haufen« auch war, ich mußte ihn nach abgeschlossener Ausbildung wieder verlassen, um die nächsten in Empfang zu nehmen. Mittlerweile hatte ich es zum »Ausbildungsgefreiten« gebracht.

Zu Hause, auf Urlaub, gefiel es mir auch nicht. Das ganze Haus war voller Gäste, meist Damen älterer Jahrgänge, die sich weniger um meine Mutter als um die ländlichen Fettöpfe scharten. Ich fühlte mich nicht wohl, und eine seltsame Unrast kam in mir auf. Einundzwanzig Jahre alt, hatte ich das dumpfe Empfinden, irgendwo etwas zu verpassen, zu kurz zu kommen. Nach dem »Blitzsieg« über Frankreich war wieder eine Phase des Abwartens eingetreten. Aber man fühlte, wie sich die Fronten weiter verhärteten. Die großen Pläne Hitlers, England durch eine Invasion zu besiegen, waren gescheitert; der Luft- und Seekrieg hatte England nicht zur Aufgabe gebracht. Trotz der relativen Ruhe, in der man lebte, spürte man, daß es erst richtig losgehen werde.

Das Leben in der Garnison und die Aussicht, kommende Ereignisse nur am Radio mithören zu können, dazu vielleicht auch ein verqueres, preußisches Pflichtgefühl und das Bild, das ich mir von mir selber machte, brachten mich dazu, mich

Dankwart von Arnim am 23. Mai 1941, aufgenommen von Gaby Schenke, seiner späteren Frau.

zu einem anderen Truppenteil zu melden, der auf meine Eigenschaft als »letzter Sohn« keine Rücksicht nehmen würde. Auf Umwegen und mit Hilfe unseres Freundes von Plato, der im Stab der Ersten Panzerdivison war, sollte ich im Juni 1941 nach Ostpreußen in Marsch gesetzt werden.

Am Morgen darauf, am 24. Mai 1941, fährt man gemeinsam auf die Jagd. Dankwart von Arnim auf dem Jagdwagen.

Nachdem alles eingefädelt war, meinte man zu Hause, daß noch ein schönes Photo von mir gemacht werden solle. Schon seit dem Ersten Weltkrieg war unsere Familie mit den Damen des Photoateliers Frensdorf-Hoeland befreundet, die meinen Vater, unsere ganze Familie mehrfach photographisch bearbeitet hatten. Meine Mutter bat also eine der Damen telefonisch, zu Aufnahmen nach Sperrenwalde zu kommen. Aus irgendeinem Grunde waren sie dazu nicht in der Lage und sandten eine junge Mitarbeiterin, die bei ihnen lernte, Fräulein Gaby Schenke. Sie kam eines Tages im Mai 1941 gleichzeitig mit unserer Tante Cara an. Im offenen Wagen wurden beide Damen am Prenzlauer Bahnhof von meiner Mutter abgeholt und nach Sperrenwalde gebracht, mit Mucki als weiterer

Begleitung. Fräulein Schenke war beladen mit Apparaten, vor allem Lampen und Schnüren für die Beleuchtung. Zu Hause angekommen, wurde sogleich zu Mittag gegessen. Meine Mutter war besorgt um das leibliche Wohl der sicher halb verhungerten Photographin aus Berlin und entschuldigte sich vor dem Essen bei ihr, daß es leider heute nur »Spargel satt« gäbe.

Bald nach dem Essen begann das Photographieren, nachdem zuvor die vielen Lampen aufgebaut worden waren und Fräulein Schenke minutiös verschiedene Plätze im Haus nach Beleuchtung, Hintergrund und Wirkung geprüft hatte. Sofort gab es einen massiven Kurzschluß, der erst nach längerer Bastelei repariert werden konnte. Doch da war die Zeit zum Photographieren schon fast zu Ende, denn ich mußte abends pirschen. Es wurde vereinbart, daß Fräulein Schenke die Nacht über bleiben sollte. Sie bekam ein Nachthemd von Gerta und das Gästezimmer Menahouse. Da ich am folgenden Morgen wieder auf die Pirsch fuhr, kam sie einfach mit, geweckt zu einer für sie ganz ungewohnten, nachtschlafenden Zeit - halb zwei Uhr. Ich schoß an diesem Morgen an einem Bock vorbei, pflückte Blumen auf der Wiese, wurde unausgesetzt photographiert vor der Allee in Gollmitz, vor der Haustüre in Sperrenwalde, mit Gewehr, ohne Gewehr. Und als am Vormittag Fräulein Schenke wieder nach Berlin zurückfahren mußte, da war irgend etwas in meinem Leben verändert, noch nicht direkt merkbar, doch in den Krypten des Denkens und Fühlens wirksam.

Das waren die letzten Wochen vor meinem Kommando nach Ostpreußen. Ich hatte Urlaub in Sperrenwalde. Seltsamerweise hatte ich aber sehr häufig in Berlin zu tun und traf Fräulein Schenke viele Male; auch kam sie, eingeladen von meiner Mutter, die sie vom ersten Moment an gerne mochte, zu Pfingsten einige Tage zu uns.

Dann kam der Marschbefehl. Ich verließ Eberswalde mit Soldatengepäck, Stahlhelm und Gasmaske. Gaby Schenke brachte mich nachts an den Frontzug im Bahnhof Charlottenburg. Ich sehe sie noch stehen, als ich, recht martialisch mit dem ganzen Gehänge, durch die Absperrungen der Feldpolizei ging, arges Gedränge, barsche Töne, rauhe Luft. Sie drehte sich dann noch einmal um - ich auch.

Die Nacht verbrachte ich im überfüllten Soldatenzug stehend auf dem Gang, aus dem Fenster blickend, wie da die nächtlich helle Landschaft an mir vorbeibrauste. Dann der

Gaby Schenke 1941.

ganz frühe Morgen - Felder und Wiesen in der Mark, später Pommern, Westpreußen, Gegenden wie Sperrenwalde, noch still im Morgennebel, Rehe, Hasen, das langsam beginnende Leben in den Dörfern und Weilern, die wir durchfuhren. Und dann Gedanken an Sperrenwalde, an das Neue - Gaby - und eine fast festliche Stimmung. Im Untergrund aber auch unüberhörbar Angst: Was wird?

Endlich langte ich nahe Sensburg bei meiner neuen Einheit an. Kurze Meldung bei Hauptmann Plato, der jetzt Angst vor der eigenen Courage bekam, daß er mich als letzten Sohn hierher geholt hatte. Ich wurde in das Panzergrenadierregiment 113 gesteckt und kam in die Stabskompanie mit dem Infanteriegeschützzug.

Die Erste Panzerdivision hielt sich, wie auch die Dritte, für etwas ganz Besonderes. Sie stammte aus Weimar. Die Kameraden sprachen anfangs ein für mich ganz unverständliches Kauderwelsch aus den Gegenden zwischen Weimar und Hof. Während ich mich in dem Kameradenkreis des Eberswalder Regiments, das fast nur aus Berlinern bestand, sehr wohlgefühlt hatte, kam ich mit den Thüringern nicht zurecht. Schnell ging ich wieder auf Tauchstation, holte meine Gedichte heraus, erhellt durch inneren Gaby-Glanz.

Doch zum Sinnen blieb nur wenig Zeit. Einige Tage nach meiner Ankunft wieder Abmarsch. Nachts. Gegen den dämmernden Morgen durchfuhren wir ein aus niedrigen, ärmlichen Katen bestehendes Bauerndorf. Ich dusselte vor mich hin in dem einlullenden, mahlenden Getöse unseres gummibereiften Schützenpanzers. Plötzlich schrilles Schreien, quietschende Bremsen, kurzer Halt - aber gleich wieder weiter auf unser Ziel hin. Was war geschehen? Ein kleines, noch schlaftrunkenes Kind hatte die Soldaten gehört und war über die Straße gelaufen, hinein in die gnadenlosen Panzerketten eines unserer Fahrzeuge. Heulende, gestikulierende Eltern, die das zermalmte Kind aus dem Straßenstaub aufheben, erschütternde, betroffene Gesichter; dann Geschrei und Befehlsrufe, die Fahrt fortzusetzen; ein Nachkommando solle sich des Unfalls annehmen; wir, auch das Unfallfahrzeug, müßten weiter, weiter nach Osten. Das war noch Ostpreußen, kurz vor Memel. Aber der grauenvolle Unfall und die barsche Erledigung gaben mir das Gefühl, eigentlich nicht mehr auf deutschem Boden, sondern in Feindesland zu sein; Kälte, rücksichtslose Härte hatten uns angeweht. Am nächsten Tag langten wir, wegen der gepanzerten Fahrzeuge nur langsam vorankommend, in Memel an, das wir in den frühen Morgenstunden durchfuhren.

Unsere Divison machte Rast mitten in einem reifen Roggenfeld. Es war der 20. Juni. Wieder wehte mich diese Härte an: In ein reifendes Feld hineinzugehen, gar mit allen Fahrzeugen sich Platz zu machen, das war für mich als Kind vom Lande eine Sünde.

Den ganzen fröhlichen Sommertag nun untätiges Herumsitzen auf oder neben den gepanzerten Fahrzeugen, im hohen Roggenfeld. Gespräche, Gerüchte, wo geht es hin? Noch waren wir alle so überzeugt von der Haltbarkeit des zwischen Hitler und Stalin geschlossenen Nichtangriffspaktes, daß wir nicht an einen Angriff auf Rußland dachten. Wirre Gerüchte schwirrten durch die Luft: Marsch durch Litauen, Lettland und Estland, um in Schweden einzumarschieren. Andere sprachen von noch weiteren Zielen im nahen Osten. So sehr ich mich auch bemühe, mich an mein damaliges Denken und Erfassen der aktuellen Wirklichkeit zu erinnern: An Rußland dachten wir nicht, von Rußland sprachen wir nicht. Verdrängten wir es vielleicht? War unsere Angst vor dem Zwei-Frontenkrieg so mächtig, daß man im Unterbewußtsein als kleiner Soldat dachte: Das kann Hitler doch nicht wagen?

Am folgenden Abend - wir waren einige Kilometer weiter in die Nähe des Grenzdorfes Utschkulmen verlegt worden - wurde uns kompanieweise der Führerbefehl verlesen, daß zur Sicherung unserer Grenzen und zur Abwehr eines drohenden bolschewistischen Angriffs auf Deutschland nachts um drei Uhr auf der gesamten Grenzlinie der Russe angegriffen werde. Nun wußten wir es. Der Krieg gegen Rußland hatte begonnen.

In Decken und Zeltplanen gehüllt, schlief ich neben unserem Fahrzeug, bis plötzlich um drei Uhr, es war schon ganz hell, ein gewaltiges Brausen und Dröhnen und Rattern von Panzerketten mich aus dem Schlaf riß. Am folgenden Tag langsames, von dauerndem Halten unterbrochenes Dahinzuckeln auf sandigen Nebenstraßen bei Tauroggen. Plötzlich Fliegeralarm. Anhalten der Fahrzeuge. Wie tausendmal in Unteroffiziers-Schleiftouren gelernt, stürzen wir in den nächsten Straßengraben. Ich blinzele in den Himmel über mir und sehe in flimmernder Höhe, kaum zu erkennen, einige Flugzeuge über uns kreisen, über uns irgend etwas entleeren - Fliegerbomben. Einige Sekunden Todesangst: So, das ist es nun, heute, gerade an Gertas Geburtstag; wie furchtbar für meine Mutter. Doch schon hört man viele hundert Meter neben uns Bomben hochgehen. Auch die Russen waren, wie wir, noch nicht so recht kampferfahren. Später hatte man einen genauen Blick für Gefahren von oben oder woher auch immer.

Wir standen im Nordabschnitt der riesigen Panzerschlacht. Meist fuhren unsere Panzerregimenter voraus und schlossen den Kessel; ihn dann aufzureiben war Aufgabe der Grenadiere. Nach einer solchen Schlacht versammelten wir uns mit Hunderten von Fahrzeugen auf einem weit auslaufenden Plateau, schwere Panzer, Schützenpanzer, andere Fahrzeuge. Es war die zeitlose Zeit nach einer Schlacht mit Abwarten, Essen, Frohsein, daß man am Leben ist. Da geht auf einmal ein schrecklicher Lärm los. Aus einem Wäldchen, eigentlich mehr einem Gebüsch, löst sich ein lehmgelber, mittelgroßer Panzer, ein russischer, der sich bis dahin versteckt gehalten hatte. Aus allen Rohren schießend versucht er durchzubrechen, was bei der riesigen Anzahl unserer Fahrzeuge ganz illusorisch ist: wie ein Hase am Schluß eines Treibens verzweifelt aus der Sasse fährt, das Ende, das ihm bevorsteht, vor Augen. Er kommt nicht fünfzig Meter weit, dreht sich mit zerschossenen Ketten wie ein Kreisel. Dann sieht man dünnen Rauch aus dem Turm aufsteigen und kann sich den Rest vorstellen. Ich weiß noch, wie ich überlegte: Was denkt der Fahrer jetzt in seinem Panzer, und was fühlt er? Von den Umstehenden wurde dies Ausbrechen in den sicheren Tod mit Gelächter kommentiert, als ob es kein Mensch sei, der da in dem Panzer seinen Tod findet. Gesprochen über diese Gedanken habe ich damals mit keinem meiner Kameraden - aus Angst, mich lächerlich zu machen.

So zogen wir in breiter Kette weiter durch die ärmlichen Ebenen Litauens mit ihren endlosen Auwäldern. Keine Städte, kein Dorf, nur verstreut einige strohgedeckte Bauernkaten. Aus reiner Langeweile machten sich einige Soldaten daran, mit Leuchtspurmunition aus weiter Entfernung in diese Strohdächer zu schießen. Das sah recht lustig aus: auf das Ziel hinfliegend die Leuchtspur - neunhundertsechzig Meter in der Sekunde. Es dauerte einige Sekunden, dann erkannte man eine kleine, in der ruhigen Sommerluft steil in den Äther steigende blaue Rauchsäule. Sie wurde größer, dichter, weißer - auf einmal kam etwas Rötlich-Gelbes hinein. Weiter oben entwickelte sich Rauch in schwärzliche Schwaden, dann brannte es lichterloh. Frohe Zurufe von Fahrzeug zu Fahrzeug, von Schützen zu Schützen, lachende Kommentare über den Fortgang des Brandes. Gelegentlich sah man in der Ferne um das Haus Menschen hasten, die irgend etwas in Sicherheit brachten; doch sie waren weit weg, und das Feuerchen sah zu lustig aus. Man war ja in Feindesland. Es waren »nur« Russen.

Meist wurde gar nicht weiter von eventuellen menschlichen Folgen solcher Schießereien geredet; es war das reine Schauspiel, das freudig erregte. Ich merkte, daß allein das Hantieren mit der scharfen Waffe unter Männern, die wenig oder gar nicht nachdachten, plötzlich ganz neue, ganz anders geartete Grundsätze des Handelns und Denkens weckte. Dabei mischten sich Lust am Spiel, befreiende motorische Aggression nach bestandener Gefährdung und eine gewisse Angabe mit etwas Unbekanntem, etwas zerstörerisch Bösem. Sicher liegt in jedem Menschen eine Art atavistischer Zerstörungswonne: zerschlagen, zertrampeln, zerreißen, verbrennen, wenn einmal irgendwelche unsichtbaren Grenzen überschritten sind.

Ein anderes grauenvolles Bild: Nach einer großenteils von uns Panzergrenadieren geschlagenen Schlacht waren die weiten Felder übersät mit gefallenen und verwundeten Russen, die sich, in ihre lehmgelbe Montur gekleidet, in die Ackerfurchen drückten. Da kam plötzlich, noch in der nervös-hektischen Atmosphäre des Gefechts, eine allgemeine Lust auf, auf die liegenden Russen zu schießen. Oft waren sie nur verwundet oder gar unverletzt und hofften, indem sie sich tot stellten, in der bald hereinbrechenden Nacht fliehen zu können. Wenn nun einen Verwundeten oder noch Gesunden der Schuß traf, schnellten sie hoch, versuchten zu fliehen, wurden gejagt, beschossen, bis sie sich nicht mehr rührten. Freilich - diese Schießerei außerhalb der Gefechte wurde bald untersagt, aber nicht aus menschlichen Gründen, sondern weil eine gewisse Zügellosigkeit der Truppe deren Kampfwert einschränken könnte.

Diese beiden Bilder, die Leuchtspurschießerei auf die Strohkaten und das Beschießen der Russen in den Ackerfurchen, machten mir deutlich, welche furchtbaren Anlagen der Mensch in sich trägt, und welch ein geringes Versetzen innerer Grenzpfähle genügt, um aus einem freundlichen und hilfsbereiten Kameraden unmerklich einen fröhlich lachenden Töter zu machen.

Die Tage waren erfüllt von Warten, Fahren, Aufsitzen, Absitzen, wieder Warten und Warten in Gräben, an Straßenrändern, nahe der Rollbahn. Kleinere oder größere Gefechte, immer hinter den Panzerspitzen. Unser Infanteriegeschütz kam wegen des raschen Vormarsches kaum zum Einsatz. Unsere Kompanie wurde eher zum »Durchkämmen« von Waldstükken neben dem Panzerstoßbereich oder von verlassenen Ortschaften, leeren Bauerngehöften, Holzkaten mit darunter gelegenen Ställen eingesetzt. Verlassene menschliche Wohnstätten - darin gelegentlich noch ein verstörter Greis, der ratlos-sprachlos herumgeisterte, nicht mehr kräftig genug, um zu fliehen und am Leben zu bleiben. Sonst Menschenleere. Dabei der unheimliche Todesgeruch, abgestanden und grauenerregend, der aus den verlassenen Ställen stieg. Hier und dort war ein vergessenes und verhungertes Stück Vieh am Kettenhalfter zusammengesackt und ging in Verwesung über. Einerseits die sommerlich liebliche Landschaft - das Korn in voller Frucht -, andererseits die Menschenleere, Lebensleere, leer alles aus Todesangst vor uns! Die Nächte kühl, es wurde kaum dämmerdunkel, wir näherten uns den weißen Nächten, Petersburg. Fast jede Nacht wurde man zur Fahrzeugwache eingeteilt. Da mußte ich dann in zwei- oder vierstündigem Wechsel unseren Fahrzeugpark bewachen, der in einem Feld oder in einem Waldstück an einem Ortsrand abgestellt war. In den Schützenpanzern oder den Kombi-Fahrzeugen schliefen die Kameraden. Mancher, dem die muffige Luft in den überbesetzten Fahrzeugen nicht behagte, schaufelte sich mit seinem Spaten ein längliches Loch zum Liegen neben dem Wagen. Diese Stunden der Wache waren »Nachdenk«-Stunden - von zwölf bis zwei, von zwei bis vier. Träumen, angelehnt an einen Baum oder an eine Geschützlafette, halb schon wieder in Schlaf gesunken. Beim Erwachen aus dem Halbschlaf die Frage: Ist es möglich, daß das hier die Wirklichkeit ist, daß ich hier, tief in Rußland, nachts um zwei Uhr stehe, ein scharf geladenes Gewehr im Arm?

In einer solchen Morgen-Dämmerstunde hörte ich einmal eine Gruppe von Männern mit klirrenden Waffen. Laut palavernd kamen sie die Landstraße entlang, wohl zwanzig Meter entfernt von meinem Posten, um den Weg in eine nahegelegene Sandkuhle zu nehmen. Am Tag zuvor hatten wir Jakobstadt eingenommen, eine lettische Kleinstadt, in der viele Volksdeutsche lebten. Mir schwante nichts Gutes, als ich um diese Morgenstunde die acht oder zehn Männer der Sandkuhle zustreben sah. In der Mitte führten sie einen Gefangenen. Sie selbst schienen, mit weißen Armbinden versehen, eine Art Hilfspolizei vorzustellen, angeführt von zwei Männern in SS-Uniform. Sie verschwanden hinter einer Wegbiegung. Jetzt ertönten zwei oder drei kurze Kommandos, das metallische Geräusch des Durchladens von Karabinern; dann der laute Ruf eines Mannes, in hartem baltischem Deutsch: »fürrs Vatterland!«. Kaum zu Ende der Ruf - da krachten schon die Karabiner.

Dieser Schrei »Fürs Vaterland« mit der abschließenden knatternden Gewehrsalve, der hängt mir mein Leben lang in den Ohren. War der Erschossene ein kommunistischer Volksdeutscher? Ein »Verräter«? Und die Erschießenden: Wer, was waren sie? Und das »Vaterland«, für das der Mann sterben mußte, Lettland, Rußland, ein schöneres, besseres, freieres Land, ein Denkgebilde?

Kurz nach meiner Wachablösung kam der Marschbefehl: weiter. Ich kam nicht mehr dazu, die Sandkuhle und den darin Ermordeten aufzusuchen. Auch wäre es nach damaligen Gepflogenheiten, nach dem Disziplinarkodex eines kleinen Soldaten in Feindesland gar nicht möglich oder doch mindestens suspekt und seltsam gewesen, wenn ich mich auch nur einige Meter von meinem »Haufen« entfernt hätte. Der Gedanke an die unsichtbaren Zwänge, die Marionettendrähte, die einen damals »führten« und Tun oder Lassen vorschrieben, fällt mir noch heute schwer.

Einige Tage später stand ich wieder auf nächtlicher Wache. Am frühen Morgen, ich war wohl etwas eingenickt, höre ich ein leises Rascheln im vor mir gelegenen Kornfeld. Ich fasse meinen Karabiner fester, in schlotternder Angst vor einem imaginären Feind, der mich scheinbar anschleichen will. Da richtet sich plötzlich, zehn Meter von mir entfernt, ein junger Bauer aus dem Roggenfeld auf, grinst mich ebenfalls ängstlich, aber gutherzig an, kommt langsam näher, hält hoch über seinem Kopf eine Mütze voll mit frischen Hühnereiern, die er mir schenken wollte. Er sprach einige Worte gebrochenes Deutsch, wobei »Deutsch Soldat gutt, Russe böse« herauskam. Dankbar und erleichtert nahm ich die Eier an.

Durch Litauen hindurch, dann Lettland, Estland. Am Flusse Luga, einem schmalen Rinnsal, das man leicht durchwaten kann, langten wir eines Abends - am 14. Juli - an. Daneben ein verlassenes Dorf, nun nur noch Holzhäuser, drumrum Felder, deren Getreide zur Reife stand, vor uns eine kleine Anhöhe. Gegen Morgen des 15. vermehrte Schießerei. Ich gehe mit meinem dicken, unangenehmen Feldwebel die Höhe hinan, um zu sehen, was los ist. Er etwa zwanzig Meter vor mir, blickt, als er die Anhöhe erreicht hat, durchs Scherenfernrohr, hält einen Moment inne und stürzt dann die hundert Meter zurück zur Kompanie, wild gestikulierend und schreiend: »Die Russen kommen in hellen Scharen, regimenterweise!« Diesen Satz, den Tonfall, die Atmosphäre, ich habe sie neben vielem anderem nicht vergessen. Denn der Schrei war sozusagen der Auslöser für das Durchbrechen der angestauten Angst und der folgenden wilden Flucht unserer ganzen Truppeneinheit. Aber hinter uns stand der Bataillonskommandeur, ein freundlicher, in Frankreich mit dem Ritterkreuz ausgezeichneter österreichischer Major. Er sah uns alle fliehen, von Angst gebeutelt, stellte sich in das seichte Gewässer der Luga, fuchtelte mit seiner Pistole in der Luft und drohte uns mit dem Kriegsgericht, mit ich weiß nicht was für grauenvollen Strafen, was immer ihm eben in diesem chaotischen Moment einfiel. Und siehe da - alle fingen sich, gingen an ihre verlassenen Geschütze und Fahrzeuge und erwarteten den Angriff der Russen. Da unsere Artillerie bereits eingeschossen war, brauchten wir nur einen kleinen Gegenstoß zu vollführen, und der Angriff der Russen auf Sabask - so hieß das Dorf, in dem ich die bisher gräßlichste Angst meines Lebens erlebte - war abgeschlagen. Wenn ich zurückschaue, dann war die Angst nicht so sehr aus der rational erkannten Situation entstanden, sondern aus der plötzlichen Reaktion meines Feldwebels, wie er - ein strammer und tadelloser Vorgesetzter - auf einmal zu schreien anfing: »Die Russen kommen...« Das hatte eine massenpsychologische Reaktionskette in Gang gesetzt.

Angst zu haben ist nicht erfreulich, und um der Angst zu entgehen, gab es verschiedene Möglichkeiten. Mein nächster Vorgesetzter, der Truppenführer unserer kleinen Geschützeinheit, war ein älterer, äußerst unsympathischer Obergefreiter. Ich konnte seine Sprache, sächsisch-thüringisch, fast nicht verstehen, was zu unserer gegenseitigen Aversion beigetragen haben mag. Er machte kein Hehl aus seiner Angst vor scharfer Schießerei und phantasierte im Kameradenkreis von ruhigerer Tätigkeit, als gerade den Obergefreiten in der Ersten Panzerdivision spielen zu müssen. Eines Tages, wir waren in einem Wäldchen untergestellt, war er mit unserem Trupp zum Holzholen eingeteilt. Er legte seine Linke um ein Kiefernstämmchen, ein blitzschneller Schlag mit dem Beil - und in hohem Bogen flog sein linker Daumen in das Waldgestrüpp. Sanitäter, Verbinden, zur Genesung nach Hause in Marsch gesetzt. Kurz danach wurde er wegen »Selbstverstümmelung« vor das Kriegsgericht in Weimar gestellt, doch verteidigte er sich geschickt und wurde freigesprochen. Ich traf ihn einige Monate später als Unteroffizier in Weimar wieder. Aber sein geopferter Daumen konnte ihm doch nicht helfen; er wurde im nächsten Sommer wieder zum Fronttruppenteil versetzt.

Immerhin - den Mordwinter 1941/42 hat er auf diese Weise überlebt.

Wenige Tage nach dem Gefecht in Sabask kamen wir in der Vorhut in einen Feuerüberfall der Russen. Mein Nachbar auf dem Fahrzeug wird getroffen, wir sitzen sofort ab. Nach den Sanitätern rufend, auch um Deckung bemüht, lagern wir den Verwundeten neben dem Schützenpanzer. Noch spricht er, fast befreit. Er weiß oder denkt doch: Verbandplatz, Heimat. Zu sehen ist wenig, ein kleiner Riß an seiner Uniformjacke unter dem Schlüsselbein. Nun spricht er leiser, aber noch fröhlich, sagt, daß er keine Schmerzen habe. Er ist hektisch erregt, beinahe festlich gestimmt, was gar nicht zu unserer Situation paßt. Doch plötzlich, noch ehe die Sanitäter heran sind, wird er unruhiger, spricht unzusammenhängend, sein Blick wird ängstlich. Nun fängt er an zu rufen: »Mutti, Mutti, Mutti« - erst laut, dann immer leiser. Er sackt etwas zur Seite, und aus seinem immer noch sprechenden Mund treten einige Tropfen Blut, hellrot. Dann hört er auf, nach seiner Mutter zu rufen, knickt etwas zusammen, die Augen starr. Ratlos, hilflos blieben wir neben ihm hocken, bis die Sanis kamen, die den Tod feststellten. Wir wurden gleich an die Geschütze gerufen, doch der Feuerüberfall war beendet. »Nur« ein Ausfall, ein Toter. Das erste Sterben, das ich Sekunde für Sekunde miterlebte.

Wir kamen immer weiter nordwärts, über die größeren Städte Ostrow und Pleskau. Anfang September, ich war gerade Unteroffizier geworden und hatte mich zu einer Beförderungsfeier mit meinen Kameraden in einem Erdloch niedergelassen, erhielt ich den Befehl, mich sogleich beim Regiment zu melden. Dort übergab man mir den Marschbefehl nach Hause. Anfang Oktober sollte ich in Krampnitz bei Berlin einen Offizierslehrgang mitmachen. Als ich mich bei meiner Kompanie, froh und doch auch betrübt und betroffen, abmeldete, sahen wir durch das Scherenfernrohr in der Ferne goldene Lichter blitzen, die Türmchen von Zarskoje-Zelo vor Leningrad. Ich dachte: Nun muß ich fort, und ihr dürft Leningrad einnehmen. Noch war ja Sommer, man glaubte, der Krieg sei bald zu Ende, und ich hatte etwas Sorge, nicht genug gesehen zu haben.

In Pleskau, wohin ich mich durch Anhalten von Fahrzeugen an der Rollbahn durchgeschleust hatte, bekam ich noch einen Stehplatz in einem Verwundetenflugzeug, einer alten

Dankwart von Arnim als Soldat 1941.

JU 52. Ich konnte nur gebeugt stehen, aus einer Luke nach draußen linsend. Die JU flog sehr niedrig, in der fast weißen Nacht immer entlang dem weiten, weißen Strand der Ostsee, bis wir am frühen Vormittag in Königsberg ankamen. An diesem Tag hielt der Reichspressechef Dietrich im Sportpalast eine große Rede und machte die Weltöffentlichkeit mit dem Stande der Operationen in Rußland bekannt. Sein Fazit, das ich, in Berlin auf allen Zeitungen prangen sah: »Der Russe verröchelt!« Tatsächlich hatte man durch die »leichten Siege« der ersten zwei Monate einen falschen Begriff vom wirklichen Stand des Krieges bekommen. Der Wetterumschwung bei Beginn des Herbstes zeigte bald, auf welch tödliches Abenteuer sich Deutschland eingelassen hatte. Nie werde ich verstehen, wie Hitler oder seine Berater auf den Gedanken kommen konnten, den Einmarsch in Rußland auf den 22. Juni zu legen, denselben Tag, an dem Napoleon 1811 die Beresina überschritt und damit den Krieg mit Rußland und sein eigenes Ende einleitete.

Ein paar Tage Urlaub in Sperrenwalde, dann nach Weimar zum »Ersatztruppenteil«. Meine Erinnerung an Weimar ist vage. Ich sehe nur noch eine riesige Baugrube vor mir; es waren gewaltige Parteibauten geplant, die während des Krieges ruhten und den Stadtkern wie eine Mondlandschaft erscheinen ließen. Wir waren eine muntere Gruppe von einigen ROA - so nannte man Reserveoffiziersanwärter - und gaben mit unserer Fronterfahrung an. Auch waren wir in keinen festen Dienst eingeordnet, da wir für die Offiziersschule in Krampnitz abrufbereit gehalten wurden.

Dann eines Nachts. Wir hatten uns sehr verspätet und kamen, es wird gegen zwei Uhr in der Früh gewesen sein, auf die ungewohnt hell erleuchtete Straße, die von Weimar an unseren Kasernen vorbei und dann weiter Richtung Südwesten in die Höhen des Thüringer Waldes führte. Die Straße war taghell durch Autos mit eingeschalteten Scheinwerfern. Alle zwei oder drei Meter stand ein SS-Posten mit Gewehr, und nun sahen wir, wie in diesem engen, grell beleuchteten Korridor, vom Bahnhof kommend, Hunderte von verhärmten Gestalten in Lumpen hinaufgetrieben wurden, hinauf in das Lager Buchenwald. Von der Existenz dieses Lagers hatten wir nur raunen hören. Wir machten uns an einen der SS-Männer heran und fragten, was denn hier los sei. Sogleich kamen einige SS-Chargen angestürzt, drängten uns unter Beschimpfungen zur Seite und schrien uns an, wir sollten uns schleunigst aus dem Staub machen, wenn wir uns nicht große Schwierigkeiten und Unannehmlichkeiten einhandeln wollten. So verschwanden wir schnellstens, um ein Bild bereichert, das wir nicht mehr vergaßen. Gesprochen haben wir darüber nur kurz, ohne viel Fragen, denn so gut kannte man ja seine Kameraden auch wieder nicht. In Weimar war das Lager Buchenwald im Gespräch tabu.

Oktober 1941 bis Januar 1942 verbrachte ich in der Schule für »Schnelle Truppen« in Krampnitz. Taktik, praktische Übungen, Sandkasten, Militärgeschichte. Letztere wurde von einem vertrottelten alten General von St. vorgetragen. Eines Tages überraschte er uns mit der Freudennachricht, daß nun auch die Amerikaner in den Krieg eingetreten seien und daß uns bei dieser Konstellation der Sieg gewiß sei. Freilich waren die Anfangserfolge der Japaner im Fernen Osten unfaßlich. Ich weiß jedoch noch, wie wir nach diesem militärgeschichtlichen

Unterricht, der die Tatsachen so eindeutig verdrehte, eine Diskussion mit unserem Abteilungsführer anstrebten, etwa mit dem Ziel, daß uns St. doch mit solchen albernen Schlußfolgerungen in Ruhe lassen solle. Unser Abteilungsführer war ein reaktivierter, äußerst zackiger und linientreuer Oberleutnant. Er wiegelte unseren Unmut ab, gab dem alten St. in der Richtung recht, daß man sich im Kriege nun einmal an gewisse Sprachregelungen zu halten habe. Im übrigen riet er uns, uns um unsere Ausbildung zu kümmern und Fragen der Interpretation politischer und militärischer Vorgänge den dafür vom Führer eingesetzten Stellen zu überlassen.

Ende Januar wurden wir zu Offizieren, d. h. zu Leutnanten der Reserve befördert. Als Abschlußkundgebung war für alle Offiziersschulen um Berlin herum eine Führerrede im Sportpalast vorgesehen. Begleitet wurde Hitler von Göring, Goebbels und einer Anzahl höherer Generale. Ich erinnere mich nur noch an die ewig lange Wartezeit, bis der riesige Sportpalast vollständig gefüllt war. In der ganzen Zeit Marschmusik, dazwischen Ansprachen oder besser Kommentare zum Weltgeschehen und immer wieder die Ankündigung, daß der Führer gleich komme - kurz, es wurde die Wartestimmung kräftig angeheizt, bis man draußen vor dem Gebäude Menschen jubeln und schreien hörte. Gereckte Hälse, vereinzeltes Aufstehen, dann ging das brausende Rufen in rhythmisches Brüllen über, Sieg-Heil - erst die unteren Ränge erfassend, dann auf den ganzen Sportpalast übergreifend. Nun wechselte auch die Beleuchtung: Nur noch die Führertribüne war in Licht getaucht, und jetzt kam Göring, meiner Erinnerung nach in weißlila Uniform, und meldete Hitler, daß ein neuer Jahrgang junger Offiziere »angetreten« sei. Wieder brüllendes Sieg-Heil, das nicht enden wollte. Natürlich war, als Hitler hereinmarschierte, der berühmte Badenweiler-Marsch erklungen. An die Einzelheiten seiner Rede kann ich mich nicht erinnern, hätte es sicher auch wenige Stunden nach dem Ereignis kaum gekonnt. Dann wieder zurück nach Krampnitz, Abschied von den Kameraden, Austausch von Adressen, das Übliche, wenn man Abschied nimmt.

Darauf fand ich mich, nun als neuer Leutnant, in Weimar wieder. Ganz warm wurde ich dort nicht. Pflichtgemäß sah ich mir alle Goethe- und Schillerstätten an, geführt von der lieben und in der Weimarer Geschichte höchst beschlagenen Gräfin Luxburg. Ich machte Besuche auf dem Land, in der Stadt.

Aber mir kam das Leben in der Heimat und doch fern von zu Hause langweilig und unfruchtbar vor. Daher stellte ich nach einigen Monaten ein Versetzungsgesuch nach Eberswalde. Dem wurde bald stattgegeben. Im Mai 1942 meldete ich mich beim Regimentskommandeur, Oberst Zimmermann, in dessen Bataillon 1949 mein Bruder gefallen war.

Ein Jahr Garnisondienst in Eberswalde, in Schwedt, dazwischen fast jedes Wochenende, gelegentlich auch länger, als u.k. Gestellter in der Landwirtschaft Urlaub in Sperrenwalde. Dort führte man ein Leben, das sich eigentlich ganz wie im Frieden abspielte und doch unüberhörbar gezeichnet war vom Krieg mit seinen Umwertungen und Veränderungen, die er in jedes Leben brachte. Immer mehr Gefallene, auch aus dem kleinen Sperrenwalde, Gäste aus Berlin, Bombenflüchtlinge, die alles verloren hatten und nun unseren Besitz, die Besitzerin, überhaupt das ungestört friedliche Landleben mit anderen Augen ansahen - nicht mit freundlicheren.

Unsere Tischrunde bestand aus meiner Mutter, Mucki, meiner Schwester Gerta, die häufig lange Zeit aus Eberswalde zu uns »auf die Weide« kam, und ihrem kleinen Jürgen, der 1941 geboren worden war. Dann Frau Neeff, die alte Engländerin, Onkel Franz und Tante Ilda Dezasse aus München, ungarische Flüchtlinge aus dem Ersten Weltkrieg, Fräulein Swart, eine Imkerin mit den Funktionen einer Haustochter. Dazu immer noch mehrere Freunde oder Verwandte aus Berlin, aus Schlesien. Eine amorphe Gesellschaft, die sich eigentlich auch nicht viel zu sagen hatte. Thema - natürlich - der Krieg, und seit dem Herbst 1942 mit der sich in Stalingrad ankündigenden Katastrophe der Krieg, der im Begriffe stand, verlorenzugehen. Andeutungen bei Tisch, ein kurzes Gespräch - wenn die Tür aufging, der Diener zum Servieren kam, wurde schnell geschwiegen oder vom Wetter geredet. Wenn aus irgendwelchen Gründen Nazis, der Kreisleiter, der Landrat, eingeladen werden mußten, dann wurden Dezasses und Frau Neeff gebeten, die Mahlzeiten in ihren Räumen einzunehmen. Sie waren so glühende und unbedachte Antinazis, daß man für nichts garantieren konnte.

Eines Tages meldete sich eine Frau Rojan aus München bei meiner Mutter an. Sie hatte einen Brief des mit uns befreundeten Münchner Dekans Langenfass, der sie empfahl - mehr wußte ich damals nicht. Doch sie blieb bis Kriegsende bei uns, floh mit meiner Mutter und ging dann ins Rheinland. Frau Rojan - ich hörte es erst nach dem Krieg - war eine evangelische Jüdin, die in München von der Gestapo gesucht wurde und sich dort einige Monate versteckt halten konnte, bis ihr der Boden zu heiß wurde. Dekan Langenfass vermittelte ihr einen falschen Paß und gab ihr ein Empfehlungsschreiben an meine Mutter mit, weil Sperrenwalde ja weit vom Schuß war und er auf die Einstellung und tätige Hilfsbereitschaft meiner Mutter bauen konnte. Von der wahren Identität der Frau Rojan wußten nur meine Mutter und Mucki, die die Lebensmittelmarken aller Gäste verwaltete. Natürlich konnte sie nicht polizeilich gemeldet werden und daher auch keine Marken empfangen. Sie mußte mit durchgebracht werden, was allerdings in Sperrenwalde an sich kein Problem bedeutete. Die Hauptschwierigkeit war die Gefährdung, die meine Mutter und Mucki auf sich nahmen.

Eines Tages wurde gemeldet, daß ein hoher SS-Offizier mit einem riesigen Wagen vorgefahren sei und meine Mutter zu sprechen wünschte. Nun ist es aus, dachten die beiden, denn eine Jüdin, noch dazu mit falschem Paß und unangemeldet, eine Jüdin, die von der Gestapo gesucht wurde, das kostete damals den Kopf. Gefaßt empfing meine Mutter den SS-General, der sich aber als der Vater einer alten Freundin von mir entpuppte. Er wollte seine wertvollen Möbel fern von Berlin in Sicherheit unterstellen. Das geschah - wahrscheinlich so freudig und erleichtert, daß sich der SS-General gewundert haben wird.

Die Offizierskameraden, mit denen ich zusammen war, wechselten ständig. Meist waren die Ersatz-Truppenkommandos mit genesenden Offizieren besetzt. Hier gehörte es zum guten Ton, sich in der Heimat nicht wohl zu fühlen, wieder heraus zu drängen. Wenn man das auch nicht mit Ernst betrieb, so war doch das Bild, das man abgeben wollte, das des mit seiner momentanen Verwendung unzufriedenen Offizieres. Die höheren Vorgesetzten wurden dagegen nach der Verwendung an der Front oft in die Ersatztruppenteile versetzt, um den »müden Haufen« etwas aufzumöbeln. Von ihrer Zakkigkeit, von ihrer Dienstauffassung und ihrem Durchsetzungsvermögen hingen die Qualität und die Quantität der frisch ausgebildeten Soldaten und damit die Auffüllung der Verluste an der immer mörderischeren Front im Osten ab.

Was dachte man damals? Zu Hause wurde kaum über Politik gesprochen. Es sickerten Gerüchte durch über die Verfolgung der Kirche, der katholischen wie der evangelischen, die sich gegen die »Euthanasie« in den Irrenanstalten gewendet hatten, Gerüchte von Judenverfolgungen und Deportierungen, Erzählungen von Soldaten, die von der Front über die östliche Etappe kamen und oft grauenvolle Erlebnisse aus der Partisanenbekämpfung und der Behandlung der Bevölkerung zu berichten hatten. All dies natürlich hinter vorgehaltener Hand - man mußte sich vorsehen.

Als im September 1939 der Krieg ausbrach, war neben allem Politischen ein Gesprächsthema besonders aktuell: die Tatsache, daß jetzt, 1939, so auffallend die Begeisterung fehlte, die 1914 sowohl in Deutschland als auch in den anderen kriegführenden Ländern beobachtet worden war. Doch eine gewisse innere Reserve war gleichwohl nur im Untergrund des Empfindens spürbar; eigentlich identifizierte man sich mit diesem Krieg.

Beim Nachdenken darüber, wie »man« damals dachte, wie »man« handelte, sind zwei Schwierigkeiten zu überwinden. Die eine: In das damals Gelebte, Gedachte projiziert man mehr als dreißig Jahre später die ganze Schwere der inzwischen eingetretenen politischen und historischen Tatsachen hinein. Damals Erlebtes, in der Zwischenzeit Gehörtes, auch Kommentiertes ist nicht immer klar auseinanderzuhalten. Noch eine andere Gefahr, die im Unbewußten des Zurückschauenden und Berichtenden liegt, muß erwähnt werden: die Neigung, all dies apologetisch zu betrachten, sein eigenes Fühlen und Denken von damals so darzustellen, daß man in der Rückschau nicht zu schlecht wegkommt, integer bleibt.

Wo »standen« wir? Wir waren preußische Großgrundbesitzer, Ostelbier, und in unserem Daseinsentwurf auf »Pflug und Schwert« eingestimmt. Als der Krieg begann, sperrte man sich innerlich nicht allzusehr dagegen, denn man empfand den »Schandvertrag von Versailles«, den verlorenen Ersten Weltkrieg, vor allem aber den Zusammenbruch des Kaiserreiches und des Preußischen Königreiches immer noch als eine nicht verheilte Wunde. Natürlich ist es damals niemanden in den Sinn gekommen, Elsaß-Lothringen, Eupen-Malmedy und die Kolonien durch einen Krieg wiedergewinnen zu wollen. Aber das Gefühl erlittener Niederlage war vorhanden.

Als mein Bruder Wernfried aus dem Polenfeldzug mit dem EK II zurückkam, waren meine Mutter und wir alle stolzgeschwellt. Ernst von Salomon erzählt in seinem Buch ›Die Kadetten‹ von seinem älteren Bruder, dessen höchstes Ziel es gewesen sei, »in einem Straßengraben vor Paris als junger Leutnant zu sterben«. Salomon fiel auch in den ersten Tagen des Krieges 1914. Da man nun im Kriege stand, das Vaterland bedroht war, lebte man innerlich nach dem Grundsatz »right or wrong my country«, ein Grundsatz, der bei zunehmender Belastung und Bedrohung immer rigoroser befolgt wurde.

Im übrigen dachte man als junger Soldat und Offizier nicht allzuviel nach. Die anfänglichen »Blitzsiege«, ganz im Gegensatz zu dem zermürbenden Grabenkrieg 1914/18, ließen für negative Gedanken wenig Raum. Man war irgendwie »stolz, dabei zu sein«. Als junger Offizier empfand man zudem noch die Bedeutung der eigenen Wichtigkeit. Man war immer in Aktion, um die Ausbildung und Ausrüstung seiner Leute bemüht. In der Rückschau hat mein Verhalten damals läppische Züge. Ich war »begeistert« von meinen Vorgesetzten; je straffer, energischer und forscher sie auftraten, desto mehr bewunderte ich sie. Ich flüchtete mich in einen oberflächlichen Soldatenjargon und spielte den »Zackigen«. Dabei las ich zu der Zeit Hölderlin, Weinheber, Rilke und Gottfried Keller.

Die Billigung des Krieges hatte aber noch einen anderen Grund. Der Krieg war das Handwerk des Soldaten. Die Begeisterung über die anfänglichen Siege empfand ich als »Soldatensiege«, als Sieg *gegen* die Nazis. So hoffte ich dumpf auf eine Stärkung der Wehrmacht, der Generalität, kurz, all der Werte und Begriffe, die die Kontinuität der brandenburgisch-preußischen Geschichte wenigstens bis 1918 garantiert hatten. In vielen Gesprächen und Erzählungen wurde das Bild aufgebaut: Der anständige Deutsche steht im Feld, kämpft gegen den Feind, während der Nazibonze, der Kreisleiter, der Blockwart zu Haus bleiben. Und indem man die Siege den Soldaten eines Preußen-Deutschland anrechnete, jenem »Geist der alten Armee«, der nichts mit den Nazis gemein hatte, schaffte man sich eine beruhigende Lüge, solange gesiegt wurde. Als die Niederlagen kamen, wuchs die physische Bedrohung, auch die Angst, verstärkt durch die Erfahrungen, die die Ostpreußen im Ersten Weltkrieg mit den Russen, 1918/20 mit den Polen gemacht hatten. Auch hier blieb kein Ausweg, als mitzumachen.

Das Soldat-Sein als Alibi gegen das Nazitum: Da gab es viele Beispiele auch in meiner nächsten Umgebung. Mein Vetter Fritz Schulenburg, etwa fünfzehn Jahre älter als ich, einst begeisterter Nationalsozialist, Regierungspräsident in Breslau, Stellvertretender Polizeipräsident in Königsberg, bemerkte schon bald nach der Machtübernahme 1933, wie gefährlich, ja wie tödlich der Weg sein würde, den die Nazis einschlugen. Zu Beginn des Krieges legte er seine Regierungs- und Parteiämter nieder und ließ sich als Oberleutnant zur Wehrmacht einziehen. Einer der Hauptakteure des 20. Juli 1944, ist er Anfang August desselben Jahres hingerichtet worden. Unser Gollmitzer Pastor Müller, ein kämpfendes Mitglied der evangelischen Bekennenden Kirche, ging, als ihm der Boden zu heiß wurde, als Hauptmann der Reserve zur Wehrmacht und verbrachte den Krieg in Griechenland. Mein alter Freund, der Büchsenmacher Otto Übel, Mitglied der Kommunistischen Partei und daher automatisch Repressalien ausgesetzt, ging schon bald nach der Machtergreifung als Waffenmeister zur neuen Wehrmacht und blieb dort ungeschoren.

Hier muß noch etwas typisch Deutsches bedacht werden: Immer wieder kam am Ende des Krieges, in der Gefangenschaft und nach dem Krieg das Gespräch auf die »guten Zeiten«, in denen noch ritterlich Krieg geführt worden war wie in dem fairen Kampf zwischen Engländern und Deutschen in den Wüsten Afrikas unter Rommel und Montgomery. Scheußlich sei es erst in Rußland geworden, wo kein »ritterlicher«, sondern ein politischer und ideologischer Krieg zu führen war. Diese schizophrene Auffassung - als gäbe es einen anständigen und einen unanständigen Krieg - wurzelt in dem alten Standpunkt, daß Kriegführen und Kämpfen, ganz losgelöst von politischen Zielen, an sich und aus sich heraus »fein« ist. Gerade im Afrikakorps, das ja 1943 fast geschlossen nach Amerika in Gefangenschaft kam und den schmutzigen Krieg nicht mehr kennenlernte, sind diese Gedanken ungebrochen erhalten geblieben. Dieser Irrationalismus, diese »feierliche Unschärfe« (Musil) war ein Grund für die unlösbare Ambivalenz unseres Fühlens und Denkens in diesen Jahren. Es war schon so: Man identifizierte sich mit dem Krieg. Man hatte ihn zwar nicht gewollt, aber er war da. Das Handwerk des Kriegführens war in den herrschenden gesellschaftlichen, politischen und historischen Strukturen vorgegeben. Man war wohl »Antinazi«. Aber das Abstoßende der Nationalsozialisten lag nicht so sehr in ihren Übeltaten, die man damals auch erst zu ahnen begann, sondern im Menschlichen, Soziologischen und

Historischen. Die Anmaßung kleiner Leute, die preußisch-deutsche Geschichte weiterführen zu wollen, war schwer erträglich. Ein echter Kriegsgegner indessen, ein Gegner der erklärten Kriegsziele der Nazis, das war man eigentlich nicht. Man hätte die Kriegsziele der Nazis hingenommen, wenn nur die entsetzlichen Begleiterscheinungen, die Judenbehandlung, die Politik im Osten, die KZs nicht gewesen wären. Kriegsgegnerschaft aus Prinzip, das hatte es bei preußischen Landherren nie gegeben; denn man identifizierte sich mit den früheren Kriegen, dem Siebenjährigen unter dem Alten Fritz, den Freiheitskriegen, den Kriegen 1864/71 unter Bismarck und schließlich dem Krieg 1914/18. Man kämpfte, lebte und starb »mit Gott für König und Vaterland«.

Heute, nach so vielen Jahren, wird dies alles klarer, schärfer. Wäre man damals konsequent gegen den Krieg gewesen, so hätte man sich auch schon damals gegen die innere Struktur all dessen richten müssen, was man darstellte, ein preußischer Landjunker und Offizier aufgewachsen in der friderizianisch-preußisch-deutschen Tradition.

Als Soldat in Paris

Die Öde des Garnisonsdienstes in Eberswalde und in Schwedt erschien mir mit der Zeit immer unerträglicher. Dauernd wechselten die Vorgesetzten, aber mehr noch störte, ja, bekümmerte mich der unaufhörliche Durchlauf der Rekruten, die ich auszubilden hatte, um sie, »im Geist und an der Waffe geschult«, für den Moloch des Rußlandkrieges bereit zu machen. Ich war immer noch zurückgestellt und sollte keine Verwendung an der Front finden. Im Sommer 1943 meldete ich mich kurzerhand beim Heerespersonalamt in Berlin und ersuchte um eine neue Verwendung. Nach einigen Wochen erhielt ich die Nachricht, daß ich im Frühherbst als Ordonnanzoffizier zum Generaloberst Lindemann am obersten Nordabschnitt der Ostfront kommandiert werden würde. Einige Tage darauf erkrankte ich an Gelbsucht und wurde in das Prenzlauer Lazarett eingewiesen. Die Gelbsucht zog sich länger hin als erwartet. Der August verging, der September. Ich hatte noch keinen festen, befristeten Marschbefehl zu Lindemanns Stab bekommen. Doch dann erhielt ich von seinem II a, dem Adjutanten, ein äußerst ruppiges Schreiben, daß der Generaloberst, da ich ihm meine Krankheit und meinen verspäteten Dienstantritt nicht gemeldet hätte, auf meine Dienste verzichte; er habe sich einen anderen Ordonnanzoffizier gesucht. Ich war's zufrieden, denn einmal lag ich noch immer fest im Lazarett, zum anderen hatte Lindemanns Stab nach Lage der Dinge schon damals wenig Anheimelndes an sich. Der Stab Lindemann und seine Truppen wurden in den Winterkämpfen 1944/45 vollständig aufgerieben - keiner ist zurückgekommen.

Nun konnte ich meine Gelbsucht ganz ausheilen und ging anschließend als Rekrutenoffizier wieder nach Eberswalde. In der Zwischenzeit hatte ich meine alte Freundin aus Weimar, Gräfin Luxburg, erneut in Berlin getroffen. Lu Luxburg war - etwa sechzig Jahre alt - früh verwitwet, kinderlos und gesellschaftlich aufs höchste engagiert. Sie hatte ein überströmend gutes Herz, einen riesigen Bekannten-, Verwandten- und Freundeskreis und war nicht ohne kupplerische Ader. Sie hatte mit dem ebenfalls aus Weimar stammenden General von Boineburg gesprochen, der etwa seit einem Jahr Militärkommandant von Paris war. Auch er suchte einen Ordonnanzoffizier, und Lu Luxburg hatte mich wärmstens empfohlen. Aus heiterem Himmel - Lu hatte mir von ihren Aktivitäten nichts gesagt - bekam ich den Befehl, mich nach Meldung im Berliner Heerespersonalamt in Paris beim Kommandanten einzufinden. Die neue Verwendung freute mich sehr; mir kam es ja darauf an, endlich dem langweiligen Garnisondienst zu entgehen. Die Soldaten, die ich auszubilden hatte, sahen den Dienst nur als Durchgangsstation zur Frontverwendung an. Die Einsatzfreude und die Begeisterung nach den »Blitzkriegen« waren einer eher dumpfen und pessimistischen Stimmung gewichen. Stalingrad lag erst acht Monate zurück, im Sommer hatte die Armee in Afrika kapitulieren müssen, Mussolini war »ausgeschert«.

Nach der Genesung von meiner Gelbsucht fuhr ich noch einmal für vierzehn Tage nach Imst in Tirol auf unsere dortige Jagd zur Hirschbrunft.

Bei der Rückfahrt teilte ich den Schlafwagen mit einem kleinen, verkrüppelten Mann in SS-Uniform, einem Verwaltungsbeamten aus dem nordöstlichen Besatzungsgebiet Lettland. Er war ein äußerst unsympathischer Bursche. Bevor wir in unsere Kojen stiegen, holte er eine Flasche Rotwein aus seinem Gepäck, schenkte auch mir ein und war nach kurzer Zeit ziemlich blau. Aus irgendwelchen Gründen hatte er eine tiefe Neigung zu mir gefaßt, umarmte mich weinselig, fing plötzlich an fürchterlich zu heulen. Mit zitterndem Flüstern vertraute er mir an, daß er mir einen guten Rat fürs Leben mit auf den Weg geben wolle, den ich jedoch nicht weitersagen dürfe, einen Rat, dessen Richtigkeit er in seinem Alter - er wird Mitte fünzig gewesen sein - kennengelernt habe; dann schluchzte er: »Kamerad, hab nie, nie etwas mit der SS zu tun -! Hab bitte, bitte niemals irgend etwas mit der SS zu tun.« Als er das gesagt hatte, verkroch er sich wimmernd in seine Schlafkoje. Er gehörte zu den SS-Einsatzverbänden in Litauen und Lettland. Ohne daß er auch nur im geringsten auf Einzelheiten eingegangen war, hörte man aus seinen beschwörenden Worten, die gerade durch den Suff besonders ehrlich wirkten, eine Warnung heraus, die ihre fürchterliche Begründung hatte.

Kurz nach meinem Jagdurlaub machte ich mich mit einem Passierschein vom Heerespersonalamt auf den Weg nach Paris, wo ich in den ersten Tagen des November 1943 eintraf.

Ein grauer Novembermorgen. Der erste Eindruck von Paris: eine unzählbare Menge von Hinweisschildern für einzelne Truppenteile, Stäbe, Verwaltungseinheiten. Mir kam es so vor, als ob Paris, von dem ich ein ganz anderes inneres Bild gehabt hatte, nur aus deutschen Truppen und den seltsamsten Dienststellen bestehe, die man sich denken konnte. Wie an einem Totempfahl waren zwanzig bis dreißig Brettchen fein säuberlich angenagelt, darauf Hieroglyphen, die einem den Weg wiesen, aber im Grunde mehr verwirrten als klärten. Ein hervorragender Pfeil mit besonders schöner Schrift lautete: Platzkommandantur, Kommandant von Groß-Paris. Von einer Heeresstreife wurde ich dorthin gefahren, zum Stabe des Kommandanten in das Hotel Meurice an der Rue de Rivoli.

Es war ein typisches Hotel des vorigen Jahrhunderts, vornehmlich für reiche Amerikaner und Engländer gebaut. Hohe Räume, weitläufige Vestibüle, Torbögen und überdachte großzügige Einfahrten. Eingerichtet in einem sehr reichen, übertriebenen und nun schon wieder modernen Hotelbarock des 19. Jahrhunderts. Im ersten Stock waren die Zimmerfluchten der Kommandantur. Dort traf ich Fräulein Grün, die Sekretärin des Generals von Boineburg, eine mütterliche Person aus Hamburg mit einer ganz bestimmten Mischung aus größter und erfahrenster Arbeitsroutine und altjüngferlicher Naivität. Sogleich kam auch Oberleutnant von Breitenbuch hinzu, den ich bei Boineburg ablösen sollte. Breitenbuch, fünfzehn Jahre älter als ich, war Probst und Pfarrer in Thüringen, mit einer entfernten Schulenburg-Verwandten von mir verheiratet. Nach einem kurzen Gespräch führte er mich bei Boineburg ein.

Generalleutnant von Boineburg war ein kleiner, hagerer General mit einem nach einem Panzerunfall vernarbten Gesicht: Monokel, hohe krähende Stimme, ungeduldig. Er war äußerst liebenswürdig, fragte mich nach meiner Verwandtschaft, vor allem nach meiner Freundschaft mit Lu Luxburg aus Weimar. Er überließ mich sodann Breitenbuch, der die weitere Einschleusung vornehmen sollte. Während der Kommandant mit seinem Chef des Stabes, Oberst von Unger, im Hotel Meurice arbeitete, wo auch der ganze Kommandanturstab untergebracht war, lebten die drei - Boineburg, Unger und Breitenbuch - im Westen von Paris am Bois de Boulogne in der Villa Coty, die der rumänischen Besitzerin der Parfum-Firma Coty gehörte. Als Jüdin war sie geflohen, sobald die

Deutschen Paris nahmen. Der Kommandant hatte in ihrer Villa Wohnung genommen. Dort wurden wir betreut von einer Deutsch-Französin, Annabella Wallner, einem Butler Toni, dessen Nachnamen ich nie erfahren habe, einem freundlichen, wasserstoff-gebleichten Zimmermädchen und einem jähzornigen bulgarischen Koch mit einigen Helfern.

Auch ich sollte in der Villa Coty wohnen. Meine Aufgabe bestand darin, den Terminkalender des Kommandanten zu führen, seine gesellschaftlichen Verpflichtungen zu arrangieren, Essen, Empfänge, Besprechungen lockerer Art in diplomatischen oder politischen, und kulturellen Zirkeln. Außerdem mußte ich den Tageslauf des Generals so lenken, daß eine gewisse Ausgewogenheit zwischen kulturellen, militärischen, die Industrie und die Verwaltung von Paris betreffenden Besichtigungen und Informationen gewahrt wurde. Ein umfangreiches, Phantasie beanspruchendes, außerdem für mich völlig neues und unübersichtliches Gebiet. Freilich waren in Paris im Stabe bereits bestens eingearbeitete Kräfte, so der I c, Major von Luttitz, oder der Chef der Militärverwaltung, Dr. Eckelmann, durch deren Hilfe ich schnell Routine gewann. Etwas abseits vom gesellschaftlichen Getriebe stand unser Chef des Stabes, Oberst von Unger. Er war Oberst i.G., in den dreißiger Jahren reaktiviert, ein bärbeißiger, großer, hagerer, glatzköpfiger, monokeltragender Herr, Schnauzbart, Hannoveraner. Alle gesellschaftlichen oder kulturellen Dinge lehnte er ab; bei dem Stabe in Paris fühlte er sich wohl weniger sicher, als er es in einem kleinen Truppenkommando getan hätte. Bei aller Bärbeißigkeit war er von großer Herzensgüte und ein wohlmeinender, loyaler Vorgesetzter und Berater in vielen diffizilen Angelegenheiten, wie sie mein Aufgabenkreis mit sich brachte.

Lernte ich Paris damals kennen? Ja, wenn man dabei an die weiten Entdeckungsfahrten und Besichtigungen denkt, die ich arrangieren und führen mußte. Die deutschen Besatzer hatten in jedem Winkel von Paris ihre teils militärischen, teils zivilen, auch geschäftlichen Niederlassungen. Jede auch noch so kleine Fabrik war besetzt, da gerade der Standort in Paris einen gewissen Schutz vor Bombardierung durch englische oder amerikanische Flieger bedeutete, die Paris schonten. Der Militärkommandant von Paris mußte möglichst ein genaues Bild der in und um Paris angesiedelten deutschen Dienststellen vermittelt bekommen. Auf endlosen Fahrten durch lange und staubige Industrie-Vororte, zu Versuchsgeländen und Fabrikhallen, aber auch zu versteckten Villen in vornehmen Vororten, in denen irgendwelche Stäbe oder Dienststellen untergebracht waren, lernte ich Paris kennen. Und dann natürlich die Kultur der Stadt: Boineburg war ein großer Freund der klassischen Oper; er hatte in der großen Oper und in der Opéra comique immer eine Loge, so daß wir alle paar Tage, gelegentlich auch nur für einen oder zwei Akte, in die Oper gingen. Hier war man wiederum unter sich - fast ausschließlich deutsche Soldaten hatten Parkett und Ränge besetzt. Mit Franzosen kam man kaum noch zusammen, denn als ich in Paris eintraf, war die Stimmung gegen die Deutschen durch Geiselerschießungen, vor allem auch durch die Methoden des Arbeitsstabs Sauckel und die Zwangsverschickung von Tausenden von Arbeitern immer feindseliger geworden. Man bemerkte dies an den Blicken, mit denen man in Uniform gemustert wurde, an der augenscheinlich immer tiefer werdenden Kluft, die sich zwischen den Parisern und den deutschen Besatzern auftat. Die Franzosen, die man kennenlernte und gerne mochte, wollte man durch Besuche wiederum nicht selbst in Schwierigkeiten bringen. Meist aber waren die Zirkel, in denen Deutsche und Franzosen freundschaftlich miteinander verkehrten, von einem gewissen *goût*. Es waren auch von deutscher Seite Typen darunter, die man sonst nicht unbedingt zu seinen Freunden zählen würde, eine Art paradiplomatischer V-Männer mit für die damalige Zeit erstaunlichen finanziellen Möglichkeiten, Verbindungen nach Spanien, in die Schweiz.

Der Frühling und Vorsommer in Paris 1944 war von ganz besonderer Schönheit. Wenn wir mit unseren Militärfahrzeugen durch die fast leeren Straßen fuhren, begegneten wir Scharen von radfahrenden Mädchen, die fröhlich singend und Späße treibend ins Grüne fuhren. Seltsamerweise scheint immer Gegenwind geherrscht zu haben, denn in meiner Erinnerung liegen den radelnden Pariserinnen die Röcke nicht über den Knien, sondern wie ein flatternder Gürtel um den Leib. Das Flair der Stadt, der Luft, der heiteren Menschen war unwiderstehlich. Doch ich kam mir irgendwie abgesondert, ausgeschlossen vor - wohl in Paris, aber eben doch nicht »drin«. Ich nahm mir vor, in und aus Paris so viele Eindrücke, so viel neues »Heimatgefühl« wie nur möglich zu sammeln, um einmal, irgendwann einmal, diese Sehnsüchte mit lebendiger, menschlicher Substanz aufzufüllen. Mein Dienst ließ mir nicht viel freie Zeit. Wir hatten von der Kommandantur eine kleine Jagd in der Nähe von Compiègne; dort schoß ich Fasanen, Hasen, im Frühjahr viele Schnepfen und einige Sauen, die sich in den dortigen Erlen-Dschungeln sehr wohl und heimisch fühlten. Ich las vornehmlich historische Werke über französische Geschichte, Carlyle, die Französische Revolution, die Bartholomäusnacht. Außerdem lernte ich auf dem Boden meiner mageren Schulkenntnisse Französisch.

Im Herbst 1943 wurde in der Comédie française ein Mysterienspiel von Paul Claudel, ›Le soulier de satin‹, uraufgeführt. Ich versuchte mich durch die französische Originalfassung hindurchzuackern, doch neben den enormen sprachlichen Schwierigkeiten war das Werk – von den meisten Theaterleuten als unspielbar eingestuft – in jeder Person und jeder Handlung ein komplexes Rätsel. Die Gestalt der Doña Prouhèze hat mich in jenen Monaten bis in die Gefangenschaft im Traum zwar nicht verfolgt, aber gewissermaßen besucht, ungreifbar. Die Inszenierung dieses Stückes erregte damals großes Aufsehen in ihrer Rätselhaftigkeit, einer Mischung aus barockem Katholizismus und schwebend-märchenhaftem Traumgeschehen, in dem Menschen, Engel und Heilige nebeneinander auftraten. Man glaubte in der Inszenierung – geschrieben war das Werk 1919 bis 1924 – eine verschlüsselte Botschaft über das Schicksal der Franzosen, den verlorenen Krieg, die Besatzung durch den Feind und die seelische Situation der Menschen in Frankreich herauslesen zu können. Ich verstand es schon beim Lesen nicht, noch weniger beim Hören und Sehen in der altehrwürdigen Comédie française. Und seltsam, gerade die Unenthüllbarkeit des ›Soulier de satin‹, des ›seidenen Schuhs‹, gerade die Unzugänglichkeit der Protagonistin Doña Prouhèze – sie erschien mir ja nur im Traum, während ich sie am hellen klaren Tage nicht »kapierte« – bot mir manche Hinweise. Ich spürte, daß ich jetzt und hier und in der Gestalt, in der ich nun einmal präsent war, mich Paris und Frankreich nicht innerlich nähern, sondern abwarten sollte, bis eine günstigere Stunde schlug. Ich fühlte mich zur Geduld gemahnt.

Ein Zentrum damaligen deutsch-französischen Geisteslebens waren die Treffen bei Herrn Epting. Ich weiß nicht mehr, in welcher Funktion er in Paris lebte. Man traf dort immer literarisch interessierte Soldaten der Pariser Garnison, Mitglieder

der Botschaft, viele Sekretärinnen und Angestellte der tausend deutschen Stäbe in Paris. Sie begegneten – jedenfalls zu meiner Zeit – einer zweiten Garnitur französischen Geistes. Auch hier spürte ich bald die Eingleisigkeit und zunehmende Dürre der Gespräche, die immer deutlicher werdende Vorläufigkeit. Ein Ort wirklicher geistiger Aufmunterung war dagegen die deutsche Buchhandlung an der »Rive gauche«. Hier kamen Ersterscheinungen deutscher Schriftsteller heraus, die in Deutschland noch nicht im Handel waren. Hier erhielt ich das erste Exemplar von Jüngers ›Auf den Marmorklippen‹, ein Buch, das damals für viele ein unerschöpfliches Gesprächsthema war. Man versuchte die einzelnen Gestalten zu entschlüsseln, die Bilder auf die Gegenwart zu beziehen. Ich konnte und kann jetzt noch ganze Passagen aus der »gehobenen Prosa« dieses Romans auswendig. Damals habe ich Ernst Jünger mehrfach getroffen, der im Stab des Militärbefehlshabers, Generals v. Stülpnagel, Dienst tat. Einmal aßen wir zusammen bei einer Baronin Schnitzler, und er erzählte von einem Traum, den er in der vergangenen Nacht gehabt hatte: Flugzeuge seien durch ihn hindurch geflogen. So sehr es mich freute und bewegte, den verehrten Ernst Jünger kennenzulernen, berührte mich die Situation doch etwas seltsam, wie er mir da mit dem »Pour le Mérite« an seiner Uniform und mit der knappen Gestik des preußischen Offiziers bei einer Mittagstafel seine Träume erzählte.

Ich habe bereits erwähnt, welche leidenschaftliche Wirkung mitunter Buchempfehlungen bei mir haben, wenn sie von Menschen kommen, die mir sympathisch sind. So nannte mir bei einer Einladung eine reizende Dame, Frau eines deutschen Generalkonsuls, den ›Wilhelm Meister‹. Wie ich anfangs auf diese Dame geflogen war – ohne jegliche Konsequenzen –, so flog ich nun auf Goethe und den ganzen ›Wilhelm Meister‹, den ich in den Monaten vor und um die Invasion konsumierte. Seltsam, wenn ich Bilder von der Invasion sehe oder Berichte von ihr lese, dann mischen sich immer noch aus der Tiefe heraus die so völlig anders gearteten Szenen und Gestalten aus Goethes Groß-Roman in das Geschehen. Geliebt habe ich den ›Wilhelm Meister‹ eigentlich nicht, auch während des Lesens nie gedacht: das lese ich nochmal.

Alte Pariskenner aus der deutschen Besatzung, jene, die schon seit 1940 ununterbrochen dort Dienst taten, trauerten jetzt immer mehr den Zeiten nach, die sie anfangs erlebt hatten. Damals sei der Verkehr mit den Franzosen, die in dem Friedenschließer Pétain den Retter Frankreichs sahen, ungezwungen und fast freundschaftlich gewesen. Doch im letzten Jahr hatte sich das Verhältnis immer weiter verschlechtert. Während Paris bislang die weitaus ruhigste Stadt der besetzten Zone gewesen war, kam es nun häufiger zu Attentaten, Sabotageakten. Auch wir Deutschen hatten viel von unserer Selbstsicherheit verloren. Das ständige Drängen Stalins nach einer »Zweiten Front« wurde in der Weltpolitik immer deutlicher, fast zwangsläufig. In wachsendem Maße verlegte man freie Truppen in den Westen. Hitler hatte den Bau des sogenannten »Atlantikwalls« befohlen, und immer unruhiger erwartete man den Tag der Invasion der Anglo-Amerikaner.

Unruhig und nicht ohne Befürchtungen erwartete man diesen Tag auch deshalb, weil sich die alleroberste Heeresführung immer noch nicht darüber klar war, wie die drohende Invasion pariert werden solle. Da waren die beiden Heeresgruppen – D unter Rommel und B unter Rundstedt – ganz verschiedener Meinung. Während der alte Rundstedt die Meinung vertrat, daß am Atlantikwall dicht gestaffelt, ohne große Rücksicht auf Reserven, alle Kräfte versammelt werden müßten, um schon in den ersten Stunden den Feind in den Kanal zurückzuwerfen, wollte Rommel, die gewaltige Luftüberlegenheit des Westens in Betracht ziehend, die Truppen tief gestaffelt im Raum Nordfrankreichs beweglich halten und dann schnell auf den wesentlichen Kampfplatz konzentrieren. Die gegensätzlichen Meinungen beherrschten die Gespräche, die Unterredungen, die Manöver und größeren Sandkastenspiele der verschiedenen militärischen Stäbe in und um Paris. Man wußte, etwas wird kommen. Es konnte nicht ewig weitergehen mit diesem »Inselgefühl« der Stadt Paris, während an allen anderen Fronten der Ruhm des deutschen Heeres bröckelte und in den Berichten nur noch von »siegreichen Abwehrkämpfen« und »Frontverkürzungen« die Rede war.

Am 6. Juni 1944, morgens gegen vier Uhr, benachrichtigte mich die Kommandantur in der Villa Coty, daß englische und amerikanische Truppen in der Normandie gelandet seien, die Invasion anscheinend begänne und daß ich sofort Unger und Boineburg benachrichtigen solle. Beide waren nach dem langen und enervierenden Warten fast wie erlöst. Das Bild des friedlichen Paris veränderte sich langsam in das einer Etappen-

Dankwart von Arnim 1976 mit General Boineburg, als man sich nach 32 Jahren zum ersten Mal wiedersieht.

stadt mit all ihren Nachteilen. Durchziehende Truppenteile, die schnell an die Front geworfen werden sollten, verzögerten ihre Aufenthalte - Motorschäden - auf disziplinverletzende, doch für den Einzelnen oft lebensverlängernde Weise. Der Drang, sich für Führer und Reich zu schlagen, wurde immer schwächer. Eine Art resignierender Müdigkeit legte sich auf uns alle, denn man kannte die gewaltige Kapazität der westlichen Streitkräfte, ihren besonnenen und punktuell massiven Einsatz von Mitteln, die uns nicht oder nicht mehr zur Verfügung standen.

Eines Nachts um zwei oder drei Uhr rief mich Breitenbuch an, der schon seit Monaten bei einer Panzerdivision in der Normandie Dienst tat. Ich fragte ihn, was er in Paris mache und ob ich ihn sehen und besuchen könne. Er meinte, momentan gehe es schlecht. Er sei vor einigen Stunden im Lazarett La Pitié eingeliefert worden und man habe ihm soeben sein linkes Bein amputiert. Leider sei noch kein Bett für ihn freigemacht worden. Drum habe man ihn auf der Krankenliege in ein leeres Zimmerchen gefahren, wo zufällig ein Telefon griffbereit war, so daß er hinüberlangen konnte, und da wollte er sich doch mal mit mir ein wenig unterhalten. So war er.

Die militärischen Besichtigungen und Besprechungen nahmen nun immer größeren Raum ein. Es gehörten zum Kommandanten drei sogenannte »Sicherungs-Regimenter«, meist aus älteren Jahrgängen bestehend. Sie mußten auf die kommenden Ereignisse hin gedrillt und vorbereitet werden. Seineaufwärts in der Nähe des Schlosses la Roche-Guyon war ein weiteres Übungsgelände, auf dem sich Boineburg nun fast täglich einfand. Meine Erinnerung besteht vor allem darin, daß ich an den langen, sonnendurchglühten Vormittagen dort im Gelände - ich hatte außer der Begleitung von Boineburg keine weitere Aufgabe - mit dem Fernglas die pausenlos über uns hinziehenden Fliegerverbände aus England beobachtete, die zu ihren Einsätzen nach Deutschland flogen. Das unüberhörbare, dauernde dumpfe Summen werde ich nie vergessen, auch nicht das Bild, wie wir unten Soldat spielten und über uns, ungestört und unbekümmert, tausende Tonnen Sprengstoff nach Deutschland flogen. Die deutsche Luftwaffe war in Frankreich zu diesem Zeitpunkt schon längst eine *quantité négligeable*, wenn sich auch noch zwei große Stäbe, der des Generals Hanesse und der Superstab des Feldmarschalls Sperrle, mit allen Mitarbeitern in Paris befanden.

Am 20. Juli 1944 waren wir zur Besichtigung einer kleinen Fabrik in der Nähe von Meudon gefahren. Dort - es wird gegen elf Uhr vormittags gewesen sein - wurden wir benachrichtigt, daß sich Boineburg und Unger sofort bei ihrem nächsten Vorgesetzten, dem General Heinrich von Stülpnagel, Militärbefehlshaber in Frankreich, zu melden hätten. Die Besichtigung wurde abgebrochen, und wir sausten ohne Verzug in die Stadt zurück zum Hotel Majestic, Avenue de Jena, dem Sitz des Militärbefehlshabers. Boineburg und Unger wurden sofort vorgelassen, während ich im Vorzimmer zurückblieb mit Gräfin Mädy Podewils, der Vorzimmerdame Stülpnagels. Sie machte ein bestürztes Gesicht, und als ich sie fragte, was denn los sei, meinte sie, sie wisse es auch nicht; jedenfalls sei ganz dicke Luft, aber nicht wegen der näherrückenden Front, sondern wegen irgend etwas »in der Heimat«.

Kurz darauf erschienen Boineburg und Unger wieder. Stülpnagel bekam ich gar nicht zu Gesicht. Schweigend verbrachten die beiden die Fahrt ins Meurice, in rat- und wortloser Bekümmerung. Dort angekommen, verschwanden sie sogleich und riefen den »l A« zu sich. Ich erhielt den Auftrag, unverzüglich den Kommandeur des Sicherungsregiments zu bestellen, Oberstleutnant v. Kr. Der freundliche, lebenslustige Kr. war nicht aufzufinden. Er hatte sich in Zivil von seinem Fahrer vor einen großen Häuserblock fahren lassen, war dort ausgestiegen und hatte dem Fahrer zugerufen, daß er ihm telefonisch Bescheid sagen würde, wenn er wieder abgeholt werden wolle. In dem nur von Franzosen bewohnten Haus waren hunderte von Wohnungen. Als ich das dem General meldete, bekam er fast Erstickungsanfälle. Ich mußte nun wenigstens den Adjutanten von Kr. holen, Oberleutnant D. Der langte kurz danach schlotternd an; auch er wußte nicht, wo sein fröhlicher Kommandeur abgeblieben war. D. erhielt den Befehl, das Regiment sofort zu alarmieren, Ausgangssperre zu verhängen und scharfe Munition austeilen zu lassen. Dies geschah. Nach zwei Stunden erschien auch Kr., nun wieder in Uniform.

Etwa zur gleichen Zeit rief mich Gräfin Kalle A. an. Sie war Schwedin, Tochter des finanzgewaltigen Wallenberg, die einen alten österreichischen Aristokraten geheiratet hatte. Sie lebte in Paris in einer wunderschönen Wohnung im Palais Royal; sah man aus dem Fenster, lag wie eine Wiese das Blattwerk der Kastanien vor einem. Die Wohnung gehörte einem befreundeten Amerikaner, der aus naheliegenden Gründen nicht mehr in Paris war. Sie selbst war in allen besseren gesellschaftlichen und halbgesellschaftlichen Zirkeln der Stadt zu sehen. Meist hatte ich sie bei meinem Schweizer Freund Emile Wolf getroffen, dem Besitzer des Hotels Lancaster. Wovon oder wie sie im besetzten Paris lebte, darüber gab es nur Vermutungen. Jedenfalls war sie äußerst amüsant, lebenslustig, welterfahren und kannte tausend Leute. Kalle A. also rief mich an und wollte wissen, »was los sei«. Der schwedische Rundfunk habe mittags eine kurze Meldung gebracht, daß in Berlin die SS putsche, daß Hitler tot sei und eine neue Regierung gebildet werde, alles eher vage Vermutungen, wohl infolge unverschlüsselter Funksprüche, die in Schweden aufgefangen worden seien. Ich konnte ihr nichts anderes sagen, als daß irgend etwas im Gange sei, was, wisse ich selber nicht.

Jetzt kam heraus, daß schon am frühen Vormittag der Funkkontakt mit dem Reich zusammengebrochen war. Der Nachmittag verging bei völliger Untätigkeit in höchster, nur mühsam unterdrückter Nervosität. Noch immer hatten Unger und Boineburg nicht gesagt, was los war. Nur merkte ich, daß zwischen beiden kein Einvernehmen bestand; Boineburg wollte anders als Unger. Noch immer herrschte Funkstille. Der schwedische Rundfunk brachte auch keine weitere Aufklärung. Die Telefonleitung ins Reich war unterbrochen. Man konnte nichts anderes tun als abwarten. Nach einem hastig und ohne Appetit eingenommenen Abendessen im Meurice kam nochmals Oberstleutnant v. Kr. vom Sicherungsregiment und holte sich weitere Befehle. Nun hörte ich, daß das ganze Regiment ausrücken würde, um im Schutz der nahenden Dunkelheit im sechzehnten Arrondissement ganze Häuserblocks abzuriegeln und zu besetzen.

Diese Häuserblocks um die Avenue Foch waren weitgehend von der SS und den höheren Polizeiverbänden in Frankreich belegt. Dort hatten der höhere SS- und Polizeiführer Oberg und sein eisig-kalter Genosse vom SD, der berüchtigte Oberst Knochen, ihren Sitz. Noch immer ohne weitere Nachricht von »außen«, bestiegen Boineburg und ich den Wagen und kamen gegen halb zehn Uhr abends in der Avenue Foch an, während v. Unger in der Kommandantur zurückblieb. Anfangs konnte man nichts Außergewöhnliches sehen. Die lange und überaus breite Straße, die sich in drei parallelen Zügen erstreckte, war von dichten alten Laubbäumen bestanden. Ebenso dichte Vorgärten, von Büschen umgeben, verdeckte die Eingänge zu den ältlichen Palais' und herrschaftlichen Wohnpalästen.

Wir stiegen aus und gingen in Höhe der Vorgärten die Avenue entlang. Vor den einzelnen Gebäuden standen schläfrige SS-Wachtposten, die sich an diesem ruhigen und warmen Juliabend entsetzlich langweilten. Die Wachtposten der SS bestanden fast alle aus »Hiwis«, »Beutedeutschen« aus der Ukraine, Südrußland oder den Donauländern. Nicht weit entfernt von den Häusern im Schutz der breiten Alleen waren in der Zwischenzeit die Truppen unseres Sicherungsregiments angelangt, und innerhalb weniger Minuten wurden die SS-Wachen, die in den deutschen Soldaten, die sich auf sie zubewegten, nichts Außergewöhnliches erkennen konnten, überwältigt und gefangengesetzt. Da man die Lage der einzelnen Häuser, ihre Besatzung, ihre Stäbe genau kannte, war die lautlose Inbesitznahme keine schwierige Angelegenheit. Nach etwa zehn Minuten kam auf uns, die wir immer noch im Schutz der dunklen Linden in unserem Fahrzeug warteten, glückstrahlend unser »General beim Stabe« zu, der liebenswürdige General Bremer, und meldete seinem alten Freund Boineburg, daß die gesamten SS-Stäbe gefangengenommen worden seien und bereits abtransportiert würden. Er selbst habe den SS-General Oberg persönlich gefangengenommen, sein Adjutant habe es mit Knochen ebenso gemacht. Beide würden in das Hotel Continental überstellt, in dem eine Gefängniszelle vorbereitet sei. Das also war es - ein Schlag gegen die SS und die Polizeiverbände, der parallel zu Vorgängen in Deutschland abzulaufen schien. Noch rätselten wir, ob die SS, wie Gräfin A. berichtet hatte, gegen Hitler geputscht habe? Oder war das der große Schlag der Opposition, von deren Tätigkeit und Plänen ich durch Hammerstein, auch über Umwegen durch meinen Vetter Fritzi Schulenburg unterrichtet worden war?

Nachdem Bremer Meldung erstattet hatte, fuhr Boineburg sogleich in das nahegelegene Hotel Majestic, um seinem Befehlsgeber Stülpnagel vom Abschluß der Operation zu berichten. Boineburg wurde vom Chef des Stabes bei Stülpnagel empfangen, dem Oberst i.G. von Linstow. Stülpnagel hatte bereits von der gelungenen Aktion erfahren und war auf dem Wege zum Befehlshaber der in Frankreich kämpfenden deutschen Truppen, der Heeresgruppen B und D, Feldmarschall von Kluge.

Linstow, außerordentlich erregt und nervös, führte uns in ein Nebenzimmer, in dem ein riesiger Billardtisch stand. In den angrenzenden Räumen war ein immer stärker werdendes freudiges Getöse zu hören. Dort waren die vielen, meist älteren Offiziere der Militärkommandatur Frankreichs versammelt. Es hatte sich in der Zwischenzeit herumgesprochen, daß in Berlin »geputscht« worden war, daß Hitler tot sei. Diese Tatsache eröffnete allen Anwesenden Perspektiven, die sich mit unklaren Begriffen wie »Ende des Krieges, Heimkehr, Schluß mit der Naziherrschaft« verbanden. Natürlich wurde kräftig getrunken. Man war in seinen Gefühlen den Ereignissen schon weit voraus und feierte immer lauter und beschwingter.

Ganz im Gegensatz dazu war die Stimmung in unserem halbdunklen Billardzimmer gedrückt. Linstow hatte - immer noch waren die Funk- und Fernsprechwege mit dem Reich unterbrochen - auf Umwegen böse Nachrichten erhalten. Zwar hieße es, Hitler sei tot, aber in Berlin seien Kämpfe ausgebrochen, und - was das ärgste war - Feldmarschall Kluge scheine sich aus der anfangs von ihm unterstützten Opposition gegen Hitler zurückziehen zu wollen. Stülpnagel sei daher selbst zu ihm gefahren; alles sei noch offen.

Auf einmal war aus dem Grölen und Gläserklingen nebenan die so lange totgeglaubte Stimme des Radiosprechers herauszuhören. Es wurde angekündigt, daß nach Mitternacht »der Führer« zu seinem Volke sprechen werde. Der Lärm in den Nebenräumen wurde auf einmal gedämpfter. Man sah betretene Gesichter, mit einem Mal herrschte Schweigen.

Ich weiß noch, daß mich Boineburg und Linstow veranlaßten, immerfort Jagdgeschichten zum besten zu geben. In der lastenden, von höchster Nervosität erfüllten Atmosphäre wollten sie sich von ihren schweren Gedanken ablenken lassen. Immer wieder erklang die Stimme des Sprechers, immer näher rückte der Moment, in dem Hitlers Stimme ertönen sollte. Es muß kurz nach Mitternacht gewesen sein, als endlich nach einem einführenden hektischen Geschrei von Goebbels die bekannte Stimme des »Führers« erklang. Ich stand in der Tür zum Radioraum, dem Saal, in dem vorher das Trinkgelage stattgefunden hatte. Bei den ersten Sätzen werde ich durch einen Laut hinter mir aufmerksam und sehe, daß soeben General von Stülpnagel mit seinem Ordonnanzoffizier hereingekommen ist. Ich machte ihm schweigend Platz, und Stülpnagel stellte sich vor mich hin. Ich sehe es noch wie gestern und empfinde seine ungeheure Anspannung, als er Hitlers vor Haß »gegen eine kleine Clique ehrgeiziger Offiziere« geifernde Rede hörte und dabei, ohne eine Regung zu zeigen, in den hinter dem Rücken gekreuzten Händen seine Handschuhe zerdrückte und verdrehte. Am Ende der Rede machte er kurz kehrt, sprach mit keinem der anwesenden Offiziere und übergab sein Amt dem eben angekommenen General Blumentritt.

Stülpnagel und Linstow waren wohl vom ersten Tage der Planung des Attentats an eingeweiht. Als Stülpnagel zu Kluge gefahren war, um ihm den erfolgreichen Schlag gegen die SS zu melden, hatte ihm Kluge den Befehl gegeben, sofort die ganze Aktion rückgängig zu machen. Trotz der beschwörenden Unterstützung durch Oberstleutnant von Hofacker, einem der aktivsten Männer des 20. Juli, ließ Kluge sich nicht von seinem Befehl abbringen. Nachdem er wußte, daß Hitler noch am Leben war, sagte er: »Ja, meine Herren, eben ein mißglücktes Attentat.«

Stülpnagel sollte sich am nächsten Tag in Berlin bei Keitel melden. Er fuhr mit seinem Fahrer und seinem Burschen über die Schlachtfelder von Verdun, wo er im Ersten Weltkrieg als junger Leutnant gelegen hatte. Dort versuchte er, sich mit einer Pistole in die Schläfe zu schießen. Er verletzte aber nur seine beiden Sehnerven, wurde von seinen Männern gefunden, in das nächste Lazarett gebracht und dort von der Gestapo übernommen, die ihn erst einmal gesundpflegte, um ihn dann im September in Berlin zu erdrosseln. Auch Linstow wurde hingerichtet.

Blumentritt, der bisherige Chef des Stabes der Heeresgruppe B, früher bei von Rundstedt, ließ unverzüglich Boineburg zu sich kommen. Er gab ihm den Befehl, die festgesetzten SS-Offiziere und Mannschaften wieder freizulassen und in einer Stunde, also gegen zwei Uhr nachts, im Hotel Majestic die Hauptbeteiligten von Wehrmacht und SS zu einer Besprechung zusammenzuholen. Es waren dies außer Blumentritt, Boineburg und Linstow, der noch seinen Dienst versah, die beiden SS-Offiziere Oberg und Knochen, dazu Unger und der deutsche Botschafter Abetz.

Kurz darauf langten Oberg und Knochen, von einem Offizier der Kommandantur geholt, im Majestic an. Sie gaben sich wohlwollend, taten so, als würden sie die ganze Sache »sportlich« nehmen. Schließlich war man in Feindesland und mußte Geschlossenheit auch mit der unzuverlässigsten Wehrmacht demonstrieren. Oberg hatte vorerst nur die eine persönliche Forderung, daß unser reizender alter General Bremer, ein Wiener, der ihn gefangengenommen hatte, sofort abgelöst würde. Bremer, ein unbedingter Gegner der Nazis, hatte bei der Gefangennahme, als sich der ältliche und dicke Oberg aus seinem Bett erhob und verwirrt anzog, freimütig gelacht.

Noch waren keine näheren Nachrichten aus Berlin zu erhalten, und wer alles an dem Attentat beteiligt war, ließ sich noch nicht feststellen. So kam es für die Pariser Besatzung lediglich darauf an, die Sache möglichst stillschweigend zu erledigen. Da viele deutsche Soldaten und SS-Angehörige – schließlich hatte die ganze SS-Garnison festgesessen – in den »20. Juli« in

Paris hineingezogen worden waren, lag dem rasch zusammengerufenen Gremium daran, eine »Sprachregelung« zu finden, die die Vorgänge erklären sollte. Sie wurde am folgenden Tag allen beteiligten Truppenteilen in Paris verlesen. Der Text – ich habe ihn nicht mehr genau im Kopf – lautete etwa folgendermaßen: »SS und Wehrmachtsverbände im Raum Groß-Paris haben in der vergangenen Nacht eine überraschend angesetzte Übung mit scharfer Munition durchgeführt. Die Übung ist befriedigend verlaufen; ich danke allen Beteiligten. Gez. Oberg. Boineburg.«

Am nächsten Tag meldete sich eine Abordnung der Offiziere des beteiligten Wachregiments bei Boineburg und führte Beschwerde, daß man sie mit dieser »Sprachregelung« anlüge. Schließlich hätten die inzwischen eingelaufenen Nachrichten erwiesen, daß es sich um einen Teil des Gesamtplans zum Attentat gehandelt habe. Boineburg erklärte daraufhin die abgegebene Sprachregelung als »höchste Anordnung«, was wohl auch stimmte.

Allmählich wurden auf offiziellem Wege über den Nachrichtendienst und die Zeitungen, aber auch inoffiziell immer mehr Einzelheiten über das Attentat bekannt. An vorderer Stelle war mein Vetter Fritzi Schulenburg tätig gewesen, der überhaupt ein Motor des Attentats war. Zwei weitere Vettern von mir, Graf Dohna und Graf Schwerin-Göhren, wurden ebenfalls genannt und im Herbst hingerichtet. Darüber hinaus war mir eine große Menge der »Verräter« bekannt, der alte Botschafter Schulenburg, der noch vor wenigen Wochen bei uns in Paris gewesen war und einen Abend in der Villa Coty verbracht hatte, Hammerstein, Plettenberg, Hofacker, Haeften und viele, viele andere.

Das war der 20. Juli in Paris. Vielleicht wäre er anders verlaufen, wenn nicht Kluge, sondern Rommel an der Spitze der Heeresgruppen gestanden hätte. Rommel gehörte ebenfalls zu dem erweiterten Kreis der Verschwörer, und es ist fraglich, ob er ebenso wie der bekannt schlaue, aber eher zögernde Feldmarschall von Kluge, »der kluge Hans«, gehandelt hätte. Doch Rommel war drei Tage vor dem Attentat bei einem Tieffliegerangriff an der Front verwundet worden und lag bei Paris in einem Lazarett. Dort besuchte ihn Boineburg mehrmals, da beide aus früheren Zeiten befreundet waren.

Die Ereignisse des 20. Juli, während derer Boineburg und Unger die Befehle Stülpnagels empfangen und ausgeführt hatten, zeigten den höheren Dienststellen an, daß die Zuverlässigkeit Boineburgs als Gefolgsmann des »Führers« brüchig war. Andererseits konnte man Boineburg keine direkte Verbindung mit den Männern des 20. Juli nachweisen. Die Lage »in Feindesland« erlaubte außerdem nicht, sofort alle Verdächtigen auszutauschen und vor Gericht zu stellen. Immerhin aber wurde Boineburg von Stülpnagels Nachfolger, General Kitzner, mitgeteilt, daß er mit baldiger Ablösung und anderer Verwendung zu rechnen habe. So vergingen die nächsten Tage in der Villa Coty. Man wußte, daß große Veränderungen bevorstanden. Man brauchte nur auf die Landkarte zu sehen, auf der die Frontlinie mit den ständig vorrückenden amerikanischen und englischen Truppen aufgezeichnet war. Die Abende, nun ohne Einladungen und gesellschaftliche Aufgaben, verliefen schweigsam; jeder war mit seinen Gedanken beschäftigt. Oft wurde ich von Boineburg und Unger entlassen, da sie unter vier Augen die Lage besprechen wollten. Dabei war meist, freilich nur geflüstert, die Rede von den Vorgängen in den russischen Lagern mit dem Komitee »Freies Deutschland«, dessen Initiator, General von Seydlitz, ein alter Reiterfreund und Kamerad Boineburgs aus zwei Kriegen war.

Eines Tages war es dann so weit: Ein Fernschreiben vom OKW befahl, alle Truppen in und um Paris einem Verteidigungskommissar zu unterstellen, der die Rechte eines »Kommandanten einer belagerten Festung« im Range eines Korpskommandeurs bekäme. Zum Kommandanten der Festung »Groß-Paris« wurde ein General der Panzertruppen bestimmt, Dietrich von Choltitz, der damals ein Korps in der Normandie führte. General Boineburg war seines Postens enthoben, er wurde zum Kommandanten der Oberfeldkommandantur Laon ernannt. Natürlich konzentrierte sich jetzt unser ganzes Interesse auf Choltitz, dessen Handeln und Denken unser Schicksal bestimmen würde. Man wußte – und das war aus der ganzen Situation heraus verständlich –, daß Hitler einen »Nazi«-General, der »scharf durchgreift«, mit der Aufgabe betrauen würde, Paris zu verteidigen. Indem die Stadt eine »Festung« wurde, war auch schon ein Programm gegeben: Paris wird verteidigt – auf den Trümmern, wie es so schön hieß. Der angebliche strategische Sinn dieser Verteidigung wurde darin gesehen, daß dergestalt viele feindliche Truppen auf ihrem Vormarsch nach Deutschland nördlich und südlich von Paris aufgehalten und in hinhaltende Gefechte verstrickt werden könnten. Das war freilich eine falsche Annahme, denn die feindlichen Truppen waren ohnehin schon weit ostwärts von Paris vorgestoßen, ohne sich um die militärisch ganz unwichtige, nur von faulen, überalterten Stäben besetzte Stadt zu kümmern. Anders stand es um deren Wert als politisches Objekt. Für die Deutschen kam der Fall von Paris einem endgültigen Erwachen gleich; für die Alliierten, vor allem für die Franzosen, war er ein großer Schritt zum Sieg.

In den Augen der obersten Heeresführung erforderte die Aufgabe, die Choltitz zugedacht war, einen äußerst schneidigen und auch erfahrenen General. Das traf auf Choltitz zu. Er hatte entscheidenden Einfluß auf die Eroberung der Krim genommen, war der erste Offizier, der den »Krimschild« trug und an allen anderen Kampfplätzen dieses Krieges im Osten und Westen bekannt und bewährt war. Eines Abends stand er plötzlich in der Villa Coty, direkt vom Führerhauptquartier mit seinen zwei Burschen nach Paris durchgefahren. Er war damals fünfzig Jahre alt, klein von Statur, dabei rundlich. Schnarrende Stimme, etwas sächsisch-schlesisch sprechend, Monokel im Auge, auf dem eher runden Kopf ein winziger Scheitel, fast genau in der Mitte. Er sprach schnell, bestimmt, bewegte sich - wie oft dickliche Menschen - mit unerwarteter Behendigkeit und bot in Auftreten und »Gehabe« das Bild eines Durchgreifers. Das war der Eindruck der ersten Stunde, als ich ihn, noch umgeben von vielen Offizieren unseres Stabes, kennenlernte. Doch bald wußte ich, daß dieser Eindruck für die ersten Stunden als Auftritt einstudiert, »gemacht« war. Nach einem einfachen Abendessen zog sich Choltitz mit Boineburg und Unger zu einem stillen Gespräch zurück. Als nach zwei oder drei Stunden die drei Männer wieder erschienen, war mir, der ich in den vergangenen Monaten gelernt hatte, auf Nuancen des »Sich-Gebens« zu achten, klar, daß Boineburg und Unger mit Choltitz im besten Einvernehmen waren, daß eine Einigkeit bestand, die über oder jenseits der rein militärischen und stabsorganisatorischen Probleme liegen mußte und sich vor allem auf das uns alle bewegende Schicksal der Stadt Paris bezog. Spät in der Nacht brachte ich Choltitz ins Hotel Meurice zurück. Während der Fahrt stellte sich heraus, daß ich mit Choltitz - wenn auch nur auf verschlungenen schlesischen Wegen - verwandt war. Seine Frau war eine »Garnier-

Turawa«. Er war aus den frühesten Reichswehrzeiten mit meinem Onkel Oskar Pilati befreundet. Es ergab sich sogleich ein Kontakt, der weniger von militärischen, als verwandtschaftlich-vertrauensbereiten Gefühlen bestimmt war. Ich brachte ihm gleich zur Kenntnis, daß ich gerne aus dem Stabsdienst ausscheiden und in die in der Normandie kämpfende Panzer-Lehrdivision übertreten wollte. Choltitz entgegnete, daß er über meine weitere Verwendung mit Boineburg gesprochen habe. Neu in den Stab gekommen, brauche er unbedingt einen Ordonnanzoffizier seines persönlichen Vertrauens, der die Lage und die vielschichtige Situation in Paris kenne. Deshalb müsse er vorerst darauf bestehen, daß ich in der gleichen Tätigkeit wie bei Boineburg bei ihm bleibe. Das war als Befehl ausgesprochen, und ich nahm es vorerst einmal zur Kenntnis.

Am nächsten Tage - dem 11. August 1944 - wurden weitere Besprechungen mit den zahllosen Dienststellenleitern der deutschen militärischen und zivilen Behörden gehalten, die sich, zum Teil schon im Aufbruch, noch in Paris befanden. Für Choltitz, dem in diesen Stunden von Boineburg die Kommandantur übergeben wurde, muß es eine verwirrende Angelegenheit gewesen sein, denn als alter Truppenoffizier kannte er nur klare Befehls- und Unterstellungsverhältnisse. In Paris hatte sich in den Jahren der Besatzung eine nicht mehr zu übersehende Vielzahl von Dienststellen und Stäben angesammelt, eben das, was man sich unter »Etappe« vorstellt. Schon die rein militärischen Stäbe waren Legion: der Stab der Heeresgruppe B, früher Rundstedt, jetzt Kluge; der Militärbefehlshaber, früher Stülpnagel, jetzt Kitzner; Feldmarschall Sperrle mit seinem riesigen Fliegerstab im Palais Bourbon und einer renaissancehaften Hausführung; daneben noch der Fliegergeneral Hanesse, der von allen Kennern lediglich als »Einkäufer« für Göring in Paris angesehen wurde; der Chef des Marinekommandos West, Admiral Krancke; viele undurchschaubare SS-Stäbe und Einheiten, noch mehr paramilitärische Stäbe der Wirtschaft, besonders der Wirtschaftsausbeutung Frankreichs, der Erfassung der Arbeiter, die in die »Rüstung« ins Reich geschickt wurden, und all diese Stäbe noch erweitert durch halb-offizielle privatwirtschaftliche Dienststellen, auch wissenschaftliche Abordnungen und Gruppen, die jahrelang die französischen Staatsarchive, die nun zugänglich waren, durchforschten. Zuletzt die riesige Deutsche Botschaft unter Botschafter Abetz, Konsulate, Parteibüros der »Auslanddeutschen«, Rotes Kreuz.

Diese unübersehbare Schar hatte in den vergangenen Jahren neben ihrer »normalen« Tätigkeit auf das nachhaltigste versucht, für ihre einzelnen Mitglieder eine Existenzberechtigung nachzuweisen, um sich damit das zweifellos gegenüber der »Heimat« paradiesische Leben in Paris zu erhalten. Die ruhige Atmosphäre der Etappe wurde nicht gestört durch die beschwichtigenden Wehrmachtsberichte, so daß sich im Denken und Empfinden der meisten in Paris tätigen Deutschen ein Gefühl der inselhaften Geborgenheit, gestärkt durch die mehrjährige Erfahrung mit Paris und den Parisern, ergeben hatte. Da keine Dienststelle ohne das Placet des Kommandanten Paris verlassen durfte, begann in diesen Tagen ein Sturm auf die Kommandantur. Ich kann mich noch leicht in die Stimmung degoutanter Verachtung hineinversetzen, die uns alle ergriff, als diese Dienststellenleiter und Chefs jetzt mit ebenso hergeholten Argumenten wie vorher – als sie bleiben wollten – die Verlagerung ihrer Stäbe und Sitze im Sinne der »Kriegswichtigkeit« vorbrachten. Natürlich wurden keinem Schwierigkeiten bereitet, denn das Bestreben von Choltitz war es, Paris von allen nicht rein militärischen Dienststellen zu befreien.

Am Abend des 11. August waren wir noch einmal, zum letzten Mal, in der alten Runde versammelt, Boineburg, Unger und ich. Diesmal waren die Gespräche unmilitärisch, freundschaftlich, fast »sanft«. Nach den bösen Folgen des 20. Juli und dem Geraune um den General von Seydlitz standen Bruch und Ende eines Offizierslebens bevor. So bewegten sich unsere Gespräche größtenteils um unsere Familien, Jagdgeschichten, Reitererzählungen. Am nächsten Morgen um halb vier brachte ich Boineburg mit seinem kleinen Gepäck in die Rue de Jena, wo vor dem Hotel Majestic ein Geleitzug aus abrückenden Truppen und Dienststellen gebildet wurde. Außerhalb von Paris, vor allem in den Maquis', war die Kampftätigkeit der FFI (Forces Françaises d'Interieur)-Partisanen schon so stark, daß einzelne deutsche Fahrzeuge sich nicht sehen lassen durften und zur Fahrt – eigentlich zur Flucht – ins Reich stark gesicherte Geleitzüge zusammengestellt bekamen. Noch ein kurzer Händedruck mit Boineburg, eine Ermahnung, Choltitz ebenso zu helfen wie ihm, und ein oder zwei Worte, daß meine Loyalität Choltitz gegenüber in jeder Weise berechtigt sei. Dann verschwand Boineburg mit seinen zwei Soldaten im Morgengrauen in der Masse der sich Sammelnden, und ich fuhr zurück, um zum letzten Mal in der Villa Coty zu schlafen.

Die Zeit, die ich mit General v. Choltitz verbrachte, war relativ kurz, etwa vierzehn Tage, vom 11. bis 25. August 1944. Doch sollten es die aufregendsten und in mancher Hinsicht auch entscheidendsten meines Lebens werden. Choltitz war ganz darauf eingestellt, so schnell wie möglich die militärische und politische Struktur des besetzten Paris kennenzulernen. In den vergangenen Wochen hatte sich vieles grundlegend verändert. War Paris bis vor kurzer Zeit noch eine der friedlichsten Städte in Europa gewesen, ohne Bombenangriffe, ohne nennenswerte Sabotageakte, ohne größere Übergriffe der FFI, so hatte sich gerade in den letzten Tagen die innere Situation der Stadt deutlich gewandelt. Zunehmende passive Resistenz der französischen Angestellten, Schließen von Läden, schleppende und immer schwieriger werdende Zusammenarbeit mit den Behörden, den Verwaltungen der Riesenstadt, infolgedessen wachsende Schwierigkeiten bei der Versorgung der Bevölkerung, Knappheit aller Lebensmittel, lange und immer längere Schlangen vor den Lebensmittelläden, kleinere Unruhen, einzelne Streiks. Nun begannen gleichzeitig auch in größerem Umfang Sabotageakte, die eine intensivere Bewachung wichtiger Objekte, großer Fabrikanlagen, Eisenbahneinrichtungen, Wasser- und Elektrizitätswerke verlangten. Bald gab es Überfälle auf die geschrumpften deutschen Einheiten, etwa auf das riesige Heeres-Kleiderdepot auf einer der Seine-Inseln, auf die Depots in den Hallen; es mehrten sich die Überfälle auf Posten oder einzelne deutsche Soldaten. Hier wurde von Tag zu Tag deutlicher, daß die Pariser Polizei nicht mehr zur Zusammenarbeit mit den deutschen Militärbehörden bereit war. Zwar kam es bei der Polizei noch nicht zu offenem Streik - der wurde erst am 19. August ausgerufen -, aber man spürte einen unverkennbaren Klimawechsel. Die FFI verstärkten ihren Einfluß, gewannen immer neue Mitglieder; schon bald wurde von der französischen Untergrundbewegung gedroht, daß mit den Kollaborateuren gnadenlos verfahren werde. Jeder Pariser, jede Pariserin hatte es nötig, um späteren Anklagen oder anderen Schwierigkeiten zu entgehen, sich bald und sichtbar für die Umgebung am Arbeitsplatz, am Wohnort, in der Familie ein Alibi für den eigenen Deutschenhaß zu schaffen. Fast jeder Einwohner der Stadt Paris war irgendwie durch seine Tätigkeit mit den Deutschen verstrickt, jede Fabrik arbeitete für die deutsche Rüstung, jeder Eisenbahnzug fuhr »kriegswichtig«, und schließlich diente das reibungslose Funktionieren der ganzen städtischen Verwaltung mit den Versorgungs-, Transport- und Energie-Einrichtungen ebenfalls dem ungestörten Ablauf der deutschen Kriegsmaschinerie.

Jetzt mußten die deutschen Soldaten, die noch in Paris verblieben, näher zusammengeholt, am besten kaserniert werden. Bislang hatten sich die meisten militärischen oder pseudomilitärischen Einheiten in kleine beschlagnahmte Villen verzogen, in denen sie, verglichen mit den Truppen auf den Kriegsschauplätzen oder den Menschen in Deutschland selbst, ein urgemütliches Leben geführt hatten. Plötzlich kam eine nervöse Verunsicherung der deutschen Soldaten auf. Sie reagierten schneller, oft auch unüberlegter und härter als bisher. Die in Paris stationierten Truppen waren sicher keine Auslese an Kampfkraft und Erfahrung; es handelte sich vielmehr um ältere Jahrgänge, Männer mit Spezialkenntnissen für industrielle Fertigungen, Wissenschaftler zum Durchstöbern von Archiven. So entstand bei den deutschen Truppen innerhalb weniger Tage das Gefühl, inmitten einer zunehmend feindlichen Umgebung eingeschlossen zu sein. Die Kontakte zu den vorgesetzten deutschen Behörden wurden schwieriger. Natürlich erstreckte sich die Sabotagetätigkeit auch auf die Nachrichtenstellen, Melder wurden abgefangen, erschossen.

Immer hatte sich das friedliche und reibungslose Zusammenleben von Parisern und deutschen Soldaten nur auf jene Soldaten bezogen, die das Hoheitszeichen auf der rechten Brust, nicht auf dem linken Oberarm – wie die SS-Verbände – trugen. Die Franzosen waren sehr genau über Struktur und Tätigkeit der deutschen Truppen in Paris informiert. Hier lagen große SS-Sicherheitsverbände und sogenannte Totenkopfeinheiten. Ihre obersten Vorgesetzten, der SS-General und der Leiter des Sicherheitsdienstes, SS-Standartenführer Knochen (ein schlanker, eiskalter Wikinger-Typ vom Schlag der »blonden Bestie«), hatten sich bereits in den ersten Augusttagen aus Paris verzogen und nahmen langsam alle weiteren Verbände und Polizeieinheiten mit, die zur SS gehörten. Zwar hob – ganz natürlicherweise – bei Franzosen wie bei Deutschen ein Aufatmen an, doch – ebenso verständlich – wurden nun die zurückgebliebenen Deutschen mit der SS und ihren Untaten, die immer mehr zutage traten, gleichgesetzt. Untergrundzeitungen, die in großer Menge auftauchten, berichteten von den schändlichen Taten der SS, und bald erschienen, von nächtlichen Klebekommandos an allen Stellen der Riesenstadt angebracht, Plakate mit Aufrufen an die Pariser Bevölkerung. Hier wurde schon offen von der bevorstehenden »Reinigung« gesprochen, den Kollaborateuren gedroht und in Riesenlettern gefordert: »Chacun Parisien son boche.« Unverblümt also die Aufforderung, jeder Pariser sollte einen Deutschen umbringen. Unser Nachrichtendienst, der solche Vorgänge aufnahm, sichtete und verarbeitete, hörte bald, daß eine Gruppe von einigen hundert spanischen Kommunisten, sogenannten Bürgerkriegsexperten, eingeschleust worden sei, um den Aufstand in Paris vorzubereiten und zu lenken. Mittlerweile kam es überdies zu organisierten Morden an Franzosen, auch wenn sie nur zwangsläufig mit den Deutschen zusammenarbeiteten. An den hochragenden Eisengittern des Pariser Gare de l'Est fand man eines Morgens achtzehn französische Eisenbahner wie Vieh an den Staketen aufgehängt. Sie hatten den von der FFI herausgegebenen Streikaufruf nicht befolgt und nun nur noch die Wahl, entweder von den Deutschen als Saboteure oder von ihren Landsleuten als Verräter umgebracht zu werden. Solche Vorfälle mehrten sich, die Verängstigung stieg, der Terror nahm zu.

Hier muß ein Kernpunkt der französischen Politik Erwähnung finden, der bis zum heutigen Tage die Stimmen des Pro und Contra nicht verstummen läßt und in den damaligen Stunden und Tagen die Entscheidung für den politischen und historischen Weg Frankreichs nach dem Kriege vorzeichnete. Naturgemäß waren in der FFI alle Gegner des in ihr Land eingedrungenen Feindes versammelt. Die trügerische Ruhe, die Paris bot, war keineswegs für ganz Frankreich symptomatisch. Man kann fast sagen, je weiter man sich von Paris entfernte, desto stärker war die Kampf- und Sabotagetätigkeit der Franzosen. Kommunisten und Erzreaktionäre, Liberale und Klerikale, alle im Untergrund der FFI angeschlossen, hatten vorerst kein anderes Ziel, als den deutschen Feind aus ihrem Land zu vertreiben. Die regulären französischen Truppen, die im Verband der Alliierten in Nordafrika kämpften, waren sozusagen nur der außerhalb Frankreichs kämpfende Teil dieser Bewegung. Die FFI verstand sich als die Truppe in Frankreich.

General de Gaulle wurde als präsumptiver Staatspräsident angesehen. Die Invasion zeigte, daß in dem Moment, in dem alliierte Einheiten das Land betraten, auch schon Politiker als Bürgermeister, Präsidenten und Vorsteher der lokalen Verwaltungen eingesetzt wurden, die zur Gefolgschaft de Gaulles in England, Frankreich oder - wohin ja besonders viele Franzosen geflohen waren - in Nordafrika gehört hatten.

Diesen Politikern lag natürlich daran, dem durch den Krieg ohnehin schwer geschädigten Land, seinen verstörten und dezimierten Bewohnern möglichst bald wieder eine vertrauenswürdige, feste und dem anglo-amerikanischen Vorbild entsprechende demokratische Regierung zu geben. Diese Form des Regierens entsprach allerdings nicht den Wünschen und Vorstellungen der Kommunisten. Waren die »Demokraten« als präsumptive Regierende schon in England und Nordafrika auf ihre spätere Arbeit vorbereitet worden, so wollten die Kommunisten, die zweifellos den kämpferischen Kern der FFI darstellten, im Moment der lokalen Befreiung kommunistische Regierungen und Stadtparlamente ausrufen, wenn die moralische und faktische Macht ihres Kampfes frisch im Gedächtnis der befreiten Franzosen haftete. In den bisher befreiten Gebieten war das nie oder nur zu einem verschwindend geringen Teil gelungen. Für Paris aber, das in den Augen der Franzosen viel mehr als nur die Hauptstadt ihres Landes darstellte, hatten die Kommunisten den großen Donnerschlag vorgesehen. Sie wollten einen Aufstand der gesamten Bevölkerung anzetteln, um in einem gewaltigen Blutbad unter Deutschen und Kollaborateuren, was immer im Moment des Chaos darunter verstanden werden mochte, eine kommunistische Regierung auszurufen. Eine Regierung in Paris wäre natürlich auch die Regierung Frankreichs gewesen, und so wäre ein *fait accompli* geschaffen worden. Das Volk hätte sich seine Regierung »selbst geschaffen«. Erst Tage oder gar Wochen später wäre de Gaulle mit den geringen französischen Truppenverbänden im Gefolge der Alliierten gekommen: Er hätte vollendete Tatsachen vorgefunden.

Das Ende der deutschen Besatzung bot für die Befreiung von Paris zwei verschiedene Wege: Entweder würden die Deutschen und die in Paris gebliebenen Ordnungskräfte versuchen, ohne weiteres Blutvergießen eine kampflose Übergabe von einer Truppenmacht an die andere zu bewerkstelligen, um Paris unzerstört, seine Bewohner unverletzt zu erhalten, oder es würde zu einem gewaltigen Aufstand der Pariser gegen die noch immer zahlreichen und vor allem noch sehr gut bewaffneten Deutschen kommen. Die Folge wäre ein furchtbares Blutbad gewesen, verbunden mit weitgehenden Zerstörungen in der Stadt, der Brücken, der historischen Gebäude. Für die Vertreibung der Deutschen aber wäre das im Grunde sinnlos gewesen, denn deren Verschwinden aus Paris war so oder so nur eine Frage von Tagen. Noch heute werfen die Kommunisten den Gaullisten diesen historischen Fehler vor: Sie hätten eine Besatzung, nämlich die der Deutschen, gegen eine andere, nämlich die der Amerikaner eingetauscht.

Das war die Situation, als Choltitz das Kampfkommando Groß-Paris am 11. August übernahm. Er hatte am Tag zuvor von Hitler einen langen Vortrag über seinen Kampfauftrag entgegengenommen und den Monolog eines augenscheinlich schwer angeschlagenen Mannes gehört, der sich in Haßausbrüchen gegen seine äußeren und inneren Feinde - der 20. Juli war gerade drei Wochen her - erging. Dem General, den Hitler gewiß bis zu dieser Stunde als Heerführer zu seinen loyalen und gehorsamen Gefolgsleuten zählen konnte, kamen erhebliche Zweifel an der geistigen und seelischen Gesundheit und Urteilskraft seines Führers. Außerdem erhielt der in alter preußischer Offizierstradition aufgewachsene und bewährte General nach einem Leben in der hierarchischen Truppenführung zum ersten Mal einen Auftrag, der mehr noch als seine militärische Kompetenz politische, ja historische Fragen berührte und in ethische und moralische Kategorien hineinspielte. Hitlers Befehl war kurz: Paris zu zerstören, wenn der Feind anrückte, und es auf den Trümmern zu verteidigen.

Freilich darf man sich nicht vorstellen, daß Choltitz nach der Ankunft in Paris sogleich ein fertiges Rezept für sein Handeln bereit gehabt hätte. Es steht jedoch außer Frage - ich weiß es aus den ersten Gesprächen mit ihm, aus seinen Reaktionen auf neue Meldungen über Unruhen und Sabotage -, daß er den weichen Weg suchte und die Schonung von Menschenleben zu seinem ersten Gebot machte. Das war einfacher gedacht als getan. Der Stab der Kommandantur von Paris, den Choltitz übernahm, war vielschichtig gegliedert; ihm unterstanden die große Platzkommandantur mit unendlich vielen Offizieren, die reine Verwaltungstätigkeiten auszuführen hatten, zwei Feldkommandanturen in Paris, drei - allerdings nicht vollzählige - Sicherungsregimenter und sein engerer Stab mit Chef, Adjutantur und weiteren militärischen Verwaltungsoffizieren in der Größe eines Korpsstabes. Diese Offiziere waren nicht etwa wie bei einer kämpfenden Einheit »zusammengeschweißt« und in Krisensituationen erfahren, sondern eher ein zusammengewürfelter »Haufen« von meist älteren, oft schwer verwundeten Offizieren, während in den Feldkommandanturen und in den Regimentern etwas jüngere Offiziere zu finden waren.

Inzwischen strömten unausgesetzt von den in der Stadt aufgegebenen Stäben und Dienststellen Offiziere und Soldaten in die Kommandantur. Was sollte zum Beispiel eine mit vier Offizieren, fünfzehn Soldaten und fünf Schreibkräften - »Blitzmädchen« - besetzte Dienststelle »Zentrale Altreifenerfassung West« anfangen, wenn die Altreifen nicht mehr »anrollten«? Analog war es bei vielen wissenschaftlichen Forschungsgruppen, die, jahrelang in ihre Archive vergraben und nun plötzlich von der bisher ungestörten Kommunikation mit ihren Dienststellen in Deutschland abgeschnitten, sich nur durch schleunige Flucht in die Zentrale der Pariser Stadtkommandantur retten konnten. Dieser Haufen verstörter, ihrer bisherigen Beschäftigung entrissener Männer wurde immer größer. Gleichzeitig gab es auch für die Kommandantur im eigentlichen Sinne nichts mehr zu verwalten, denn das zu Verwaltende ging langsam, aber stetig in die Hände der früheren Besitzer über. Lediglich die direkten Kampfverbände, die klare Bewachungs- oder Schutzaufträge hatten, funktionierten weiterhin ungestört. Die weitaus größere Anzahl, die immer noch wuchs und sich in den langen Gängen des Hotels Meurice rauchend, schwatzend und Gerüchte verbreitend aufhielt, war eine unübersichtliche und unerfaßbare Masse - sozusagen militärische Arbeitslose.

In der Zwischenzeit wurden immer mehr hohe und höchste Offiziere in das Attentat auf Hitler verwickelt. So erhielt auch der Befehlshaber der beiden Heeresgruppen B und D, Feldmarschall v. Kluge, die Nachricht von seiner Ablösung. Kluge vergiftete sich während einer Rast auf der Rückfahrt nach Deutschland, nicht weit von dem Platz, an dem Stülpnagel versucht hatte, sich zu erschießen.

Zum Nachfolger Kluges, also zum Chef der beiden Heeresgruppen, wurde Feldmarschall Model ernannt, einer der schärfsten und gefürchtetsten Heerführer und Gefolgsmänner Hitlers.

Am 17. August wurde ich morgens um halb fünf geweckt. Ich sollte sofort in die Diensträume kommen, Generalfeldmarschall Model sei angelangt und wolle den Ordonnanzoffizier sprechen. Ich stürzte in meine Kleider und war wenige Minuten später in der Kommandantur. Model tobte fürchterlich herum. Er komme gerade aus St. Germain, dem Dienstsitz der Heeresgruppe D, und habe dort nur einen betrunkenen Stabsarzt als Nachkommando des bereits abgerückten Stabes der ganzen Heeresgruppe vorgefunden. Er habe ihn standrechtlich erschießen lassen. Er wolle auf dem allerschnellsten Wege nach La Roche-Guyon gebracht werden. Der Führer, bei dem er vor wenigen Stunden gewesen sei, habe ihm ein Begleitkommando mit 2-cm-Flak zur Verfügung gestellt. Ich solle sofort als Lotse mitfahren. Choltitz habe er bereits telefonisch davon in Kenntnis gesetzt, und dieser habe mich für die Fahrt freigestellt, da ich am besten den von Tieffliegern nicht einsehbaren, alleengesäumten Schleichweg Seineabwärts kennen würde. Choltitz wolle er jetzt nicht sehen, dazu habe er es zu eilig, aber Choltitz werde sich in den nächsten Tagen bei ihm melden.

So schwang ich mich denn neben den Fahrer des schweren Fahrzeugs, wurde von ihm noch angeschrien, weil ich keinen Stahlhelm aufgesetzt hatte, und los ging die Fahrt durch das im frühen und milden Morgenlicht liegende Seinetal. Model, von seinen zwei schweigsamen Ordonnanzoffizieren begleitet, sprach kein Wort. Glücklicherweise gelang es mir, einen relativ gefahrlosen Weg zu finden, und nach einer guten Stunde langten wir in dem kleinen Städtchen mit dem alten Schloß an. Aus seinen Fenstern blickte schon eine Anzahl von Offizieren auf die ankommenden Gäste. Es war ihnen natürlich mitgeteilt worden, daß ihr Befehlshaber abgelöst und der gefürchtete Model dafür eingesetzt worden sei. An der Treppe des Schlosses kam dem neuen Befehlshaber der Chef des Stabes entgegen, Speidel, im Hintergrund sah ich noch Kluge, wie er Model begrüßte. Ich verabschiedete mich von den mürrischen Ordonnanzoffizieren, die an sich froh sein konnten, daß ich sie vor den Tieffliegern beschützt hatte; aber in Tuchfühlung mit Model waren sie wohl an Gefahren gewöhnt. Für mich hatte Model keinen Blick und kein Wort mehr. Ich blieb noch kurze Zeit bei einigen Bekannten des Heeresgruppenstabes. Wir tauschten vorsichtig Nachrichten und Meinungen aus über den 20. Juli und seine Folgen, über den eben erfolgten und von ihnen mit Bangen zur Kenntnis genommenen Wechsel der Befehlshaber, über die Lage an der nahen Front. Der Zusammenbruch der Frontlinie war nur noch eine Frage von wenigen Tagen. Schon waren schnelle Verbände der Amerikaner südlich, der Engländer nördlich von Paris durchgestoßen. Mit diesen Nachrichten für meinen General, vor allem aber mit der Schilderung der Atmosphäre im durcheinandergeratenen Stabe La Roche-Guyon kehrte ich wieder nach Paris zurück.

Die letzten Tage in Paris

In diesen Wochen hörte ich in meinem inneren Ohr eine Folge von Worten, mehr einen Rhythmus, dahinter Begriffe und trostversprechende Bilder aus einem vergessenen Psalm, der sich wieder in mein Bewußtsein drängte. Da war von Gefangenen, von Träumen, von Erlösung die Rede. Wenige Tage vor dem Ende meldete sich der Wehrmachtspfarrer von Paris, Damrath, bei Choltitz. Ich fragte ihn, ob er mir aus diesen Bruchstücken von Wörtern den Psalm sagen könne, nach dem ich suchte. Es war der Psalm 126. Ich lernte ihn auswendig und fühlte mich auf seltsame Weise »allem Abschied voran«.

Kurz danach, am 19. August, verschärfte sich die Lage insofern erheblich, als die Pariser Polizei und mit ihr die gesamte Pariser Stadtverwaltung streikte. Jetzt waren fast alle Läden geschlossen, die öffentlichen Verkehrsmittel fuhren nicht mehr, und es herrschte eine trügerische Ruhe in der von heißer Augustsonne durchglühten Stadt. Da wir im Stabe am Morgen des 19. nicht wußten, daß es sich um einen Generalstreik handelte, uns auch Berichte über die Feldkommandanturen fehlten, schickte mich Choltitz in einem offenen Wagen mit einem Fahrer und zwei Unteroffizieren zur Inspektion durch die Stadt.

Es war auffallend ruhig, kaum Menschen auf der Straße; auch hörte man, was jetzt eine Ausnahme war, keine Schüsse. Wir fuhren die Seine-Quais auf der rechten Seite entlang, überquerten langsam und beobachtend die Pont au Change, fuhren an dem in Totenstille daliegenden Palais de Justice mit dem Polizeipräsidium entlang. Wir meinten, auf diesen sonst so vollen Straßen und Plätzen zu dieser Tageszeit doch irgendeine Art Leben antreffen zu müssen – es war gegen zehn Uhr am Vormittag. Als wir nach Überquerung der Pont St. Michel in aller Ruhe auf der Place St. Michel ankommen, empfängt uns plötzlich aus den Häusern auf der rechten Seite ein wildes Geschieße. Der hinter mir sitzende Unteroffizier wird am Oberarm verwundet, schreit auf. Wir greifen unsere Maschinenpistolen und schießen nun auch, ohne viel zu sehen, nach allen Seiten um uns. Sofort bekommen wir einen Treffer in einen Vorderreifen. Ich kann mich nur noch erinnern – wir werden etwa zwanzig oder dreißig Meter auf den Platz in Richtung der nach rechts abzweigenden Rue Danton gefahren sein –, daß wir dauernd in Richtung der rechts liegenden Häuser schossen und daß ich, vorne neben dem Fahrer sitzend, ihm auf den Rücken schlug und rief: »Fahr weiter, fahr weiter!« Nach hinten schießend – die Schüsse kamen Gottlob nur aus einem Haus –, erreichten wir mit dem holpernden Wagen das nicht weit entfernte Palais Bourbon, den Sitz der Feldkommandantur. Der Unteroffizier hatte nach seinem Oberarmschuß noch eine schwere Brustverletzung erlitten. Wir übergaben ihn dem dortigen Notlazarett. Er ist am selben Nachmittag gestorben. Wir anderen waren unverletzt geblieben.

Nun konnte ich meinen General schon etwas genauer über die Lage orientieren, denn auch in der Feldkommandantur waren Meldungen eingelaufen, daß bei äußerster Ruhe in der Stadt auf alle deutschen Soldaten, Patrouillen, Fahrzeuge sofort »aus allen Knopflöchern« geschossen werde. In den folgenden vierundzwanzig Stunden, in denen noch relative Ruhe herrschte, begannen die deutschen Verbände, sich einzuigeln, während die Pariser, gelenkt von der FFI, in einigen Stadtteilen von öffentlichen Gebäuden und Versorgungseinrichtungen Besitz ergriffen. Die Franzosen errichteten Panzersperren, rissen das Pflaster auf, zogen lange Stacheldrahtsperren und versuchten, uns »einzukesseln«. So wurden in Sichtweite unseres Hotels Meurice an der Vorderfront des Louvre große Sperren errichtet, die die Rue de Rivoli gegen St. Antoine abschlossen. Wir konnten das von unseren Mansardbalkons recht gut beobachten. Von uns wurde nicht geschossen, wir waren weitgehend zur Untätigkeit verdammt, mußten abwarten.

In diese ersten Tage des »Endes« gehört die Geschichte von dem Teppich von Bayeux. Bekanntlich legte Hitler auf diesen Gobelin den allergrößten Wert, da er die Überquerung Wilhelms des Eroberers 1066 mit der anschließenden Schlacht von Hastings schildert, also das historische Beispiel dafür, daß England vom Festland zu erobern ist. Dieser Teppich, ein viele Meter langes »Dorsalex«, außerdem ein kunsthistorisches Stück Textil von unschätzbarem Wert, lag in den klimageschützten Museums-Kellern des Louvre. Am 20. oder 21. August kamen in einem gepanzerten Fahrzeug zwei SS-Offiziere, die vorgaben, einen direkten Befehl Hitlers zu haben, den Teppich von Bayeux zu »retten«, d.h. nach Deutschland zu bringen. Die Lage war so, daß man nicht mehr wagen durfte, an die Fenster des Meurice zu treten, da man sofort von den etwa dreihundert Meter entfernten Scharfschützen im Louvre beschossen wurde. Die lang vor unserem Hotel herunterhängende Reichskriegsflagge war ein bevorzugtes Objekt ihrer Schießkünste, sie baumelte nur noch in Fetzen vor den Fenstern. Choltitz ging, immer wieder vor den Schüssen zurückzuckend, mit den beiden SS-Offizieren in die Nähe des Fensters. Durch die zerschossenen Scheiben sah man den Louvre in der warmen Augustsonne liegen. Er deutete darauf und sagte: »Dort in den Kellern finden Sie den gewünschten Teppich. Zwar ist der Louvre, wie man sieht und hört, bis oben hin mit Kämpfern der FFI besetzt, aber Ihnen als den besten Soldaten des Führers wird es ja wohl eine Kleinigkeit sein, im Handstreich den Teppich in Ihren Besitz zu bringen.« Die beiden wagten nicht, gegen diesen Sarkasmus ein Wort zu sagen – sie hatten sich von der Unmöglichkeit überzeugt, ihren Auftrag auszuführen und zogen wieder ab.

Damals war unter abenteuerlichen Bedingungen Clemens Graf Podewils als Frontberichterstatter der DAZ – der Deutschen Allgemeinen Zeitung – aus Deutschland in unseren Stab gelangt, wohl ursprünglich mit dem Auftrag, von der heldenhaften Verteidigung der »Festung« Paris zu berichten, um den Kampfeswillen in der Heimat zu stärken. Choltitz empfing Podewils sehr freundlich und ließ ihm jede Freiheit, die Situation in Paris, den gegebenen Möglichkeiten entsprechend, zu erleben. Es brauchte keine lange Zeit, bis Podewils erkannte, daß die deutsche Besatzung in Paris nur noch nach Tagen zählte, und er grübelte bereits darüber, in welchen Worten er dies seinen Lesern, vor allem aber seinen Redakteuren und dem scharf beobachtenden Propagandaministerium, beibringen könne. Die DAZ galt damals als eine der letzten »normalen« Zeitungen, und wenn sie auch genau den Zungenschlag und die Richtlinien des Goebbelsschen Propagandaministerium befolgen mußte, so hatte sie sich doch einen gewissen intellektuellen Freiraum bewahren können. Podewils hatte gesehen, was er sehen mußte; er wollte sich bei Choltitz abmelden, um die immer schwieriger werdende Rückfahrt anzutreten. Das Gespräch verlief aber anders, als er es sich gedacht hatte. Choltitz begann sofort auf die Feiglinge zu schimpfen, die – als Offiziere – die belagerte Festung Paris verlassen wollten. Er befahl ihm nicht – das konnte er nicht –, aber er empfahl ihm, ja, er legte ihm aus irgendwelchen soldatisch-ethischen Gründen nahe, in Paris zu bleiben. Clemens, geschult und begabt, eine Situation zu durchschauen, bat sich eine ganz kurze Bedenkzeit aus, dann hatte er sich entschlossen: Er blieb. Das war für mich eine große Freude, die ich als einen Wink des Schicksals nahm.

In den wenigen Tagen seines Pariser Aufenthalts wuchs mir Clemens – gut zehn Jahre älter als ich – so ans Herz, daß mir die Bedrohung, auf die wir zuschritten und die ja in irgendeinem Sinn auch eine Bewährungsprobe sein würde, weniger schwer erschien. Clemens machte nach diesem schwerwiegenden Entschluß einen befreiten, gelösten Eindruck. Nun war er seines Auftrags als Kriegsberichterstatter ledig und konnte mit der ihm eigenen »desinvolture«, mit seiner Tatkraft Aufgaben übernehmen, die sich nicht mehr dem Offizier und Journalisten, sondern dem Menschen, dem Christen stellten. Er machte sich an allen Stellen, an denen seine Sprachkenntnisse und seine Weltläufigkeit benötigt wurden, nützlich. Vor allem war er unermüdlich in den halboffiziellen Gruppierungen tätig, die den Austausch von Verwundeten und Gefangenen übernommen hatten. Über ein noch völlig intaktes Telefonnetz wie über ein ebenfalls noch weitgehend funktionierendes Netz von Verbindungen und Bekanntschaften zwischen deutschen und französischen Dienststellen, der *Assistence publique*, der Krankenhaus-Ambulanzen, der kleineren Polizeireviere, also durch eine gewisse Kameraderie menschlich denkender und handelnder Verwaltungs-, Polizei- und Rotkreuz-Beamter, war ein Austauschdienst entstanden, der, ohne viel Aufhebens zu machen, gut und hilfreich funktionierte.

Viele Erlebnisse, unvergeßliche Situationen füllten jene Tage bis zum 25. August, dem Fall der Besatzung, vor allem meine Gespräche mit dem schwedischen Generalkonsul Nordling in seinem Konsulat, als – ganz inoffiziell – eingeschleuste Offiziere der anrückenden amerikanischen und französischen Armeen die Lage und Stimmung der Deutschen erkunden wollten, besonders aber die Frage, ob mit einem großen militärischen Kraft- (und Schluß-)Akt des deutschen Kommandanten zu rechnen sei. Natürlich konnten keine festen Abmachungen getroffen werden, aber man kam überein, daß man sich, sofern die Stadt ruhig bliebe, »regulären

Truppen« ergeben würde. Jeder Aufstand dagegen würde mit aller Härte und nicht unbeträchtlichen Mitteln unterdrückt werden.

Doch wichtiger als solche Einzelheiten des Geschehens ist die Frage, wie ich damals dachte und mich im Inneren auf das dunkel auf uns Zukommende einrichtete. Heute, nach dreißig Jahren, sehe ich klar, daß es drei Dinge waren, die mein Fühlen und Denken bestimmten: einmal ein bedrohendes Gefühl der Lähmung. Der riesige militärische Stab, der bisher in unerhörter Geschäftigkeit stets irgendwelchen Zielen und Ergebnissen nachgestrebt hatte, befand sich sozusagen im Leerlauf: Das war das Ende jeden sinnvollen Tuns, die Erstarrung jeder soldatischen Beschäftigung. Diese trügerische Ruhe, eben das Überwiegen des Denken-Müssens über das Handeln-Dürfen, erschloß vor der Kulisse der kommenden Ereignisse ungewohnte und ungeahnte Gedanken. Ich bemerkte, daß ich ein Denken ohne Handeln nicht gewohnt war, und ich empfand dieses Mißverhältnis an mir und an den anderen als Gefährdung.

Seltsamerweise war auch der bevorstehende Abschied von Paris für mich ein Anlaß trauriger Empfindungen, so als ob man einen Menschen, dem man gerne nähergekommen wäre, durch die Ungunst der Situation wieder verliert, mehr noch: als ob einer späteren Freundschaft die Form, in der man ihm entgegentreten mußte, im Wege stehen würde.

Als dritte Empfindung und sicher als übermächtigste war da die Angst. Nicht so sehr oder nicht nur die Angst, daß man fallen könnte – das war für einen Soldaten im Krieg eine dauernd präsente Tatsache, und mit dieser ganz selbstverständlichen Angst hatte man sich seit Jahren arrangiert. Man kannte das: Der nächste Vorgesetzte schrieb einen bereits in den Formulierungen festgelegten Brief an die Angehörigen: tapferer Soldat, Kameradschaft, Mittrauer, Tod fürs Vaterland. Dann Zeltbahn, durchgebrochene Erkennungsmarke. Der Soldatentod belegte, wenn man vorher an ihn dachte, einen ganz bestimmten, aber eben nicht erschütterten Bereich im eigenen Innenleben. Irgendwie – sollte es einen treffen – hatte es seine Ordnung.

Doch was jetzt kam, war neben der physischen Bedrohung etwas anderes. Die Ordnung, in der sich das Soldatenleben bisher auch für mich abgespielt hatte, begann zu wanken, Risse zu zeigen. So sehr ich die Ereignisse des 20. Juli innerlich miterlebt hatte – schließlich waren mehrere meiner Verwandten von Hitler umgebracht worden –, irgendwie hatte ich doch im Stillen an die Fortsetzung meines bisherigen Lebenslaufes geglaubt, wenn auch unter veränderten Vorzeichen. Ich hatte stillschweigend und ohne viel nachzudenken den Fortbestand der alten Strukturen vorausgesetzt. Doch nun war da das »Andere«, das »Kommende«, das »Ende und der Anfang«, dort, greifbar fast, einige hundert Meter entfernt im Louvre hinter den Stacheldrahtsperren und den aus Pflastersteinen errichteten Barrikaden.

In den letzten Tagen wurden die Bezirke, die von den FFI kontrolliert wurden, immer größer. Gleichzeitig verlor die Kommandantur die direkten Verbindungen zu den einzelnen Stützpunkten, zum Palais Bourbon, zu den Feldkommandanturen. Wenn auch mit den wenigen Panzern, die uns zur Verfügung standen, ein Austausch von Kurierpost und Befehlen möglich gewesen wäre: Es gab nichts mehr zu befehlen. Es galt nur noch zu warten.

Am Abend des 24. August 1944 fand sich der engere Stab mit Choltitz noch einmal im Vorzimmer seiner Sekretärin, Fräulein Grün, zusammen. Sie war eine erfahrene »Pariserin«, schon vom ersten Besatzungs-General Schaumburg hergeholt. Wir sprachen vom heutigen historischen Datum, der Bartholomäusnacht, in der 1572 die Pariser unter den Hugenotten ein Blutbad angerichtet hatten. Analogien zu unserer Situation ergaben sich, tauchten in unserer nach vorn gewandten Phantasie auf. Als wir beim Champagner – der Keller des Hotels Meurice war noch gut bestückt – im Stillen unsere Gedanken weiterführten, ertönten mit einem Mal um uns herum in der warmen Pariser Augustnacht Glocken. Gleichzeitig erhob sich in der Ferne ein summendes Geräusch, Rufen, Schreien und Jubeln weit entfernter Menschenmassen: Die französischen und amerikanischen Truppen marschierten ein! Das Glockenläuten bedeutete, daß man Paris schon als befreit, als eingenommen ansah und dabei uns, die in den Stützpunkten und Hotels eingeschlossenen Soldaten, nur noch als *quantité négligeable* betrachtete. Kein sehr angenehmer Gedanke.

Bald gingen wir auseinander, stumm. Ich nahm die alte Aktentasche meines Vaters, die mich bisher immer begleitet hatte, zur Hand und verstaute darin alles, was mir jetzt mitnehmenswert erschien. Eine kleine Bibel und das Buch, in dem ich gerade las - Goethes Gespräche mit Eckermann -, steckte ich in meine hinteren Hosentaschen. Angezogen legte ich mich aufs Bett in einem kleinen Dachzimmer im Meurice, denn man nahm an, daß es noch in dieser Nacht »losgehen« würde. Doch die Nacht blieb beängstigend ruhig.

Am Morgen des 25. August gab mir Unger nach einem Telefongespräch mit dem Schweizer Konsul den Auftrag, die im Hotel Meurice und Continental zurückgebliebenen Sekretärinnen - es werden fünfzehn oder zwanzig gewesen sein - am Marineministerium in Höhe der Rue de la Paix einem Konsulatsbeamten zu übergeben. Die Mädchen waren unter nahezu friedlichen Umständen nach Paris gekommen, hatten hier in den Stäben ihre Arbeit verrichtet und bei häufigen Urlauben im Vergleich zu ihren Kolleginnen in der Heimat durch Verbindungen und Bekanntschaften mit Franzosen und zivilen Dienststellen ein angenehmes Leben geführt. Der Szenenwechsel kam ihnen, die in den letzten Tagen der Untätigkeit nur von Gerüchten gelebt hatten, unerwartet und abrupt. Als ich mich mit dem Schwarm erregter, mit Köfferchen und Taschen schwer beladener Mädchen im Schutze der Kolonnaden der Rue de Rivoli voranpirschte, wurden vereinzelt Schüsse aus den Tuileriengärten, aus der Deputiertenkammer laut. Unversehrt konnte ich den verstörten Haufen dem Schweizer Beamten übergeben, der sich fast mürrisch dieser Aufgabe unterzog - er war auch wirklich nicht zum Heldentum verpflichtet. Wenige Stunden später wurde das Schweizer Generalkonsulat, in dem die »Blitzmädchen« aufgenommen worden waren, von den Franzosen gestürmt und durchsucht; sie wurden alle in ein nahegelegenes Gefängnis gebracht, ohne Köfferchen und Taschen, froh, mit dem Leben davon gekommen zu sein.

Kaum ins Hotel zurückgekehrt, rief mich Kalle A. über die Stadtleitung an. Sie wohnte noch immer im Palais Royal neben dem Louvre, nur hundert Meter von mir entfernt, aber die Gegend war fest in der Hand der FFI. Kalle war aufs höchste erregt, verhaspelte sich beim Sprechen: An ihre Wohnungstüre pochten Männer mit Gewehrkolben, wollten sie abholen. Kalle rief mir noch zu, ich solle sie sofort mit einigen deutschen Soldaten befreien - da hörte ich schon durchs Telefon ein lautes: »Ouvriez la porte, toute suite!« - dann das Splittern und Bersten der Tür, Stimmengewirr, der Hörer wurde aufgelegt. Als ich sie nach Jahren in München wieder traf, erzählte sie mir, daß sie in ein Sammellager für Internierte gebracht worden, aber durch ihre guten und recht vielseitigen Beziehungen als schwedische Staatsbürgerin nach wenigen Tagen wieder freigelassen worden sei.

Am Vormittag ließ Choltitz noch einmal über den Chef des Stabes und die Adjutantur durchgeben, sich nur »regulären« Truppen zu ergeben. Stumm, auch mit dem Bestreben, keine äußere Erregung zu zeigen, versammelten wir uns wie üblich um zwölf Uhr dreißig zum Mittagessen im großen Speisesaal des Hotels. Hier waren nur die sonst am Fenster stehenden Tische etwas mehr in die Mitte des Raumes gerückt, da infolge häufiger Einschüsse vom Louvre her Fensterscheiben klirrten und Mauerstücke herumflogen. Doch sonst: dasselbe Bild, dieselben Kellner, dasselbe Essen.

Während des Mittagessens wurde das Summen und Lärmen draußen lauter und drohender, Schüsse krachten in näherer Entfernung, es schien loszugehen. Ich begleitete Choltitz und Unger in ihre Diensträume. Beim Weg über die Treppe aus der Halle in den ersten Stock sprach Choltitz noch kurz mit einem älteren Soldaten, der dort am schmiedeeisernen Geländer hinter seinem Maschinengewehr lag. Er meinte, daß es nun endlich zu Ende und er froh sei, bald wieder nach Hause zu kommen, auf irgendeine Weise. Wenige Minuten später war das Krachen und Schießen ganz nah, Knallen und Detonationen schon im Haus, klirrendes Glas. Mein Eindruck, der mir kurz vor der Gefangennahme aus diesen Minuten geblieben ist: Oberst von Unger, am Schreibtisch sitzend, hatte seine Brieftasche geöffnet und betrachtete die Bilder seiner Frau, seiner Kinder, seines Hauses am Steinhuder Meer, ruhig, liebevoll, völlig entspannt. Jetzt endlich schien er, durch nichts mehr abgelenkt, Zeit dafür zu haben.

Kurz darauf stürmten, umgeben von Schwaden aus Nebelhandgranaten, einige Offiziere der französischen Armee in das Zimmer von Choltitz, allen voran ein junger Major, der wild mit seiner Waffe herumfuchtelte. Weitere französische Soldaten und Zivilisten mit der FFI-Armbinde fluteten in die Räume. Nach einem kurzen, korrekten Gespräch zwischen Choltitz und dem Franzosen, Major Karcher, erklärte Choltitz, daß er sich mit seinem Stabe und der gesamten Besatzungsmacht in Paris ergäbe. Diese Szene spielte sich unter fürchterlichem Husten und Niesen ab, denn die Rauchschwaden legten sich schwer in alle Räume; dazu kam die Enge durch Menschenmassen, die hereindrängten, um die Gefangennahme des deutschen Generals mitzuerleben. Langsam flauten der Lärm der Detonationen und die Schießerei ab, nur draußen, jenseits der Straße, ertönte Maschinengewehrfeuer. In dieser Zeit wurde die ganze Kraftfahrzeugkompanie der Kommandantur, die in den Tuilerien abgestellt war, nachdem sie sich ergeben hatte, niedergeschossen.

Jetzt wurden Choltitz und Unger von uns getrennt, um am Hinterausgang des Hotels, in der Rue du Mont Tabor, in einem Jeep zur offiziellen Übergabe der Stadt zum Bahnhof Montparnasse gefahren zu werden, dem Hauptquartier des Generals Leclerc. Zu einem Händedruck kam es nicht mehr - nur im Fortgehen ein kurzes aufmunterndes Kopfnicken.

Wir übrigen Offiziere wurden von einigen uns grimmig musternden FFI-Männern bewacht und dann, es mag eine Stunde später gewesen sein, auf die Rue de Rivoli getrieben. Mit erhobenen Händen stolperten wir die Treppen hinunter, vorbei und hinweg über die Leiche des freundlichen älteren Soldaten, der kurze Zeit vorher noch so zukunftsfroh mit Choltitz über das bevorstehende Ende gesprochen hatte. In der Rue de Rivoli, vor dem Hotel, ein Eindruck, den ich nicht vergessen werde: Heruntergelassene Rolläden in allen Geschäften, nur am Cafe Rumpelmeyer war eine Jalousie halb geöffnet. Ich sah wie einen Schemen meinen Freund Michel P. entsetzt und traurig herausblicken. Er war zusammen mit seinem Bruder der Besitzer des berühmten Cafés, hatte am Anfang des Krieges als Kriegsgefangener auf dem pommerschen Gut eines entfernten Verwandten von uns gearbeitet und daran eine liebevolle Erinnerung behalten. Ich hatte ihn durch allerlei Vermittlungen damals freibekommen.

Wir waren eine Gruppe von etwa fünfzig bis sechzig Offizieren, die von einer großen Zahl französischer Soldaten, unterstützt durch FFI-Kämpfer, in Höhe des Denkmals der goldenen Jeanne d'Arc an der Place des Pyramides zusammengetrieben wurden. Vor uns die Barrikaden, dahinter eine grölende Volksmasse. Hier, am Sammelpunkt, begannen die ersten Durchsuchungen. Mir wurde sofort meine Aktentasche entrissen, Koppelzeug, Tascheninhalt. Die in den Hosentaschen versteckten Bücher fanden sie nicht. Es kam zu gräßlichen Prügelszenen. Meinem Vordermann, Hauptmann von der Pfordten, einem liebenswerten und bis zur Selbstaufgabe um das Wohl der Pariser bemühten Offizier der Platzkommandantur, wurden die Stiefel ausgezogen und damit das Gesicht, die Zähne eingeschlagen. Wir haben ihn in den folgenden Tagen mit Hilfe der FFI-Soldaten künstlich ernährt, bis er wieder feste Speisen zu sich nehmen konnte.

An diesem Platz wurden wir erstmals gezählt, was bei dem ständigen Heranführen von weiteren Gefangenen ganz illusorisch war und nur den begreiflicherweise höchst erregten und nervösen Bewachungsmannschaften eine Art beruhigender Geschäftigkeit vermittelte. Bald wurden wir in Dreierreihen in Marsch gesetzt. Ich hielt mich dicht neben einem kleinen und stämmigen FFI-Soldaten, der uns schreiend und mit Gewehrhieben ermunterte, die Arme hoch zu heben. Immerhin bot er einen gewissen Schutz gegen die hinter den Barrikaden anbrandende Menschenmenge, in die wir in Höhe des Louvre hineingestoßen wurden. Schreien, Drohungen, gegen uns erhobene Fäuste. Die begleitenden Wachtruppen hatten alle Mühe, uns - und sich - zu schützen. Immer wieder wurde einer von uns aus dem Trupp herausgedrängt, von der Menge niedergeschlagen und zertrampelt. Dicht vor mir marschierte einer meiner Freunde, Dr. Kayser aus Hagen, ein hochgebildeter und sensibler Frankreichkenner. Auf ihn stürzte aus der Menge heraus ein hemdsärmeliger, bärtiger Riese, hielt ihm die Pistole an die Schläfe, drückte ab. Ich stolperte über seinen zusammensackenden Körper, kam zu Fall, riß mich wieder hoch und stolperte weiter. Zudem wurden wir von allen Seiten bespuckt. Noch sehe ich alte Frauen, die nicht mehr genügend Kraft zum Selberspucken hatten, wie sie mit saugenden Gebärden den Speichel im zahnlosen Munde sammelten, um eine wurffähige Menge in der Hand zu sammeln und gegen uns zu schleudern. Und auch das wieder ein Bild, das blieb: An einem Fenster im ersten Stock, irgendwo in der Rue de Rivoli, sah ich eine junge Frau hemmungslos weinen, als sie unseren traurigen Haufen unter sich vorbeiziehen sah. Wer weiß, warum sie weinte. - Ich kann mich noch bis in alle Einzelheiten daran erinnern, daß ich bei diesem fürchterlichen Marsch nur an Bilder von zu Hause gedacht habe: Jagden, Spazierfahrten und Ritte durch Wiesen und Felder. Dabei bemühte ich mich, jeden Strauch, jeden Baum, jeden Stein in meinem Gedächtnis genau zu erfassen. Ich wollte mit einem Bild der

Jahrzehnte nach dem Kriegsende hat Dankwart von Arnim durch einen Zufall in Paris eine Photographie entdeckt, die den Kapitulationszug der deutschen Offiziere durch die Rue de Rivoli festhält. Darauf ist auch er selber zu sehen, ganz hinten rechts mit Mütze und erhobenen Händen.

Heimat vor meinem inneren Auge sterben, wenn es schon sein mußte. In dieser Stunde war ich eigentlich jenseits der Angst. Angst - davon habe ich genug gespürt, aber in den Tagen und Wochen zuvor. Es war wirklich so: Auf diesem Marsch war ich darüber hinweg. »Ruhig im Tumulte, weil er in der Ruhe gezittert hatte.«

Mein Entschluß, mich immer dicht neben einem Bewacher zu halten, bewährte sich. Selbstverständlich bekam ich Prügel ab, wurde bespuckt und von Gegenständen getroffen, die durch die Luft geflogen kamen. Aber mein FFI-Nebenmann schützte mich weitgehend. Bei diesem langsamen, von vielen Halten unterbrochenen Marsch kamen wir am Rathaus vorbei, und als wir rechts in Richtung Pont neuf einschwenkten, sahen wir dort mehrere französische Panzer stehen. Nun schien es mir klar: Der Durchgang wurde für uns gesperrt, da man vorhatte, uns in die Seine zu werfen. Auch dies ein Vorgang, der reichlich in der Pariser Stadthistorie belegt war und sozusagen nichts Besonderes bedeutet hätte. Aber als unser Trupp näherrückte, schoben sich die Panzer schwerfällig zur Seite. Sie hatten nur die anstürmende Volksmenge von der Ile de la Cité fernhalten sollen, denn die Brücke und der Platz vor dem Justizministerium, vor Notre Dame war leer, bis auf einige Soldaten und ihre Fahrzeuge. Es war wie eine Erlösung, auf dem menschenleeren Platz nicht mehr in die vor Haß, Erregung und fanatischer Wut verzerrten Gesichter sehen zu müssen, durch die wir auf dem langen Weg durch die tobende Rue de Rivoli geschoben und gedrängt worden waren.

Ich weiß noch, daß wir uns auf dem Hof des Polizeipräsidiums und kurze Zeit darauf in den Kellern des Gebäudes wiederfanden. Schüsse knallten, große Nervosität unter den Bewachern, die sich gleichzeitig martialisch und, da auch ihnen der aufgeputschte Volkszorn auf die Nerven gegangen war, kameradschaftlich gaben. Schlechte, fast fehlende Beleuchtung. Die Gedankenreihe: Gefangen, Schüsse, Keller – ließ einige unter uns erwarten, daß wir nun »umgelegt« würden, Genickschuß, aus. Neben mir saß, leise schluchzend, ein jüngerer Offizier, den ich nicht kannte. Ich tröstete ihn, und plötzlich dachte ich, daß ich in der gleichen Lage auch so heulen könnte und nun mit Erstaunen registrierte, daß mir gar nicht danach zumute war. Ich dachte, glaubte, ahnte, hoffte, daß ich schon durch den Tunnel sei. Ein unbändiges Gefühl der Freude, am Leben zu sein, erfüllte mich. Nach stundenlangem Warten wurden wir in kleinen Abteilungen über viele Treppen in große, leere Räume im Polizeipräsidium geführt, dessen Fenster auf die Seine hinausgingen. Hier mußten wir uns flach auf den Boden legen, damit wir nicht aus den Fenstern irgendwelchen imaginären Komplizen Zeichen geben könnten. Mittlerweile war es Abend geworden. An den zum Flur hin geöffneten Türen standen zwei Bewacher mit entsicherten Maschinenpistolen. Wir hatten Sprechverbot, Bewegungsverbot. Wenn einer mal »hinaus« mußte, wurde er von einem der Bewacher schlotternd aufs Klo geführt. In der Nacht wurden wir mehrfach durch Scheinwerferlicht geweckt. Vermummte Gestalten, begleitet von französischen Wachen, schauten jedem von uns eingehend ins Gesicht auf der Suche nach SS-Leuten, Angehörigen der Gestapo oder gar, was häufig vorkam, Franzosen, »Kollaborateuren«, die als Spitzel der Polizei für die Deutschen gearbeitet hatten. Ihnen erging es schlimm. Unter uns waren auch einige Verwaltungsoffiziere der Präfektur, die sich unbeliebt gemacht hatten; auch sie wurden herausgesucht und abtransportiert.

Am nächsten Tag reichte man uns eine dünne Zwiebacksuppe. Wir mußten sie liegend einnehmen. So zogen sich die Stunden und Tage hin. Ich dachte an die Antwort, die 1793 ein französischer Graf auf die Frage gegeben hatte, was er in den vergangenen Jahren der Französischen Revolution »gemacht habe«. »J'ai vécu« - sagte er - ich habe gelebt. Er hatte einen Teil seines Lebens in diesen Mauern verbracht, während seine Genossen geflohen waren oder guillotiniert wurden. Am Leben zu sein und zu bleiben, dies schien auch mir jetzt das Wichtigste zu sein.

Am dritten Tag, es war ein Sonntag, erhoben sich mit einem Mal vor unseren Fenstern großer Lärm und freudiges Getöse: Churchill und de Gaulle waren gekommen, um sich erst im Rathaus, dann auf dem Platz vor Notre Dame mit ihren Truppen als Sieger begrüßen zu lassen. Militärkapelle, ein ständiges Rauschen und Tosen von begeisterten Rufen und durcheinanderfliegenden Musikfetzen, von dem hellen Schmettern der Clairons übertönt. Plötzlich knatterten mitten in die Feststimmung, die wir nur hörten und von der wir, immer noch liegend, nichts sahen, Schüsse, Maschinengewehrfeuer von den Dächern der Rive gauche. Es ist nie geklärt worden, wer diese Schießerei angezettelt hatte, die zu den bekannten Bildern führte, wie Polizisten, Soldaten und Hunderte von Passanten auf der Pont St. Michel an den Brückenpfeilern Schutz suchten. Passiert ist, glaube ich, nichts, aber die hysterische Suche nach übriggebliebenen deutschen Soldaten, vor allem SS-Leuten und militanten Kollaborateuren, stieg an und machte sich in der zunehmenden Ruppigkeit der Wachmannschaften bemerkbar, die sich bis dahin recht human gezeigt hatten.

Am folgenden Tage wurden wir wiederum in einzelnen kleineren Trupps über die endlosen Treppen und Gänge des Polizeipräsidiums auf dem Hof zusammengetrieben und in vergitterte Gefangenenautos geschoben. Jetzt war auch Clemens Podewils zu uns gekommen. Noch immer waren die Straßen voll von den im Friedens- und Freudentaumel erregten Menschengruppen, die sich einen besonderen Spaß daraus machten, uns mit Steinen oder Straßenabfall zu bewerfen. Auch ein Wagen wurde vor uns umgestürzt. Da jedoch mit den deutschen Gefangenen auch die französischen Fahrer und Bewacher umkippten, wurden die folgenden »grünen Minnas« besser bewacht und durch das tosende, freudig erregte, gleichsam trunkene Volk von Paris im Schrittempo hindurchgefahren.

Unser Ziel war die Pompier-Kaserne am Boulevard du Pont Royal, ein zweistöckiges, großes Haus, eingerichtet für hundertfünfzig bis zweihundert Feuerwehrsoldaten, umgeben von hohen, schmiedeeisernen Toren. Hier waren wir nun vorerst untergebracht, eigentlich mehr hineingestopft: etwa zweitausend gefangene deutsche Soldaten, meist Offiziere. Um uns herum feierte Paris seine Befreiung rund um die Uhr. Die zusammengepferchten Soldaten boten den Parisern eine gute Gelegenheit, ihren Patriotismus mit lautstarker Wut zu demonstrieren. »Assassins! Hitler kaputt!« wurde von den auf die hohen Eisengitter gekletterten Menschen Tag und Nacht geschrien. Viel schlimmer war, daß eines Nachmittags von den umliegenden Dächern mit Kleinkaliber in die Haufen der verstörten und eingeschüchterten Gefangenen geschossen wurde. Es gab einen Toten und einige Verwundete. Doch das geschah nur einmal. Es wurde sofort von unseren Bewachern, die nicht weniger verstört und nervös waren als wir, unterbunden: FFI-Soldaten in Zivil mit einer Armbinde mit Lothringer Kreuz. Wovon wir lebten, weiß ich nicht mehr. Einige Male kam eine Gulaschkanone mit einer Wassergemüsesuppe, von der ich allerdings - wie die meisten anderen - nichts bekam. An eine organisierte Ausgabe war nicht zu denken. Auch hatten wir ohnehin ein Gefühl des Übergangs: Hier konnten wir gewiß nur für kurze Zeit bleiben. Der Kasernenhof und die Räume im Gebäude waren so übervoll, daß nur wenige liegen konnten; wir anderen saßen Rücken an Rücken oder standen herum.

In der zweiten Nacht hörten wir gegen zwei Uhr Fliegeralarm - dann ferne Bombenwürfe, Detonationen. Erwartungsspannung, nächtliche Augusthitze, Hunger, auch wachsende Angst vor dem Kommenden. Jetzt kam das Gerücht auf, deutsche Bomber hätten ein Kinderheim oder ein Krankenhaus getroffen, und schon spürte man fast körperlich den Pariser

Volkszorn nach Rache rufen. Die Einwohner, hungrig wie wir, aber durch Plünderung der Weindepots der Wehrmacht reichlich unter Alkohol, waren »high«. Bald hörte man auch ein langsam ansteigendes Summen und Grölen. Eine erregte, riesige Menschenmenge bewegte sich auf unsere Kaserne zu. Rache an den Eingepferchten für die Schandtat des Bombenwerfens auf Kinder und Kranke - wir betrachteten es als fast natürlich.

Mit Clemens Podewils hatte ich mich auf die oberste Treppe im Dachgeschoß zurückgezogen. Wir überlegten uns, wie wir uns schnell und ohne zu arge physische Not das Leben nehmen könnten. Kurz dachten wir daran zu fliehen, bedachten die Mauerhöhe, das Verschaffen von Zivilkleidern - freilich alles außerhalb greifbarer Möglichkeiten für zwei unter zweitausend Soldaten in der gleichen ausweglosen Lage. Schließlich blieben wir dabei, uns vom Dachboden herabzustürzen, wenn es losging, nur: zusammenbleiben - das wollten wir. Diese Gespräche wurden in trocken-abwägendem, fast unbeteiligtem Ton geführt, während uns die Angst die Kehle zuschnürte. Clemens würzte sie mit klugen, witzelnden Bemerkungen über seine Umgebung. Dann wieder sprachen wir über Literatur, dann längeres Schweigen und Lauschen, Hinhören auf das, was auf uns zukam: das Brausen und Summen, seltsam in der sonst anders tönenden Pariser Sommernacht. Bei uns dagegen angespannte Stille, Warten.

Doch mitten in unserer atemlosen Aufmerksamkeit flaute das nun ganz nahe gekommene, dröhnende Volksgetöse plötzlich ab. Andere Laute wurden hörbar, das Knirschen von Panzerketten auf dem gequälten Stadtpflaster, vereinzelte Schreie, Befehlsrufe, dann Stille. Amerikanische Panzer hatten die Straße vor unserer Kaserne geräumt, sie waren von unseren korrekten, aber überforderten Bewachern herbeigerufen worden. Die Panzer hatten die heranwogenden Menschenmassen zurückgedrängt. Wahrscheinlich haben sie uns das Leben gerettet. Wieder, wie schon am 25. August in den düsteren Kellern des Justizpalastes, überkam mich ein Glücksgefühl, eine große Dankbarkeit über das geschenkte Leben. Wir atmeten ein paarmal laut ein und aus - die Spannung löste sich. Wir kauerten uns Rücken an Rücken und schliefen ein.

Gegen fünf Uhr früh wurden wir durch lautes Rufen, Motorengeräusche und eine bienenschwarmartige Geschäftigkeit um uns geweckt. Vom Dachfenster aus sahen wir die leeren Straßen, darauf eine nicht zählbare Reihe von amerikanischen Lastwagen, von Schwarzen gelenkt, die die Gefangenen auf die Laster scheuchten, wie Sardinen zusammendrückten, um dann mit Höchstgeschwindigkeit Richtung Nordwest abzufahren.

Als wir, Clemens und ich, zum Verladen kamen, war es schon acht Uhr geworden. Trotz der Absperrung hatten sich einige Pariser Bürger versammelt, die mit den farbigen amerikanischen Soldaten in erregte Dispute gerieten und versuchten, einigen deutschen Gefangenen schnell noch einen Stoß oder Fußtritt zu versetzen. Die Amerikaner wehrten sie ab und zeigten sich uns gegenüber sogleich demonstrativ kameradschaftlich. Ganz ungewohnt für unser Soldatengefühl war ihre Art, miteinander umzugehen. Immer waren sie in Bewegung, kitzelten sich, machten Späße. Sie waren dauernd von einer motorischen Unruhe ergriffen, dabei in allerbester Laune, sie sangen und pfiffen fröhlich. Dieser Bewegungsdrang wurde auf der Fahrt noch deutlicher, als sie uns in einem geradezu abenteuerlichen Tempo, in den Kurven nur auf zwei Rädern balancierend, durch die französische Provinz jagten.

Gefangenschaft

Nun begann im eigentlichen Sinne die Zeit meiner Gefangenschaft, die für mich - wie für alle anderen - eine Zeit der Lager und des Lagerlebens war. Dennoch war der Ort, zu dem wir nun kamen, eigentlich gar kein Lager, sondern nur ein weites hügeliges Wiesenstück, von einem losen Stacheldraht eingezäunt. Hier wurden wir zum ersten Mal »erfaßt«, was sich noch viele Male wiederholen sollte. Zum ersten Male bekamen wir nun auch Verpflegung - ich habe noch den herrlichen Geschmack des kalt genossenen *meat and beans* auf der Zunge - dazu kräftige, mit Vitaminen angereicherte Zwiebacke. Und dann - als Ereignis und Geschenk der Neuen Welt - *beverage powder*, den ersten Trocken-Kaffee! Wir holten uns für dieses köstliche Getränk Wasser aus einem Ami-Soldaten-Kessel, der leider grausig nach Chlor stank. Die Angst der Amerikaner vor verdorbenem Wasser war groß. Gegen Abend - wir lungerten auf der Wiese herum - begann es langsam zu regnen. Darauf erhielten wir amerikanische Militärdecken. Ich hüllte mich in die meine, so fest ich konnte, und legte mich zum Schlafen. Am folgenden Morgen wurde ich in aller Frühe von Clemens ganz ängstlich geweckt. Er glaubte, ich sei schwer verwundet, weil ich ganz blutüberströmt auf der Wiese lag. Des Rätsels Lösung war, daß ich am Vorabend, als es schon dunkel war und man kaum etwas sehen konnte, eine völlig durchgeblutete alte Decke »gefaßt« hatte, die nun abfärbte.

Wir wurden in Etappen weitergeschleust. An ein Lager kann ich mich noch gut erinnern: zwei große Baracken, durch einen Zaun voneinander getrennt. In die eine kamen die Offiziere, in die andere die Unteroffiziere und Mannschaften. Nun ging schnell durch den Zaun ein gegenseitiges Austauschen von Kenntnissen und bisherigen Erfahrungen los. Bekannte, Freunde wurden gesucht und erfragt, Hinweise gegeben. In diesem Lager waren einige Feldwebel und Offiziere, die einen Stempel aus ihrer Dienststelle mitgenommen hatten. Jetzt wurden in den »Soldbüchern« bei den Mannschaften und Unteroffizieren »Beförderungen« eingetragen, so daß mancher von ihnen in eine höhere Dienst- und damit später auch in eine höhere Pensionsgruppe kam oder zu kommen hoffte. Gegen diese Verlotterung der Sitten erhoben wieder andere ihre Stimme, die jetzt ganz besonders korrekt sein wollten; es gab erregte Diskussionen, Standpunkte wurden vertreten, bei denen es im Grunde darum ging, wie der einzelne damit fertiggeworden war, daß nun der Krieg – für ihn wenigstens – aus war. Manch einer versuchte schlitzohrig aus der Konkursmasse des zerbröckelndes Reiches eine Kleinigkeit zu erhaschen.

Ich habe bei diesem Lager vor allem die Erinnerung an eine ganz unbeschreibliche, bleierne, beine-wegreißende Müdigkeit. Die Baracke war mit Holzbohlen in einzelne Käfterchen geteilt, so daß gerade acht Mann, ganz dicht und ohne sich umdrehen zu können, nebeneinander liegen und schlafen konnten. Wir waren aber mehr, und es kamen auf jedes Käfterchen zwölf Männer. Es mußten also immer vier im schmalen Zwischengang stehen, aneinandergelehnt, denn zum Liegen war auch hier kein Platz. Vor die Baracke ins Freie durften wir nach Sonnenuntergang nicht gehen, da unsere amerikanischen Bewachungssoldaten Fluchtversuche witterten und sofort schossen. Daher mußten wir jeweils zwei Stunden in diesem völlig überbelagerten, von Schnarchlauten und Lautträumen tönenden, stinkenden Raum stehen und dabei wachbleiben, denn sonst wären wir auf die Schlafenden gefallen. Danach rüttelten wir die Kameraden, die nun dran waren, aus dem Schlaf, brachten sie zum Stehen und rollten uns für die nächsten vier Stunden in unsere Schlafstellung.

In diese Zeit fallen endlose Gänge mit Clemens im Geviert um die Baracke. Damals machte er ein Gedicht auf den Mond, sagte es mir auf, las es mir vor, auf die Rückseite eines Heftes gekritzelt. Ich habe es in seinen später herausgegebenen Gedichten nicht wiedergefunden. Am Abend setzten sich oft die Männer des Nachbarlagers zusammen und sangen deutsche Volkslieder. Ich erinnere mich noch, wie dabei unser guter Albrecht Strachwitz einmal laut aufweinend vor Heimweh zusammenbrach.

Die nächste Station war das Lager Alençon, ein ehemaliges KZ. Es bestand aus einer langen Reihe fester Holzbaracken, in denen vier Pritschen übereinander zum Schlafen einluden. Immerhin konnte man sich nun ungestört hinlegen, seine Sachen ordnen. Ich hatte mir einen kleinen, festen amerikanischen Karton für die »C-Ration« verschafft, in den ich meinen Eckermann, die winzige Lederbibel, einen Fetzen Stoff als »Waschlappen«, ein Reservetaschentuch, um nachts den Kopf draufzulegen (von meinem Vater mit Monogramm), und sonstige Wertsachen verstaute: ein gefundenes Eßbesteck, einen verbeulten Becher, ein Stück Seife, das wir irgendwann einmal empfangen hatten.

In diesem Lager wurden wir eines Vormittags auf dem Appellplatz versammelt. Es war, wie man an dem Glockenläuten und den festlich gekleideten und um das Lager herummarschierenden Alençoner Bürgern merken konnte, ein Sonntag. Wir wurden auf dem Hof aufgestellt. Langsam sammelten sich mehr und mehr Zuschauer an dem Stacheldrahtzaun. Nun mußten wir uns splitterfasernackt ausziehen, unsere Kleiderpäckchen vor uns hinlegen, uns in einer Entfernung von etwa zwei Metern vom nächsten postieren. Von einem Dolmetscher wurden alle Befehle über einen Lautsprecher weitergegeben. Daraufhin erschienen einige farbige Soldaten mit riesigen Flitspritzen in den Händen. Jetzt mußten wir uns erst - Beine breit - bücken, »zisch«, dann wieder aufrichten, die Arme hochgestreckt, wieder »zisch, zisch«, dann umdrehen, nochmals »zisch«. So wurden wir unter der Aufsicht der Alençoner Bürgerschaft entlaust. Dann wurden wir, immer noch völlig »ohne«, mit unseren Kleiderpäckchen in langen Schlangen vor einem Entlausungsspezialfahrzeug aufgestellt, in dem unsere Fetzen gleichfalls bearbeitet wurden. Diese an sich beschämende Prozedur hatte wiederum durch die fröhlich laute, kindische und gutherzig-clowneske Art der amerikanischen Soldaten etwas Menschlich-Witziges, etwas Versöhnliches. Die umstehende Bürgerschaft kommentierte die Vorgänge mit Zurufen, Drohungen, Schimpfworten. Sie hatten ja auch wenig Anlaß, uns ihr Mitgefühl zu bekunden.

Vielleicht hatte ich mich bei dieser Unternehmung an frischer Luft erkältet, jedenfalls bekam ich eine meiner häufigen Anginen mit hohem Fieber. Clemens borgte mir einen dunkelblauen Pullover, kümmerte sich um mich, besorgte mir - es war alles schon etwas komfortabler ausgestattet - Pillen aus der amerikanischen »dispensary«. Zwei Tage später, mir ging es schon wieder etwas besser, wurde Clemens zur Lagerleitung gerufen. Er kam schnell und etwas betroffen zurück. Er müßte sofort aus dem Lager heraus, käme in ein anderes Lager, nach England. Ich gab ihm den so hilfreichen Pullover zurück; er tauschte ›Krieg und Frieden‹ gegen meinen Eckermann. Dann ging Clemens. Ich weiß noch genau, wie ich damals dachte, daß ich einen solchen Abschiedsschmerz und eine solche Verlassenheit noch niemals in meinem Leben gespürt hätte.

Bald brachen auch wir anderen aus dem Lager auf, nun nicht mehr in Lastwagen kutschiert, sondern in offenen Güterzügen, auf eingleisigen Strecken durch die Laubwälder, Hecken, Apfelgärten und die viehreiche, immer wechselnde und anheimelnde Landschaft des Cotentin. Nach tage-, vor allem aber nächtelangen Fahrten, gelegentlich durch zerstörte Dörfer und Städte, kamen wir eines Nachts auf einem toten Gleis an, sechs-, siebenhundert Gefangene, fast nur Offiziere. Ohne größere Bewachung wurden wir durch ein arg zerschossenes Dorf geführt, dann über sandige Landwege. Alle hundert Meter stand ein Armeelastwagen mit eingeschaltetem Licht, denn es war stockfinstere, sternenlose Nacht. Schließlich erreichten wir gegen zwei Uhr eine riesige, von starken, auf hohen Pfählen befestigten Scheinwerfern grell beleuchtete Zeltstadt, umgeben von spärlichem Stacheldrahtzaun und einer weit auseinandergezogenen amerikanischen Postenkette, mitten in weiten, hoch aufsteigenden Dünen gelegen, die sich endlos auszubreiten schienen. Grüppchenweise wurden wir eingeteilt und zu sechst in ein Zelt gewiesen, nachdem am Zauneingang mit der endlosen Übergabe von Papieren und dem Zählen der eingeschleusten Gefangenen das übliche Ritual erfüllt war. Todmüde kroch ich in eine Zeltecke, in meine Decke gehüllt, mein pechschwarzes Taschentuch auf undefinierbare Stroh- oder Grasreste breitend, den C-Ration-Karton mit meinen Habseligkeiten an mich gedrückt.

Am frühen, grauen Morgen gegen halb vier, noch halb im Schlaf, wurde ich durch ein anhaltendes Tuten geweckt. Es waren beim genaueren Hinhören Bruchstücke aus der Marseillaise in immer der gleichen Reihenfolge und mit denselben Fehlern und Verblasern. Ich konnte nicht mehr schlafen und kroch klamm aus meinem Zelt. Da stand der Bläser im Morgendämmer, noch schwach angeleuchtet von den Scheinwerfern - ein alter Mann mit Baskenmütze -, und blies in der Absicht, den deutschen Soldaten ein aufrüttelndes Morgenkonzert zu bringen. Mit Verbissenheit und ohne sich von dem ihn verwundert anstarrenden amerikanischen Posten stören zu lassen, blies er und blies. Ich war aus dem warmen Zelt in die Morgendämmerluft getreten und ging einige Schritte weiter auf die nächste höhere Düne zu. Der Himmel war noch schwarz-grau verhangen, doch im Osten waren schon die ersten, sich schnell färbenden roten Bänder zu sehen, die den Sonnenaufgang ankündigten. Als ich den Dünenkopf bestiegen hatte, bot sich mir unversehens ein gewaltiger Anblick. Unter mir, steil abfallend, die Küste zum Ärmelkanal, dann der ganze Horizont, das Meer, im Hintergrund die schnell heller werdenden rosa Morgenwölkchen, und auf dem von einzelnen Nebelfetzen bedeckten Wasser, unzählbar, im Vordergrund kleine, dann immer größere Schiffe, die ruhig in der Morgendämmerung lagen: die amerikanische Invasionsflotte! Langsam wurde es heller Tag. Noch immer starrte ich auf diese gewaltige Massierung von Stahl, Kraft, feindlicher Waffenmacht, die an dem frühen, stillen Morgen mit ihren tausend schweigenden, unbeweglichen Schiffen etwas Unwirkliches hatte. Nach diesem stummen Schauspiel - der Trompeter hatte inzwischen aufgehört - schlich ich steif und klamm wieder in mein Zelt und in meine wärmende Decke zurück, um den durch den nächtlichen Marsch und die Marseillaise unterbrochenen Schlaf nachzuholen, bereichert um ein unvergeßliches Bild. Auch wußte ich nun, daß wir direkt an der Kanalküste lagerten, um in Kürze nach England verschifft zu werden.

Nachdem Clemens fortgeholt worden war, hatte ich eigentlich keinen Menschen, dem ich mich nahe gefühlt hätte. Zwar führte man mit allen möglichen Leuten lange und wegen des Mangels an wirklicher Information irreale Gespräche. Meist drehten sie sich noch um den »Fall von Paris«. Langsam dämmerte manchen die Erkenntnis, daß Choltitz vom ersten Tag seiner Kommandoübernahme am 11. August 1944 an geplant hatte, Paris kampflos, also unzerstört zu übergeben. Je nach Einstellung und Temperament, auch je nach Meinung über das Kriegsende und die (von den Nazis!) zu erwartenden Repressalien wurde alles wieder und wieder diskutiert. Vom Stabe Choltitz waren außer mir noch zwei oder drei Offiziere dabei, doch diese lediglich von den Feldkommandanturen, nicht vom engeren Stab, so daß ich bald als Kronzeuge, wenn nicht sogar als »Mitschuldiger« an der Vorgehensweise von Choltitz angesehen wurde. Wenn diese Gespräche sich auch anfangs noch in freundlicher, eher unpolitischer Weise abspielten, so kamen langsam und nicht überhörbar rechthaberische Härte, kaum noch verhüllte Mißbilligung und Anklänge an NS-Führungsoffiziersphrasen auf. Zugleich bildeten sich Gruppen, Cliquen: Pariser Stabsoffiziere, Fallschirmjäger und Panzertruppenoffiziere, die erst kürzlich gefangengenommen worden waren, frisch von der Ostfront und demonstrativ ohne Verständnis für die »lasche« Kriegsführung im Westen. Sie waren die »verbrannte Erde« gewöhnt. Ich war allein. Die Offiziere der Pariser Kommandantur gehörten nicht zum engeren Stab. Ich kannte sie fast nur vom Sehen, und eine schon in normalen Zeiten des Stabslebens latente Animosität gegen mich als persönlichen Ordonnanzoffizier des Kommandanten verstärkte meine Isolierung.

Noch etwas anderes ließ mich das Alleinsein suchen: Der 20. Juli, die Vorgänge der letzten Wochen in Paris, im Stab, dann die Gefangennahme und das so sichtbare Zerbrechen des inneren Gefüges unseres Heeres und nicht zuletzt - als Bild am deutlichsten - der Blick auf die gewaltige Invasionsflotte, all dies ließ mich endgültig erkennen, daß der Krieg vorbei sei. Nicht daß die anderen nicht auch zu dieser Erkenntnis gekommen wären. Doch ihr Gefangenendasein in den gewählten Gruppen ließ nur die Beschäftigung mit der allerjüngsten Vergangenheit zu, wobei Maßstab und Ziel noch immer das Idealbild des deutschen Offiziers war. Ehrenhaft und nicht zu beanstanden. Jedoch in mir war ohne große politische Erwägungen und pathetisches Reflektieren langsam das Empfinden entstanden, daß der Schritt vom Soldaten zum Gefangenen auch ein Schritt aus einer Bindung in die geistige Freiheit und Unabhängigkeit sein könnte, eine greifbare Chance, schon jetzt, hinter Stacheldraht, ein neues Leben zu beginnen. So war ich bestrebt, alle Erlebnisse und Situationen, die sich mir von nun an bieten würden, ohne Vorbehalte zu betrachten. Zu deutlich war bei meinen Mitgefangenen zu erkennen, daß die Impulse und Ideen, die sie bei Laune und in der geliebten, altgewohnten Form hielten, nur darauf zielten, ihre Soldatenrolle in der Gefangenschaft, gleichsam zum Trotz, ohne Veränderung durchzuhalten. Für mich bedeutete die Gefangennahme das Ende meines Soldatendaseins, und da ich jung war, suchte ich nach einem neuen Anfang. Hier half mir die teils gewählte, teils durch die Umstände erzwungene Einsamkeit beim Nachdenken weiter. Das Vergangene vorerst ruhen zu lassen und mich dem Kommenden ohne Vorurteil zu öffnen, darin übte ich mich mehr und mehr und freute mich auf die bevorstehenden Veränderungen, was sie auch bringen mochten.

Wenige Tage nach meinem Blick von den Dünen auf die Invasionsflotte wurden wir erneut nachts geweckt. Eine Gruppe von einigen hundert Soldaten wurde zusammengestellt und auf einem steilen, teilweise mit Holzbohlen gesicherten Pfad über die schroff abfallende Düne, die dort etwa fünfzig bis sechzig Meter hoch ragte, in grauer Dämmerung an den Strand geführt. Hier lag mit weit geöffnetem Bug ein Transporter bereit, während der Ebbe auf Sand gesetzt. Das ganze Schiff bestand aus einem riesigen Hohlraum, in dem vor einigen Wochen Panzer, Kanonen, Fahrzeuge und vor allem Mannschaften zur Invasion an die Küste gefahren worden waren, um gefechtsbereit aus dem sich öffnenden Schiffsmaul zum Angriff auf den »Atlantikwall« anzutreten.

Wir wurden auf engstem Raum im Bauch des Schiffes untergebracht. Licht kam nur aus vier Deckluken etwa zehn Meter über uns, die über schmale Wendeltreppen zu erreichen waren. Die amerikanischen Bewachungstruppen, jetzt zur Marine gehörig, waren stolz, uns das Schiff und seine Funktionen zu zeigen. Sie ließen immer einige Trupps über die Wendeltreppe an Deck steigen. Es war dasselbe großartig-machtvolle Bild der Menge von Schiffen verschiedenster Größe, die hinter uns im offenen Kanal vor Anker lagen.

Langsam schloß sich das große Tor am Bug, wurde fest vertäut, verschraubt, und bei steigender Flut begann unser Schiff sich zu bewegen. Büchsen, Flaschen, Kisten, alles, was nicht fest angebunden war, rollte über den Stahlblechboden mit großem Getöse hin und her. Nach zwei Stunden liefen die Motoren an, das Schiff begann unruhig zu stoßen, das Schaukeln wurde immer stärker, und wir merkten, wie wir uns durch die gestiegene Flut abhoben und in die offene See kamen.

Die Überfahrt war gräßlich. Da unser Landeschiff keinen Kiel hatte, war es dem Wellengang ganz anders preisgegeben als ein normales Boot. Hinzu kam, daß die Ladung mit einigen hundert ausgehungerten deutschen Soldaten viel zu leicht war, gemessen an den Panzern und Geschützen, für die das Schiff konstruiert worden war. Viele wurden seekrank, die, wenn es noch reichte, an Deck geleitet wurden. Nach sieben bis acht Stunden Schaukelfahrt erreichten wir Southampton. Das Schiff legte direkt neben Bahngleisen an. Ein bereitstehender Personenzug nahm uns auf. Wir wurden nur einige hundert Meter gefahren, stiegen auf dem Bahngleis aus und erwarteten einen direkten Zug in unser erstes Gefangenenlager in England.

Wenn wir, von den amerikanischen Soldaten bewacht, in Frankreich in die Nähe von Menschen kamen, zum Beispiel an Bahnhöfen, auf den Transporten in die Lager oder auf der langsamen Durchfahrt durch Dörfer im Cotentin, erhob sich unter den Franzosen sofort ein Gebrüll, Gepfeife, Fäusteballen, drohende Gebärden, Zeichen für Halsabschneiden und Grimassen. Wir waren fast schon daran gewöhnt, wie im Zoo bestaunt und beschrien zu werden, wobei wir uns eigentlich nie recht bedroht vorkamen, sondern eher die Freude und Erleichterung der Franzosen empfanden, uns nun endlich einmal zeigen zu können, was sie von uns hielten. Spaßvögel unter uns zeigten dann wohl mal den »Hitler-Gruß«, wenn die brandende Volkswut, gegen die wir durch die Amis geschützt waren, abzuflauen schien.

Als wir in England, dicht aneinandergedrängt und von wenigen amerikanischen Soldaten bewacht, auf dem Perron standen, war die Atmosphäre eine ganz andere. Von den Engländern, die an uns vorbeigingen oder die mit uns auf den Zug warteten, würdigte uns keiner eines Blickes. Still und bedrückt standen wir da und empfanden die schweigende Verachtung und den Haß viel intensiver als die lauten Ausbrüche der Franzosen auf dem Festland. Gegen Abend kamen wir in unserem Englandlager an.

Dieses Lager im Süden Englands gehörte den amerikanischen Truppen. Es erstreckte sich von einem Tal auf einen sanften Höhenzug, bestand aus geometrisch ausgerichteten, völlig gleichen Wellblechbaracken, die wie längs halbierte Schlauchstücke unendlich weit in die Landschaft verstreut waren, und war durch Stacheldrahtzäune in mehrere Zonen eingeteilt. Immer etwa dreißig oder vierzig Baracken waren zu einem »Compound« verbunden. In der Mitte eines Compounds verlief die breite, asphaltierte Lagerstraße, rechts und links davon fünfzehn oder zwanzig Wellblechunterkünfte. Während die Lager, die wir in Frankreich durchlaufen hatten, eher ein Notbehelf waren, trug dieses Riesenlager - es war sicher für viele tausend Soldaten eingerichtet - den Stempel der ordnungsliebenden und »sauberen« Amerikaner. Jetzt kam auch die Systematisierung, Numerierung und »Resozialisierung« der deutschen Gefangenen in Gang. Wir wurden, was die Verpflegung betraf, wie amerikanische Soldaten behandelt. Die Amerikaner hielten sich sehr genau an die Genfer Konvention. Noch gut erinnere ich mich an das überwältigende Erlebnis, als alle Gefangenen zum ersten Mal bei einer normalen Essensausgabe je zwei Stangen Zigaretten = 40 Schachteln empfingen, Camel, Lucky Strike, Philip Morris. Der Geruch der frisch angebrochenen Packung, das glatte Glanzpapier, »der Hauch der großen, weiten Welt«, der reichen, noch intakten, streifte uns. Während bisher für viele süchtige Raucher die von den Amerikanern weggeworfenen Kippen eine eigene Währung bildeten, konnten jetzt alle »aus dem Vollen« rauchen.

Nun wurde auch die »Nachrichtengebung« organisiert. Die Amerikaner kümmerten sich nicht darum, aber von der deutschen Lagerleitung wurde ein »Nachrichtensprecher« beordert, der täglich nach dem Mittagessen einen Bericht zur Lage gab. Da in der ›New York Times‹ für die amerikanischen Truppen die Wehrmachtsberichte aller kriegführenden Länder ohne jeglichen Kommentar abgedruckt wurden, nahm der Sprecher natürlich den deutschen Wehrmachtsbericht zur Grundlage seiner Erörterungen. Die Zeitung durfte er für kurze Zeit im amerikanischen Lagerbüro einsehen. Hier wäre die erste Möglichkeit gewesen, die Gefangenen objektiv anhand der verschiedenen Heeresberichte zu unterrichten; doch was uns geboten wurde, waren »Deutsche Nachrichten«, transportiert in ein Lager in England. Die Hauptschuld für das Zusammenbrechen des deutschen Heeres in Frankreich - es war Ende September, die alliierten Truppen standen vor Aachen - wurde dem Fall von Paris und dem »Verräter« Choltitz zugesprochen. Es wurde auch verkündet, daß Choltitz vom Führer in Abwesenheit zum Tode verurteilt worden sei. Ich mußte mich immer mehr vorsehen, denn allein die persönliche Bindung an Choltitz brachte mich zunehmend in Schwierigkeiten. Weiterhin wurde von den heldenhaften Abwehrkämpfen im Osten, vom nicht zu brechenden Widerstandswillen in der Heimat gesprochen.

Die Nachrichtenausgabe fand unter offenem Himmel statt. Es herrschte herrlich klares Septemberwetter, und als düstere Kulisse zu den Berichten hörte und sah man den ganzen Tag Tausende von amerikanischen Bombern, die sich über unserem Lager zu Verbänden sammelten, um nach Deutschland zu fliegen, nach Berlin, Köln, Nürnberg.

Im übrigen war das Lager noch nicht so durchfunktionalisiert wie die späteren »Dauer«-Lager mit Seminaren, Vorträgen, Bridge- und Skatvereinigungen. Daher spielte sich, zumal bei dem gleichbleibend schönen Wetter, das ganze Leben auf der Lagerstraße ab, indem man, in Gespräche vertieft, hügelauf-hügelab spazierenging.

Hier muß ich einige Betrachtungen über das Lagerleben im allgemeinen anfügen. Wenn bei einem Haufen von Männern das bisher gewohnte Gleichgewicht zwischen Tun und Denken, zwischen Aktivität und Passivität gestört ist, kommt es zu seltsamen Erscheinungen. Sie bauen sich eine Scheinwelt aus utopischen Begriffen auf, Einstellungen, die an sich vielleicht berechtigt, nur in ihren Dimensionen gegenüber den übrigen Fakten der Existenz außer Kontrolle geraten sind.

Dann werden auch Kleinigkeiten plötzlich unendlich bedeutsam. An zwei Dinge dieser Art erinnere ich mich noch genau: Es entstand die wichtige Frage des Grüßens des Lagerältesten sowie überhaupt des Grüßens der militärischen Vorgesetzten, die wie alle anderen Gefangenen von morgens bis abends die Lagerstraße auf und ab flanierten. Mußte man ihn grüßen, mußte man ihn einmal grüßen (das erstemal, wenn man ihn sah), mußte man ihn vielleicht vor- und nachmittags grüßen, mußte man ihn und die anderen Vorgesetzten bei jedem Treffen auf der Lagerstraße grüßen? Zur Regelung dieses Problems wurden aus den einzelnen Baracken Abordnungen gehört, die jeweils aus den dienstältesten Offizieren bestanden. Soweit ich mich erinnere, kam man überein, daß jeder Vorgesetzte einmal am Vor- und einmal am Nachmittag zu grüßen sei.

Das zweite Problem, dem ersten verwandt, aber politisch brisanter, war die »Grußform«. Nach dem Attentat auf Hitler am 20. Juli 1944 hatte Göring dem »wie durch ein Wunder« geretteten und somit dem deutschen Volk erhaltenen »Führer« das Geschenk gemacht, daß alle Soldaten - nicht mehr nur die SS-Truppen - mit erhobenem Arm zu grüßen hätten. So ganz hatte sich das bei der Truppe nicht durchgesetzt, und in der Gefangenschaft sollte die Frage nun neu aufgegriffen werden. Doch hier meldete sich endlich die sonst schweigsame amerikanische Lagerführung, die über die von ihr eingesetzte deutsche Lagerleitung den »Hitlergruß« einfach verbot. So kam es dazu, daß einige nur noch »an die Mütze« griffen, andere verstohlen den Hitlergruß ausübten, was eigentlich als nationale Pflichtübung, als Zeichen des Durchhaltewillens gemeint war. Auch hierüber kam es zu langen Gesprächen mit dem deutschen Lagerleiter Oberst P., denen wiederum auf niederer Ebene Besprechungen innerhalb der einzelnen Baracken vorausgingen. Das Bedürfnis, die kommende Niederlage, die »Schmach« der eigenen Gefangennahme durch ein bestimmtes Auftreten mit Härte, Zackigkeit zu kompensieren, wurde bei einigen Gruppen immer deutlicher. Auch die Bildung von Cliquen schritt weiter fort, Fallschirmjäger, Seeoffiziere, Panzersoldaten. Ich hatte, abgesehen von einigen unangenehmen Disputen über Choltitz und seinen Stab, noch keine größeren Schwierigkeiten, da ich mich aus allen Gruppierungen heraushielt.

Wir werden etwa zehn bis vierzehn Tage in dem englischen Lager gewesen sein, als eines Abends große Mengen zum Essen ausgegeben wurden, vor allem süße und köstlich schmeckende Milchsuppe. Unser Compound wurde aufgelöst, und nach amerikanischer Sitte mußten alle Lebensmittel entweder sofort gegessen oder vernichtet werden. Nach einer Ruhe von wenigen Stunden wurden wir gegen Mitternacht geweckt und mußten in der Dunkelheit den Marsch zum einige Kilometer entfernten Bahnhof antreten. Doch nun zeigte sich, daß wir von der schmackhaften Milchsuppe zuviel genossen hatten. Alle empfanden ein wachsendes menschliches Rühren, aber da es dunkel war, nur wenige amerikanische Posten uns umgaben und außerdem die Zeit für den Zug nach Liverpool schon zu weit fortgeschritten war, wurden wir wie das liebe Vieh mit lauten Rufen »let's go« weitergetrieben. Es war schon ein seltsames Bild, wie die Menge der deutschen Offiziere, gelegentlich im seitlichen Tänzelschritt, versuchte, den Druck der Blase loszuwerden, ohne dabei an Marschgeschwindigkeit einzubüßen und von den amerikanischen Bewachern beschossen zu werden. Irgendwie kamen wir am frühen Morgen in Liverpool an, und nun war auch das Ziel unserer Gefangenschaft klar - es ging nach Amerika.

Gegen Mittag wurden wir mit unseren Waggons sogleich in den Frachthafen gefahren. Ich weiß nur noch, daß wir in riesigen Lagerschuppen mit hohen, verrosteten Kränen viele Stunden lang warteten, umrauscht von dem Tuten der Schiffe, dem Knarren und Quietschen der Kräne und Schienen über uns, neben uns. Erst am späten Abend wurden wir, eine Schar von sicher fünfzehnhundert bis zweitausend Gefangenen, durch endlose Gänge und Lagerschuppen auf das Schiff geführt. Es war eine mäßig helle Nacht, das Schiff recht gut beleuchtet, denn die Verdunkelung hatten sich die Engländer schon wieder abgewöhnt. Die »Marquis Posa« hatte etwa zwanzigtausend Tonnen. Wir wurden am Fallreep von äußerst barschen amerikanischen Seesoldaten empfangen und wahllos, nur nach der Zahl geordnet, auf verschiedene Räume verteilt, die früher als Speisesäle, Spielsäle, Dielen und Lesezimmer gedient haben mochten. Jetzt waren sie bis unter die Decke von Hängematten durchzogen, bis zu sechs übereinander, dabei dicht gestaut, so daß man leicht Platzangst bekommen konnte. Die Räume für die Gefangenen waren von den übrigen Zimmern im Schiff mit Seilen abgetrennt. Jeder Raum bekam bald Besuch von einem Deutsch sprechenden Amerikaner, der uns in die Geheimnisse der Überfahrt, die Vorsichtsmaßnahmen, vor allem die bestehenden Verbote einwies. Stundenweise war für uns alle im Zwischendeck ein Teil des Außenbords zum Spazierengehen freigegeben. Ich hatte das Glück, noch am selben Abend meinen Gang hin und her und wieder hin und her machen zu können, so um die hundert Meter jede Strecke, und dabei die Ausfahrt des Schiffes aus dem stark zerstörten Hafen zu beobachten.

Das war sicher einer der aufwühlendsten und in gewisser Hinsicht größten Momente meines Lebens. Ich fühlte, wie ich mich von Europa und vom Krieg, auch von meinem bisherigen Leben trennte, und geradezu körperlich empfand ich, daß ich nun eine Chance hätte, das Leben richtig, auf alle Fälle tiefer und frei von den bisherigen Vorurteilen zu begreifen. Wir hatten alle gelernt, was von Amerika und den Amerikanern zu halten sei: Schlappschwänze, die mangelnden Mut auf dem Schlachtfeld mit Unmassen von Material kompensierten, ein korruptes und durch die Demokratie heruntergekommenes Land. Als ich da an der Reling stand und langsam das Festland, den teilweise beleuchteten Hafen von mir abrücken sah, sagte ich mir, daß ich mich nun buchstäblich auf Amerika freuen, daß ich die Vorbehalte ablegen und mich ganz dem, was auf mich zukäme, öffnen wollte. Wieder spürte ich - wie in den ersten Stunden der Gefangenschaft in Paris - daß das Lösen von Hab und Gut, von jeglicher momentanen Verpflichtung, das Abbrechen von Brücken ein Gefühl ungeahnter Freiheit schenkt.

Das Leben auf dem Schiff hatte etwas Traumartiges, da man immer mit den Tageszeiten durcheinander war und Schlafen und Wachen in ganz neuen und unnatürlichen Rhythmen vor sich gehen mußten. Das Schiff war mit seinen Versorgungseinrichtungen nur auf seine Besatzung und vielleicht einige hundert Passagiere eingestellt. Nun waren aber mehrere tausend Gefangene darauf untergebracht. Um diese Massen von Kriegspassagieren mit Mahlzeiten zu versorgen, wurde ein Zeitplan aufgestellt, der rund um die Uhr die verschiedenen Gruppen zum Essen rief. Meist aß ich mit meiner Gruppe um zehn Uhr vormittags, dann erst wieder - es wurden nur zwei Mahlzeiten ausgegeben - um zwei Uhr nachts. Dieser unphysiologische Tages- und Nachtablauf machte alle nervös, ungeduldig, Gerüchten aufgeschlossener als sonst und aggressiv. Hier hatte ich wieder eines der Schlüsselerlebnisse, an denen man merkt, »was die Stunde geschlagen hat«. Ich war in einem Zwischendeck untergebracht, lag in einer Hängematte, der vierten von unten. Außerdem war dort eine besonders laute und nazihaft-freche Gruppe jüngerer Offiziere untergekommen, die die ganze Nacht oder jedenfalls die Tageszeit, die einem zum Schlafen angewiesen war, mit lauten Gesprächen, Geschrei, Zoten ausfüllten, ohne Rücksicht auf die anderen Schläfer zu nehmen. In unserem Zwischendeck war ein »Ältester« eingeteilt, ein rührender alter Kapitän, der jedem Streit und jeder Entscheidung aus dem Weg ging. Aber es hatten sich schon andere Gefangene bei ihm über den unerträglichen Lärm beschwert. Als es einmal wirklich zu bunt wurde, rief er deshalb in die Dunkelheit: »Meine Herren, etwas mehr Ruhe, bitte!« Da scholl ihm aus der Ecke zurück: »Halten Sie doch die Fresse, Herr Kapitän!« Dieser rüde Zuruf zeigte mir mit unmißverständlicher Deutlichkeit, daß es mit dem Offiziersstand, mit der Haltbarkeit ungeschriebener Gesetze und anerkannter Strukturen zu Ende war.

Es gab noch eine weitere Begebenheit dieser Art. Wir wurden von einem Matrosen einmal durch die labyrinthartigen Gänge, die unendlich weiten Treppen und Flure zum Essen geleitet. Plötzlich ein Stop; wir mußten einige Minuten stehenbleiben. Auf einer der benachbarten Treppen hatte sich ein Küchenjunge, ein Schwarzer oder Puertorikaner, niedergelassen. Er lag dort, kaute Kaugummi, sang, pfiff eine Schlagermelodie und blickte uns allen, wie wir da standen, unausgesetzt ins Gesicht wie in einem Zoo, wo man seltene Tiere länger und genauer betrachtet. Das war teils Interesse, teils aber das Gefühl, es nicht einmal entfernt mit Wesen gleicher Art zu tun zu haben. In dem unbefangenen und dabei um so unmenschlicheren Blick lag eine Distanz, ein Anders-Sein, das man erst einmal kennenlernen und einordnen mußte. Gerade das Fehlen jeglicher Gehässigkeit, jeder Boshaftigkeit zeigte den Abstand, den der Junge augenscheinlich fühlte.

Durch den verwirrenden Tageslauf, die wenigen und unzureichenden Mahlzeiten und manches andere steigerte sich die aggressive Nervosität unablässig. Auch waren unsere Bewacher ungeduldig und kaum ansprechbar, denn man hatte Angst vor deutschen U-Booten, mit denen man ungern zusammentreffen wollte. Erneut bildeten sich die bekannten Gruppierungen, SS-Offiziere, Fallschirmjäger, Pariser Stabsoffiziere. Ich fand kurz – ich sah ihn nie wieder – einen Freund, der mir aus dem Gedächtnis Goethes Gedicht ›Wenn der uralte heilige Vater...‹ rezitierte; ich lernte es gleich auswendig. Sonst war ich eigentlich wenig in einer festen Gesellschaft. Immer lauter, aggressiver und unlogischer wurde der Fall von Paris als Verrat von Choltitz beschimpft, und so war ich in zunehmenden Maße anfangs versteckten, bald aber immer deutlicheren Anpöbelungen ausgesetzt, weswegen ich mich zu einer indifferenten Gruppe älterer Offiziere hielt. Von irgendwelchen Registrierungen, Befragungen oder Verhören blieben wir während der Überfahrt gänzlich verschont.

Nach einer recht ruhigen Fahrt von sieben oder acht Tagen trafen wir am 9. Oktober 1944 in Boston ein. Vorher war uns allen ein Fragebogen gegeben worden, auf dem wir, verglichen mit späteren Fragebögen, nur wenige Angaben zu machen hatten. Das Schiff legte an, ein langes Fallreep wurde herabgelassen. Jeder hatte seinen Fragebogen beim Herabsteigen einer Gruppe von amerikanischen Offizieren zu übergeben, die ganz kurz die Angaben lasen, den Ankömmling betrachteten, ihm einige Fragen stellten und dann entweder in die etwa hundert Meter entfernten Waggons schickten oder aber – und hier handelte es sich um nur wenige – zu einer anderen Gruppe beorderten. Natürlich dauerte diese Prozedur viele, viele Stunden, und man war eine beträchtliche Zeit auf dem langen, steilen Fallreep festgehalten, bis man bei dem Kurzverhör und der darauffolgenden Verteilung dran kam. Ich hatte die Vorgänge genau beobachtet und gesehen, daß das Gros der Gefangenen in die Waggon-lit-Wagen geschickt wurde; nur die »interessanteren« Offiziere, meist Stabsoffiziere, auch Wissenschaftler, sammelten sich in dem kleinen

Haufen. Ich überlegte angestrengt, wie auch ich in diesen kleinen Haufen kommen könnte. Ich hatte mir einiges zurechtgelegt, das mir, wie ich hoffte, den Zugang dorthin sichern würde, obwohl ich nach Rang, Alter und militärischer Position für die Amerikaner kaum interessant sein konnte. Als ich endlich nach langen Warte- und Anstehstunden auf amerikanischem Boden bei den acht oder zehn Verhöroffizieren angelangt war, berichtete ich, daß ich in Paris bei der Übergabe eine wichtige Rolle gespielt hätte, daß ich zum preußischen Hochadel gehörte, daß ich mit vielen der Täter des 20. Juli verwandt sei und vieles andere mehr, was meist wahr, nur etwas dicker und wichtiger aufgetragen war. Und siehe da - nach kurzer Musterung wurde ich mit meinem kleinen Pappkarton zum Haufen der Auserwählten geschickt.

Wir waren eine recht heterogene Gruppe. An einzelne Fahrtgenossen kann ich mich nicht mehr erinnern, nur daß unter uns einige Meteorologen waren, für die sich die Amerikaner besonders zu interessieren schienen. Wir wurden, eine Gruppe von achtzig bis hundert Mann, unter strenger Bewachung über den breiten Hafenvorplatz in bequeme Pullman-Wagen gebracht. Die Soldaten waren hier zackiger, militanter als in der Nähe des Kriegsschauplatzes in Europa, wo zwischen den Amerikanern und den deutschen Gefangenen schnell eine kameradschaftliche Atmosphäre entstand. Im Pullmann-Zug fuhren wir viele Stunden lang bis tief in die Nacht hinein über Harrisburg, Philadelphia, bis wir in unserem Waldlager - wir nannten es Karl-May-Lager - anlangten. Die erste Nacht in Amerika. Wir sanken todmüde in irgendwelche Bretterbetten, und ich schlief fest, bis ich am frühen Morgen von lautem Pfeifen geweckt wurde. Die Fenster waren mit Holzläden verrammelt. Ich öffnete einen, um zu sehen, was da draußen so herumpfiff. Da sitzt auf einem Telegraphenmast ein Vogel, groß wie eine Elster, ein Kardinal, und singt und pfeift sein Lied. Ich war baff - denn in Europa gibt es keine Vögel dieser Größe, die melodisch singen könnnen. Und als ich weiter aus dem Fenster sehe, erblicke ich Bäume und Tannen von einer erstaunlichen Höhe, überhaupt alles anders, größer, weiter. Vor der Türe fragte ich einen Soldaten nach dem Vogel, und ich staunte gleich kräftig über seine Größe, über die großen Tannen, über alles Neue, was ich sah. Der Ami war sehr geehrt, freundlich, denn er erkannte in meiner aufkommenden Amerika-Begeisterung den Versuch, den alten Kontinent mit dem neuen zu vergleichen. Er hatte dafür die einfache Formel: »in America all bigger and better«.

Bald wurden wir zum Frühstück in eine andere Baracke geführt. Unterkunft und Verpflegung entsprachen genau der Genfer Konvention, und wir lebten wie amerikanische Offiziere. Das Frühstück - nach den vielen Wochen Hunger, Durst, unzureichender oder schlechter Ernährung - umfaßte Cornflakes in gewachsten kleinen Tüten, frische Kuhmilch, starken Kaffee und dazu aus großen Gallonen dicke, weiße Sahne, auch »Rolls«, frische Butter. Es war wie im Paradies. Da merkte man, daß die Amerikaner im Überfluß lebten und Mangel an »Grundnahrungsmitteln« gar nicht kannten. Man sah es vor allem an ihren Abfallkübeln. Es wurden Mengen der besten Lebensmittel weggeworfen. Doch dieses Paradiesleben währte nur wenige Tage. Wir wurden alle mehrfach einem eher unsystematischen Verhör unterzogen, das sich in erster Linie auf die Herkunft und das politische Denken, weniger auf irgendwelche militärischen Sachverhalte erstreckte. Eines Morgens wurde eine kleine Gruppe von uns, fünf oder sechs Offiziere, vor das Tor gerufen, einem düster blickenden amerikanischen Offizier übergeben, in einen Gefangenentransporter mit dicht verriegelten Türen und vergitterten Fenstern gesteckt und abtransportiert.

Auch das ist eine Reminiszenz an das, was Gefangenschaft heißt. Man fühlt sich an einem Platz unter Menschen, auch unter Bewachern wohl, heimisch und - soweit dies geht - geborgen. Plötzlich kommt eine Botschaft von irgendeinem anderen, »höheren« Lager. Darin stehen einige Namen, und innerhalb von wenigen Minuten ändert sich alles, kaum Zeit zum Abschied, zum Austausch von Adressen, zum Zusammenpacken der Habseligkeiten - man fährt ab zu einem unbekannten Ziel. Daraus entsteht eine sonderbare Art innerer Unsicherheit. Aus dieser Zeit nahm ich den Spruch mit - ich weiß nicht, woher er stammt: »Wohne wie einer, der wandern will.«

Auf der Fahrt gelang es uns, durch die Holzbretter zu linsen. Wir stellten fest, daß wir durch eine Gegend fuhren, die übersät war mit den verschiedensten Heldendenkmälern, wohl Erinnerungen an die Schlachtfelder der Sezessionskriege. Nach etwa drei Stunden langten wir in einem riesigen Camp an, durchfuhren kilometerlange Barackenstraßen und hielten vor einem zweistöckigen, dicht mit Stacheldraht eingezäunten Gefängnisgebäude. Es war ein amerikanisches Soldatengefängnis, bewohnt von amerikanischen Übeltätern und für uns wohl nur eine Zwischenstation.

Ich wurde von den anderen getrennt, bekam zwei schweigsame Bewacher und wurde in eine Verhörzelle gebracht, wo ich mich aller meiner Sachen entledigen mußte. Dann wurde ich einer albernen Leibesvisitation - nach versteckten Giftkapseln - unterzogen und darauf mit altem, aber blitzsauber gereinigtem Amizeug versehen: Unterhosen, Unterhemd, Hose und Hemd, Socken und ein Paar Schnallenstiefel. Alles war gezeichnet mit dicken, schwarzen Ölbuchstaben: PW, *Prisoner of War.* So wurde mir alles entrissen, meine durchgeschwitzten Uniformstücke, meine Bilder von Sperrenwalde, meine winzige Bibel, meine Fetzchen von Tolstois ›Krieg und Frieden‹ und meine zwanzigmal gewaschenen Taschentücher, die mir - eine Fiktion reiner Wäsche hervorzaubernd - in jedem noch so dreckigen, dunklen Lager als Kopfkissenbezug gedient hatten. Ich kam mir in dem reinlichen PW-Zeug wie gehäutet, meiner eigentlichen »Witterung« beraubt vor, mir selbst entfremdet und aufs äußerste zerrissen, ängstlich und unwohl.

Schlimm war, daß in den nächsten Tagen nichts weiter geschah. Ich saß in einer Einzelzelle, das vergitterte Fenster war mit einer Bretterwand als Sichtblende verdeckt, Türen ohne Griff, ein Stuhl, ein Bett, fertig. Wenn man mal »mußte«, kam auf Ruf ein Soldat, bewaffnet, schweigsam, führte einen auf die türlosen Toiletten und saß davor, die MP auf den Knien.

Nach einigen Tagen bekam ich einen jüngeren deutschen Offizier als Genossen. Er war sogleich überströmend herzlich, hatte, wie er sagte, dieselben Erlebnisse und Empfindungen hinsichtlich der Gefangenschaft wie ich, sei in Frankreich gefangengenommen worden, schimpfte sehr auf die Amerikaner und machte über seine Truppenzugehörigkeit dunkle Andeutungen, auch über seine Tätigkeit in Frankreich während des Krieges. Für mich war es belebend und schön, wieder einen Menschen um mich zu haben. Seltsam freilich waren seine dunklen Reden von seinen Taten, Untaten. Er versuchte, auch mich zum Erzählen meiner Erlebnisse der letzten Monate zu bringen, doch konnte ich ihm - außer den trockenen Tatsachen - nichts Erregendes berichten. Ebenso plötzlich, wie er gekommen war, wurde er wieder fortgeholt. So war ich erneut allein. Irgendwoher hatte ich einen kleinen Stummel Bleistift, einen Fetzen Papier. Ich sehe mich noch das Sperrenwalder Haus auf dieses Stückchen Papier malen.

In diesen einsamsten Stunden und Tagen meines Lebens dachte ich an das Haus in Sperrenwalde. Ein bestimmtes Zimmer, die Tapete, aber welche Muster, welche Farben, welche Bilder? Jede Einzelheit holte ich mir zurück, merkte in den folgenden Tagen, wieviele Details mir entgangen waren und nun in meinem Gedächtnis wieder auftauchten. Bald wurde ich auch in Träumen fündig und war nun voll von Bildern »meiner Gegend«: Haus und Ställe, Park, Felder, Wiese und Wald. Dabei konnte es zum Sport werden, immer mehr ins Kleine zu gehen, immer genauer, mikroskopischer das Erinnerungsbild zu erfassen.

Einige Tage später kam ein neuer Genosse in meine Zelle, ein älterer Eisenbahnbeamter, von dem ich das Mühle-Spiel lernte. Mit dem Bleistift malten wir ein Mühlenetz auf den gescheuerten Fußboden, dann wurde ein Pappkarton - vom Klo mitgenommen - in dunkle (bleistiftbemalt) und helle »Steine« zerteilt, und so spielten wir stundenlang. Es stellte sich heraus, daß Steffen auch bei ihm in der Einzelzelle gewesen war, auch ihm die etwas seltsamen Geschichten erzählt hatte und dann wieder herausgeholt worden war. Langsam kamen wir zu der Überzeugung, daß es sich um einen V-Mann der amerikanischen Abwehr gehandelt haben müsse, der uns durch seine provokativen Reden zu Teilgeständnissen bringen sollte. Da nun weder aus dem alten und trockenen Eisenbahner noch aus mir Interessantes herauszuholen war, war er wieder abgezogen worden.

Kurze Zeit darauf, nach etwa zehn Tagen, wurde ich zum Verhör gebracht. Es wurde von einem amerikanischen Offizier geleitet, der reines Deutsch sprach und, wie er mir sagte, als Jude vor zehn Jahren Deutschland verlassen hatte. Militärische Fragen wurden nicht berührt. Sie waren auch unwichtig, jedenfalls soweit sie von mir zu beantworten gewesen wären. Die Amerikaner hatten in diesen Tagen Aachen erobert, den Rhein überschritten. Den Verhörer interessierte vielmehr meine Meinung über die Judenfrage, über den Anschluß Österreichs, über die Kriegsverbrechen, über den 20. Juli, den Fahneneid und darüber, was man als junger Offizier dachte, kurz, es war mehr eine Unterhaltung als ein Verhör. Zwei oder drei Tage lang wurde ich so in weitläufige Gespräche verwikkelt, bis er eines Tages sagte, daß ich nun in mein »Stammlager« käme. Ich solle ihm sagen, ob ich in ein Nazi- oder ein Anti-Nazilager wolle.

Ich antwortete: »Antinazi-Lager.« Der 20. Juli, die Erlebnisse als Ordonnanzoffizier des »Verräters von Paris«, am stärksten aber der Drang, den Sprung über den Zaun wenigstens zur inneren Freiheit des Denkens und Sagens zu wagen, brachten mich zu diesem Entschluß. Mein besorgter und wirklich freundlicher Verhöroffizier riet mir ab. Im Antinazi-Lager seien eigentlich nur Kommunisten, bisher kein Offizier, alles wilde und teils auch kriminelle Gesellen, fast nur Angehörige der Division 999, die in Afrika in großen Scharen zum Feind übergelaufen seien, auch meist politisch überzeugte Kommunisten. Bald gäbe es gewiß »vernünftigere« Antinazi-Lager. Überhaupt sei der Compound, den er im Auge habe, eigentlich nichts für mich. Doch ich beharrte auf meinem Entschluß. Kurz darauf saß ich in einem Gefangenenauto, das mich in einer halben Stunde Fahrt durch das riesige amerikanische Camp in mein neues Lager brachte.

Auf einem langgestreckten Hügel waren in endlosen Reihen kleine quadratische Holz-Pappbaracken aufgestellt. In jeder hatten zwölf Gefangene Platz, Betten übereinander. An der Spitze der Reihen standen quer die »Waschbaracken«. Zu unserem Compound gehörten in Doppelreihen etwa fünfzehn oder zwanzig solcher kleiner Häuschen; davon war, als ich ankam, nur vielleicht ein Drittel besetzt. Unser Compound war mit doppeltem Stacheldraht gegen die anderen, sich endlos fortsetzenden Barackenstraßen getrennt.

Ich wurde mit meinem Pappkarton und den persönlichen Dingen, die ich wiederbekommen hatte, von einem Wachsoldaten in eine dieser Baracken geführt, mußte irgend etwas unterschreiben und wurde einem deutschen Compound-Führer übergeben. Er war eine recht seltsame Erscheinung. Früherer Obermaat der deutschen Kriegsmarine, hatte er zwar das Hoheitszeichen mit dem Hakenkreuz abgelegt, sich dafür aber alle Orden angehängt, die man sich nur denken konnte, das Ritterkreuz zum Halse heraus, das Deutsche Kreuz in Gold, EK I und II und eine Reihe anderer Auszeichnungen. Seine Uniform war noch dazu mit allen nur erdenklichen Rangabzeichen geschmückt, nicht immer ganz vorschriftsmäßig für einen Obermaat. Kurz: Er sah aus wie ein Pflingstochse. Mich begrüßte er überschwenglich, kameradschaftlich. Ich war der erste Offizier, der als Gefangener in sein Lager eingeliefert wurde. Sogleich überfiel er mich mit einer Suada seiner Kriegserlebnisse, die er so grotesk und großartig schilderte, daß mir bald der Verdacht kam, hier müsse es sich um einen reinen Schwadroneur oder - mehr noch - um einen pathologischen Lügner handeln. Ich bemerkte schnell an den Reaktionen und verstohlenen Blicken der Mitgefangenen, daß auch sie Zweifel am Wahrheitsgehalt der Berichte hatten, sie aber freundschaftlich unterdrückten. Bei den gutgläubigen Amerikanern dagegen hatte er wohl einen solchen Eindruck hinterlassen, daß er von ihnen zum Lagerführer des neugegründeten Antinazi-Lagers erhoben wurde. Später kam heraus, daß er schon früher einmal wegen Tragens nicht verliehener Orden und wegen anderer kleiner Delikte verurteilt worden war. Mit einem Wort: Er war ein geltungssüchtiger, verschrobener, aber liebenswürdiger Prahlhans.

Die anderen Gefangenen - es waren bis dahin nur wenige - stammten zum Teil aus der berüchtigten Division 999, einer aus KZ-Insassen zusammengestellten Truppe, wie mir schon mein Verhöroffizier gesagt hatte, darunter einige überzeugte Kommunisten, die sich im KZ auf irgendeine Weise am Leben erhalten und verständlicherweise den Weg in die Freiheit über die Desertion gesucht hatten. Dies war ein Haufen von Männern, die alle älter waren als ich, gestandene, harte Figuren, die durch Gefährdungen hindurchgegangen waren, von denen ich damals nicht die geringste Ahnung hatte. Ich konnte nur staunend und in zunehmendem Maße auch schaudernd ihren Erzählungen zuhören. Mich, den jungen Offizier ohne harte Lebenserfahrung - wahrscheinlich konnte ich meine Scheu, Verbiesterung oder sprachlose Ablehnung des neuen Ambientes schlecht verbergen -, nahmen sie kameradschaftlich und väterlich auf. Durch lange Lagererfahrung auf beiden Seiten des Krieges und unter unvergleichlich grausameren Umständen gewitzt, konnten sie mir eine Menge kleiner Tips und Ratschläge geben, die das Leben im Lager erleichterten: Wie, wo und wann man bessere Bekleidung erhalten kann, wie man sich eine möglichst weiche Lagerstatt in den zerlegenen Holzbetten schafft, wie man mit den amerikanischen Bewachern umzugehen hat, wie man an einen »job« kommt und sich so einmal stundenweise außerhalb des Stacheldrahtlagers die Welt besehen kann. Die harten Burschen nahmen mich in ihre Obhut. Sie wuchs, als der psychische Druck vom Nebenlager, dem sogenannten »normalen« Lager, immer stärker wurde.

Im Nachbarlager, von unserem Compound durch dichtmaschige, zwei Meter auseinanderstehende Stacheldrahtzäune getrennt, waren in der Zwischenzeit alle Mitgefangenen eingeliefert worden, die ich in den Lagern in Alençon, im englischen Lager und auf der Überfahrt gesehen hatte. Lagerführer war der hochdekorierte Oberst P., der hier unter zunehmend »friedensmäßigen Bedingungen« einen neuen Wind blasen ließ. Das hatte er auch nötig, denn – so munkelte man – er habe die Festung St. Malo frühzeitig aufgegeben und dadurch ein Kriegsgerichtsverfahren gegen sich erwirkt, das in der Heimat auf ihn warte. Außerdem liebten die Amis die Ordnung der straff geführten Normal-Lager, die sich später teilweise zu echten Nazilagern entwickelten. Hier waren noch die alten, aus der Wehrmacht mitgelaufenen Befehlsstrukturen wirksam. Zum Funktionieren gehörte die Aufrechterhaltung des strammen Glaubens an den Endsieg, an den »Führer«, natürlich auch die Ablehnung, ja, der Haß auf Defätisten, Abweichler, Antinazis und ähnliche »Gefährdungen« des Endsieges.

Als mich die Kameraden aus dem Normallager im Antinazi-Lager erkannt hatten, ging diese Nachricht sogleich wie ein Lauffeuer durch die Baracken. Sprechchöre riefen, wenn sie mich auf der Lagerstraße sahen, »Verräter, Verräter«. Ich wurde heftig angepöbelt, wenn ich mich nur außerhalb der Baracke sehen ließ, und es entspann sich zwischen den beiden Lagern ein bizarrer Kleinkrieg, der natürlich auch schon vor meinem Eintritt geschwelt hatte. So wurde etwa vom Lagerführer »drüben« ein Wachdienst eingerichtet, der in der Waschbaracke bereitstehen mußte. Sie war gleichermaßen für Nazis und für Antinazis aufgestellt und nur durch einen durchlaufenden Stacheldrahtzaun unterteilt. Falls ein bedauernswerter Antinazi aus irgendwelchen hygienischen oder physiologischen Gründen die Waschbaracke aufsuchen mußte, hielt dieser »Wachdienst« einen Eimer mit Dreckwasser bereit, um ihn auf den sich Niederlassenden zu schütten. Das ging einige Tage so, bis wir alle an Verstopfung litten. Dann wurde es von den Amerikanern unterbunden. Im übrigen kümmerten sich die Amis aber sehr wenig um unsere Querelen. Sie waren deutlich auf der Seite der zackigen Nazis, die ihnen weniger »trouble« verursachten als die Antinazis.

Im Lager »drüben« waren auch meine Freunde und Verwandten wie v. Jagow oder v. Strachwitz. Sie ließen sich nicht am Zaun sehen, um nicht mit der äußerst militanten und aggressiven Gruppe der wenigen echten Nazis um P. herum zusammenzugeraten. Mein Vetter Jagow hatte mir über Gefangene, die in der Bekleidungsausgabe beschäftigt waren, einen Brief zukommen lassen, in dem er mich händeringend bat, alles zu versuchen, wieder aus dem Antinazi-Lager herauszukommen. Er malte mir aus, in welch schlimme Lage ich käme, wenn ich wieder zu Hause sei, verfemt, vielleicht Kriegsgericht und Schlimmeres. Dieser Brief war herzlich gut gemeint, aber ich blieb nun mal in meinem Lager. Ich hatte das Gefühl, den »Rubikon« überschritten zu haben, glaubte, daß ich in der Erfassung der Situation und damit in meinem Lebensweg einen Schritt weiter sei. Langsam füllte sich unser Antinazi-Lager. Es kamen die seltsamsten Gestalten dazu, bald auch zwei österreichische Offiziere, die den Makel des von ihnen anfangs so begeistert begrüßten Anschlusses ausbügeln wollten.

Auch ein russischer Offizier war angekommen, ein Hauptmann aus der Armee Wlassow, die von den Deutschen aus südost-russischen Völkerscharen, aber auch aus Ukrainern zusammengestellt worden war. Dieser Hauptmann stammte aus Tscherkassien. Er sah aus wie ein Geier, hatte einen langen, dürren Hals, einen kleinen, kahlen Kugelkopf und eine extrem lange Hakennase. Da er kein Wort Deutsch sprach, blieb er immer etwas abseits von unseren Gruppen und starrte viele Stunden lang auf ganz zerfetzte, abgegriffene, kleine Photos von seiner Frau und seinen zwei heranwachsenden Töchtern. Während er selbst das Urbild kraß-männlicher Häßlichkeit bot, waren seine Frauen auf diesen Photos – er hat sie mir öfter gezeigt – von einer fast überwirklichen Schönheit: schwarze, lange Haare, blasser Teint, große dunkle Augen. Die Erinnerung an diese Schönheiten mag gestützt worden sein durch die an stummen Wahnsinn grenzende Traurigkeit, die innere Zerrissenheit und Seelenqual, die mein guter Hauptmann ausstrahlte.

Eines Sonntags wurden wir in eine nahegelegene Soldaten-Baracken-Kirche geführt – natürlich getrennt von unserem Nachbarcompound, um Zwischenfälle zu vermeiden. Am Ausgang der Kirche fand ich in einem riesigen Haufen von kleinen Büchern, Bibeln, Schriften auch eine Zwergbibel in kyrillischer Schrift. Die brachte ich dem Hauptmann mit. Ich habe seither nie mehr einen solchen Sturm von Herzen kommender Dankbarkeit erlebt. Er weinte, küßte mir die Hände, dann die Bibel. Da er sich in Worten nicht ausdrücken konnte, führte er eine ganze Pantomime von Dankbarkeitsgesten auf, die mich tief ergriff. Seither verband uns eine stumme, aber herzliche Freundschaft.

Die Verfemung durch die militante Gruppe in dem Nachbarcompound wurde langsam immer unerträglicher, wenigstens für mich, der ich psychischen Terror noch nicht kannte. Wenn wir auf unserer Lagerstraße Fußball spielten und der Ball aus Versehen über den Stacheldraht ins andere Lager sauste, wurde er sogleich mit Messern zerschnitten und zerfetzt zurückgeworfen. Bald trat drüben ein provisorisches Kriegsgericht zusammen und verurteilte mich zum Tode. Ließ ich mich auf der Seite des Nachbarzaunes blicken, wurde ich entweder angepöbelt oder mit eisigen Blicken geschnitten. Ich war drüben verfemt.

Dazu muß ich eine Bemerkung machen, damit nicht der Eindruck entsteht, ich sei in vollem Wissen, aus fundierter politischer Überzeugung und mit klar umrissenem Ziel in das Antinazi-Lager gegangen. Es hatte sich vielmehr so ergeben. Wohl hatte ich die Absonderung im Bostoner Hafen forciert, hatte dem Verhöroffizier auf mehrfaches Befragen das Antinazi-Lager als Ziel genannt, hatte mich auch gegen eine Rückverlegung gestellt. Wäre ich in dem Haufen drüben geblieben, wäre ich gewiß ebenso still, unerkannt und um Unauffälligkeit bemüht geblieben wie die meisten Kameraden auf der anderen Seite des Stacheldrahtes. Doch die Verstocktheit der Mitgefangenen drüben, wohl weitgehend durch Unkenntnis der politischen Lage bedingt und wie in Korsettstangen gehalten von einem überkommenen, krampfhaft verteidigten Ehrbegriff, außerdem aber die zunehmend spürbare Freiheit des Denkens, Redens, der Literatur und Zeitschriften und die Herzlichkeit, die mir meine neuen Genossen entgegenbrachten, all dies bestärkte mich in dem Gefühl, in meiner Entwicklung einen Schritt voraus zu sein. Ich war es wirklich, ohne daß ich mich als weitsichtiger und zu entschlossenem Handeln fähiger Kopf gerieren wollte. Die Umstände kamen mir entgegen, und ich nutzte sie.

Nach einigen Wochen kam ein neuer Schub von Antinazis in unser Lager, nun auch Offiziere. Darunter befand sich ein Polizeihauptmann Sauerbier. Er war vor 1933 Offizier der Breslauer Polizei gewesen, doch als Mitglied der SPD aus dem Dienst entfernt worden. Erst im Krieg hatte er seine Arbeit wieder aufnehmen können. Sauerbier war eine seltsame und menschlich liebenswerte Mischung aus einem überzeugten Sozialdemokraten und einem gefestigten Anhänger der gesellschaftlichen Ordnung des Kaiserreiches. Er hatte noch vor dem ersten Weltkrieg bei den »ersten Kürassieren« in Breslau gedient, wo auch mein Vater und Großvater gestanden hatten. Ein kluger, gütiger und durch vielerlei Erfahrungen weiser Mann. Er erkannte sogleich meine bizarre Situation, und wir verbrachten viele Stunden in Gesprächen. Er war ein begeisterter Anhänger des Parlamentarismus, ein Begriff, gegen den uns im Geschichtsunterricht der Schule nur Haß und Verachtung eingetrichtert worden waren. Ich lernte sozusagen die Welt, wenigstens die jüngere deutsche Geschichte, aus dem Blickwinkel eines überzeugten Sozialdemokraten, eines Mitglieds des unteren Mittelstandes kennen. Wir sprachen auch über die Zukunft. Er meinte fest, daß Schlesien verlorengehen werde, aber Brandenburg, Sperrenwalde darin, werde bleiben, auch unter den bisherigen Strukturen, und wir malten uns aus, daß ich ihm bei Sperrenwalde ein Stück Land schenken wollte. Er war ein begeisterter Landfreund und Kleingärtner, und immer wieder kamen wir in unseren Gesprächen auf das Stück Land, machten Lageskizzen, planten Bepflanzung mit Blumen und Sträuchern.

In unserem Lager war ein ständiges Kommen und Gehen. Es war ein reines Durchgangslager, und wir waren darauf gefaßt, bald in ein sogenanntes Stammlager verlegt zu werden. Anfang Dezember 1944 wurde ich mit dem ganzen Gepäck zur Lagerleitung gerufen und mit dort schon versammelten Gefangenen aus anderen Lagern in einen bereitstehenden Zug mit gemütlichen Pullman-Wagen geleitet. Wir waren vielleicht achtundvierzig Stunden unterwegs durch den Osten, den Südosten und durch die Staaten, die mir aus der Lektüre von ›Gone with the wind‹ vertraut waren. Beim Anhalten auf den Bahnhöfen war unser Gefangenensonderzug eine Attraktion, die sich schnell herumsprach. Im Nu waren wir von einer Menge junger Farbiger umringt, die sich mit uns zu unterhalten suchten. Sie waren von besonderer Lebhaftigkeit und zeigten ihr freundschaftliches Interesse für uns auf jede Weise, schenkten uns »candies«, machten Faxen, tanzten uns etwas vor, wie mir überhaupt auffiel, daß die Farbigen in der Darstellung ihrer Gefühle viel mehr als wir ihren ganzen Körper, Arme und Beine zur interpretierenden Gestik verwenden. Wir saßen in den breiten und geräumigen Wagen, deren gepolsterte Sitze man in jede gewünschte Lage bringen konnte. Unsere Bewacher waren höchst nachlässig. Niemand hegte Fluchtgedanken.

Spät am Abend langten wir in Ruston im Staat Louisiana an. Nichts als eine Eisenbahnstation, fünfhundert Meter vom Lager entfernt. Ruston, das für fast fünfzehn Monate meine Heimat werden sollte, lag in der Nähe der Kleinstadt Shreveport, gut hundertzwanzig Kilometer nördlich von New Orleans, nicht weit vom Mississippi. An eine Landschaft im engeren Sinne kann ich mich nicht mehr erinnern. Es war ein leicht hügeliges Land, rötlich-oranger Lehmboden, der überall von tiefen Regenrinnen durchzogen war, kein Baum, kein Strauch, feucht-heißes Klima, meist brüllende Hitze, unterbrochen vor allem in der Regenzeit von tropischen beängstigenden Regengüssen und Gewittern. Die Lager selbst gab es schon während des Ersten Weltkrieges; sie waren damals sowohl Gefangenenlager wie Ausbildungsstätten für die GIs. Auf einem leicht ansteigenden Hügel waren größere Areale mit hohem Stacheldraht abgeteilt, die einzelnen Compounds. Deren gab es sicher fünfzehn oder zwanzig, die meisten leer, dazwischen eine vier- oder sechsfache Zeile von niedrigen, dunkelgrünen Baracken. In unserem Compound waren alle Baracken gleich – es handelte sich um »Offiziersbaracken«. Sie bestanden aus einem großen Vorraum, in dem ein überdimensionaler Ofen für Steinkohle stand. Wenn es nämlich dort unten kalt wurde, war es sogleich ganz unerträglich, und wir heizten die Kanonenöfen, bis sie glühten. Hinter dem Vorraum lagen zwei türlos abgeteilte Schlafräume mit je zwei Betten, einem einfachen Holzschrank, zwei Stühlen, einem Holztisch. Die Baracke stand auf Holzpfeilern, etwa eineinhalb Meter hoch, wohl wegen der heftigen Regengüsse. Man erreichte die Räume über eine kleine Treppe. Davor lag Brachland, das von den meisten Gefangenen als Vorgärtchen hergerichtet wurde. Zwischen zwei Barackenzeilen erstreckten sich die zum Compound gehörenden Wirtschaftsgebäude, Küche und Speisesäle, auch sie auf hohen Holzstelzen, während die Verwaltungsbaracken, die Zahlmeisterei und die Lagerleitung außerhalb der eingedrahteten Compounds lagen, flach und unscheinbar.

In einem der Nachbarcompounds, der von doppeltem Stacheldraht gesichert war, fristeten die Männer des sogenannten »U-Boot-Lagers« ihr Dasein. Gerüchte schwirrten um diese einsame Gruppe, die nie von einem anderen Gefangenenlager Besuch erhalten durfte und auch nur von höheren Mannschaftsdienstgraden der amerikanischen Bewacher aufgesucht wurde. Bei den Insassen soll es sich um die Besatzung eines deutschen U-Bootes gehandelt haben, die sich aus irgendwelchen Gründen auf offener See - möglicherweise manövrierunfähig - ergeben hatte; in Deutschland sei das Boot jedoch als untergegangen gemeldet und betrauert worden. Auf diesem Boot habe sich eine besondere elektronische Einrichtung - ein Radar - befunden, deren Kenntnis und Auswertung für die amerikanische Seekriegsführung von höchstem Interesse gewesen sei. Ebenso wichtig sei gewesen, daß die deutsche Kriegsführung keine Kenntnis davon erhalte, daß das Schiff und die rätselhafte Apparatur unversehrt in Feindeshand gefallen seien. So mußten die Matrosen, ohne Nachricht geben oder empfangen zu können, scharf bewacht im Sondercompound dahinleben. Sie erhielten keine Zeitungen, keine Nachrichten, keine sonstigen Informationen. Das drückte sich auch darin aus, daß sie höchst militant auftraten, in gutem Glauben mit dem Endsieg rechneten und abends laut zackige Lieder mit nationalen und maritimen Inhalten sangen, während uns - besser informiert - das gemeinsame Singen schon lange vergangen war. Die straffe Manneszucht und der unwiderrufliche Glaube an den »Führer« mußten aus ihrer Sicht auch deshalb aufrechterhalten werden, weil sie mit Sicherheit mit einem Kriegsgerichtsverfahren rechneten. Schiffe mit solcher Ausrüstung durften nicht in die Hand des Feindes fallen. Die Verantwortlichen waren zur Selbstzerstörung angehalten.

Die Bewachung unseres Lagers war gemütlich. Mit Fluchtversuchen wurde kaum gerechnet. Zwar hatte es in anderen Lagern, die sich in Louisiana und Texas befanden, einige Fluchtversuche gegeben, doch nur in früheren Jahren, als die Invasion noch nicht begonnen hatte und die Lager nur aus »Afrikanern« bestanden. Damals gehörte ein Fluchtversuch zum Komment eines »anständigen Gefangenen«. Meist kamen sie nicht weit und konnten, wieder aufgegriffen, in

Ruhe und im gehobenen Gefühl ihrer sportlich-nationalen Tat das Lagerleben genießen.

Es gab zwei Arten von amerikanischen Soldaten: Die einen waren müde, verkleidete Zivilisten, die froh waren, im Lager einen nicht heldenhaften, ungefährlichen Aufgabenkreis gefunden zu haben; die anderen dagegen gaben sich betont zackig. Oft waren es verwundete Soldaten oder Offiziere mit Heimatverwendung, die ihren Untergebenen wie auch den Gefangenen erst einmal zeigen mußten, was eine Harke ist. Eine ganze Reihe von Tests war eingebaut, ob wir, die feindlichen Deutschen, auch der amerikanischen Nation die schuldige Ehrerbietung entgegenbrächten. Im Bereich der Lagerverwaltung auf dem Hügel, der inmitten der weit verstreuten, einzelnen Compounds lag, aber auch auf den breiten, asphaltierten Lagerstraßen zwischen den einzelnen Lagern waren auf hohen Stangen Lautsprecher befestigt. Vor der Baracke der Lagerleitung, die ein bärbeißiger Oberst mit seinem ziemlich unmilitärischen Verwaltungsstab innehatte, stand ein ganz hoher Fahnenmast, an dem jeden Morgen und jeden Abend die amerikanische Kriegsflagge gehißt und eingeholt wurde. Aus den vielen hochpostierten Lautsprechern erklang gleichzeitig ein von einer Platte über die Lautsprecher geleitetes Trompetensignal. Wo man ging oder stand, mußte man »Haltung annehmen«, stillstehen und die Hand zum militärischen Gruß an den Kopf legen. Nach diesem Trompetenstoß erklang die amerikanische Nationalhymne. Nun geschah es, daß einige Gefangene aus dem Antinazi-Lager, für die das Soldatenspielen endgültig aufgehört hatte, auch gewisse zivile Formen des Auftretens annahmen, sich lässig, antimilitärisch gaben und den Schmetterton der Trompetenschallplatte und die Hymne nicht oder nicht soldatisch genug beantworteten. Das führte sogleich zu Lagerstrafen, zu Arrest und dem Entzug von Vergünstigungen, wie des Verschickens oder Empfangens von Post.

Nach der Genfer Konvention erhielt jeder Gefangene einen bestimmten Teil seines »Solds« in der Währung des Feindeslandes. Alle zehn Tage bekamen wir deshalb Geld in Form von bunten Marken aus Pappe, mit denen wir in der Kantine einkaufen, auch Bestellungen für Bücher oder Zeitschriften aufgeben oder ein Sparkonto eröffnen konnten. Die Kantine – nur am Abend geöffnet – bot in den ersten Wochen unseres »gesettelten« Lagerlebens eine aufregende Fülle von Schätzen, wie wir sie in den letzten Kriegsjahren nicht mehr gekannt hatten: Seifen, Rasierwasser, Rasierapparate, Textilien, Unterwäsche, Taschentücher, Musikinstrumente, Sportgeräte und alle Tabakwaren. Nur Eßwaren gab es seltsamerweise nicht; Schokolade, Süßigkeiten waren in der Lagerkantine nicht zu bekommen.

Wir, die wir von der neuen Westfront kamen, hatten die Härte des Krieges, auch die zunehmende Knappheit an allen Gütern des täglichen Lebens in der Heimat kennengelernt. Anders dagegen die deutschen Soldaten, die im Afrikafeldzug im Sommer 1943 in Gefangenschaft geraten waren und noch normalere Verhältnisse in Erinnerung hatten. Die »Afrikaner« traten daher auf eine ganz bestimmte Weise anders auf als die später in Gefangenschaft Geratenen. Sie hatten noch eine »heile« Kriegswelt erlebt, nur gegen faire Amerikaner oder noch fairere Engländer gekämpft, und so standen auf dem Standpunkt, daß »ihr« Krieg noch »ritterlich« abgelaufen sei, eine Haltung und Einstellung, die gleichzeitig die Kriegs- und Kampfziele sanktionierte und alles Politische, wenigstens alles politisch in Frage Stehende, einfach ausklammerte. Die Afrikaner empfanden sich auch als die »besseren« Deutschen, sahen in uns, vor allem in dem Stamm des Antinazi-Lagers, feige Renegaten und hielten unsere »schlaffe« Einstellung für den eigentlichen Grund des verlorengehenden Krieges. Die Afrikaner hatten auch Amerika ganz anders kennengelernt. Sie waren viel freizügiger behandelt worden, da sie in einer Zeit in Gefangenschaft geraten waren, in der die amerikanische Volksstimmung eigentlich noch pro-deutsch, sicher aber stramm antirussisch und in der Mehrheit gegen die Beteiligung an einem europäischen Krieg gewesen war. Die Afrikaner hatten schicke, maßgeschneiderte Uniformen mit allen Rangabzeichen und Orden. Sie hatten Radios, neue Uhren, kurz alles, was das Herz begehrte, und stachen erheblich gegen uns ab, die wir durch die späteren Kriegsjahre wesentlich mehr mitgenommen waren. In einigen der härtesten Nazilager setzte sich der Kern der Insassen nur aus Afrikanern zusammen. Bis zum Herbst 1945 lernten wir die Afrikaner deshalb nur in einigen wenigen Exemplaren kennen, die wegen Defätismus aus ihrer Lagergemeinschaft ausgestoßen und zu uns verlegt worden waren.

Trompetenstöße über die hohen Lautsprecherstangen

weckten uns um halb sechs. Außerdem lief ein Helfer unseres Lagerältesten, laut »Aufstehen!« rufend, durch die Barackenzeilen. Man mußte sogleich, noch vor dem Waschen und dem trostlosen Frühstück, auf dem Appellplatz zur Zählung erscheinen. Verschlafen torkelte man an die vorgeschriebenen Plätze, noch zu keinem Gespräch aufgelegt. Man hatte hübsch in Reih und Glied zu stehen, da die verschlafenen und lustlosen Amis vor und hinter unserer Paradeaufstellung entlang gehen mußten, um zu registrieren, ob die Reihen auch vollzählig seien. Dann gab es meist noch ein Palaver zwischen den Amis und dem Lagerältesten, der die Fehlstellen erklärte – oft waren einige schon vor dem Wecken zu ihrem Job gegangen und an der Lagerpforte ausgetragen worden. Bei der Zählung begannen allmählich kleine Disziplinarverstöße, lauteres Reden als nötig, Anpöbeleien des glücklosen Lagerältesten, da man als Antinazi – jedenfalls mancher unter uns – die Ablehnung von Soldatentum, Krieg und Vorgesetzten nur auf diese Weise zeigen konnte. Bald aber war das Zählen beendet, der Ami gab nach einem letzten Blick auf seine Liste ein Zeichen, und man schritt zum Frühstück.

Der Weg zum Frühstück ließ viele psychologische Schlüsse zu. Am schnellsten waren die ältesten Lagerinsassen dabei, sich an die Spitze des Haufens zu setzen, und zwar so, daß man es kaum bemerkte. Sie schienen in lebhafte Gespräche verwikkelt und drängelten sich dergestalt nach vorne, bis sie als erste in die Speisebaracke gehen und sich an ihre angestammten Plätze an den Zehner-Tischen setzen konnten. Die Eile hatte ihre Gründe: Für je einen Tisch waren schon am Abend zwei große Milchtüten aufgestellt worden. Wer nun – sachte, sachte – als erster die Milch nahm, hatte die schöne, sahnige erste Portion ergattert. Es gab Cornflakes, Milch, watteartiges Weißbrot, Margarine und eine undefinierbare süße Marmelade, die aus Rückständen bei der Ananasverwertung hergestellt wurde. Gelegentlich wurde man zum Küchendienst eingeteilt, doch nur selten, da aus verständlichen Gründen die »Verfressenen« sich auch freiwillig zu diesen Diensten meldeten. Anfangs war die Verpflegung gut und ausreichend – wie es später wurde, wird noch zu erwähnen sein. Einmal in der Woche kam die »Inspektion« in die Küche. Die Küche wurde von deutschen Gefangenen geleitet, die, je nach Besetzung des Lagers, Lebensmittel empfangen konnten und dabei auch in einem gewissen Rahmen freie Hand hatten. Bei der Inspektion durften keine Vorräte gefunden werden. Das nämlich hätte bedeutet, daß zuviel geliefert oder angefordert worden sei; und für die nächste Lieferung hätte es dann Kürzungen gegeben. Daher wurde, je nach Menge, am Abend vor einer solchen Inspektion ein geladener Kreis von Gefangenen zum Küchendienst gebeten, und es ging eine große Fresserei los, bis alles verzehrt war. Wenn etwas übrig geblieben sein sollte, so wurde es im Schutze der dunklen Nacht in der Nähe der Küchenbaracke vergraben.

Wie vertrieben sich die Gefangenen die Zeit? Rilke schreibt in einem Gedicht: »wunderliches Wort - die Zeit vertreiben, sie zu halten wäre das Problem«. An der Einstellung zur Zeit schieden sich die Geister. Die meisten hielten sich durch endlose Lagerspaziergänge straßauf-straßab im Kreise Gleichgesinnter in Form. Sie legten an manchen Tagen viele Kilometer zurück. Auf diesen Spaziergängen wurde unentwegt geredet. Es entstanden Gerüchte, sie wurden weitergegeben, ausgestaltet, berichtigt. Diese Gruppe von Gefangenen - sie entwikkelte sich zu einer mehr oder weniger scharf begrenzten Clique - setzte ihre Zusammenkünfte nach dem Herumspazieren in endlosen Bridge- oder Skatpartien fort. Dabei habe ich gesehen, wie sehr gerade das Kartenspielen dem Zeittotschlagen dient. Bridge spielten die »Feinen«, die Österreicher, die Offiziere, meist bis tief in die warmen Nächte hinein. Skat, etwas kürzer gespielt, war für die einfacheren Gemüter, Schafs- oder Doppelkopf schließlich wurde von lärmenden Gesprächen begleitet.

Andere Gefangene widmeten sich der Gartengestaltung. Auf dem lehmigen, fruchtbaren und warmen Boden gedieh alles prächtig. Samen oder Pflänzchen konnte man in der Kantine bestellen. Ich legte in meinem Vorgarten lediglich ein Erdnußbeet an. Ohne weitere Pflege gediehen die kartoffelartigen Stauden und ergaben eine reichliche, aber schlecht schmekkende Ernte. Ein anderes Hobby war die Möbeltischlerei. Aus den alten, fortgeworfenen Apfelsinenkisten oder ähnlichem Abfall wurden Möbel, Sessel, Schreibtische fabriziert. Darin tat sich vor allem mein Freund Prager, Forstmeister aus Reichenhall, hervor. Er hatte großes handwerkliches Geschick und hat mir zum Abschied ein kleines selbstgemachtes Messer geschenkt, das ich noch immer besitze. Für die Polsterung der Sessel wurden Kartoffelsäcke gefärbt oder bedruckt. Am Ende wurden Ausstellungen veranstaltet. Ich hatte mir einen Schreibtisch aus zwei nebeneinander gestellten, halb unterteilten Apfelsinenkisten gemacht, etwas wackelig, aber ausreichend. An den Abenden wurden gelegentlich amerikanische Filme gezeigt; Gefangene, die sich künstlerisch produzierten, gaben »Klavierabende«; es wurden Lesungen veranstaltet.

Die Tage waren heiß und schwül, die Abende kühlten nur langsam ab, und man verkroch sich ungern in die stickigen Baracken. Ich sehe es noch vor mir, wie sich in den Nächten Trauben von Gefangenen um die Barackeneingänge sammelten, auf den Treppchen übereinanderstehend. Leise Gespräche wurden geführt, die sich um die politische Situation, um die Heimat, die letzten Nachrichten, künftige Aussichten drehten. In der Ferne sah man die erleuchteten Wachttürme, auf denen sich die Amis langweilten und - wie wir noch vor kurzer Zeit - das Ende ihrer Wache herbeisehnten. Im nie ganz dunklen Hintergrund im Süden über der Mündung des Mississippi sah man die ganze Nacht Wetterleuchten, das im Frühherbst so hell werden konnte, daß man für kurze Zeit die Gesichter der Gesprächsrunde erkannte.

Um unser geistiges Leben kümmerten sich die Amerikaner anfangs wenig, erst später begannen sie mit demokratischer Umerziehung, was oft etwas bizarre oder naiv-pragmatische Züge hatte. Bald jedoch wurde mit Englisch-Unterricht begonnen. Aus Heften, die von der Armee herausgegeben wurden, las ein Soldat vor, und ein deutscher Gefangener mußte die Texte interpretieren, grammatikalische Hilfen geben, abfragen. Der Ami war nur für die Aussprache da. Ich wurde wegen meiner spärlichen Englisch-Kenntnisse als deutscher »Lehrer« eingeteilt und sah mich vor einer gähnenden, unlustigen Gruppe älterer Offiziere, die kein anderes Streben hatten, als bald wieder an ihren Bridge-Tisch zu gelangen. Die Stunden waren aber eingeteilt, und so mußten wir sie, einschließlich des etwas ratlosen, kein deutsches Wort verstehenden Amis absitzen. Im Anschluß an die »Englisch-Kunde« wurden wir einige Stunden in amerikanischer Staatsbürgerkunde unterrichtet. Der Stolz der Amerikaner auf ihre Geschichte, ihre Schlachten, ihre großen Männer zerfloß in unberechtigtem europäischem Hohn. Dem naiven, wenn auch gutgemeinten Bemühen der Amerikaner, uns umzuerziehen, stand von unserer Seite eine ablehnende, geistig hochmütige Haltung gegenüber. Auch in Amerika ist diese Art der politischen

Erziehung bald auf Kritik gestoßen. Sie machte subtileren und speziellen Methoden Platz.

Unser Lager war nicht wie die anderen Gefangenenlager in Offiziere und Mannschaften getrennt, aber die Gefangenen waren in der Überzahl Offiziere. Das brachte es mit sich, daß geistige Berufe überwogen, Lehrer, Professoren und aktive Offiziere. Bald tat sich eine Initiative auf, um die in uns schlummernden Kräfte zu wecken und zu nutzen. Unser Lagerältester war ein Meteorologe, Professor Lettau, der alle nur möglichen »Referenten« ansprach, und so kam es zu einer »Lageruniversität«. Gelehrt wurden: Sprachen, Mathematik, Meteorologie, Physik und Landwirtschaft – für letzteres war ich als Dozent ausersehen, denn ich hatte ja schon zwei Semester in Berlin studiert. Wie immer in solchen Fällen: Anfangs war die Beteiligung groß, begeistert. Der Verkauf von Bleifstiften, Linealen, dicken und dünnen Heften stieg in der Kantine sprunghaft an, und die gewohnten Gespräche bekamen neue, buntere Inhalte. Doch langsam verflüchtigte sich die Hörerschaft, Kritik wurde laut, und die schöne Lageruniversität welkte dahin, allein von einigen unentwegten Dozenten für Physik und Meteorologie noch aufrechterhalten. Die Schwierigkeiten begannen, als Geschichte gelehrt wurde und die verschiedenen, auseinanderklaffenden Ansichten und politischen Temperamente, bisher noch unbemerkt, zutage traten. Dafür boten uns die Amerikaner bald Gelegenheit, uns in Fernkursen an der Universität Berkeley in Californien einzuschreiben. Ich belegte anfangs Landwirtschaft, später Medizin.

Eines der wichtigsten Dinge im Gefangenenleben war es, einen »Job« zu haben. Das hatte ich schon im Kommunistenlager bei meinen freundschaftlichen Mentoren gelernt. Ein Job verhieß Sonderstellung, auch diskrete, auf Funktion und nicht auf innere Überzeugung gestimmte Nähe zu den Mächtigen. Außerdem sprangen Vergünstigungen dabei heraus, vom üblichen Lagerleben abweichende Dienst- oder Arbeitszeiten, Informationen von »draußen« und vor allem: mehr zu essen. Das war das Wichtigste, wie sich noch erweisen sollte.

Mein erster und bleibender Job war eine Mischung von Kirchendiener, Organist und Vertrautem der mitgefangenen protestantischen Gottesmänner. Als wir in den Tagen kurz vor Weihnachten in dem riesigen, noch fast unbewohnten, kalten, unwirtlichen Lager Ruston anlangten, rührten sich erst einmal die durch Krieg, Angst und Heimweh gereizten und doch angerührten Seelen - Weihnachten stand vor der Tür. Ich hatte auf der Fahrt einen jungen Pfarrer aus Breslau kennengelernt, Herold mit Namen, und ging mit ihm, der kein Englisch konnte, zum Compound-Tor. Wir ließen uns den Weg zum amerikanischen Lagerpfarrer weisen. Der Amipfarrer war ein drahtiger, selbstbewußter, etwas finsterer Däne, Jacobsen oder so ähnlich, dessen Eltern vor dem ersten Krieg nach Amerika ausgewandert waren und dessen Haltung uns gegenüber nicht frei von einer schadenfrohen, deutschfeindlichen Überheblichkeit war. Seine Aufgabe bestand darin, unserem kirchlichen Leben im Lager auf die Beine oder besser auf die Flügel zu helfen. Er zeigte uns eine kleine, halb verfallene Kirchenbaracke, ein ächzendes Harmonium, einen brüchigen, hölzernen Altar und eine winzige Sakristei. Ich erhielt sogleich einen Sonderausweis, mit dem ich zu allen Tageszeiten das Lager verlassen durfte - im Dienst der Kirche. In allen niederen Dienstleistungen des protestantischen Gottesdienstes war ich ja durch meine jahrelange Schule bei Pastor Müller bestens geübt. Ein Plan für die Weihnachtsgottesdienste wurde aufgestellt. Ich probte mit Pfarrer Herold die schlesische Liturgie, übte auf dem altersschwachen Harmonium. Von Pfarrer Jacobsen bekamen wir einen etwas zu weiten Talar, Altardekken und ein Kruzifix. Während Herold seine Predigten lernte, machte ich mich daran, aus kleinen Leinenstückchen Bäffchen zu nähen. Die kannte man in Amerika nicht; aber mir kam ein evangelischer Pfarrer ohne die weißen Bäffchen minder geweiht vor. Bald stellte sich ein wachsendes kirchliches Leben ein, und die Kirchenbaracke war immer platzend voll. Unter meiner Orgelführung erschollen die alten Lieder, in vielen harten Gefangenenseelen Erinnerungen weckend, die zum Nachdenken führten.

Ich war also Kirchendiener, Kantor. Bald stellte sich heraus, daß unter den Gefangenen, die an Zahl ständig zunahmen, noch andere Pastoren aus anderen »Landeskirchen« waren, z.B. Pastor Sch. aus Hamburg, ein strammer Reservehauptmann mit dem selbstbewußten und hochfahrenden Auftreten eines Religionslehrers vor seiner Konfirmandenklasse. Er war der Älteste, hatte (worüber man sich bei seinem Auftreten nicht zu wundern brauchte und was noch keine Garantie für die Reinheit des Wortes bedeutete) mit den Nazis Schwierigkeiten gehabt und sich darauf zum Heer versetzen lassen. Weiter waren da ein mittelalterlicher, aus den Fugen gehender, etwas weichlich salbadernder Gottesmann aus der württembergischen Landeskirche und noch einige andere, an die ich mich im einzelnen nicht erinnern kann. Pastor Sch. verlangte aus Anciennitätsgründen die Leitung der evangelischen Gottesdienste. Er legte sich sogleich mit Pfarrer Herold und den anderen Pastoren an und sammelte ein Gefolge um sich, eine Gruppe vornehmlich norddeutscher, national denkender Protestanten von altem Schrot und Korn, die ihrerseits die Gottesdienste der anderen Pastoren nicht besuchten und in endlosen Spaziergängen Lager-Kirchenpolitik machten. So entstand die seltsame Situation, daß mehrere Gottesdienste gehalten wurden. Jeder Pastor scharte seine Gefolgsleute um sich, ein jeder sicher davon überzeugt, der Hüter des wahren Wortes zu sein. Meist wurden diese Fehden in den täglichen kleinen Morgenandachten ausgetragen, wo in stichelnden Kommentaren auf die Schar der Verblendeten hingewiesen wurde. Diese Zerrissenheit war schmerzlich für alle, denen durch Herkunft und Erziehung das Leben mit der Kirche ein Teil des Daseins war, und es war erschütternd, daß die »Brüder« nicht über ihren Schatten sprangen, um zu sehen, »was Not war«.

Dagegen hob sich in großer Geschlossenheit und Glaubwürdigkeit das Leben der anfangs noch kleinen katholischen Gemeinde ab. Auch hier war ich als sozusagen überkonfessioneller Kirchendiener tätig und freundete mich bald mit dem einzigen katholischen jungen Kaplan herzlich an. Zweifellos ging er bei mir auf Seelenfang, unterstützt von einem Leutnant K. aus dem Rheinland. Wir haben viele nächtliche Stunden in Gesprächen verbracht, verraucht. Geringe katholische Erfahrungen hatte ich bereits, da ich in Schlegel, dem Gut meines katholischen Großvaters Pilati, gelegentlich bei kleineren Messen auch das Ministrantenamt versehen hatte.

Im Herbst 1945 entschloß ich mich, zum katholischen Glauben zu konvertieren. In der Rückschau kommt mir dieser Entschluß immer weniger verständlich vor, denn meine religiösen Bindungen hafteten wenig am Formalen. Aber in der Rückschau muß die spezielle Situation des Gefangenen bedacht werden. Zum richtigen Denken gehört eine bestimmte Basis des In-der-Welt-Stehens. Wenn die Harmonie zwischen *vita activa* und *vita contemplativa* zugunsten der einen oder anderen Seite verschoben ist, kommt es zu Dissonanzen, entweder zu brutaler, gedankenloser Härte oder aber zur Abspaltung von allen drängenden, aus der Arbeit und dem täglichen Leben erwachsenen Fragen. Auch mein Entschluß muß vor diesem Hintergrund gesehen werden, und natürlich wurde er noch verstärkt durch das Erlebnis ständiger Querelen unter den evangelischen Pastorenbrüdern. Schon wenige Wochen nach meiner Entlassung zerrann dann das Vorhaben; ich merkte, wie wenig gewollte Substanz, ja besonders wie wenig echte Notwendigkeit dahinter stand, und nach einigen Morgenmessen in der Kapuzinerkirche an der Schubertstraße in München 1946 kehrte ich wieder zum Luthertum zurück, das ich ja eigentlich nie verlassen hatte.

Ich hatte noch einen weiteren Job, in dem ich es binnen kürzester Zeit zu Aufstieg und krassem Abstieg brachte. Ich wohnte zusammen mit einer Gruppe junger Offiziere. Sie stammten aus Hamburg, Bremen und dem Rheinland und strotzten vor Energie und Tätigkeitsdrang. Als kurz vor Weihnachten das Einkaufswesen unseres und aller umliegenden Lager - es ging um mehr als dreißigtausend Gefangene - geordnet und eingerichtet werden sollte, wurde der Älteste von uns zum Manager gemacht und nahm uns vier oder fünf Freunde in sein Team. Uns wurde außerhalb der Lagerumzäunung eine Verwaltungsbaracke zugewiesen. Wir bekamen Mengen von Papier, Schreibmaschinen, Rechenmaschinen, Formulare, sogar ein Telefon (das aber nur einer der beiden Vertragsangestellten benutzen durfte) und einen Kasten für Posteingänge. Die Menge der deutschen Kriegsgefangenen stellte mit den ihnen durch die Genfer Konvention zustehenden Dollarbeträgen einen gewichtigen Käuferstamm dar; das wollten die Amerikaner natürlich nutzen. An alle Lager wurden lange Listen mit Artikeln versandt, die bestellt werden konnten, von der Haarbürste über Unterhosen bis zu Radioapparat und Schallplatten. Mein Ressort waren Bücher und Zeitschriften. Ich schrieb die großen Verlage an mit der Bitte, uns Kataloge zu senden, wissenschaftliche Werke, Belletristik, Sprachenbücher und vor allem die deutschen Verlage mit ihrer großen Emigrantenproduktion. Dazu stellte ich Listen aller erreichbaren amerikanischen und fremdsprachigen Zeitungen auf. In den von uns betreuten Lagern waren dank Hitlers umfassender Kriegsregie alle Sprachen versammelt: Russen, Jugoslawen, Franzosen, sogar Inder. Prieß - so hieß unser junger Bremer Manager -

thronte auf einem erhöhten Sitz im Büro und beherrschte vollkommen die uns ganz ungewohnte Situation. Vor dem Kriege war er einige Monate bei befreundeten Kaufmannshäusern in England gewesen und befand sich nun in seinem ureigensten Element. So ging es einige Wochen. Der »Laden« spielte sich hervorragend ein, und wir waren stolz auf unsere Arbeit. Das gefiel den Amis so gut, daß sie Prieß in ein anderes Lager versetzten, in dem er seine Organisationskünste weiter bewähren sollte. Für uns, das eingespielte Team, war das sehr schmerzlich, doch auch wieder eine Ehre. Nun kam man auf den grotesken Einfall, mich zum Nachfolger von Prieß zu machen. Mein bescheidenes Auftreten wurde nicht, wie es gemeint war, als Mangel an Kenntnis, sondern als Herunterspielen verborgener organisatorischer Qualitäten gewertet. Auch spielte meine Kenntnis des Englischen eine Rolle. Ich wurde von Prieß und den anderen Bürokameraden bestürmt, den Job anzunehmen, hörte so viel Gutes von mir, daß ich anfing, es zu glauben, und sagte zu. Schon die hastige Einweisung von Prieß, der kaufmännische *termini technici* voraussetzte, und mir Blätter, Rechnungen und dicke Hauptbücher vorwies, in die alles Mögliche eingetragen werden mußte, machte mich bange. Mich bewegten Reminiszenen an mein Studium, da ich im Wintersemester 1942/43 einen Kurs über Buchhaltung an der Berliner Rackowschule belegt und sechs- oder siebenmal auch besucht hatte. Zweifel wurden besänftigt durch das gute Zureden meiner Kameraden, die alle helfen wollten, »den Laden zu schmeißen«.

Am Tage nach dem Abschied von Prieß fand ich mich über Stapeln von Rechnungen, Haupt- und Nebenbüchern, endlosen Listen, Papieren gebeugt. Ich gab Unterschriften unter kaum Gelesenes, geschweige denn Verstandenes und dachte: »Nur ruhig Blut. Du wirst der Unordnung schon beikommen.« Denn ich wollte mir durch dumme Fragen nicht das bißchen Vertrauen meiner Mitarbeiter verscherzen und sie selber kopfscheu machen, so sehr mir die Sachen auch auf der Zunge brannten. Prieß hatte jeden Abend mit einer Rechenmaschine bilanziert, deren Funktion er mir nur flüchtig erklärt hatte. Aus dem Wust der auf meinem Schreibtisch lagernden Zettel, Rechnungen, Kataloge, Bestellungen wußte ich nicht, welche Zahlen ich »einspeisen« sollte. Ich blieb auf Grund meiner Sondererlaubnis die halbe Nacht im Büro, um mich durchzuwursteln, doch der Wirrwarr wurde immer größer. Am nächsten Tag versuchten wir gemeinsam – ich hatte meine Befürchtungen den anderen mitgeteilt –, Ordnung in das Chaos zu bringen. Langsam wurden auch die beiden Amerikanerinnen im Zivildienst aufmerksam. Sie hatten einen Teil der Routinekorrespondenz zu erledigen und schlossen aus ihrem nachlassenden Arbeitsanfall, daß da der Wurm im Holz sei. Am Abend mußte immer eine Tagesbilanz über Bestelltes, Eingegangenes usw. aufgestellt werden, die dem Verwaltungs-Captain vorgelegt wurde. Diese Bilanz scheint in dem guten Captain doch Zweifel an meiner Kaufmannsader geweckt zu haben. Er ließ mich rufen, und ich flehte ihn an, schleunigst Prieß wieder kommen zu lassen. Wenn ich an diese Tage zurückdenke, so habe ich immer das Gefühl, mich in den Buddenbrookschen Räumen, Gefühlen, Nöten bewegt zu haben. Für einige Tage wurde der ganze Geschäftsbetrieb, der sehr speziell auf Prieß und seine Arbeitsweise eingerichtet war, »storniert«. Prieß wurde zurückgeholt, und ich kam wieder an meinen Platz für Bücher und Zeitschriften, um eine Erfahrung und das innere Bild eines gescheiterten Kaufmanns bereichert.

Nun war ich wieder »Sachbearbeiter für Buch- und Zeitungswesen«. In unserem Büro arbeiteten zur Unterstützung und wohl auch zur diskreten Überwachung zwei zivilangestellte Sekretärinnen. Sie kamen täglich vom nahen Shreveport in ihren riesigen Blechkreuzern angefahren. Es waren zwei freundliche, brillentragende Mädchen mittleren Alters. Durch meinen tiefen Sturz aus den Höhen königlicher Kaufmannschaft war ich auf der untersten Sprosse angelangt und wurde von ihnen nun als Laufbursche benutzt. Sie nannten mich wegen meiner roten Haare »red« oder »irish«, ließen mich Coca-Cola, Zigaretten, Eiswasser oder – indem sie mir den Schlüssel zu ihrem Buick oder Pontiac gaben – etwas im Auto Vergessenes holen. Wir waren sonst für diese beiden Typen politische wie auch geschlechtliche Neutra. Überwacht wurde der Dienstbetrieb, der zur Gesamtlagerverwaltung gehörte, von einem alten, freundlichen, mühsam in eine Uniform gestopften Captain Nelson.

Unsere beiden Shrevenporterinnen waren glühende Patriotinnen, die uns jeden Morgen froh von den Erfolgen der Alliierten berichteten. Im Büro hatten sie eine große Karte des europäischen Kriegsschauplatzes aufgehängt, auf der sie mit roten Fähnchen und einer roten Kordel den Stand der amerikanischen und russischen Truppen festhielten. Von den Zuständen zu Hause ahnte ich im Frühjahr 1945 nichts. Beim Eintreten in die Baracke konnte ich schon von weitem mit einem Blick auf dieser Landkarte Sperrenwalde erkennen: unter dem blauen Uckersee, über dem breiten, grünen Gürtel der Schorfheide links von der dicken, gewundenen Oder. So erlebte ich täglich das Herannahen der Russen. Jeden Tag zitterte ich von neuem beim Betreten des Büros vor der weiter nach Westen gerückten roten Kordel und spürte doch auch wieder betroffen, daß ich durch die gewaltige Entfernung, die mich von meiner Heimat trennte, all dies nicht mehr mit voller Schärfe empfand; das ganze furchtbare Geschehen tauchte ins Unwirkliche. Gewiß, ich litt, hatte Angst, zitterte für Sperrenwalde, den »Besitz«, meine Mutter, die, so lange ich sie kannte, schauerliche Angst vor den Russen gehabt hatte. Und doch war in diesen Gefühlen etwas Theoretisches, Kühles, Verfremdetes. Das verwirrte mich und gab mir ein schlechtes Gewissen. Im Nachdenken über Gewesenes und Kommendes war ich schon über den Krieg hinaus; für mich hatte er aufgehört.

Als unterstes Glied des Büroteams war noch eine andere Tätigkeit für mich vorgesehen: Ich war Verwalter des »beergardens«. Der beergarden war eine längliche, düstere Baracke, in der die amerikanischen Soldaten nach Feierabend Bier trinken, ihre Zigaretten kaufen oder Candies lutschen konnten, eine primitive Kantine mit geringer Warenauswahl. Sie war wohl nur für Soldaten gedacht, die wegen ihres Dienstes nicht fortkonnten, denn Ruston bot keine weiteren Zerstreuungen. Wenn die Amis »ausgehen« wollten, fuhren sie nach Shreveport oder weiter nach New Orleans. Der beergarden war nur in den späteren Abendstunden geöffnet. Dann übernahm ein versoffener älterer Sergeant die Theke und die Kasse. Ich mußte jeden Morgen in dem verräucherten und verschmutzten Raum die kleinen vergitterten Fenster öffnen, die Stühle und Tische zurechtrücken, den Zinktresen mit einem sidolartigen Zeug reinigen. War dies getan, so kam die Hauptaufgabe: Ich hatte den gesamten Warenbestand zu »checken«, die vollen Bierkästen, die »empties«, die einzeln zum Verkauf stehenden Zigarren »White Owl«, Zigaretten und jede Menge von Candies, Schokolade und anderen Süßigkeiten. Letztere lagen übersichtlich hinter der Theke, aber das Zählen der Biervorräte war eine Last. Sie standen in großen Mengen ungeordnet und halb geleert in einem dunklen Nebenraum. Ich brachte jedesmal andere Zahlenangaben zusammen. Manchmal war ich gezwungen, zwei- oder dreimal vom Büro zurück in den beergarden zu gehen, da nichts stimmte. Meine Zählung mußte nämlich mit der abendlichen Abrechnung des Kantinensergeanten übereinstimmen, und das kam selten vor. Das Zählen gestaltete sich auch deshalb besonders schwierig, weil eine dicke gelbe Katze sich innerhalb der Bierkästen ein Wochenbett gesucht hatte. Sie schenkte mir ihr Vertrauen. Da sie in diesem stinkigen Loch das einzige fühlende Lebewesen war, war ich ihr zugetan, obwohl die Entfernung ihres Nestes der Ordnung gut getan hätte.

Für Bürojob und Beergarden-Supervising erhielt ich eine kleine Zulage. Abends kam ich von der ungewohnten Tätigkeit immer frustriert zurück. Ich sah die vielen Bücher, die über meinem Schreibtisch an die Gefangenen in anderen Lagern wanderten, ich sah die Anmeldungen zum Fernstudium an der Universität Berkeley, ich spürte, daß ich jetzt - wenn je einmal im Leben - die Chance zum Lesen hätte. Da ich auch die Bestellungen für unsere Lagerbibliothek wahrnahm, rüstete ich diese in großzügiger Weise nach meinem Geschmack, nach meinen Bedürfnissen ein, besorgte mir selbst auf einem Skonto-Wege verschiedene Werke und ging eines Tages im April zum guten Captain Nelson, um meine Entlassung aus dem beergarden- und dem Bürodienst zu erbitten.

Seitdem fing ich an, mir den Tag ganz systematisch nach Lesestudium und sonstigen Pflichten einzuteilen. Ich machte mir Wochenpläne, die ich am Ende einer Woche durchsah, um den nächsten Wochenplan zu modifizieren. Ich hatte ein starkes Empfinden für den unermeßlichen Wert der Zeit, die ich nutzen mußte. In Gesprächen, im Nachdenken über Gelesenes kam mir zudem vor Augen, welch große Lücken meine Bildung aufwies. Ich legte mir ein Schema zurecht: deutsche Klassiker - Goethe, Schiller, Hölderlin, Kleist, dann die großen Russen, vor allem Dostojewski und Tolstoi, Lyrik, daneben die deutsche Emigrantenliteratur, Thomas Mann, Werfel, Zweig. Neben dieser »Bildung« bestellte ich mir landwirtschaftliche Werke und schrieb mich in Berkeley ein. Im Rahmen meiner landwirtschaftlichen Studien, zu denen auch statistische und volkswirtschaftliche Kurse gehörten, gab ich frischweg mit dem gerade Erlernten in der Lageruniversität »Vorlesungen«. Ich legte große Aktenhefter mit Tabellen für Tierhaltung und Düngung an, wobei ich die von deutschen Verhältnissen abweichenden Daten herauszog und meinen staunenden Hörern vortrug.

Ich war innerlich immer darauf eingestellt, einmal die Besitzungen in Sperrenwalde zu übernehmen. Ein begeisterter Landwirt war ich allerdings nicht, und mein Bestreben ging dahin - ähnlich wie es mein Vater getan hatte - später einen gewitzten Güterdirektor einzusetzen und selbst meinen Neigungen zu leben, vor allem zoologischen Studien und Reisen. Naturforscher, Ornithologe - diese Vorstellungen trugen noch einen Hauch von Knabenhaftigkeit an sich. Während meiner landwirtschaftlichen Studien bemerkte ich nun, daß meine Vorstellungen nicht mehr mit der Wirklichkeit in meiner Heimat, ja ganz genau: in Sperrenwalde, wie es jetzt aussah, übereinstimmten. Natürlich wäre es möglich gewesen, nun erst recht weiter zu studieren und auch unter veränderten Verhältnissen Landwirtschaft zu treiben, wenn auch nicht auf der »eigenen Scholle«. Doch ich fühlte, daß ich die Aufgaben eines Landwirtes nicht ausfüllen würde und es auch nicht wollte. Den Beruf des Großgrundbesitzers, die Freiheit, sich mit dem beschäftigen zu können, was man anziehend findet - das sah ich immer mehr schwinden. Zu dieser Einsicht verhalfen mir vor allem die rote Kordel im Büro und ein Blick in die Zeitungen. Auch hatte ich das Gefühl, auf zwei ganz verschiedene Weisen die Wirklichkeit aufzunehmen, auf eine historisch-politische und auf eine vitale, nur »leben-wollende« Weise. Die letztere trat damals immer stärker hervor, wobei »Leben-Wollen« nicht bedeutete, einfach nur lebendig zu bleiben, sondern das menschliche Leben, das Geistige, die Welt ohne Einschränkung kennenzulernen. Eins der Worte, das mich umtrieb, war ein Vers von Hölderlin: »und verstehe die Freiheit, aufzubrechen, wohin er will«. Die andere, die historisch-politische Weise trat im Traum öfter hervor, erinnerte mich an die hierarchischen Strukturen meines bisherigen Lebens, brachte mich auch in Traumkonflikte. So studierte ich zunächst Agrikultur, beschäftigte mich mit landwirtschaftlichen Problemen. Als dann die zweite »Wirklichkeitserfassung« Oberhand gewann, begann ich, Medizin zu studieren, und ich war nach meinem Entschluß wie befreit. Das alles spielte sich in langen Denkprozessen mehr subkortikal und im Unterbewußtsein ab. Aber in jener scheinbaren äußeren Ruhe, dem fast schwerelosen Hingegebensein an die Literatur, fern von allen Zwängen und Forderungen, fühlte ich, daß ich vor einer Entscheidung stand.

Eines Sonntagmorgens, als ich noch im Halbschlaf dösend im Bett lag, hörte ich mich plötzlich laut sagen: »Ich studiere Medizin.« Da war es. Ich ging sofort daran, meine landwirtschaftlichen Bücher nach Berkeley zurückzusenden und mich für Biologie und die Grundkurse für Medizin einzuschreiben. Meine »Dozententätigkeit« - der Zuhörerkreis war ohnehin stark geschrumpft - gab ich auf. Und nun merkte ich, daß ich diesen Weg eigentlich schon lange eingeschlagen hatte. Viele Jahre später, als ich Frau Dr. Ohnesorge, unsere Hausärztin in Prenzlau und damalige Sozialministerin in Kiel, wiedersah, erzählte sie mir, daß sie immer gewußt habe, daß ich Arzt werden würde. Meine frühen Interessen, meine damalige Literatur, die sich um naturwissenschaftliche Themen drehte, habe sie davon überzeugt.

Die Korrespondenz-Kurse konnte man schnell oder in längeren Zeiträumen absolvieren. Gedacht waren sie für die amerikanischen Soldaten, die, fern von der Universität, die ihre Zeit nicht ungenutzt verstreichen lassen wollten. Man bekam eine Liste von Büchern und Skripten, die man beim Lageroffizier für Ausbildung einsehen oder ausleihen konnte, dazu, streng systematisch, Themen und Stoff für einen bestimmten Wissensabschnitt. Dann mußte man zu seinem Intelligenceofficer gehen und ihm ankündigen, wann man die nächste Prüfung ablegen wollte. Zu den Prüfungsterminen, die drei oder vier Wochen im voraus angesagt wurden, hatte der Offizier von Berkeley versiegelte Prüfungsbögen erhalten, die in Anwesenheit weiterer Zeugen und der Prüflinge geöffnet wurden. Anschließend setzte man sich sogleich zur Niederschrift hin. Ich habe verschiedene Prüfungen in Biologie, Physik, Zoologie und Botanik abgelegt und die Zertifikate später nach Deutschland mitgebracht.

Meinem Lese-, Lern- und Schweigebedürfnis kamen meine Barackengenossen immer entgegen. Anfangs teilte ich den Doppelraum mit einem kleinen, rundlichen Vertreter in Seifenwaren, der als wohlbeleibter Zahlmeister in der Normandie gefangengenommen worden war. Er war eigentlich Deutsch-Amerikaner, 1937 aus ihm nun nicht mehr verständlichen Gründen in seine deutsche Heimat zurückgekehrt, wo ihm sogleich der Soldatenrock angelegt wurde. Sprach man mit ihm über diesen »Umweg«, dann kam er sehr witzig in Rage, und es war unser größter Spaß, Herrn S. zu fragen: »Wäre es nicht praktischer gewesen, wenn Sie gleich hier geblieben wären?« Ich sprach mit ihm nur Englisch, da auch er seine alten Kenntnisse auffrischen wollte. Sein einziges Bestreben war es, bald wieder die amerikanische Staatsbürgerschaft zu erwerben. Dazu machte er alle möglichen Anstrengungen, scharwenzelte, mit irgendwelchen Jobs versehen, um die Amis herum, spielte sich als militanter Antinazi auf. Doch half es ihm nichts, auch er wurde mit uns allen nach Deutschland gebracht.

Ein ganz anderer Menschentyp war Hauptmann Pöpelmann, der die längste Zeit mein Nachbar war. Er hatte eine kleine Fabrik in Frankfurt und sprach ein breites Frankfurterisch. Pöpelmann war ein sehr belesener und gebildeter Mann. Seine Kenntnisse über seinen Landsmann Goethe waren groß. Er war mir in jenen Tagen ein weiser Mentor, der mir sagte, was ich von den Klassikern lesen sollte, und er machte dazu immer seine erklärenden und ordnenden Betrachtungen. Gesprochen haben wir nach einer stummen Verabredung morgens nach dem Frühstück eine Zigarettenlänge, sozusagen, um den vor uns liegenden Tag zu ordnen, und am Abend vor dem lange hinausgezögerten Zu-Bett-Gehen. Er war ein älterer Herr, abgeklärt, mit weisem, humorvollem Urteil über die Lagervorgänge und wohl auch ganz zufrieden mit meiner Nachbarschaft.

Diese Schilderungen lassen ein ausschließlich geistigen Dingen verhaftetes, ungestörtes Dahinleben erscheinen. Das wäre ein Trugschluß. Zwar kapselte ich mich in extremer Weise von allen Lageraktivitäten ab, um die teure Zeit zu nutzen. Aber sonst war es im Lager alles andere als ruhig. Bei den Zählappellen und bei Bekanntgabe irgendwelcher Anordnungen gab es stets schnell eine murrende Gruppe, die sich nichts mehr befehlen lassen wollte, die vice versa in jedem Ansager, dem Lagerältesten oder einem seiner Gehilfen entweder einen »Nazi« oder einen »Kommunisten« sah. So weigerten sich einige Gefangene, zur Zählung zu erscheinen, da sie sich von einem Nazi oder – wenn es sich um Österreicher handelte

- von einem deutschen Offizier nichts sagen lassen wollten. Diese Unordnung führte langsam zu einer Art Compoundanarchie. Sie wurde immer stärker und lähmender, weil einzelne Männer oder Gruppen Erleichterungen ihres Gefangenenloses ergattern zu können glaubten, wenn sie sich ostentativ als strikte Antinazis gaben. Das wiederum machte rundum böses Blut, führte zu Verdächtigungen, lautstarken Auseinandersetzungen. Auf diese Weise wollten einige eine frühere Heimkehr oder die Anerkennung als *displaced person* erreichen.

Anfangs zeichnete sich eine Cliquenbildung etwa im Rahmen der vor 1933 bestehenden Parteien ab. Es gab Deutschnationale, zu denen Pöpelmann und die meisten jener älteren Offiziere sich hingezogen fühlten, die in der Regel den Lagerältesten stellten. Es gab die Sozialdemokraten, die in den deutschen Ansiedlungen der großen Städte, z.B. von St. Louis, hilfreiche Genossen fanden. Hierzu gehörte mein Freund Sauerbier und ein großer Teil der zu uns gestoßenen Polizeioffiziere, Wehrmachtsbeamten und Lehrer, die Reserveoffiziere waren. Eine kleine Gruppe von Kommunisten war ebenfalls in unserem Lager.

Eine große und den Ton im Lager bestimmende Rolle spielte die Redaktion der Gefangenenzeitschrift ›Der Ruf‹. Hans Werner Richter, Alfred Andersch, von der Pfordten sind die Namen, an die ich mich noch erinnere. Die ersten Nummern erschienen im Herbst 1945. ›Der Ruf‹ wollte die deutschen Kriegsgefangenen über geistige Strömungen unterrichten, die sich ihnen nach der Rückkehr in die Heimat bieten würden. Das zielte auf eine im amerikanischen Sinne demokratische Umerziehung, und natürlich standen Redaktion und Schriftleitung stark unter amerikanischem Einfluß. Doch jeder Artikel, jeder politische Beitrag riß sogleich Kluften auf; vor allem in den Nazilagern - so hießen eigentlich alle »normalen« Lager außer unserem Ruston - begegnete man der Zeitschrift mit heftiger Kritik. Es war ein äußerst diffiziles Unternehmen, »in Feindesland« eine Gefangenenzeitschrift im Sinne der Amerikaner herauszugeben, weshalb die zweifellos gut gemeinten, mit echter politischer und menschlicher Hingabe geschriebenen Artikel zumeist durch die Tatsache beeinträchtigt wurden, daß die Gefangenen sich gelenkt, gegängelt vorkamen. Der Herausgeberstab war alles andere als homogen, es gab Positionskämpfe und persönliche Querelen. Ich habe dies alles mehr am Rande miterlebt, auch die tiefe Enttäuschung der einzelnen Leitartikler und Redakteure. Die gesamte Redaktionsgemeinschaft des ›Ruf‹ wurde übrigens im März 1946 von Ruston in ein demokratisches »Schulungslager« nach Livingstone versetzt und von dort in einem Sammeltransport über New York unter Umgehung der berüchtigten, für viele verhängnisvollen Zwischenlager in Frankreich direkt nach Deutschland gebracht. Auch ich befand mich aus unerfindlichen Gründen in diesem bevorzugten Transport.

Eine besondere Gruppe der Antinazis stellten unsere Österreicher dar. Wir waren von Anfang an mit vielen »Ostmärkern« zusammen gewesen, und sie hatten in guten und bösen Tagen ganz zu uns gehört. Doch schon bald machte sich in Ruston unter ihnen Unruhe bemerkbar. Sie hockten mehr und mehr zusammen und gaben ihre bisherigen Bindungen der Freundschaft, der beruflichen Gemeinschaft auf. Von den Amerikanern war angeordnet worden, daß wir unsere Hakenkreuz-Embleme an Uniformen und Mützen zu entfernen hätten. Das geschah widerspruchslos. Doch eines Tages kamen die Österreicher mit rot-weiß-roten Kokarden an ihren Mützen, die sie in der Nacht selbst gebastelt hatten, zum Appell. Auch von ihnen wurde immer mehr in Gesprächen und Diskussionen betont, daß sie eigentlich wie die Polen, Franzosen und Tschechen von feindlichen Deutschen überfallen worden seien; im Grunde müßten sie den Status der mit den Alliierten befreundeten Mächte und eine Reihe von Erleichterungen in der Lagerordnung, auch eine frühere Heimschickung bekommen. Unter den militärischen Österreichern ragte besonders Hauptmann B. heraus. Ich kannte ihn noch von Paris her, wo er in einer Kommandantur irgendeine Aufgabe verrichtet hatte. B. war ein großer, »schöner« Mann mit einem gepflegten Menjoubärtchen. Er war auch in den trostlosesten Umständen immer auf das adretteste gekleidet. In seinem spärlichen Gepäck befand sich ein Nagelnecessaire, das er in der freien Zeit, die das Gefangenenleben bot, stundenlang benutzte. Er hatte eine laute, herrische Stimme, die keinen Widerspruch vertrug, ganz das Bild des selbstbewußten, auch tüchtigen, im Rahmen der gegebenen Schichtung höchst liebenswürdigen und verlässigen Offiziers, dabei ein großer Salonlöwe – was ja ins Bild paßt – und einer der unentwegtesten Bridgespieler. Wir hatten uns schon auf der Überfahrt angefreundet, denn er war unterhaltsam und im Gespräch und in seinen Umgangsformen unproblematisch. Dieser gute B.

fing plötzlich an, sich nur noch für seine österreichischen Landsleute zu interessieren. Bisher waren sie ihm, wenn sie nicht gesellschaftlich etwas boten oder wenigstens Bridge spielen konnten, herzlich gleichgültig gewesen. Nun würden österreichische Heimatabende, Liederabende, Zusammenkünfte organisiert. Bei einem dieser Treffen sind auch die rotweiß-roten Kokarden entstanden. Bald kam es so weit, daß B., der zum »Sprecher« der Österreicher geworden war, von den Amerikanern verlangte, nicht mehr mit den übrigen Deutschen, sondern in einem gesonderten Block zur Zählung anzutreten. Die Österreicher setzten sich langsam von uns ab, hoffend, durch Distanzierung von ihrer jüngsten Geschichte eine wohlwollende Einordnung seitens der ›Siegermächte‹ zu erfahren.

Eine andere, scharf gegen uns abgesetzte Gruppe stellten die Russen dar. Während des Ostfeldzuges hatte man aus gefangenen Russen eine Armee unter dem Befehl des Generals Wlassow aufgestellt, die im Westen eingesetzt worden war. Zu ihr hatte auch mein guter Hauptmann aus dem ersten Lager gehört. Diese gefangenen Russen stellten in den Augen der Amerikaner ein Politikum höchsten Ranges dar; schließlich waren die Sowjetunion und die USA Verbündete. Im Sinne des geltenden Gesetzes waren sie allesamt Hochverräter. Es waren ihnen aber bei der Gefangennahme, mehr noch bei den vielen Sonderverhören Zusagen gemacht worden, daß sie die amerikanische Staatsbürgerschaft erhalten könnten und daß sie nie, wenn sie es nicht wollten, nach Rußland zurückgeschickt werden würden. Nach Verkündigung des Waffenstillstandes aber wurde bekannt, daß zu einem der wichtigsten Punkte der Abmachungen zwischen Roosevelt und Stalin die bedingungslose Übergabe aller russischen Staatsbürger gehörte, vor allem der gefangenen Mitglieder der Wlassow-Armee. Daraufhin setzten nun »Bürgerinitiativen« ein, um den Russen, die in Amerika ihr politisches Asyl gefunden zu haben glaubten, ihr Bleiben zu ermöglichen und sie vor der sicheren Liquidierung zu retten. Sie lebten, etwa zweihundert Mann, in einer Barackenreihe, die von unseren Behausungen abgesetzt war, aber doch zu unserem Compound gehörte. Eines Tages kamen einige sowjetrussische Offiziere in Uniform, begleitet von amerikanischen und russischen Botschaftsangehörigen, um mit den gefangenen Russen Gespräche zu führen, sie zu überreden, freiwillig nach Rußland zurückzukehren. Doch unsere Russen verweigerten jedes Gespräch, verrammelten ihre Baracken und traten in Hungerstreik. Einige Tage später schritten die amerikanischen Bewachungstruppen ein. Die russischen Gefangenen wurden belehrt, daß sie in Amerika bleiben dürften, man wolle sie nur in ein anderes Lager, weiter im Norden, bringen. Guten Glaubens - was hätten sie auch sonst tun sollen - ließen sie sich abtransportieren.

Eine Woche danach machte eine Zeitungsnotiz in unserem Lager die Runde: In einem Gefangenenlager im Norden habe eine Gruppe russischer Offiziere gemeutert, als bekannt geworden sei, daß man sie gewaltsam den Sowjetrussen ausliefern wolle. Sie hatten sich in ihren Unterkünften verbarrikadiert und mit allen zur Verfügung stehenden Geräten, mit Messern und Rasierklingen versucht, sich gegenseitig das Leben zu nehmen, um den Russen nicht lebend in die Hände zu fallen. Das sei jedoch früh genug bemerkt worden. Während ein Teil der Gefangenen tot oder sterbend vorgefunden worden sei, hätten amerikanische Truppen, die das Lager schließlich gestürmt hätten, die Mehrzahl doch noch zum Transport nach Sibirien ausliefern können. Unter ihnen befand sich auch mein Freund aus Tscherkassien. Diese schauerliche Nachricht erschütterte uns sehr. Das Vertrauen in die Amerikaner bekam einen erheblichen Riß. Erstaunlich und versöhnlich war dagegen die wütende und entgeisterte Reaktion des ganzen Landes, die sich in den Leserbriefen zeigte. Amerika wurde von seinen Bewohnern als Hort der Freiheit, der unantastbaren Menschenrechte angesehen, und diese Untat strafte das Bild Lügen, das sie sich von ihrer Heimat gemacht hatten.

Das Auf und Ab des Kriegsverlaufs in Europa, in Deutschland spiegelte sich nicht nur in der amerikanischen Presse wider, sondern auch darin, wie man uns behandelte. Kurz nachdem wir im Dezember 1944 in Ruston angekommen waren, begann, vollkommen unerwartet, die irrsinnige Ardennenoffensive. Generalfeldmarschall von Rundstedt, der von Hitler im Frühsommer 1944 unter unwürdigen Umständen seines Befehlshaberpostens in Frankreich enthoben worden war, leitete die Offensive. Sie konnte nur das Zeichen eines letzten Aufbäumens sein, hatte man doch das Gefühl, daß alle verfügbaren Kräfte gegen die russische Armee eingesetzt werden sollten, um bei dem bevorstehenden Zusammenbruch die Grenzen möglichst weit ostwärts zu haben.

Wir Gefangenen waren durch den langen Krieg mit seinen Siegen und Niederlagen schon abgestumpft. Daher staunten wir über die hysterische Reaktion der amerikanischen Presse, die ungeschminkte Schilderung des Zurückflutens, der kopflosen Flucht amerikanischer Truppenteile in Belgien. Dabei wurden ohne Kommentar, wie während des ganzen Krieges, auch die nun frohlockenden deutschen Heeresberichte veröffentlicht. Unter den Amerikanern machte sich eine betretene Stimmung bemerkbar. Für sie war der Angriff ein großer Schock, und kleinmütige Geister meinten in den Zeitungen, daß der Krieg nun möglicherweise noch einmal eine andere Wendung nehmen werde, da im Hintergrund auch noch die Wunderwaffe des Führers in die angstvollen Prognosen einbezogen wurde. Auch einigen unserer Mitgefangenen wurde angst und bange. Sie sahen sich schon vor dem Kriegs(-schnell)gericht; das Urteil würde kaum zweifelhaft sein.

Wenige Tage später brach die Offensive zusammen. Luftunterlegenheit, schlechtes Wetter - es war bereits der Anfang vom Ende, was unmißverständlich deutlich wurde, als Mitte Januar die Rote Armee ostwärts der Oder antrat. Dies war die Zeit, in der ich mit ängstlichem Blick die rote Kordel an der Wandkarte beobachtete. Bald wurde Berlin eingeschlossen; der Zusammenbruch war unaufhaltsam. In diese Periode fällt eine Geschichte, die in hohem Grade symptomatisch für Denken, Haltung und Ausrichtung der sogenannten Nazilager war.

Kurz vor Ostern 1945 wurde ein gefangener Offizier in unser Lager überstellt, nicht wie sonst »im Schub«, sondern allein. Er war Pfarrer, von den Amerikanern 1943 in Afrika gefangengenommen. Er hatte während dieser zwei Jahre unter seinen Kameraden das Amt des Lagerpfarrers in einem sogenannten »Nazilager« innegehabt. Nun war Berlin eingeschlossen, Magdeburg gefallen, das Kriegsgeschehen nur noch ein ungeordneter Versuch deutscher Truppenteile, sich nach Westen zu den Engländern und Amerikanern abzusetzen, dazu die schauerliche Not und das Elend der Flüchtlingsströme. Da hatte er als Pfarrer in einer seiner Passionspredigten gewagt, für »das bedrängte Vaterland« zu beten und ihm einen »baldigen Frieden« zu wünschen. Weitere, angeblich »defätistische«

Äußerungen seien gefallen. Darauf, so erzählte er, sei er in größte Schwierigkeiten geraten. Man habe ihn bedroht, geschlagen, eine Gruppe seiner früheren Kameraden habe ihn lynchen wollen, um ein Exempel zu statuieren, und er habe sich gerade noch in die Baracke des Lagerältesten, eines Obersts, retten können. Am Tag darauf sei ihm eröffnet worden, daß er das Lager zu verlassen habe. Immerhin habe man ihm eine kleine Abschiedsfeier gegeben, da er als jahrelanger Lagerpfarrer eine große und freundschaftliche Anhängerschaft gehabt habe. Dabei habe ihm der alte, bewährte, in Ehren ergraute Oberst v. T. folgendes gesagt: »Mein lieber Pfarrer, es tut uns leid, daß Sie uns verlassen müssen, leid vor allem für Sie, einen Familienvater mit mehreren Kindern. Denn Sie wissen ja, daß der Führer die Insassen seines Musterlagers A. als erste heimholen wird.« Danach Händedruck und ab.

Wenn man sich diese makabre Szene erklären will, dann muß man wissen, wie in den Nazilagern Informationen weitergegeben wurden. Ein Offizier wurde für die Nachrichten bestimmt. Er bekam die Zeitschriften und machte einen Kommentar zurecht. Außerdem brauchte er nur den Bericht des OKW bekanntzugeben, der in jeder amerikanischen Tageszeitung neben den englischen und russischen Heeresberichten auf der ersten Seite zu finden war. Dies wurde vorgelesen. Es wurde auch geglaubt. Gewiß beschlichen die meisten Zweifel, zumal auch in den deutschen Berichten bestimmte unbestreitbare Tatsachen gebracht wurden, Nachrichten von den Städten, um die gekämpft wurde, die verloren gingen. Dennoch bildete sich in dieser Atmosphäre eine Art unbedingter, phantastischer Nibelungentreue, eine »Wirklichkeitsverweigerung«, die trotzig und verstockt nicht sehen wollte, was gekommen war und noch kommen würde.

Einige Tage nach dieser Geschichte, die bei uns allen erneut zu langen Diskussionen führte, starb Roosevelt. Amerika befand sich in einem wahren Schock. Für die Amerikaner war es geradezu tragisch, daß Roosevelt, der sie in den Krieg gegen Hitler geführt hatte, und zwar zunächst ganz gegen die Grundstimmung des amerikanischen Volkes, wenige Tage vor dem greifbaren Sieg sterben mußte.

Drei Wochen später, am 8. Mai 1945, erschollen in voller Lautstärke über alle Lagerlautsprecher Siegesfanfaren: Kapitulation der Deutschen, der Krieg war aus. Ich weiß nur, daß es mir nicht gelang, aus der Menge unterschiedlicher Gefühle - Erleichterung, Verbitterung, Angst, gebrochenem Stolz, Trauer - klar zu erkennen, was ich empfand. Große Betretenheit in uns allen. Was hatte dieser Krieg uns allen gebracht, uns allen genommen? Mit welchen Gefühlen, mit welcher Bereitschaft waren wir in ihn hineingeraten? Gewiß, es ließ sich leicht sagen, daß nun alles vorbei sei, ein böser Spuk. Doch die guten, großen Gefühle, die Eigenschaften, die man entwickelt hatte, Ausdauer, Tapferkeit und Kameradschaft, auch jene Prägung durch den Kampf, die junge Menschen zu Erwachsenen gemacht hatte: daß dies alles um ein Phantom gegangen sei in der Gefolgschaft eines verbrecherischen Größenwahnsinnigen, das war erst einmal zu verarbeiten. Viele unter uns spürten, daß daraus ein Problem entstehen werde, das unserer Generation aufgegeben sei. Beklommenheit und Traurigkeit, Flucht in die Tagesgeschäftigkeit des Gefangenenlebens, dabei Hoffnung, Gebete, daß zu Hause sich alles zum Guten, wenigstens zum Erträglichen entwickeln möge.

Auch im Verhalten der Amerikaner trat im Augenblick der Kapitulation ein Stimmungswandel ein. Er war deutlich von oben gesteuert. Wir sahen aus den Zeitungskommentaren, mehr noch aus den Leserbriefen, die eine so große Rolle spielten, daß sich die amerikanische Öffentlichkeit immer stärker mit dem Problem der Tausende deutscher Kriegsgefangenen beschäftigte. Bald kamen die ersten Berichte über die KZs, die Bilder von den dort vorgefundenen Leichenbergen, von den grausamen Untaten, dazu die Schilderung des unglaublichen Elends in Deutschland, vor allem des Elends der *displaced persons*, der Unzahl von Polen, Russen, Tschechen, Jugoslawen, Franzosen, die nun, aus den Lagern entkommen, hungernd und plündernd die Straßen, Dörfer und Städte bevölkerten und für die Amerikaner zusätzlich ein großes Versorgungsproblem darstellten. Es wurde deshalb gefordert, uns hungern zu lassen, kein Gramm mehr, als die KZ-Opfer, die hungernden *displaced persons* erhielten. Wir merkten es an dem veränderten Speisezettel. Es gab nur zweimal täglich eine wäßrige Bohnensuppe und ein paar Scheiben Watte-Brot. Wir wurden dünner, und ich spürte die zunehmende Schwäche. Wenn ich mich vom Bett erheben wollte, wurde mir schwarz vor Augen. Manche bekamen Hungerödeme, die »dispensary«; die Revierstube füllte sich. Aus war es mit dem nächtlichen

Küchendienst, Vorräte gab es nun nicht mehr. Langsam wurden die Fälle von Hungerödemen bedenklich, das Krankenrevier war voll. Auch wurde bekannt, daß aus irgendwelchen Gründen kein Salz angeliefert worden sei, so daß es sich nicht um reine Hungerödeme handelte, sondern um eine Elektrolytverschiebung im Körper mit gefährlichen Folgen. Das führte zu Klagen und Beschwerden. Es gab in dem großen Lager für alle Compounds einen zentralen »firepool«, eine Feuerwehr, die mobilisiert und von amerikanischen Zivildienstlern besetzt war. Zu diesem firepool gehörte eine Gruppe deutscher Gefangener, die, auch im Zivilberuf Feuerwehrleute, mit ihren amerikanischen Kollegen ein freundschaftliches, beruflich-menschliches Verhältnis hatten. Als die Salzknappheit und das Anwachsen der Ödemkranken immer ärger wurde, erzählten die Deutschen im firepool davon. Die Amerikaner waren einfache Männer aus Shreveport, Weiße und Farbige. Als sie die Geschichte hörten, meinten sie, hier gehe es nicht mit rechten Dingen zu; das sei gegen die Genfer Konvention, vor allem gegen das amerikanische Gebot der Fairness gegenüber dem geschlagenen Gegner; sie wollten es ihrem »congressman«, den sie ja schließlich gewählt hätten, berichten. Das geschah, und schon wenige Tage später wurde unser Lager ohne vorherige Ankündigung von einer Gruppe von Kongreßabgeordneten, Mitgliedern des Roten Kreuzes und der Heeresinspektion besucht und kontrolliert. Es stellte sich wirklich heraus, daß in der Versorgung des Lagers – immerhin gehörten ja dreißigtausend Gefangene zu dem Gesamtkomplex – große Unregelmäßigkeiten vorgekommen waren. Einige Amis wurden abgelöst, wir bekamen wieder mehr Salz, die meisten Ödeme schwanden, und es kehrte Ruhe ein. Uns allen hat damals einen großen Eindruck gemacht, wie Demokratie im Detail funktioniert: Ein Mann merkt, daß etwas in der Verwaltung nicht stimmt; er sagt es seinem »congressman«, und vertraut darauf – wie man sieht mit Grund –, daß Recht und Ordnung wiederhergestellt werden.

Gleichwohl wurde die Haltung der Amerikaner uns gegenüber immer schroffer. *Non-fraternisation*, das war das Stichwort. Es ist bemerkenswert, wie sehr dies den Amerikanern eingebläut werden mußte, was zeigt, daß man uns gegenüber im Grunde wohlwollend, gutartig und menschlich gesonnen war. Doch die sich mehrenden Berichte über die grauenvollen Vorgänge in den KZs, den Arbeits- und Todeslagern, die »Endlösung« der Judenfrage, dazu die Diskussion um die Kollektivschuld des deutschen Volkes führte manche unter unseren Bewachern zu unreflektierten Handlungen. So geschah es immer wieder, daß Bewachungsposten nachts durchdrehten und einfach in die in nächtlicher Ruhe daliegenden Baracken schossen. In Ruston ist dies nur einmal vorgekommen, in anderen, vielleicht auch in ihrem Auftreten militanteren Lagern waren solche Vorfälle im Sommer 1945 häufig.

In Europa war in der Zwischenzeit ein großer Dokumentarfilm über die Lager in Deutschland und Polen zusammengestellt worden. Er mußte in allen Lagern den deutschen Kriegsgefangenen vorgeführt werden, wozu wir, wie in früheren Zeiten, unter der Aufsicht von Bewaffneten geführt wurden. Das Grauen, das aus diesen eindeutigen Dokumenten sprach, aus der kalten Systematik des Tötens, läßt sich schwer beschreiben. Der Film dauerte mehr als zwei Stunden, nur wenige Wortkommentare, dafür unfaßliche Tatsachen. Ein seltsames Gefühl beschlich uns, als wir wieder in Reih und Glied in unseren Compound zurückgeführt wurden. Auch das also war der Krieg, der »ritterliche«, das waren Wege, unser Vaterland zu schützen, und das war es, was die Amerikaner, die Welt von uns sah - »an ihren Früchten sollt ihr sie erkennen«. Diese Bilder haben wohl in jedem von uns, wenn auch auf unterschiedliche Weise, einen Riß entstehen lassen. Er lag an jenem Punkt, wo individuelles Selbstgefühl und Glaube an die nationale Größe zusammengeschweißt waren. Freilich, man blieb, was man war - auch so subjektiv schuldlos, wie man war. Aber hätte man nicht alle Vergünstigungen, alle Ehrungen, alles »Gute« eines deutschen Sieges ohne zu fragen entgegengenommen? So konnte man sich in seinen tiefsten Gefühlen nicht gegen eine Schuld, eine Buße wehren. Da waren sie wieder, die alten Fragen: Christ und Deutscher, Adliger und Offizier. Der ritterliche Krieg, stolze Trauer, alles fürs Vaterland. Und da waren sie wieder, die Bilder: das nächtliche Gespräch mit den SS-Bewachern in Weimar auf dem Weg ins KZ Buchenwald. Auch in dem Film sah ich Teile von Weimar und der Allee nach Buchenwald. Und weiter: das Gespräch mit der SS-Charge im D-Zug München-Berlin. Und manches andere, das man verdrängt hatte, nicht sehen wollte, nicht sehen durfte, wenn man denkend weiterleben, weiter gehorchen, weiter ein guter Soldat, ein Offizier sein wollte.

Wollte man es? Beim Rückmarsch schwiegen wir niedergeschlagen. Bald begannen Diskussionen, was man gewußt, geahnt hatte. Aber auch im eigenen Nachdenken war es unendlich schwer, die Erinnerungen gleichsam freizuschaufeln von apologetischen Hilfestellungen des Unterbewußtseins. Freilich – die meisten im Antinazi-Lager waren in jedem Sinne »schuldlos«. Doch bei längerem Nachdenken über unsere, über meine Lage kam ich zu dem Schluß, daß Schuldlosigkeit in dem hinter uns liegenden Inferno weniger eine Frage der Charakterstärke als eine Gunst, eine Fügung, ein gütiges Schicksal war.

Langsam füllte sich das Lager nun immer mehr. Bald waren keine Baracken in unserem Compound mehr frei. Damit änderte sich auch die Stimmung, der innere Tonus des Lagers. Es wurde alles unübersichtlicher, verschwommener. Die einzelnen Gruppen waren nicht mehr so deutlich gegeneinander abgesetzt.

Mit dem Kriegsende wurde die Frage der Heimkehr immer dringender. Jetzt machten auch die Amerikaner gezieltere Anstrengungen, uns »umzuerziehen«. Es wurden Vorträge von Wissenschaftlern nahegelegener Universitäten gehalten, von hohem Niveau, über politische und historische Fragen, wobei man vermied, unseren angeschlagenen, aber doch noch wachen nationalen Stolz zu kränken. Im Dezember 1945, nachdem wir ein Jahr im Lager verbracht hatten, wurden die ersten Gruppen »mit Gepäck« zum Lagertor gerufen. Es wurden Transporte zusammengestellt, die Heimkehr rückte näher. Was würde sie uns bringen? Seltsamerweise gab es unter den älteren Offizieren, die noch den Ersten Weltkrieg mitgemacht hatten, eine spürbare Reserve. Sie erzählten von den Horden revolutionärer Matrosen, die ihnen damals die Schulterstücke abgerissen, Offiziere verprügelt, erschlagen hatten. Doch schon jetzt, schon in den Lagern war das Verhältnis zwischen Offizieren und Mannschaften unmerklich und spannungslos zu einem zivilen geworden. Es gab keine Animositäten, natürlich auch keine unterschiedliche Behandlung. Wir trugen ohnehin nur noch gefärbte »Ami«-Kleidung mit einem dicken, mittels Schablonen gemalten PW auf Rücken und Gesäß. Auch auf den Unterhemden und Unterhosen mußten nach neueren, strengeren Bestimmungen die schwarzen Öl-Buchstaben aufgemalt werden, und ich habe noch viele Jahre lang – die Ami-Wäsche ist haltbar – beim Sitzen ein kratziges PW gespürt.

Die innere Struktur des Lagers löste sich mehr und mehr auf. Ich war emsig darauf bedacht, die schwindenden Tage meiner Lese- und Arbeitsruhe zu nutzen. Doch auch mich erfaßte in wachsendem Maße eine unbestimmte Mischung aus Unruhe, Freude und Ängstlichkeit, vor allem aber jenes nicht zu bändigende Gefühl, nach einer langen Zeit der inneren Einkehr endlich durch Tätigkeit die Balance zwischen der *vita activa* und der *vita contemplativa* wieder herstellen zu können. Dazu sollte bald genügend Gelegenheit sein.

Ich weiß nicht mehr genau zu sagen, welche Vorstellungen ich mir von der Heimat machte, die ich bei meiner Rückkehr vorfinden würde. Der Besitz war verloren - das hatte ich begriffen und auch längst verarbeitet, das machte mir keine Schwierigkeiten, wie ich überhaupt manchmal ganz betroffen war über meinen Mangel an lokalisiertem Heimweh. Ist das Treulosigkeit? Ich glaube eine Eigenschaft zu besitzen, die Rilke in einem seiner Sonette an Orpheus fordert: »Sei allem Abschied voran, als läge er hinter Dir«. Ich hatte fest vor, nach München zu gehen, und fürchtete im Grunde nur eines: daß die Amerikaner uns in unsere Heimatorte entlassen würden, in meinem Fall also in das von den Russen besetzte Sperrenwalde. Ich machte damals eine Menge Eingaben, gab als zweite Heimatadresse die Schubertstraße in München an, Stefan T.s Adresse. Von zu Hause hatte ich außer einigen Gefangenenpostkarten seit Weihnachten 1944 nichts gehört. Post gab es damals für uns nicht. Ich hoffte, daß meine Mutter mit ihrem Troß über die Elbe gekommen sei, vielleicht einige Pferde, Ackergeräte, Möbel, Bilder gerettet habe. Ich selbst hatte vor, mich von den Amis in der Verwaltung in München anstellen zu lassen oder sonst einen lukrativen »Job« bei ihnen zu übernehmen, um sogleich mit dem Medizinstudium fortfahren zu können, das ich über die Fernkurse begonnen hatte. Nun ging ich auch daran, den unglaublich angewachsenen Wust meiner Bücher, Zeitschriften, Aufzeichnungen, Hefte und allen anderen Krimskrams zu sichten. Ich organisierte mir zwei Seesäcke, in die ich das Nötigste stopfen konnte, aber so, daß ich sie auch auf längere Strecken zu tragen vermochte. Es war Winter, gerade mal wieder bitter kalt, der riesige Kanonenofen glühte, und nun begann ich wegzuwerfen, zu verbrennen. Es muß ein zum Himmel ragendes Feuer gewesen sein, denn man kann sich nicht vorstellen, wieviel sich in den zwölf Monaten angesammelt hatte. Unter anderem warf ich, zu schneller und unbedachter Handlung in diesem Moment bereit, auch mein Tagebuch, das ich vom ersten Tage in Ruston an geführt hatte, in die Flammen. Zum Glück kamen mir aber doch noch rechtzeitig Bedenken, und ich holte es wieder heraus, leicht angekohlt. Ich habe es noch, und es ist mir in winzigem Bleistiftgekritzel ein wichtiges Zeitdokument.

Weihnachten 1945, das zweite Weihnachtsfest in Ruston, verlebte ich mit einer meiner treuen Anginen hochfiebernd in der Krankenstation. In diesen Tagen war durch Vermittlung deutsch-amerikanischer Anthroposophen eine große Sendung mit Büchern Rudolf Steiners zu uns gelangt. Ich sehe mich noch die letzten zwei Monate, einige Wochen davon im Krankenbett, die etwas abgegriffenen Werke Steiners lesen, bemüht, irgendwo eine Spur von Sinn zu finden, er brauchte gar nicht streng cartesianisch zu sein. Sprachlos vor Staunen las ich seine Meinung über Welt, Kosmos und Astralleibe.

Zusammen mit dem ganzen Redaktionsstab des ›Ruf‹ erhielt auch ich eines Tages die Aufforderung, in Kürze marschbereit zu sein. Wir würden erst noch einige Wochen in ein weiteres Schulungslager kommen, um dann - endlich - nach Hause entlassen zu werden.

Nun kam mein letzter Dienst als Kirchendiener und Organist, den ich die ganzen Monate treu geleistet hatte, wenn auch zur Konvertierung entschlossen. Zum Abschied von Ruston, von meinem Kirchendienst, von meiner kurzen, aber für meine innere Entwicklung so bedeutsamen Gefangenschaft gedachte ich mir ein besonderes Andenken zu schaffen, eine Erinnerung, nicht wegnehmbar, zeitbeständig: Indem ich nach dem letzten Kirchgang unser weiträumiges Compound viele, viele Male umrundete, lernte ich die zwölf Strophen des Paul Gerhard-Liedes ›Befiehl Du Deine Wege‹ auswendig. Und immer, wenn ich Teile dieses Liedes höre, Verse wie: »so wird er Dich entbinden, wenn Du's am mindsten glaubst..« oder »Er wird Dein Herze lösen«, dann sehe ich mich bei meiner Wanderschaft um unser Compound, voll gefaßter Traurigkeit hinsichtlich dessen, was ich verlassen mußte, aber mehr noch voll Freude, Bereitschaft und hochgestimmter Erwartung, was die neue Welt mir bieten würde und ich ihr.

Rückblickend ist es kaum noch zu verstehen, wie schnell sich der Abschied von einem Ort, an dem man so viele Monate verbracht hat, vollzieht. Appell, Namen werden aufgerufen, in zwei Stunden mit Gepäck am Tor B – das ist alles. Freilich waren wir schon auf den Aufbruch vorbereitet, und als ich am ersehnten Tor B die anderen Entlassenen vorfand, waren es zum größten Teil alte Bekannte, vor allem der ganze Redaktionsstab des ›Ruf‹ mit Alfred Andersch, Hans Werner Richter, von der Pfordten. Diese Gruppe schienen die Amis als ganz besonders vielversprechende Hefe für den Demokratisierungsprozeß in Deutschland ausgesucht zu haben.

Und doch kam es jetzt unter den Älteren, jenen, die schon vor dem Krieg einen Beruf erlernt oder die sich von ihrer bevorstehenden Tätigkeit und Aufgabe im besetzten Deutschland bereits ein festeres Bild gemacht hatten, zur Bildung von kleineren Gruppierungen. Da gab es die streng kirchlichen Katholiken, die sich zu festgesetzten Zeiten zu Gebetsstunden zusammenfanden; da gab es die Gruppe der Akademiker – unbesetzte, von Nazi-Professoren befreite Lehrstühle lockten; da gab es Beamte und Verwaltungsoffiziere mit »reiner Weste«, die einer amerikanischen Besatzung und *law and order* durchaus etwas zu bieten hatten; da gab es linksdemokratische Kreise, die in der »Stunde Null« die Möglichkeit einer Regeneration nach den Prinzipien von 1848 ahnten und herbeisehnten. Gewiß hatte es verschiedene Interessengruppen schon in den Monaten zuvor gegeben. Das begann mit dem demonstrativen Austritt der Österreicher aus unserer Lagergemeinschaft, dokumentiert durch ihre rot-weiß-rote Kokarde. Doch sobald man erkannte, daß man bald frei sein werde, wurden die Absonderungen deutlicher und unbedingter. Man hatte den Eindruck, als sei der PW nicht nur gefangen, sondern auch geschützt gewesen, entlastet von jeder Forderung des Zusammenlebens. Nichts hatte ihn ja gezwungen, die normalen Eigenschaften des Mannes im Beruf, als Familienvater und politisch denkender Mensch, vor allem aber als Beobachter seiner Zeit und Gestalter seiner Umwelt zu entfalten. Doch nun rückte die Stunde der Freiheit näher; man mußte Position beziehen.

Ich gedenke noch langer nächtlicher Gespräche mit meinem Freund Kn., einem stockkatholischen aktiven Offizier aus dem Rheinland, der sich »in vollem Einsatz« um meine Konvertierungsbestrebungen bemüht hatte. Im Näherrücken der Lebenswirklichkeit verblaßten die Bilder und die Vorsätze, die ich an die Konvertierung geknüpft hatte; ich bemerkte fast körperlich, wie das Denken und Sinnen der vergangenen

Monate in der Nähe der Bewährung, in der unbekannten »Freiheit« blutleer wurde. Bei allem Richtigen, was ich mir gedacht hatte, wurde die Verhältnismäßigkeit meiner Existenz schrittweise wieder zurechtgerückt. Seltsam, wie sich auch meine innere Haltung, meine Aufgeschlossenheit meinem Freund Kn. gegenüber änderte, wie ich merkte, daß er ins Leere sprach - nicht weil er nicht das Richtige sagte, sondern weil meine Einstellung eine andere geworden war.

Zwei oder drei Wochen verbrachten wir noch in einem großen Camp, jetzt schon ohne Stacheldraht, in dem uns von Universitätsprofessoren und Politikern Vorträge gehalten wurden: über Amerika, über die Demokratie, über Verwaltungsfragen und über Umschulungs-Strategien, die die Amerikaner im besetzten Deutschland anstrebten. Zweifellos meinten sie, in unserem Haufen zukunftsträchtige Demokraten versammelt zu haben, und wirklich - wir waren alle, wenn auch aus verschiedenen Gründen, in einer Hochstimmung, aufnahmebereit und wißbegierig. Man sprach davon, daß wir mit einem »Victory-Ship« von New York abfahren sollten. Nach einer langen nächtlichen Fahrt in bequemen Pullman-Wagen erreichten wir eines frühen Morgens ein ausgedehntes Camp, das auf den Höhen nordwestlich von New York gelegen war. Man sah in der Ferne die Wolkenkratzer im Morgenlicht schimmern, dahinter grau und silbern den Hudson, das Meer.

Kaum war unser amerikanischer Begleitoffizier mit den Namenlisten im Verwaltungsgebäude verschwunden, da wurde ich - als einziger - hereingerufen. Ich wurde vom Lagerleiter, einem Colonel, überaus freundlich begrüßt. Er sagte mir, daß mein »Onkel«, der in Afrika gefangengenommene Generaloberst von Arnim, hier im Lager wäre, und dem alten Herrn würde es gewiß Freude machen, seinen jungen Verwandten auf der Durchreise zu sehen.

Ich wurde also von einem Soldaten durch kilometerlange Barackengänge geführt. Das Lager war zum größten Teil mit amerikanischen Soldaten besetzt, die zum Aufbruch nach Europa bereit gemacht wurden. In dem Compound, das wir nach langem Marsch erreichten, sah ich plötzlich ganz neue, oder genauer gesagt: ganz alte, längst vergessene Bilder: Alle deutschen Offiziere waren in voller Uniform mit Orden, Ehrenzeichen und Rangabzeichen. Ton und Gebaren waren so, wie ich es zuletzt vor siebzehn oder achtzehn Monaten in England erlebt hatte. Alle waren »Afrikaner«, Offiziere, die einen »sauberen« Krieg gegen Amerikaner und Engländer geführt hatten und denen die Erfahrung Rußlands, das Gefühl, zu den Geschlagenen zu gehören, fehlte - ungebrochen, zackig. Als ich in die Generalsbaracke eintrat, in der Generaloberst Hans-Jürgen von Arnim mit seinen Stabsoffizieren lebte, wehte mir in meiner gefärbten Gefangenenkleidung sogleich ein eisiger Wind entgegen. Natürlich hatte sich im Lager herumgesprochen, daß ein neuer Schub deutscher Gefangener zusammengestellt würde, daß zu diesem Schub der Redaktionsstab der in diesen Kreisen verhaßten Zeitschrift ›Der Ruf‹ gehörte und nicht zuletzt, daß ich zu diesem Club von Renegaten zu zählen sei.

Hans-Jürgen von Arnim dagegen empfing mich auf das liebenswürdigste. Familiengespräche, gute Wünsche für den Neuanfang, Austausch von Nachrichten über Verwandte, über den Zustand unserer Heimat, der Uckermark. Er fragte mich auch sehr eingehend nach meiner Tätigkeit in Paris, nach Boineburg, nach Choltitz. Was mich für die übrigen Offiziere unannehmbar machte, war ja die Tatsache, daß ich in den letzten Pariser Tagen der »persönliche« von Choltitz gewesen war, jenes Mannes, der sich gegen den Führerbefehl gewandt hatte, Paris zu zerstören. Dazu paßte, daß ich mich bei der Ankunft in Amerika in ein »Antinazi-Lager« gemeldet hatte. Hans-Jürgen von Arnim fragte nach meiner Tätigkeit in den verschiedenen Lagern: Was ich gelernt hätte, wie ich mir meinen Weg weiter vorstelle. Ich sprach von der »Umschulung«, von den Kursen, die ich mitgemacht hatte, von den gerade in den letzten Tagen durchlaufenen Schulungslagern. Er hörte interessiert und freundlich zu, wenn auch ohne Kommentar, und ermutigte mich, vor ihm meine vagen Vorstellungen von der Zukunft auszubreiten, während sein Stab - fünf oder sechs höhere Offiziere - schweigend, betreten, fast degoutiert zuhörte.

Nach einer knappen Stunde, in der fast nur ich geredet hatte, verabschiedete er mich besonders herzlich, hoffte, daß wir uns bald im Familienkreis wiedersehen würden. Er wurde mit seinem Stab einige Wochen später nach Deutschland geflogen, mußte dort allerdings noch einige »Generalslager« durchlaufen und wurde 1947 entlassen. Ich sah ihn auf Familientagen, die bald nach dem Krieg stattfanden, wieder. Generaloberst Hans-Jürgen von Arnim wird in allen kriegsgeschichtlichen Arbeiten der Engländer und Amerikaner nur mit höchstem Respekt für seine militärischen Führungsqualitäten wie für seine Menschlichkeit in den letzten Tagen und Wochen des geschlagenen Afrika-Korps erwähnt. Rommel wurde damals - 1943 - von Hitler nach Frankreich geholt; Arnim war dazu ausersehen, mit den Resten der geschlagenen deutschen Armee in Afrika vor den Alliierten zu kapitulieren.

Als ich in mein Compound zurückgekehrte, wurde ich schon erwartet. Es mußte sogleich aufgebrochen werden. Die Amerikaner hatten sich etwas ausgedacht: Wir alle - eine Gruppe von etwa sechzig Gefangenen - sollten eine Stadt- und Hafenrundfahrt machen. Unser Eindruck von Amerika, bisher vor allem durch Wort und Schrift bestimmt, sollte nun noch durch eigenes Sehen erweitert werden. Ich kann mich nur noch an eine schlimme Schunkelfahrt im Hafen erinnern. Die Bilder von damals Gesehenem und Fotografien von der Skyline vermischen sich, laufen ineinander. Schließlich schipperte uns der kleine Hafenschoner zu unserem Victory-Ship, das an einer entfernten Reede lag.

Die Victory-Ships waren eine amerikanische Erfindung und auf bestimmte zeitsparende Weise aus Fertigbauteilen zusammengeschweißt. Sie waren als Truppentransporter konzipiert. Wir Gefangenen wurden gleich in die untersten Decks gebracht, drei Hängematten übereinander, wie gewohnt winzigster Raum. Hauptsächlich wurden auf diesem Schiff amerikanische Truppen nach Europa befördert, und für die elftägige Überfahrt brauchte man nun Stewards für Küche und Speiseräume. Durch meine Sprachkenntnisse und die Erfahrungen des Rustoner »beergardens« prädestiniert, wurde ich nach sofortiger freiwilliger Meldung für ein Deck zum Chefsteward ernannt und von einem mürrisch-faulen Puertorikaner in meine Pflichten eingeweiht: Ich sollte die Speisen aus der Küche holen und servieren - beziehungsweise, da ich ja nun der Chef war, holen lassen und ein Auge darauf haben, ob die Teller aller amerikanischer Soldaten auch gefüllt seien. Da wiederum in zwei Schichten gegessen wurde, hatte ich eine Nachtruhe von nur wenigen Stunden, konnte mich aber in Ruhezeiten in der hängemattenbestückten Kombüse des Ober-Chefstewards, eben jenes Puertorikaners, aufhalten.

Die Überfahrt Ende März 1946 war äußerst unruhig: hoher Seegang, diesiges, naßkaltes Wetter, Regen, Sturmböen. So lichteten sich die Speisesäle immer mehr. Man hatte eigentlich nur noch damit zu tun, ein paar heruntergefallene Gegenstände – das meiste war ja befestigt – aufzuheben und die wenigen Sturmfesten, die weiter zu den überaus üppigen Mahlzeiten kamen, zu bedienen. Das gab dann zwischen uns, den Gefangenen-Stewards, und den übriggebliebenen Amis eine lustige Kameraderie. Wir saßen bei ihnen am Tisch, mokierten uns über die in den unteren Decks verbliebenen Bleichgesichter und sprachen den aus der Küche kommenden Speisen, die wir über zwei oder drei Decks hinweg, über glitschige Metallwendeltreppen holen mußten, mit Appetit zu.

Seltsam – im fernen Louisiana hatte ich den militärischen Zusammenbruch des Reiches, den Verlust meiner Heimat wie durch einen Schleier erlebt. Es schien, als sei die körperliche Distanz vom Geschehen ein Maßstab für das innere Beteiligtsein. Ich weiß noch, wie ich vom Mißverhältnis zwischen dem politischen Chaos zu Hause und meiner Reaktion betroffen war.

Jetzt änderte sich das Bild. Wir näherten uns Frankreichs Küste, und plötzlich kamen wieder Empfindungen, Ängste, Gedankenreihen an die Denkoberfläche, die ich in Amerika vergessen oder verdrängt hatte. Und diese Erfahrung machte nicht nur ich allein. Bei den Mitgefangenen beobachtete ich eine Unruhe, einen Wechsel der Gesprächsinhalte, eine Hinwendung auf das, was uns nun bald real erwartete. Neugier und Furcht hielten sich die Waage.

Jeder versuchte jetzt, sich auf Kommendes einzustellen. Da zerfielen monatealte Freundschaften eigentlich ohne Bitterkeit. Es zeigte sich, daß Gesprächsfreundschaften, entstanden in der abgeschirmten, ungefährdeten Situation der Gefangenschaft, aus nicht sehr haltbarem Stoff gemacht sind.

Nach elftägiger unruhiger Überfahrt kamen wir in Le Havre an, durchliefen danach das gefürchtete Lager »Bolbecque«. Dem Vernehmen nach führten hier polnische Wachmannschaften das Wort und filzten die aus dem reichen Amerika kommenden deutschen Gefangenen nach Strich und Faden: Zigaretten, Stoffe, Seife, Textilien. Glücklicherweise standen wir unter dem besonderen Schutz der Amerikaner; zwei Offiziere begleiteten unsere Gruppe ständig. Ein Zug stand bereit, nicht mehr mit den bequemen Pullmanwagen, sondern wieder mit Viehwaggons mit Bänken. Aussicht nur, wenn die Waggontür geöffnet wurde. Auf den sonderbarsten Nebenstrecken erreichten wir in drei Tagen Straßburg. Wir überquerten den Rhein, kamen in Kehl in Deutschland an. Seltsame Gefühle, ganz und gar ungeordnet, Schmerz und Vaterlandsliebe, Angst und Neugier. Der Kontrast zwischen dem schmucken, gepflegten, unzerstörten Amerika und den zerschundenen Städten unserer geschlagenen Heimat war gewaltig. Und doch machte sich, als wir nach kurzem Aufenthalt in Kehl immer weiter nach Deutschland hineinfuhren, in den Gesprächen ein fast hektischer Optimismus breit: Es fielen keine Bomben mehr, es wurde nicht mehr geschossen. Ich weiß noch, wie unsere sonst heterogene Gruppe, die untereinander wenig zu Gedankenaustausch geneigt war, von einer Vorfreude gepackt wurde, die uns beschwingte und uns gerade im Anblick der trostlosen Trümmerlandschaften für die verbleibenden Tage zu Freunden machte.

Heidelberg, Stuttgart, Ulm und München wurden auf eine rätselhafte Weise umfahren. Auf einmal waren wir tief in der Nacht in Bad Aibling angelangt. Dort sah man bei strahlendem Mondschein den Wendelstein, das schöne, stille bayerische Voralpenland.

Hier nächtigte ich in dem wohl größten Raum, in dem ich je geschlafen habe. Ein riesiger Flugzeughangar war in drei Stockwerke unterteilt, wo drei- oder vierfach Holzbetten übereinanderstanden. Ich bemerkte schon wieder ein Kratzen im Hals, eine meiner bekannten Anginen meldete sich. Ich bekam hohes Fieber, konnte kaum reden. Doch ließ ich mir nichts anmerken aus Angst, vielleicht erst später entlassen zu werden. Einige Tage verbrachten wir noch in diesem riesigen Lager. Unsere Gruppe war nun schon auseinandergerissen, man traf neue Kameraden oder – wie man jetzt auf einmal, den Soldatenjargon meidend, sagte – »Kumpel«. Nun wieder: Gerüchte, Falschmeldungen, Ängste, Erwartungen. Hinter einem dreifach gesicherten Stacheldrahtzaun halb verhungerte, armselige Gestalten, scharf bewachte SS-Offiziere. Gespräche mit ihnen durch den Zaun waren verboten. Doch unterhielt man sich mit ihnen, soweit es ging. Sie warteten auf deutsche »Spruchkammer«-Richter und fürchteten, daß russische Offiziere kommen und alle, die im Osten eingesetzt gewesen waren, nach Sibirien holen würden. Da merkte man wieder, wie sicher, wie abgekapselt wir in Amerika die letzten achtzehn Monate verbracht hatten, und fühlte, daß man in der kommenden Zeit auf Situationen stoßen würde, für die man nur mangelhaft gerüstet war. In den Zukunftsoptimismus, der uns alle beseelte, kroch die Furcht vor Unwägbarem, das Bewußtsein, zu einem in jeglicher Hinsicht geschlagenen Volk zu gehören.

Meine Angina ließ mich, versorgt durch Sulfonamide aus der »dispensary«, meist in meinem Flugzeughangarbett dämmern. Eines Tages war es endlich so weit: Am 13. April 1946 wurde ich von den Amerikanern in Aibling aus der Kriegsgefangenschaft entlassen, fünfhundertsiebenundneunzig Tage nach der Gefangennahme in Paris am 25. August 1944. Nach endlosen Formalitäten, namentlichen Aufrufen, bei denen oft die Listen nicht stimmten, Untersuchungen unseres armseligen Gepäcks, einer abschließenden Entlausung und einigen weiteren diskreten Untersuchungen übergaben uns die Amis am Ende unsere Entlassungspapiere. Der für unseren Schub bereitgestellte Eisenbahnzug füllte sich ganz allmählich; es waren die üblichen Güterwagen mit Holzpritschen, wie wir sie auf der wochenlangen Schunkelfahrt von Le Havre hierher weidlich kennengelernt hatten.

Während der Wartestunden im Anblick des schneeweißen Wendelsteins vor dem dunkelblauen Föhn-Frühlingshimmel wurden mit den Kameraden, wie üblich beim Abschied, Adressen ausgetauscht. Man versprach sich, Kontakt zu halten. Doch die meisten von uns waren in Gedanken schon »allem Abschied voraus, als läge er hinter uns«, erregt und neugierig. Auch wuchs in uns das beunruhigende Gefühl, auf die Verhältnisse im zerstörten Deutschland nicht wirklich vorbereitet zu sein. So näherten wir uns in dem langsam weiterrückenden Zug der letzten Stacheldrahtsperre. Als unser Wagen sie erreicht hatte, knipste ich mir ein Stückchen Stacheldraht ab, fünf Zentimeter lang, das ich bewahren wollte als Erinnerung an die Gefangenschaft. In ihr hatte ich Freiheit kennengelernt, weil ich zu denken begonnen hatte, vor allem aber, weil die Gefangenschaft mit dem äußersten Grad der Besitzlosigkeit und der physischen Gefährdung begonnen hatte. Dieses »Nullgefühl« erlebt zu haben, mehr noch, *mich* in dieser »Nullstunde« kennengelernt zu haben, dies immerhin gab etwas wie Zuversicht. Doch hinter und in alldem stand ein schwer zu beschreibendes Gefühl von Lebenshunger und Lebensneugierde, der Drang, das neue Dasein auszuprobieren. Die Sehnsucht nach diesem »Nullgefühl« – und damit nach der denkbar größten inneren Freiheit – habe ich nie verloren. Und es war noch ein Faktor, der den Moment des Freigelassenwerdens so außergewöhnlich machte, nach Hölderlin: »aufzubrechen, wohin er will«.

Oft denke ich darüber nach, wie wenig die Gefühle des Heimwehs nach Sperrenwalde und nach der Welt, die es darstellte, meine damalige Stimmung berührt oder gar geprägt haben. Ich glaube, daß im Frühjahr 1945 vor der Landkarte in Ruston, als die rote Kordel sich immer weiter von Osten nach Westen und schließlich über die Uckermark hinweg an die Elbe schob, der endgültige Verlust von Sperrenwalde und damit meines bisherigen Lebens mir ein für alle Mal bewußt geworden ist. Damals merkte ich, daß ich mich mit gegebenen Verhältnissen gut und endgültig abfinden kann, auch wenn sie mißlich zu sein scheinen. Es war Ernst Jünger, der kurz nach dem Krieg schrieb:

»Wer einmal den Brand einer Hauptstadt, den Einmarsch östlicher Heere erlebt hat, der wird nie ein waches Mißtrauen verlieren gegenüber allem, was man besitzen kann. Das kommt ihm zugute, denn er wird zu jenen zählen, die ohne allzu großes Bedauern ihrem Hof, ihrem Hause, ihrer Bibliothek den Rücken kehren, falls es nötig wird. Ja, er wird merken, daß damit zugleich ein Akt der Freiheit verbunden ist. Nur wer sich umblickt, erleidet das Schicksal von Lots Weib.«

So könnte ein Resümee meines Lebens aussehen, wohl auch der Generation im ganzen, der ich angehöre. Es gibt kein Ankommen gegen die Macht des Faktischen. Aber manchmal braucht es auch keines, weil der Verlust aufgewogen wird durch neuen Gewinn, und das ist, alles in allem, eine Art Glück.

Nachbemerkung

Dankwart von Arnim mit seinem Sohn Thomas und seinem Stiefsohn Peter Zabel im Juli 1948 in München.

Dankwart hat diese Aufzeichnungen auf meine Anregung hin im Jahre 1974 zu schreiben begonnen, als unser erster Enkel geboren wurde, Maximilian, der Sohn von Thomas. Wie sollten sich die Enkel vorstellen, wie es einmal gewesen war? Das war die Frage, die ihn bewegte.

Dankwart hat seine Heimat nie wieder gesehen. Aber heute, zehn Jahre nach seinem Tod, ist die Mark Brandenburg uns wieder nahegerückt, ist wieder zugänglich. So fuhr ich im Mai 1991 nach Sperrenwalde. Fünfzig Jahre waren vergangen, seitdem ich die Photoaufnahmen des jungen Grafen gemacht hatte. Wo das Schloß gestanden hatte, das 1947 abgebrannt war, befand sich ein häßliches, mehrstöckiges Haus, und nur die beiden steinernen Vasen aus dem Park standen noch auf ihrem alten Platz, umgeben vom Bretter- und Drahtgewirr eines halb verwahrlosten Schrebergartens.

Ich ließ mir das Arbeiterhaus zeigen, in dem Dankwarts Mutter zusammen mit Mucki und Mamsell bis 1946 gelebt hatte. Unter der russischen Besatzung waren die Umstände damals alles andere als einfach. Wolf-Werner Graf Arnim und Beate Steckhan, die Dame jüdischer Herkunft, die sie während der Kriegsjahre verborgen hatten, halfen ihnen nun, in den Westen zu gelangen. Zur gleichen Zeit, im April 1946, kehrte Dankwart in das zerstörte München zurück und begann, Medizin zu studieren.

Durch einen Brief, den Dankwart an meinen Vater, Dr. Schenke, nach Flensburg schickte, erfuhr ich, daß Dankwart noch lebte und mich suchte. Ich war ganz überwältigt von der Nachricht, daß er den Krieg überstanden hatte.

Im Herbst 1941 hatten wir uns getrennt. Zwei Jahre danach machte ich in Berlin meine Meisterprüfung als Photographin und wurde später zur Lufthansa dienstverpflichtet. Im Frühjahr 1944 heiratete ich den Hauptmann Peter Zabel und bekam 1945 einen Sohn, der ebenfalls den Namen Peter erhielt. Sein Vater hat ihn nie gesehen. Als er im April 1945 in Kopenhagen an den schweren Verwundungen starb, die er in Ostpreußen erlitten hatte, waren wir kaum drei Monate zusammen gewesen - drei Monate dramatischer, unbeschreiblicher Wirren im bombardierten Berlin. Nun lebte ich in Flensburg, im Haus meiner Eltern, das von Flüchtlingen überfüllt war. Täglich liefen im Hafen Schiffe mit Vertriebenen aus dem Osten ein.

Sobald es möglich war, trafen Dankwart und ich uns in Hamburg, und nach diesem Wiedersehen beschlossen wir,

Von den 779 Schlössern und Herrenhäusern der Mark sind nur 136 erhalten geblieben. Der Rest wurde zerstört, ein kleiner Teil im Krieg, die meisten dagegen erst später. So geschah es auch mit Sperrenwalde, das am 29. Januar 1947 von Deutschen niedergebrannt worden ist. Zurückgeblieben sind allein die beiden großen Steinvasen, die einst im Zentrum der Gartenanlage standen. Sie befinden sich noch immer an ihrem alten Platz, sind aber inzwischen – durch einen eher absurden Zufall – von halb verkommenen Schrebergärten umgeben.

uns nie mehr zu trennen. Wir heirateten Ende Dezember 1946 und begannen unser Zusammenleben in der Klostergaststätte Schäftlarn bei München in einem Zimmer, das vom Wohnungsamt als unbewohnbar bezeichnet worden war. Als 1948 dann unser Sohn Thomas geboren wurde, hatten wir unter größten Mühen eine kleine Wohnung in München gefunden. Kurz darauf veranlaßte mich die Währungsreform, ein kleines Fotoatelier aufzumachen, während Dankwart zunächst als Hilfsarbeiter bei BMW arbeiten mußte, um überhaupt etwas zu verdienen. Vor allem aber mußte das Studium fortgesetzt werden. So lebten wir noch lange von meinem Fotoatelier, da Dankwart auch die ersten Jahre als Assistenzarzt an der Universitätsklinik - wie es damals üblich war - ohne jede Einnahme war. Erst im Herbst 1953 erhielt er sein erstes Gehalt: 600,- DM.

Im Jahre 1961 wurde Dankwart Chefarzt der Abteilung für Physikalische Therapie am Klinikum Nürnberg, und damals endlich wurde unser Leben leichter. Inzwischen hatten wir vier Kinder, denn 1951 war Caroline und 1957 Juliane, genannt Nani, geboren worden. 1981, im letzten Jahr seines Lebens, konnte Dankwart in Nürnberg noch sein zwanzigjähriges Dienstjubiläum feiern, und etwa zur gleichen Zeit begann er, für die »Süddeutsche Zeitung« Berichte unter dem Titel »Erfahrungen eines Arztes« zu schreiben. Die große, durchweg positive Resonanz, die diese Artikel fanden, freute und beflügelte ihn, bis am 22. Juni 1981 ein Herztod seinem Leben ein plötzliches Ende machte.

Die tiefen Veränderungen der Lebensumstände, die das Kriegsende mit sich brachte, hat Dankwart innerlich ohne Bruch bewältigt. Er trug das Bild seiner Jugend in sich, ohne Selbstmitleid und ohne falsche Trauer, und hat es mit diesen Erinnerungen der Nachwelt erhalten. Daß auch die größten Schwierigkeiten der Nachkriegszeit immer glücklich durchlebt wurden, hatte mit unserer Liebe zu tun; doch das ist eine andere Geschichte.

Gaby Arnim

Wo früher, umgeben von Parkanlagen, das Schloß Sperrenwalde stand, hat man in den sechziger Jahren ein Haus in Fertigbauweise aufgezogen. Ein Telegraphenmast, eine Autoeinfahrt, Garagen, Zäune und Gesträuch füllen den Platz; von dem Schloß ist keine Spur geblieben.

CORSO bei *Siedler*

Konrad Adenauer
BRIEFE ÜBER DEUTSCHLAND
120 Seiten mit Abbildungen, Leinen

Egon Bahr
ZUM EUROPÄISCHEN FRIEDEN
Eine Antwort auf Gorbatschow
104 Seiten, Leinen

Peter Bender
WENN ES WEST-BERLIN NICHT GÄBE
104 Seiten mit Abbildungen, Leinen

Rainer Bieling
DIE TRÄNEN DER REVOLUTION
Die 68er – zwanzig Jahre danach
128 Seiten, Leinen

Horst Bienek
BIRKEN UND HOCHÖFEN
Eine Kindheit in Oberschlesien
104 Seiten, Abbildungen, Leinen

Heinz Friedrich
MEIN DORF
80 Seiten mit Abbildungen, Leinen

Klaus Fußmann
DIE VERSCHWUNDENE MALEREI
2. Auflage · 104 Seiten mit
Abbildungen, Leinen

Klaus Fußmann
DIE SCHULD DER MODERNE
108 Seiten mit Abbildungen, Leinen

Andreas Hillgruber
ZWEIERLEI UNTERGANG
3. Auflage · 112 Seiten, Leinen

Peter Graf Kielmansegg
LANGE SCHATTEN
Vom Umgang der Deutschen
mit der nationalsozialistischen Vergangenheit
104 Seiten, Leinen

Werner Knopp
WOHER, BERLIN, WOHIN?
96 Seiten mit 10 ganz- und doppelseitigen
Abbildungen, Leinen

Heinrich von Lersner
Die ökologische Wende
96 Seiten, Leinen

Hermann Lübbe
Politischer Moralismus
2. Auflage · 128 Seiten, Leinen

Christian Meier
Politik und Anmut
124 Seiten mit Abbildungen, Leinen

Thomas Nipperdey
Wie das Bürgertum die Moderne fand
96 Seiten, Leinen

Karl Schlögel
Die Mitte liegt ostwärts
2. Auflage · 128 Seiten mit Abbildungen, Leinen

Helmut Schmidt
Vom deutschen Stolz
Bekenntnisse zur Erfahrung von Kunst
2. Auflage · 96 Seiten, Leinen

CIP-Kurztitelaufnahme der Deutschen Bibliothek

Arnim, Dankwart Graf von:
Als Brandenburg noch die Mark hieß/
Dankwart Graf von Arnim. - Berlin: Siedler, 1991
ISBN 3-88680-401-1

Der Siedler Verlag ist ein gemeinsames Unternehmen
der Verlagsgruppe Bertelsmann und von Wolf Jobst Siedler

Schutzumschlag: Jürgen Stockmeier, Berlin
Satz: Bongé + Partner, Berlin
Reproduktionen: Rembert Faesser, Berlin
Die Bildlegenden wurden vom Verlag formuliert
Druck: Mohndruck, Gütersloh
Buchbinder: Lüderitz & Bauer, Berlin
Printed in Germany 1991
ISBN 3-88680-401-1